em busca dos jardins de nossas mães

prosa mulherista

em busca dos jardins de nossas mães

prosa mulherista

Tradução
Stephanie Borges

lker

© Alice Walker, 1983, 1982, 1981,1980, 1979, 1977, 1976, 1975, 1974, 1973, 1972, 1971, 1970, 1967
©desta edição, Bazar do Tempo, 2021

Título original: *In Search of Our Mothers' Gardens: Womanist Prose*

Todos os direitos reservados e protegidos pela lei n. 9610, de 12.2.1998.
Proibida a reprodução total ou parcial sem a expressa anuência da editora.

Este livro foi revisado segundo o Acordo Ortográfico da Língua Portuguesa de 1990, em vigor no Brasil desde 2009.

Edição
Ana Cecilia Impellizieri Martins

Copidesque
Juliana de A. Rodrigues

Assistente editorial
Meira Santana

Revisão
Elisabeth Lissovsky

Tradução
Stephanie Borges

Projeto gráfico
Leticia Antonio

Revisão da tradução
Rita Paschoalin (partes 1 e 2)
Heloisa Dias Queiroz (partes 3 e 4)

Diagramação
Cumbuca Studio

1ª reimpressão, setembro 2023

CIP-BRASIL. CATALOGAÇÃO NA PUBLICAÇÃO
SINDICATO NACIONAL DOS EDITORES DE LIVROS, RJ

W178e
Walker, Alice, 1944-
Em busca dos jardins de nossas mães: prosa mulherista / Alice Walker; tradução Stephanie Borges. – 1. ed. – Rio de Janeiro: Bazar do Tempo, 2021.
376 p. ; 23 cm.

Tradução de: In search of our mothers' gardens: womanist prose
ISBN 978-65-86719-52-9
1. Walker, Alice, 1944-. 2. Feminismo - Estados Unidos. 3. Mulheres afro-americanas na literatura. 4. Escritoras negras - Estados Unidos - Biografia. I. Borges, Stephanie. II. Título.
21-70687   CDD: 818.5409
                 CDU: 929:821.111(73)

Meri Gleice Rodrigues de Souza - Bibliotecária - CRB-7/6439

BAZAR DO TEMPO
PRODUÇÕES E EMPREENDIMENTOS CULTURAIS LTDA.

Rua General Dionisio, 53 - Humaitá
22271-050 Rio de Janeiro - RJ
contato@bazardotempo.com.br
www.bazardotempo.com.br

**Para
minha filha

Rebecca**

Que viu em mim
o que eu considerava
uma cicatriz
E a redefiniu
como
um mundo

parte um

Salvando a vida que é a sua:
a importância de modelos na vida da artista   **11**
O escritor negro e a experiência sulista   **21**
"Mas ainda assim o descaroçador de algodão
continuou funcionando…"   **27**
Formatura de 1972: um discurso   **37**
Além do pavão: a reconstrução de Flannery O'Connor   **45**
A vida dividida de Jean Toomer   **61**
Escritora por causa, não apesar, dos filhos   **67**
Dádivas de poder: os escritos de Rebecca Jackson   **71**
Zora Neale Hurston: um sinal de alerta e um relato parcial   **81**
Em busca de Zora   **89**

parte dois

O Movimento pelos Direitos Civis: para que serviu?   **111**
Os deveres nada glamourosos, mas valorosos, da artista
negra revolucionária, ou sobre a escritora negra que
simplesmente trabalha e escreve   **121**
Quase um ano   **129**
Escolha: Um tributo ao dr. Martin Luther King Jr.   **131**
Revisitando Coretta King   **135**
A escolha de permanecer no Sul:
Dez anos depois da Marcha em Washington   **145**
Bom dia, Revolução: escritos dispersos de protesto social   **157**
Os passos que queremos dar, os filmes que queremos ver   **163**
Interlúdios   **167**
A pátria de meu país são os pobres   **183**
Registrando as estações   **203**

parte três

Em busca dos jardins de nossas mães **209**
De uma entrevista **221**
Uma carta à editora da revista *Ms.* **245**
Quebrando correntes e estimulando a vida **249**
Se o presente se parece com o passado,
como será que o futuro se parece? **259**
Olhando para o lado e para trás **279**
Para a revista *Black Scholar* **285**
Irmãos e irmãs **291**

parte quatro

Direitos certins **297**
Somente a justiça pode parar uma maldição **299**
A loucura nuclear: e o que você pode fazer? **303**
Carta às editoras da *Ms.* **307**
A escrita de *A cor púrpura* **315**
Beleza: quando a outra dançarina também sou eu **321**
Um filho só seu: um desvio significativo
entre os trabalhos **331**

Notas **353**
Agradecimentos **367**
Posfácio – Tempo de plantar, tempo de colher,
tempo de concluir, por Rosane Borges **369**

[1] O termo *Feminist of color* está ligado às expressões *people of color* e *woman of color* que inicialmente tinham um cunho racista e foram ressignificadas para se referir às pessoas racializadas como indígenas, asiáticas e imigrantes que não fazem parte da branquitude, com quem as pessoas negras muitas vezes compartilham lutas comuns, pois também conhecem a discriminação e o preconceito. Contudo, pessoas de cor ou não brancas não passam pela experiência do racismo antinegro. (N.T.)

[2] Os neologismos *womanism* e *womanist* traduzidos como mulherismo e mulherista foram estabelecidos por Alice Walker neste livro em 1983. Os termos surgiram porque muitas mulheres negras não conseguiam se identificar como feministas devido ao racismo existente no movimento de liberação das mulheres organizado nos anos 1960. Patricia Hill Collins analisa as semelhanças e diferenças entre feminismo negro e mulherismo no ensaio "What's in a Name? Womanism, Black Feminism, and Beyond". O Mulherismo Africana, criado por Clenora Hudson-Weems no fim dos anos 1980, é um conceito diferente, apresentado no livro *Mulherismo Africana: Recuperando a nós mesmos*. (N.T.)

mulherista

1. de *mulheril* (em oposição à "meninice" como algo frívolo, irresponsável, sem seriedade). Uma feminista negra ou uma feminista de cor.[1] Da expressão popular que as mães negras usam para falar com suas filhas: "você está agindo como o mulherio", ou seja, como uma mulher. Geralmente, refere-se a um comportamento ousado, audacioso, corajoso ou *obstinado*. Interessada em ir além daquilo considerado "bom" para si. Interessada em questões do mundo adulto. Age como adulta. É adulta. Pode substituir outra expressão popular entre pessoas negras, "você está tentando ser grande". Responsável. No comando. *Determinada*.

2. *Também*: Uma mulher que ama outras mulheres, sexualmente e/ou não sexualmente. Aprecia e prefere a cultura das mulheres, sua flexibilidade emocional (valoriza as lágrimas como contrapeso natural à risada) e sua força. Às vezes, ama indivíduos homens, sexualmente e/ou não sexualmente. É comprometida com a sobrevivência e a integridade de todas as pessoas, homens *e* mulheres. Não é separatista, exceto em determinados períodos, por questões de saúde. Tradicionalmente universalista, como em: "Mamãe, por que nós temos pele marrom, rosa e amarela, e nossos primos são brancos, beges e negros?". Resposta: "Bom, você sabe que as raças de cor são como um jardim florido, as flores de todas as cores estão representadas." Tradicionalmente habilidosa, como em: "Mamãe, estou indo a pé para o Canadá e vou levar você e um monte de outros escravizados comigo." Resposta: "Não seria a primeira vez."

3. Ama a música. Ama a dança. Ama a Lua. *Ama* o espírito. Ama o amor, a comida e a voluptuosidade. Ama a luta. *Ama* o povo. Ama a si mesma. *Em qualquer situação*.

4. A mulherista[2] está para a feminista como o roxo está para lavanda.

parte um

Eu vim de uma tradição na qual essas coisas eram valorizadas, na qual se fala de uma mulher com pernas grossas, quadris largos e a pele negra. Eu vim de uma comunidade negra em que tudo bem ter quadris e ser corpulenta. Você não sentia que as pessoas não gostavam de você. Os valores [implícitos] de que você deve ser magra vêm de outra cultura… Esses não são os valores que recebi das mulheres que me serviram de modelo. Eu me recuso a ser julgada pelos valores de uma outra cultura. Sou uma mulher negra, e me colocarei do melhor modo possível nessa imagem.

– Bernice Reagon, *Mulheres negras e movimentos de libertação*

Salvando a vida que é a sua: a importância de modelos na vida da artista

Há uma carta que Van Gogh escreveu para Émile Bernard que é muito significativa para mim. Um ano antes de ter escrito essa carta, o pintor havia brigado com seu prepotente amigo Gauguin, se afastado dele e, num momento de desespero e aflição, cortado a própria orelha. A carta foi escrita em Saint-Rémy, no sul da França, numa instituição para doentes mentais onde ele havia se internado voluntariamente.

Imagino Van Gogh sentado diante de uma mesa de escritório pequena demais para ele, observando a linda luz do sul através da janela, e, de vez em quando, olhando desconfiado para uma de suas pinturas daquela paisagem que ele tanto amava. A carta está datada de dezembro de 1889. Ele escreveu:

> Por mais odiosa que a pintura possa ser, e por mais difícil, nos tempos em que vivemos, aquele que escolheu essa arte e a busca com fervor deve ser um homem responsável, sensato e leal.
>
> Às vezes, a sociedade torna nossa existência dolorosamente difícil, daí nossa impotência e a imperfeição de nosso trabalho.
>
> (...) eu mesmo tenho sofrido com a absoluta falta de modelos.
>
> Por outro lado, há belos lugares aqui. Acabei de pintar cinco telas tamanho trinta, com oliveiras. E o motivo pelo qual estou aqui é que minha saúde está melhorando muito.
>
> O que estou fazendo é difícil, árido, mas é assim porque estou tentando reunir novas forças por meio do trabalho duro, e tenho medo de que as abstrações me amoleçam.

Seis meses depois, Van Gogh – cuja saúde estava "melhorando muito" – cometeu suicídio. Ele vendeu apenas um quadro em vida. Seu trabalho apareceu na imprensa três vezes. Contudo, esses são apenas detalhes.

O verdadeiro Vincent van Gogh é o homem que pintou "cinco telas tamanho trinta, com oliveiras". Para mim, considerando o contexto, essa é uma das descrições mais comoventes e reveladoras do modo como um verdadeiro artista pensa. E a compreensão de que, ao dizer "tenho sofrido com a absoluta falta de modelos", ele se referia a essa falta tanto em termos da intensidade de seu comprometimento quanto da qualidade e da singularidade de seu trabalho, tantas vezes ridicularizado em seu tempo.

A ausência de modelos, na literatura e na vida, sem falar na pintura, é um risco ocupacional para o artista pelo simples fato de que os modelos na arte, no comportamento, no desenvolvimento do espírito e do intelecto – mesmo se rejeitados – enriquecem e ampliam a visão que uma pessoa tem da existência. Mais fatal ainda para o artista que carece de modelos é a maldição da ridicularização, a mera imposição sobre sua melhor obra (em especial sobre a mais original, a que mais se destaca por ser fora dos padrões) de uma leitura sem conhecimento de mundo, além da presunção de que alguém, por ser um crítico de arte, tem o olhar livre das restrições impostas pelo preconceito e conhece muito bem toda a arte que de fato importa no mundo.

O indispensável na apreciação da arte, ou da vida, é uma perspectiva mais ampla. Novas conexões, ou pelo menos a busca delas, onde antes não havia nenhuma; o esforço para, com um único olhar sobre um mundo tão variado, abarcar o fio condutor, o tema em comum em meio à imensa diversidade; um destemor de crescer, de buscar e de investigar que expanda os mundos privado e público. E, no entanto, no caso específico de nossa sociedade, o que prevalece é a visão estreita e cada vez mais afunilada da vida.

Há pouco tempo, fiz uma palestra numa universidade, e alguém na plateia me perguntou qual a principal diferença entre a literatura escrita por americanos negros e americanos brancos. Eu não tinha refletido muito sobre essa questão, uma vez que não é a diferença entre eles que me interessa, mas a forma como escritores negros e escritores brancos parecem estar escrevendo uma imensa história– a mesma história, em grande parte – com diferentes trechos vindos de várias perspectivas distintas. Até que isso seja amplamente reconhecido, a literatura sempre será quebrada em pedaços, negros e brancos, e sempre haverá perguntas como essa, à espera de respostas claras.

Contudo, respondi que achava que, em grande parte, os escritores americanos brancos tendiam a encerrar seus livros e as vidas de seus personagens como se não houvesse qualquer existência melhor pela qual lutar. A bruma da derrota é densa.

Em comparação, escritores negros parecem estar sempre envolvidos em uma luta física e/ou moral, cujo resultado, espera-se, é um tipo mais amplo de liberdade. Talvez isso se deva ao fato de nossa tradição literária ser baseada em narrativas de escravizados, nas quais a fuga do corpo e a liberdade da alma caminhavam juntas, ou ao fato de as pessoas negras nunca terem se sentido culpadas por pecados globais, cósmicos.

Essa comparação não se sustenta em todos os casos, é claro, e talvez não se sustente de jeito nenhum. Não costumo analisar estatísticas, sou apenas uma leitora curiosa, e essa tem sido a minha impressão após a leitura de muitos livros de autores negros e brancos.

Entretanto, há dois livros escritos por mulheres americanas que ilustram o que estou falando: *O despertar*,[1] de Kate Chopin, e *Seus olhos viam Deus*, de Zora Neale Hurston.[2]

A situação da sra. Pontellier é bem parecida com a de Janie Crawford.[3] Cada uma dessas mulheres é casada com um sujeito enfadonho, preocupado com padrões sociais, e vivem em comunidades enfadonhas, conscientes de sua prosperidade. Ambas desejam uma vida própria e um homem que as ame e as façam se sentir vivas. E as duas encontram esse homem.

Derrotada pelas amarras sociais e pela existência dos filhos (somadas à covardia de seu amante), a sra. Pontellier se suicida, em vez de desafiar as convenções e abandonar a família. Por outro lado, Janie Crawford se recusa a permitir que a sociedade dite seu comportamento, entrega-se ao amor de um homem bem mais jovem, amante da liberdade, e sobrevive para contar sua história.

Quando mencionei esses dois livros para a minha plateia, não me surpreendeu o fato de apenas uma pessoa, uma jovem poeta negra na primeira fila, já ter ouvido falar de *Seus olhos viam Deus* (foi bem oportuno eles terem lido *O despertar* na aula de "Mulheres na literatura"), e o motivo principal para isso, pelo visto, era ele ter sido escrito por uma mulher negra, cuja trajetória – no amor e na vida – era tida como irrelevante para alunos (e professores) de uma escola predominantemente branca.

É claro que eu não fui apresentada a esse livro quando era estudante, um livro que teria me empurrado mais em direção à liberdade e à experiência do que em direção à segurança e ao conforto, mas, em vez disso, fui apresentada a uma miríade de livros quase sempre escritos por homens brancos que não davam qualquer valor à maioria das mulheres que não apreciassem uma tourada ou não tivessem se voluntariado para as trincheiras na Primeira Guerra Mundial.

Por amar esses dois livros, sabendo que cada um deles foi indispensável para meu amadurecimento, para minha própria vida, eu escolhi o modelo, o exemplo de Janie Crawford. E, ainda assim, esse livro tão necessário para mim e para outras mulheres quanto o ar e a água, está fora de catálogo mais uma vez. No entanto, destilei o que pude de sua sabedoria nesse poema sobre sua heroína, Janie Crawford:

Amo o jeito como Janie Crawford

deixou os maridos

o que queria fazer dela

uma mula

e o outro que tentou convencê-la

a ser rainha.

Uma mulher, a menos que se submeta,

não é mula

nem rainha

embora tal qual uma mula possa sofrer

e como rainha andar por aí.

Dizem que alguém perguntou a Toni Morrison por que ela escreve o tipo de livro que escreve, e ela respondeu: "Porque são livros do tipo que quero ler."

Essa continua sendo minha resposta favorita a esse tipo de pergunta. Como se alguém que lê o magnífico *Sula* ou o doloroso e poético *O olho mais azul* precisasse de mais motivos para a existência desses livros do que para a existência do reflexivo e assombroso *O morro dos ventos uivantes* ou do melancólico e triunfante *Jane Eyre*. (Por triunfo, não me refiro à frase mais famosa do livro, "Leitor, eu me casei com ele", mas ao triunfo do controle de Jane Eyre sobre seu próprio senso de moralidade e sobre sua própria vontade, que não passam de reflexos de sua criadora, Charlotte Brontë, que, sem dúvida, desejava escrever o tipo de livro que *ela* queria ler.)

Flannery O'Connor escreveu que, cada vez mais, o verdadeiro romancista escreverá não o que os outros querem, e por certo não o que os outros esperam, mas aquilo que lhe interessa. E que essa direção, portanto, se afasta da sociologia, se afasta da "escrita esclarecedora", das estatísticas, e se aproxima do mistério, da poesia e da profecia. Eu acredito que isso seja verdade, *uma boa verdade*; em especial para "escritores do Terceiro Mundo"; Morrison, Márquez, Amadi, Camara Laye são bons exemplos. E não apenas acredito que isso seja verdade para escritores sérios em geral, como acredito, com tanta firmeza quanto O'Connor, que essa é nossa única esperança – numa cultura tão apaixonada por holofotes, por modas, por superficialidade como a nossa – de adquirir um senso de essência, de atemporalidade e de visão. Portanto, escrever os livros que se deseja ler significa ser seu próprio modelo.

Quando Toni Morrison disse que escreve o tipo de livro que quer ler, ela estava ressaltando o fato de que, numa sociedade em que a "literatura padrão" é tantas vezes racista e machista e, além disso, irrelevante ou ofensiva para muita gente, ela deve trabalhar por duas. Ela deve ser tanto seu próprio modelo quanto a artista seguindo, criando, aprendendo e tornando real tal modelo, no caso, ela mesma.

(É importante se lembrar de que, para uma pessoa negra, não é possível se identificar completamente com *Jane Eyre*, ou com sua criadora, não importa o quanto as admiremos. E, é claro, se a pessoa permitir que a história interfira no prazer da leitura, deve sentir arrepios ao pensar em como Heathcliff, no Novo Mundo, longe da mansão onde foi criado, acumulou a fortuna que deslumbrou Cathy.)

É comum me perguntarem por que, em minha vida e em meu trabalho, eu sinto uma necessidade desesperada de conhecer e assimilar as experiências de escritoras negras que me antecederam, a maioria delas desconhecidas por mim e por vocês até bem pouco tempo atrás; de estudá-las e de ensinar as suas obras.

Eu não me recordo do momento exato em que comecei a explorar as obras de mulheres negras, sobretudo as do passado; e no começo, por certo, não pretendia ensinar sobre elas. Naquela época, para mim, lecionar era menos gratificante do que observar as estrelas numa noite gelada. Minha descoberta dessas escritoras – a maioria delas fora de catálogo,[4] abandonadas, desacreditadas, amaldiçoadas, quase perdidas – aconteceu, como muitas coisas de valor, quase por acaso. Como ficou evidente – e isso não deveria me surpreender –, eu descobri que precisava de uma coisa que apenas uma delas poderia me dar.

Atenta ao fato de que, em meus quatro anos numa universidade negra e depois numa universidade branca, ambas de prestígio, eu não tinha ouvido uma única palavra sobre escritoras negras do passado, a primeira de minhas tarefas era apenas estabelecer que elas tinham existido. Isso feito, eu poderia respirar aliviada, com mais segurança em relação à profissão que tinha escolhido.

No entanto, o incidente que iniciou minha busca aconteceu há muitos anos: sentei à minha mesa de trabalho um dia, num quarto só meu, com fechadura e chave, e comecei os preparativos para um conto sobre vodu, um assunto que sempre me fascinou. Recolhi muitos dos elementos dessa narrativa em uma história que minha mãe me contou várias vezes. Durante a Depressão, ela havia ido à cidade se inscrever na delegacia local para receber o auxílio alimentar do governo e teve seu pedido recusado, de forma bem humilhante, pela atendente branca.

Minha mãe sempre contou isso com uma expressão muito curiosa no rosto. Ela erguia logo a cabeça mais alto ainda – estava sempre de cabeça erguida –, e havia um ar de integridade, um tipo de *calor* sagrado emanando de seus olhos. Ela dizia que tinha vivido para ver aquela mulher branca ficar velha e senil, e tão entrevada que precisava de *duas* bengalas para caminhar.

Para minha mãe, isso era uma obra clara de Deus, que, assim como no antigo hino, "(...) pode não vir quando você O quer, mas Ele nunca se atrasa!". Ao ouvir aquela história pela quinquagésima vez, percebi outra coisa: suas possibilidades na ficção.

Eu me perguntei o que teria acontecido se, depois que a velha entrevada morresse, fosse descoberto que alguém, talvez minha mãe (que ficaria mortificada só de pensar nisso, boa cristã que é), tinha feito um vodu com ela?

Então, com meus pensamentos me guiando por um mundo de maldições e feitiços de séculos atrás, eu me perguntei como um relato mais elaborado poderia ser criado a partir do que minha mãe me contou; um que fizesse jus tanto à magnitude de sua humilhação e dor quanto à falta de sensibilidade e de compaixão daquela mulher branca.

Minha terceira dúvida era: como eu poderia encontrar tudo o que precisava para escrever um texto que contivesse a *autêntica* feitiçaria dos negros?

A questão quase me leva de volta ao dia em que fiquei muito interessada em escritoras negras. Digo "quase" por conta de outra coisa, vinda de minha infância, que tornou lógica e irresistível a escolha pela feitiçaria negra para minha história. Em paralelo às várias narrativas que minha mãe contava sobre curandeiros que ela conheceu, ou de quem ouvira falar, havia a que eu ouvia com frequência sobre a minha tia Walker, a "louca".

Há muito anos, quando minha tia era uma menina dócil e obediente, crescendo em uma família rígida do Sul rural, tipicamente religiosa, ela abandonou num instante a doçura e fugiu de casa, acompanhada por um vigarista comprometido com outra.

Ao ser trazida de volta para casa pelo pai, foi declarada louca. Nos campos do Sul, na virada do século, essa "loucura" não era curada com psiquiatria, mas com pós e feitiços. (É possível assistir à ópera *Treemonisha*, de Scott Joplin, e entender o papel que o vodu desempenhava entre as pessoas negras daquela época.) A loucura da minha tia foi tratada pelo curandeiro da comunidade, que prometeu e entregou os resultados desejados. O tratamento era um saquinho de pó branco, comprado por cinquenta centavos, espalhado no chão ao redor da casa de minha tia, e uma parte do conteúdo do saquinho costurada, eu acho, dentro do corpete de sua camisola.

Então, quando me sentei para escrever o conto sobre vodu, eu sem dúvida estava com tia Walker, a louca, na cabeça.

Entretanto, minha tia havia experimentado sua loucura temporária há tanto tempo que a emoção do caso parecia fantasiosa. Em vez de memórias de família, eu precisava de informações factuais sobre o vodu como era praticado pelos negros do Sul no século XIX. (Felizmente, em nenhum momento me ocorreu que o vodu não merecesse o interesse que eu tinha por ele, ou que fosse ridículo demais para ser levado a sério.)

Eu tinha começado a ler tudo que conseguia encontrar sobre o assunto "O negro, sua cultura popular e superstições". Havia Botkin e Puckett[5] e outros, todos brancos, a maioria racistas. Como eu poderia acreditar em qualquer coisa que eles tinham escrito, quando Puckett, em seu livro, foi capaz de se perguntar se "o Negro" tinha um cérebro grande o bastante?

Bom, pensei, onde estão os *negros* pesquisadores de folclore? Onde estão os antropólogos *pretos*? Onde está a pessoa *negra* que seguiu pelas estradas do interior do Sul a reunir as informações das quais eu preciso: como curar um mal de amor, tratar barriga d'água, amaldiçoar alguém até a morte, trancar intestinos, causar junta inchada, olho caído e assim por diante. Onde estava essa pessoa negra?

E foi então que vi, numa *nota de rodapé* das vozes brancas que detinham a autoridade, o nome de Zora Neale Hurston.

Folclorista, romancista, antropóloga e estudiosa do vodu, além de mulher negra versátil, com coragem suficiente para pegar uma fita métrica e tirar as medidas de cabeças negras aleatórias no Harlem; não para provar a inferioridade delas, mas para provar que, não importava o tamanho, a forma ou a situação de servidão de seus donos: aquelas cabeças continham toda a inteligência necessária para se virar nesse mundo.

Zora Hurston, que foi para Barnard College estudar o que realmente queria aprender: os saberes de seu povo, quais rituais antigos, costumes e crenças o tornavam único.

Zora, de cabelos cor de areia e olhos audaciosos, uma garota que escapou da pobreza e da negligência dos pais graças ao trabalho duro e ao olhar atento à grande oportunidade.

Zora, que deixou o Sul apenas para poder voltar e observá-lo outra vez. Que visitou benzedeiras da Flórida à Louisiana e disse "Estou aqui. Quero aprender seu ofício".

Zora, que tinha coletado toda a cultura popular negra que eu poderia usar.

Aquela Zora.

E ao encontrar *aquela Zora* (como uma chave dourada capaz de abrir um depósito de tesouros variados), fui fisgada.

O que eu tinha descoberto, claro, era um modelo. Um modelo que, aliás, me deu muito mais do que o vodu para minha história, mais do que um dos grandes romances jamais escritos nos Estados Unidos – embora, sendo como são, os Estados Unidos não tenham percebido isso. Ela ofereceu, como se soubesse que um dia eu iria vagar pelo deserto, um registro quase completo de sua vida. E embora essa vida tenha tido várias falhas, sou para sempre grata por ela, com falhas e tudo.

Não é irrelevante, tampouco ostentação (embora eu me vanglorie um pouco da feliz relação entre mim, Zora e minha mãe), mencionar aqui que meu conto "The Revenge of Hannah Kemhuff" – baseado nas experiências de minha mãe durante a Depressão, numa coletânea de folclores compilada por Zora Neale nos anos 1920 e em minha própria relação com tudo isso a partir de uma existência contemporânea – foi logo publicado e depois selecionado por um renomado editor de narrativas curtas como um dos *Melhores Contos de 1974*.

Menciono isso porque esse conto poderia nunca ter sido escrito, pois as próprias bases de sua estrutura, a autêntica cultura popular negra vista da perspectiva de pessoas negras, poderiam ter se perdido.

Se tivessem se perdido, o que minha mãe contou não teria nenhum embasamento histórico, pelo menos não um no qual eu pudesse confiar. Eu não teria escrito a história, que gostei de escrever tanto quanto gostei de escrever qualquer coisa em minha vida, se não soubesse que Zora já tinha feito um trabalho cuidadoso, preparando o terreno por onde eu caminhava naquele momento.

Nesse conto, juntei fios históricos e psicológicos da vida de meus ancestrais e, ao escrevê-lo, senti força, alegria e minha própria continuidade. Tive aquela sensação maravilhosa, que os escritores têm de vez em quando, de estar *com* um grande número de pessoas, espíritos antigos, todos muito felizes de me ver consultá-los e reconhecê-los, e ansiosos por me mostrar, por meio da celebração de suas presenças, que eu, de fato, não estou sozinha.

Levando a declaração de Toni Morrison um pouco mais longe, se é que isso é possível, em meu trabalho, eu não escrevo apenas o que quero ler – entendendo de uma vez por todas que, se eu não o fizer, ninguém mais terá o mesmo interesse vital ou será capaz de fazê-lo a meu contento; escrevo também todas as coisas que *deveriam estar disponíveis para que eu pudesse ler*. Podemos conferir os modelos descobertos com atraso, esses escritores – a maioria, sem nenhuma surpresa, escritoras – que compreenderam que sua existência como seres humanos comuns também era valiosa e corria o risco de ser mal representada, distorcida ou perdida:

Zora Hurston – romancista, ensaísta, antropóloga, autobiógrafa;

Jean Toomer – romancista, poeta, filósofo, visionário, um homem que se importava com o que as mulheres sentiam;

Colette – cujos cabelos crespos destacam seu rosto francês com traços negros; romancista, dramaturga, dançarina, ensaísta, jornalista, apaixonada por mulheres, homens e cães pequenos; teve a sorte de não ter nascido nos EUA;

Anaïs Nin – capaz de captar tudo, qualquer detalhe;

Tillie Olsen – escritora de tamanha generosidade e honestidade; ela literalmente salva vidas;

Virginia Woolf – que salvou muitas de nós.

É isso, no fim, o que nós escritores fazemos, salvar vidas. Sejamos escritores das "minorias" ou das "maiorias". Está em nosso poder fazer isso.

E fazemos isso porque nos importamos. Nós nos importamos com o fato de Vincent van Gogh ter mutilado a própria orelha. Nós nos importamos com o fato de ele ter acabado com a própria vida atrás de uma pilha de esterco no trigal. Importa para nós que a música de Scott Joplin *viva*! Nós nos importamos porque sabemos que a vida que salvamos é a nossa.

1976

O escritor negro e a experiência sulista

Minha mãe conta uma história que aconteceu com ela nos anos 1930, durante a Grande Depressão. Ela e meu pai viviam numa cidade pequena na Geórgia e tinham meia dúzia de filhos. Eles eram arrendatários, e a comida, em particular a farinha, era quase impossível de conseguir. Para obter farinha, que era distribuída pela Cruz Vermelha, a pessoa precisava se inscrever para receber vales assinados por um representante local. Um dia, minha mãe estava prestes a sair para ir à cidade obter farinha quando recebeu uma caixa grande cheia de roupas, enviada por uma de minhas tias, que morava no Norte. As roupas estavam em boas condições, apesar de muito usadas, e minha mãe precisava de um vestido, então ela vestiu um daqueles da caixa de minha tia e o usou para ir à cidade. Quando chegou ao centro de distribuição e apresentou o vale, ela foi confrontada por uma mulher branca, que a olhou de cima a baixo com raiva e inveja evidentes.

– O que você veio fazer aqui? – a mulher questionou.

– Vim por causa da farinha – minha mãe respondeu, apresentando o vale.

– Hum – resmungou a mulher olhando para ela com mais atenção e com uma fúria visível. – Uma pessoa bem-vestida como você não precisa vir aqui *implorar* por comida.

– Não estou – minha mãe respondeu. – O governo está doando farinha para quem precisa, e eu preciso. Não estaria aqui se não precisasse. E essas roupas foram doadas.

No entanto, a mulher já tinha se voltado para outra pessoa da fila, se dirigindo por cima do ombro ao homem branco que também estava no balcão:

– O *descaramento* desses crioulos, vindo aqui mais bem-vestidos do que eu! – Esse pensamento parecia deixá-la com mais raiva ainda, e minha mãe, arrastando três filhos pequenos, chorando de humilhação, voltou para a rua cheia de tristeza.

– O que você e papai fizeram para conseguir farinha naquele inverno? – perguntei a minha mãe.

– Bom, tia Mandy Aikens morava na mesma estrada em que a gente morava, e ela conseguiu bastante farinha. A gente tinha uma boa reserva de milho, então houve comida suficiente. Tia Mandy trocava um balde de farinha por um balde de fubá. Deu tudo certo.

Então ela acrescentou, pensativa: – E aquela velha que me dispensou tão depressa, no fim, ficou tão mal que precisou de *duas* bengalas para poder andar. – E eu sabia que ela estava pensando, embora nunca tenha dito: "E aqui estou eu, com oito filhos saudáveis e três na faculdade, quase sem passar um dia doente durante anos. Jesus não é maravilhoso?"

Esse breve relato revela a condição e a força de um povo. Desterrado para ser humilhado e usado por um grupo maior, o trabalhador rural arrendatário negro e pobre do Sul se voltou para seus semelhantes e se apegou a uma religião que lhe fora imposta para pacificá-lo como escravizado, mas que ele logo transformou em antídoto contra a amargura. Contando uns com os outros, porque não podiam depender de mais nada nem de mais ninguém, os arrendatários muitas vezes conseguiam se virar "bem". E sempre que ouço minha mãe contar e recontar essa história, percebo que o revanchismo da mulher branca é menos importante do que a generosidade engenhosa de tia Mandy ou a plantação de milho de minha mãe. Pois suas vidas não se pautavam por aquele exemplo lamentável de mulher sulista, mas por elas mesmas.

O que o escritor negro do Sul herda como um direito natural é o senso de *comunidade*. Algo simples, mas surpreendentemente difícil de encontrar, em especial nos dias de hoje. Minha mãe, que é um registro ambulante de nossa comunidade, me conta que, toda vez que um de seus filhos nascia, a parteira aceitava como pagamento algo feito ou cultivado em casa, como uma colcha, um porco, potes de frutas e vegetais em conserva. E ninguém duvidava que a parteira viria quando fosse necessário, qualquer que fosse o pagamento por seus serviços. Penso nisso sempre que ouço falar de um hospital que se recusa a receber uma mulher em trabalho de parto, a menos que ela disponha de uma boa quantia de dinheiro, à vista.

Tampouco sou nostálgica, como escreveu certa vez um filósofo francês, pela pobreza perdida. Minha nostalgia é pela solidariedade e pela partilha que uma existência modesta às vezes pode proporcionar. Nós sabíamos, suponho, que éramos pobres. Alguém sabia; talvez o proprietário de terra, que pagava de má vontade 300 dólares a meu pai pelo trabalho de um ano. Mas nunca nos considerávamos pobres, a não ser, é claro, que nos humilhassem de modo deliberado. E porque nunca acreditamos ser pobres, e, portanto, sem valor, podíamos contar uns com os outros sem constrangimento. E sempre existiram as Sociedades Funerárias e grupos de auxílio aos doentes e inválidos, que brotavam por simples necessidade. E ninguém parecia muito chateado pelo fato de os arrendatários negros serem ignorados pelas empresas de seguros. Desnecessário dizer que, nos tempos de minha mãe, nascimento e morte exigiam a ajuda da comunidade, e que a magnitude desses eventos não era compreendida por quem era de fora.

Na universidade, passei a rejeitar o cristianismo de meus pais e levei anos para perceber que, embora tenham sido alimentados à força com um paliativo do homem branco em forma de religião, eles o transformaram em algo ao mesmo tempo simples e nobre. É verdade que, ainda hoje, não conseguem visualizar uma imagem de Deus que não seja branca, e isso é uma grande crueldade, mas suas vidas demonstram uma maior compreensão dos ensinamentos de Jesus do que a vida daqueles que acreditam de verdade que Deus *precisa* ter uma cor e que é possível existir um fenômeno como a igreja "branca".

A riqueza da experiência do escritor negro no Sul pode ser impressionante, embora algumas pessoas não pensem assim. Uma vez, quando estava na faculdade, eu disse a um homem branco de meia-idade, do Norte, que eu queria ser poeta. Da maneira mais gentil possível, que ainda assim me deixou mais furiosa do que nunca, ele deu a entender que uma "filha de fazendeiro" talvez não fosse a matéria da qual se fazem poetas. É claro que, até certo ponto, ele tinha razão. Um casebre com mais ou menos uma dúzia de livros é um lugar improvável para se descobrir um jovem Keats. Entretanto, é um pensamento estreito, de fato, acreditar que um Keats é o único tipo de poeta que alguém gostaria de se tornar. Há quem queira escrever poesia que seja entendida pelo seu povo, não pela rainha da Inglaterra. É claro que, se ela puder desfrutar dessa poesia, tanto melhor, mas uma vez que isso é pouco provável, satisfazer seus gostos seria perda de tempo.

Para o escritor negro sulista, vindo diretamente do campo, como era o caso de Wright[6] – as cidades Natchez e Jackson[7] ainda não são tão urbanas quanto gostariam –, existe um mundo de comparações; entre o campo e a cidade, entre a aglomeração feia e a tristeza das cidades e a clareza espaçosa (que de fato parece imune a sujeira) do campo. Uma pessoa do campo considera a cidade tão desconfortável quanto um vestido apertado. E na memória permanecem todos os rituais da infância: o calor humano e a vivacidade dos cultos de domingo (pouco importa que você nunca tenha acreditado neles) numa pequena igreja escondida da estrada, e casas construídas tão dentro da floresta que fica impossível para um estranho encontrá-las à noite. Os dramas diários que se desenrolam num mundo tão particular são puro ouro. Mas essa visão de uma existência muito particular e escondida, com suas vitórias, fracassos, extravagâncias, não é nem de perto tão valiosa para um escritor negro sulista com consciência social quanto o é seu duplo ponto de vista. Pois não só ele está em condições de ver seu próprio mundo e a comunidade ao redor (os reencontros no domingo do Advento, churrascos para angariar fundos para a África – uma das pequenas ironias –, a simplicidade e a calma sinistra de um funeral negro, em que a pessoa amada é enterrada no meio da floresta sem nada que indique o local além de, talvez, uma cruz de madeira caindo aos pedaços), como também é capaz de compreender, com marcante e silenciosa precisão, as pessoas que compõem o mundo mais amplo que silencia e reprime o seu.

Tem seu mérito um escritor como Ernest J. Gaines, autor negro que escreve acima de tudo sobre o povo com o qual ele cresceu na Louisiana rural, que consegue escrever sobre negros e brancos tal como os enxerga e os conhece, em vez de se referir a um grupo como homogêneo e maligno e ao outro como um conglomerado de virtudes perfeitas.

Em grande medida, escritores negros sulistas devem a clareza de sua visão a pais que não sucumbiram ao racismo e assim se recusaram a se ver como seres humanos menores. Nossos pais pareciam saber que uma emoção muito negativa acerca de outros seres humanos, por razões que não podemos controlar, pode causar cegueira. A cegueira acerca de outros seres humanos, especialmente para um escritor, equivale à morte. Por causa dessa falta de visão sobretudo racial, a obra de muitos escritores sulistas tem perecido. Muito do que lemos hoje em dia está expirando depressa demais.

Meu leve apego a William Faulkner[8] se rompeu de vez ao perceber, depois de ler declarações dadas em *Faulkner in the University*,[9] que ele acreditava que os brancos eram moralmente superiores aos negros; que os brancos tinham o dever (que eles assumiriam de acordo com sua conveniência) de "trazer os negros para o mesmo lado" em questões políticas, uma vez que os negros, na opinião de Faulkner, ainda não "estavam prontos" para desempenhar bem as funções numa sociedade democrática. Ele pensava também que a inteligência de um homem negro está diretamente relacionada à quantidade de sangue branco dentro de si.

Para a pessoa negra crescendo nos anos 1960, no tempo em que Martin Luther King se posiciona contra os assassinatos de Goodman, Chaney e Schwerner,[10] parece não haver base para essas suposições. Tampouco havia na época de Garvey,[11] de Du Bois,[12] de Douglass[13] ou na de Nat Turner.[14] Nem em nenhum outro período de nossa história, desde a fundação desse país; pois não cabia aos escravizados ser escravizados e também santos. Ao contrário de Tolstói, Faulkner não estava preparado para lutar pela mudança na estrutura da sociedade em que nasceu. É possível admitir que, em sua ficção, ele tentou examinar os motivos da decadência dessa sociedade, mas, infelizmente, como aprendi enquanto tentava ensinar Faulkner a alunos negros, não é possível, de uma distância tão curta, separar o homem de sua obra.

Lemos Faulkner sabendo que seus personagens "de cor" tinham de entrar pela porta dos fundos, e então nos sentimos inquietos, e por fim furiosos por Faulkner não ter queimado aquela casa inteira. Se a mentalidade provinciana dá a partida e *continua* num curso estreito e sem questionamentos, é o "gênio" que deve apontar o caminho.

Flannery O'Connor ao menos tinha a convicção de que a "realidade" é, na melhor das hipóteses, superficial, e de que o quebra-cabeça da humanidade é mais difícil de resolver do que o da raça. Contudo, a senhorita O'Connor não tinha a alma de alguém da Geórgia, embora tenha nascido lá. A maioria dos escritores sulistas tem sido reprimida demais por costumes sociais em voga para se aprofundar em mistérios que, como insistem os conselhos municipais, nunca devem ser revelados.

Talvez meus irmãos do Norte não acreditem quando digo que, em minhas origens "pouco privilegiadas", há uma grande quantidade de bom material que posso aproveitar. Mas eles nunca moraram, como eu morei, numa casa situada no fim de uma longa estrada, com um lado voltado para o fim do mundo e o outro para quilômetros e quilômetros sem ninguém por perto. Eles nunca experimentaram a calma magnífica de um dia de verão, quando o calor é intenso e se sente tanta sede que, ao andar por campos de algodão empoeirados, a pessoa aprende para sempre que a água é a essência da vida. Nas cidades, não é possível sentir com tanta clareza que somos criaturas da terra, sentindo o solo entre nossos dedos dos pés, sentindo o cheiro do pó que a chuva espalha, amando tanto a terra que às vezes dá vontade de prová-la, e às vezes provamos.

Não tenho a intenção de romantizar a vida negra no Sul rural. Consigo me lembrar que, em geral, eu a odiava. O trabalho duro nos campos, as casas caindo aos pedaços, os homens cruéis e gananciosos que fizeram meu pai trabalhar até a morte e quase destruíram a coragem daquela mulher forte, minha mãe. Não, estou apenas dizendo que escritores negros do Sul, como a maioria dos escritores, têm uma herança de amor e ódio, mas também enormes riqueza e beleza nas quais se inspirar. E, tendo sido colocados, como disse Camus, "a meio caminho entre a miséria e o Sol", eles também sabem que "embora nem tudo vá bem sob o Sol, a história não é tudo".[15]

Ninguém poderia desejar uma herança mais vantajosa do que aquela legada ao escritor negro no Sul: uma compaixão pela terra, uma confiança na humanidade além de nosso conhecimento do mal, e um amor duradouro pela justiça. Nós herdamos também uma grande responsabilidade, pois devemos dar voz a séculos não apenas de amargura e ódio silenciosos, mas também de vizinhança gentil e amor substancial.

1970

"Mas ainda assim o descaroçador de algodão continuou funcionando..."

Querida amiga,

Escrevo neste momento porque me contaram que você dá aulas aos professores da nova Headstart Friends of the Children of Mississippi[16] [FCM] e quer saber tudo a nosso respeito, ou o quanto a gente puder contar. Eu acho que a FCM é uma coisa boa para as crianças negras. Eu mesmo tenho três netos que são assistidos pelo programa.

Bom, você sabe que por todo o estado do Mississipi temos tido momentos difíceis, e as coisas não dão sinal de melhora, mas, como todos vocês dizem, por intermédio de Deus, nós venceremos mais adiante. Eu estou pedindo a Deus que o futuro seja melhor, porque parece que não fizemos nada de bom até agora.

Preciso dizer que vivemos num mundo cruel aqui no condado de Amite. O que me faz falar como José: "Deus dá e Deus tira, louvado seja Deus".

Eu me chamo B.E.F. Quando eu tinha dezessete anos de idade, os brancos quiseram me levar para longe da minha mãe porque eu era um bom trabalhador, mas ela não concordou, porque meu pai tinha morrido, e não havia mais ninguém além de mim e ela. Eles queriam me tirar de casa para que eu trabalhasse para eles. Como eu não aceitei, eles me mandaram para a cadeia me acusando de ter roubado uma vaca. Mas nenhuma queixa foi registrada contra mim. Eles me prenderam em 20 de maio de 1910 e me deixaram na cadeia até outubro. Em 26 de outubro, me condenaram a cinco anos de prisão, e então voltei para casa em 1914, quando me casei. Eu já vi algumas coisas ruins em Amite, como um homem chamado Isaac Simond que tinha ido para Jackson, pagou os impostos de sua terra e garantiu a posse para ele e para o pai, e os brancos queriam comprar a madeira dele, e ele não queria vender para os brancos. Num domingo de manhã, os brancos foram até a casa dele, um grupo de seis. Colocaram uma faca no pescoço dele e o levaram até o carro, botaram o filho dele no carro e desceram a estrada em direção à igreja, saíram do carro para pegar um chicote para açoitar o homem, mas ele conseguiu fugir e correu, e então mandaram chumbo grosso nele. O xerife era o sr. Wiley S..., que foi até lá e fez um interrogatório. Um dos negros perguntou ao senhor Wiley "o que vamos fazer agora?". Ele disse, "Ele está ali, peguem ele e façam o que vocês quiserem". Todos eles tinham armas de tudo que é tipo, e nós não tínhamos nenhuma proteção; quando a gente pegou nele, o sangue escorreu como água de uma peneira.

Outro homem, chamado Herbert Lee, foi morto a tiros no descaroçador de algodão por um dos representantes do condado de Amite e ficou lá caído por quatro horas até que alguém prestasse atenção nele. Mas ainda assim o descaroçador de algodão continuou funcionando. Havia quatro pessoas no descaroçador, e eles fizeram três dos negros que tinham testemunhado esquecer o que tinham visto, e então fizeram Louis Allen dizer que não tinha visto nada, mas ele se recusou. Mais tarde, Louis foi morto por ter testemunhado contra o xerife. Atiraram três vezes nele, no portão de casa. Os miolos dele ficaram amontoados embaixo do caminhão.

Bem, essa é a maior parte das histórias que consigo lembrar, se você realmente quiser, eu espero que elas ajudem as crianças que se matricularem em Headstart.

Atenciosamente,

B.E.F., condado de Amite, Mississipi.

A carta de B.E.F. me foi apresentada por uma amiga. Eu nunca conheci o remetente. A sra. Winson Hudson, por outro lado, eu conheci bem. É uma mulher bonita e grande, com pele acobreada e cabelo crespo escuro. Seus olhos são castanho-escuros e alertas de um modo incomum. Sempre que ela fala com alguém, seus olhos envolvem a pessoa; ao mesmo tempo, parecem analisar a paisagem. Os olhos dizem muito sobre a sra. Hudson, pois ela é um dos "insones" encontrados nas cidades conflituosas do Mississipi cuja luta tem sido não apenas contra leis injustas e assédio verbal, mas também contra armas e bombas caseiras.

Na primeira vez que encontrei a sra. Hudson, tendo ouvido muito sobre ela por parte de meu marido e de outras pessoas que haviam testemunhado sua energia e coragem, ela me entregou vinte páginas de texto. Nós nos sentamos debaixo de uma árvore no Centro de Headstart, dirigido por ela, e lemos juntas partes de sua "história". Ela me disse que estava escrevendo sobre sua vida porque, entre outros motivos, não sabia quanto tempo ela ia durar. Acrescentou que queria deixar algum tipo de registro para a comunidade, esclarecendo tudo o que aconteceu, para que as crianças soubessem dos fatos e do papel que ela desempenhou. Ela se incomodava muito com a impressão de que, muitas vezes, seu "próprio povo" não a compreendia e deixava de perceber que a agitação que ela gerava na comunidade – pelo fim da segregação, pelo ensino de qualidade, por empregos, por Headstart – não era para si mesma ou para um grupo específico, mas para todos no condado.

Nós fizemos um acordo, a sra. Hudson e eu. Ela me enviaria as páginas recentes de sua autobiografia à medida que as escrevesse, e eu seria a datilógrafa e editora, devolvendo as páginas para que ela as conferisse. Uma coisa interessante sobre a sra. Hudson e sua autobiografia é que ela quer apenas um número de exemplares impressos suficiente para que todas as pessoas negras em sua comunidade tenham a chance de ler. (No momento, estamos no meio da história. Ela precisou deixar o Mississipi há pouco tempo para um merecido descanso, e eu estou por ora perdida sem saber onde seu relato vai chegar e como afinal o deixaremos do jeito que ela quer.) Trabalhar com a sra. Hudson tem sido um exercício de humildade para mim, porque ela é uma parte eloquente de uma imensa força silenciada e ignorada. Quando as pessoas falam da coragem e da "honra" do Sul, não se referem a pessoas como a sra. Hudson; eles nem sequer sabem que tais pessoas existem. Entretanto, elas existem, e para todos os filhos e filhas do Sul, sua existência é motivo de alegria. Segue um trecho de *A autobiografia da sra. Winson Hudson, uma mulher negra do Mississipi*:

> A casa da minha irmã foi bombardeada duas vezes porque ela usou o nome da filha no processo judicial de integração, junto com o filho de Medgar Evers e com o filho do doutor Mason, em Biloxi, no Mississipi. Nossa casa deveria ter sido bombardeada em novembro de 1967, mas nós ouvimos o caminhão. Por acaso, eu estava de guarda até meia-noite naquele dia. Medgar sempre nos alertou para ter cuidado o tempo todo. Ele disse: "Eu preciso dizer a verdade a vocês. Vocês não têm proteção nenhuma." Eu acreditei em Medgar Evers; mais ou menos três semanas antes de ele ser assassinado, nós estivemos com ele em um tribunal federal, em Jackson. Ele parecia tão triste. Volta e meia, nós conseguíamos encontrar

algo que nos fizesse rir. Medgar era um vidente; muitas das coisas que ele nos disse vieram a acontecer. Você terá muito desgosto, seu povo irá renegar você...

Na noite em que a Klan estava voltando a nossa casa para jogar uma bomba, minha única filha estava morando conosco enquanto o marido estava no Vietnã. Ela estava esperando um bebê. Estava enjoada naquela noite e também ouviu o caminhão. Eu falei para ela se levantar e correr para o quarto dos fundos. Meu marido e eu começamos a sair para começar a atirar. Àquela altura, o pastor alemão já tinha feito a Klan ir embora. Corri para telefonar e avisar a minha irmã que se preparasse. Nessa hora, a bomba explodiu na casa dela. Peguei o telefone e ouvi a filhinha da minha irmã gritar: "Ah, mamãe! Ah, mamãe!". Fui lá para fora. Meu marido estava atirando, descarregando todas as armas. Minha filha tentava me impedir, achando que a Klan poderia me matar. Ela disse que não sabia de onde vinham os tiros e as bombas. Eu me desvencilhei da minha filha, e ela caiu no chão de concreto da varanda. Quando dei por mim, ouvi minha filha dizer: "Mamãe, eu fui ferida." Mais ou menos um dia depois, tivemos de correr com ela para o Hinds General Hospital. O bebê precisava nascer. A criança foi salva, mas teve de ficar no hospital por um bom tempo. Apesar de tudo, estávamos tão felizes por ter salvado o bebê...

Apenas um mês depois, chegamos em casa e encontramos minha filha chorando. O xerife adjunto tinha trazido um telegrama dizendo que o marido dela havia sido ferido no Vietnã. Minha filha escrevia para ele quase todos os dias, mas ele recebia a correspondência de vez em quando. Ele estava de guarda na noite em que puseram em ação os planos para destruir nossa casa e a família dele aqui nos Estados Unidos. Estava de guarda no Vietnã, protegendo a fronteira com o Camboja.

Ele voltou do Vietnã em novembro. Havia tomado três tiros, um no peito, um na perna e um no joelho. A bala no peito terá de ficar lá para sempre ou pelo tempo que ele viver. Eu tinha pedido a minha filha que não lhe escrevesse contando do terrível incidente enquanto ele estava no Vietnã. Mas a essas alturas ele já sabe de tudo. E vou deixar por conta de

> cada um imaginar como ele se sente em relação a esse país no qual seu filho terá de crescer.

No último verão, me ofereceram um emprego como consultora de história negra para o Friends of the Children of Mississippi. Esse programa de Headstart tinha chamado minha atenção porque existiu durante três anos sem apoio ou intervenção do governo. O diretor era um jovem do Comitê Coordenador Estudantil Não Violento (Student Nonviolent Coordinating Comitee[17] – SNCC). Meu trabalho era criar materiais sobre a história negra para professoras das crianças dos Centros de Headstart, uma vez que os Friends of the Children perceberam que seria impossível para as professoras ensinar "negritude" a crianças pequenas se elas mesmas não soubessem do que se tratava. Eu deveria dedicar dois *workshops* com duração de uma semana ao ensino dessas professoras; descobri que eram noventa mulheres de várias partes do estado. Algumas delas haviam sido professoras nas escolas públicas do Mississipi, a maioria trabalhara como empregada doméstica, muitas haviam trabalhado no campo. Quase todas tinham filhos, embora, em geral, já fossem adultos e tivessem saído de casa. A média educacional talvez fosse a quinta série, mas todas eram inteligentes, dispostas a trabalhar, ansiosas por aprender e muito preocupadas com o bem-estar das crianças para as quais davam aula. Como eu sabia disso? Porque muitas, a maioria delas, na verdade, tinham trabalhado de um mês a um ano e meio nos centros de Headstart por menos de dez dólares por semana. Em muitos meses, elas trabalhavam de graça.

Assumi meu trabalho cheia de entusiasmo. Essas eram mulheres com as quais eu me identificava, mulheres que fariam qualquer coisa pelo bem de crianças negras. Eram mulheres que Charles White[18] desenharia, com estruturas largas, dentes de ouro e braços roliços; mulheres que haviam trabalhado nos campos de algodão por cinquenta centavos ao dia. No primeiro dia, antes do início da aula, eu senti como se a sala estivesse cheia de minhas mães. É claro, ensinar-lhes a história negra em duas semanas de palestras, filmes e fotos, era outra conversa.

Foi difícil. E eu não tenho nenhum motivo para acreditar que fui bem-sucedida.

Em primeiro lugar, para minhas alunas, a "história" era uma ilustre desconhecida. Muitas delas liam muito pouco, e, é claro, como fazê--las se relacionar com uma história que nunca fora escrita? *Pergunta:* "Qual foi o período da escravidão?". *Resposta:* "Por volta de 1942?". E como eu poderia subestimar o valor dessa resposta, embora ela nem de longe oferecesse à turma a perspectiva de que tanto precisávamos?

Como você ensina a mulheres de meia-idade e mais velhas, dedicadas, mas com uma educação incompleta, a importância de seu passado? Como você as faz entender a dor e a beleza de uma herança que elas foram ensinadas a enxergar com vergonha? Como você as faz apreciar a própria resistência, a criatividade, a incrível amabilidade do espírito? Deveria ter sido simples como entregar um espelho a cada uma delas, mas não foi assim. Como mostrar a conexão entre o presente e o passado se Faulkner, tão eloquente, mas moralmente atordoado, escreveu "o passado nem sequer passou"?

Tente dizer a uma mulher de sessenta anos, nascida no delta do Mississipi, que os homens negros inventaram qualquer coisa, que mulheres negras escreveram sonetos, que há muito tempo as pessoas negras já eram os mesmos seres humanos de hoje em dia. Tente lhe dizer que seu cabelo crespo é lindo. É provável que ela comece a recitar a Bíblia, e que você descubra, com tristeza, que ela ainda acredita na maldição de Cam.

Eu pensei sobre o problema, falei sobre ele durante horas com pessoas que pudessem me ouvir e me aconselhar. Como o tempo era muito curto, me parecia que mais importante do que ensinar a minhas alunas "fatos" sobre a África, a escravidão e as leis Jim Crow[19] (embora eu tenha feito isso, na medida do possível) seria dar a elas também uma noção do que *é* a história. E para que elas vissem a si mesmas e a seus pais e avós como parte de um movimento vivo e criativo no tempo e no espaço, aproveitei minha experiência com a sra. Hudson e lhes pedi que escrevessem suas autobiografias; o que elas passaram, algumas com considerável dificuldade, a fazer.

Durante as sessões dessa oficina, eu tinha percebido que a própria palavra "negra" não ocorria a algumas dessas mulheres com facilidade. (Isso se aplicava em particular às cinco ou seis professoras brancas. Eu nunca sequer entendi por que elas estavam em minhas aulas; era evidente que se sentiam desconfortáveis o tempo todo. Nenhuma delas escreveu autobiografias, e todas rejeitavam os fatos cruéis da escravidão, linchamentos etc., que eu mostrava em filmes. "Eu só não consigo acreditar que os brancos os tratavam *tão* mal desse jeito", disse uma delas, apontando para as mulheres negras ao seu redor, que bufaram, cruzaram os braços e riram de propósito. A ironia é que, nessa época, quatro integrantes da Klan estavam sendo julgados pelo linchamento, dois anos antes, de Vernom Dehmer, líder da NAACP[20] local, e o julgamento estava em todos os veículos da imprensa.) Pedi às mulheres que escrevessem em especial sobre o preconceito de cor dentro de suas famílias. Muitas delas ficaram irritadas com o tema e afirmaram indignadas: "Como nós podemos ter preconceitos contra nós mesmos, somos todos da mesma raça?" Elas não diziam "somos todos negros".

Os trechos a seguir representam parte dos pequenos arranhões que essas mulheres começaram a fazer na superfície de suas memórias, de sua história.

> Eu era uma de três filhos, criados pelos meus avós. Havia uma criança clara e a criança preta que sou eu. Sempre tive medo dos adultos e guardei isso comigo. Minha avó amava a neta clara e só tinha ódio de mim. – *Sra. D.M.T.*

> Eles tinham pele muito escura. Minha avó era baixa e gorda, tinha o cabelo comprido e fazia tranças pela cabeça toda. Ela usava vestidos muito longos e um avental tão comprido quanto o vestido. Meu avô era alto com a barba longa embaixo do queixo. O cabelo dele era muito comprido. Eles viveram na pequena fazenda deles e nunca tiveram o que eu chamava de "tempos difíceis". Cultivavam milho, algodão e legumes, curavam a própria carne e faziam xarope de cana. Tinham oito filhos, seis meninos e duas meninas. Meu pai dizia que eles apanhavam se desobedecessem aos pais, ou a qualquer outro adulto.

> Meus avós pensavam que as pessoas brancas sabiam tudo e que tudo o que faziam estava certo. Pensavam que pessoas negras nunca sabiam do que estavam falando nem o que estavam fazendo.

> Minha mãe criou os filhos para trabalhar e conseguir as coisas, e ser honestos, com orgulho da cor, ir para a igreja, para a escola e fazer a coisa certa. Ela nos ensinou que uma pessoa

branca não é nada melhor do que uma pessoa negra, que um homem é só um homem, não importa a cor.

Minha mãe dizia que a razão de nós sermos negros era essa: uma maldição de Deus. – *Sra. C.S.*

Meus pais nos ensinaram a nunca ter medo das pessoas brancas, porque eram pessoas como todo mundo e não nos fariam mal. Desde que a gente falasse a verdade. – *Sra. O.R.*

Em 1957, meu sexto filho nasceu, e na época eu tinha duas crianças para me ajudar a colher o algodão. Eles ainda estavam pagando três dólares por dia na colheita do algodão. Em 1960, nasceram o sétimo e oitavo, outro casal de gêmeos, e então nessa época eu tinha três crianças colhendo algodão. No dia 5 de junho de 1961, meu marido morreu. Aquele foi o dia mais horrível da minha vida. Robert não estava doente, nunca tinha ficado doente. Ele começou a sentir dores no peito. As dores começaram a ficar tão fortes que fiz meu menino ir buscar meu cunhado para chamar o médico. Robert morreu antes do médico chegar. E eu estava grávida de três meses do meu nono filho. Minha irmã veio e me trouxe para a cidade.

Eu fui e me inscrevi no bem-estar social. Então comecei a trabalhar como doméstica. Trabalhava durante o dia. Às vezes eu trabalhava nas casas de três mulheres brancas diferentes num dia por 3,50 dólares. Era o que as três me pagavam juntas. Eu pagava 1 dólar para uma mulher cuidar dos meus filhos pequenos. Em 26 de fevereiro de 1962, eu tive meu bebê. Comecei a trabalhar em casa de família outra vez. Eu trabalhava só para uma senhora. Eu trabalhava quatro dias e meio na semana, por 11,25 dólares, das 8h às 17h. Trabalhei o ano inteiro, de 1962 até maio de 1964. Então perguntei se a senhora podia me pagar mais. Ela então me deu um aumento de 6,25 dólares. Dos 18 dólares eu tinha que pagar 5 dólares por semana para a babá. Então cansei de trabalhar por nada. Comecei a procurar outro emprego que me ajudasse a sustentar meus filhos. Em 1966, comecei a trabalhar como voluntária no Grupo para Desenvolvimento das Crianças do Mississipi (Child Development Group of Mississipi – CDGM).[21] Trabalhei naquele centro por quase seis semanas

> quando o CDGM acabou no condado de Humphries. Bom, a gente continuou o trabalho. Em 1967, começamos a receber 25 dólares por semana do Friends of the Children.[22] Eu estava ganhando mais do que em toda minha vida. Em 26 de julho de 1968, quando me pagaram 65 dólares [pela semana], aquele foi um dia feliz para mim. – *Sra. D.G.*

Antes que eu tivesse a chance de ir mais longe com minhas oficinas e visitas de campo para sessões de acompanhamento, fui demitida. Infelizmente, o dinheiro para meu salário, grande parte dele, tinha vindo do Office of Economic Opportunity [Escritório para oportunidades econômicas], que, ao que parece, desaprovava cursos de estudos negros para professoras de Headstart. Na realidade, desconfio que saí de lá com um projeto pessoal cujo sucesso será em grande parte imensurável; uma vez que não acredito que o sucesso deva ser mensurável, não me importo nem um pouco.

Pouco a pouco, estou juntando esses relatos. Não para o público, mas para as mulheres que os escreveram. Será que ver as vidas umas das outras tornará o passado um pouco mais claro para elas? Não sei. Espero que sim. Espero que as contradições apareçam, mas também a fé e a graça de um povo sob contínua pressão. Muito do trabalho satisfatório na vida começa como um experimento; tendo aprendido isso, nenhum experimento é um fracasso.

1970

Formatura de 1972: um discurso

Quando Charles DeCarlo[23] me pediu para falar com vocês aqui hoje, eu logo comentei que não fazia a menor ideia do que dizer num evento como esse. Nunca tive uma cerimônia de formatura tão solene, mas fui trazida aqui direto da sala da sra. Rashenbush, depois de algumas palavras de encorajamento e de uma taça de champanhe *bem* pequena saboreada ao lado da lareira.

Devo falar sobre o quê? – perguntei.

Ao que Charles respondeu:

– Deixe-me ver: a guerra, a pobreza, a situação das mulheres, sua escrita, sua vida, como eram as coisas no tempo em que você estudava em Sarah Lawrence.[24]

Houve uma pausa. Então ele disse:

– Não precisa ser nada complicado, *nem longo*. Não será publicado nem nada, apenas fale com o coração.

Então esse discurso se chama "Como falar sobre quase tudo de modo breve com o coração".

Na última vez que falei aqui, eu já estava envolvida com um estudo sobre escritoras negras que se tornou muito mais rico nos últimos anos. Esse estudo começou um pouco depois que eu e meu marido fomos morar no Mississipi. Depois de superar o medo de que fôssemos espancados, linchados ou bombardeados, eu desenvolvi um forte interesse em como ensinar história para mulheres maduras; nesse caso, mulheres de cinquenta a sessenta anos de idade, com uma média de cinco anos de ensino fundamental. A abordagem pela qual optei, por fim, foi fazê-las escrever suas próprias autobiografias. Lendo-as, muitas vezes éramos capazes de conectar suas trajetórias aos movimentos políticos e sociais, facilitando-lhes a compreensão desses eventos.

Nem todas essas mulheres se limitavam a esperar que eu aparecesse e lhes pedisse para escrever sobre si mesmas. A sra. Winson Hudson, cuja casa foi bombardeada pela KKK mais de uma vez, já estava escrevendo sua autobiografia quando a conheci. Uma mulher notável, vivendo em Harmony, no Mississipi, a meio dia de viagem de qualquer lugar conhecido, tem profunda consciência da história, da mudança e de seu papel como líder revolucionária. Sua proteção contra a Klan era um grande pastor alemão, que latia alto quando ouvia os agressores chegando, e duas espingardas, que ela e o marido nunca hesitavam em usar. Ela queria que outras pessoas soubessem o que significava lutar sozinha contra intimidações e ameaças de morte, então começou a colocar tudo no papel.

Com a sra. Hudson, aprendi a ter um novo respeito pelas mulheres e comecei a procurar pelas obras de outras. Mulheres muitas vezes assediadas enquanto viveram e escreveram, ridicularizadas ou menosprezadas, ou apenas esquecidas sempre que os críticos julgavam apropriado. Descobri que, de fato, a maioria das mulheres negras que tentou se expressar e ganhar a vida através da escrita morreu na obscuridade e na pobreza, quase sempre antes da hora.

Não sabemos como Lucy Terry viveu ou morreu. Nós sabemos como Phillis Wheatley[25] morreu, com os três filhos, de desnutrição, numa pensão onde fazia trabalhos braçais. Nella Larsen morreu quase em completo esquecimento depois de renegar a escrita para se tornar enfermeira, um emprego que ao menos colocaria comida na mesa e um teto sobre a cabeça. E Zora Neale Hurston, que escreveu aquela que talvez seja a história de amor negro mais autêntica e tocante já publicada, morreu na pobreza nos pântanos da Flórida, onde teve de voltar a trabalhar como empregada doméstica. Tinha escrito seis livros e era folclorista e antropóloga reconhecida, tendo trabalhado com Franz Boas quando estudou na Barnard College.

Também é interessante notar que críticos negros, assim como os brancos, consideraram o clássico de Hurston, *Seus olhos viam Deus*, como o segundo melhor em relação a *Filho nativo*, de Richard Wright, escrito no mesmo período. Uma narrativa de amor sobre um homem negro e uma mulher negra que passam apenas uma ínfima parte de seu tempo se preocupando com pessoas brancas lhes pareceu bem menos importante – talvez porque uma história assim devesse ser completamente *normal* – do que um romance em que o personagem principal não tirava os brancos da cabeça.

Wright morreu reconhecido, ainda que em terras estrangeiras. Hurston morreu pobre em sua terra natal e, de certa forma, exilada.

Contudo, eu me recuso a ser de todo pessimista em relação a Hurston e às demais. Em condições adversas, elas produziram obras louváveis e, no geral, brilhantes. Tiveram vidas intensas e úteis. E, hoje em dia, embora muitas delas estejam mortas, suas obras estão sendo lidas com gratidão pelas novas gerações.

Entretanto, na atualidade, uma pessoa jovem terminando a faculdade, em especial se for mulher, deve levar em conta que suas melhores ofertas serão vistas como um aborrecimento para homens que ocupam o mesmo campo. E então, tendo levado isso em consideração, seria bom preparar a mente para combater *qualquer um* que tente atrapalhar seu crescimento com a mesma dose de coragem e tenacidade com a qual a sra. Hudson combate a Klan. Se a pessoa for negra e estiver caindo no mundo, deve estar armada em dobro, preparada em dobro. Porque, para ela, não há apenas um mundo novo a ser conquistado, há um mundo antigo a ser reivindicado. Há inúmeras mulheres desaparecidas e esquecidas que, apesar de tudo, estão ansiosas para dialogar – de Frances Harper[26] e Anne Spencer[27] a Dorothy West[28] –, mas é preciso esforço para encontrá-las, livrá-las do esquecimento e da opressão do silêncio que lhes foi imposto porque eram negras e porque eram mulheres.

Mas lembre-se, por favor, especialmente em tempos de efeito manada e aprovação em coro, que ninguém é seu amigo (ou semelhante) se exige seu silêncio ou lhe nega o direito de crescer e de ser reconhecida na plenitude que você pretendia. Ou menospreza de qualquer maneira o dom que você se esforça para trazer ao mundo. É por isso que historiadores são em geral inimigos das mulheres, das negras com certeza, e são, com muita frequência, as mesmas pessoas diante das quais precisamos nos sentar para aprender. Ignorância, arrogância e racismo têm prosperado como Conhecimento Superior em muitas e muitas universidades.

Eu me sinto desencorajada se um integrante do corpo docente de Sarah Lawrence diz que não existe literatura escrita por mulheres negras suficiente para fazer um curso completo de um ano. Ou que a quantidade de literatura negra genuína é pequena demais para justificar um ano inteiro de pesquisa. Isso é inacreditável. Fico transtornada por Eldridge Cleaver[29] ser visto como o sucessor de Ralph Ellison[30] em um campus como este – é como dizer que *Sexual Politics*,[31] de Kate Millet, faz dela a nova Jane Austen. É chocante ouvir que a única escritora negra da qual acadêmicos brancos e negros ouviram falar é Gwendolyn Brooks.[32]

Felizmente, o que Sarah Lawrence ensina é uma lição chamada "Como se sentir abalada e desencorajada mas não desistir ou morrer", e quem aprendeu essa lição nunca se arrependerá, pois nunca faltarão oportunidades para aplicá-la.

Seu trabalho, quando vocês saírem daqui – assim como foi para as mulheres formadas antes de vocês –, é mudar o mundo. Nada menos nem mais fácil do que isso. Espero que tenham andado lendo a produção recente sobre a liberação das mulheres, mesmo que não concordem com tudo. Pois vocês vão descobrir, como mulheres têm descoberto ao longo das eras, que mudar o mundo demanda muito tempo livre. Exige muita mobilidade. Exige dinheiro e, como Virginia Woolf colocou tão bem, "um quarto só seu", de preferência com fechadura e *chave*. O que significa que as mulheres devem estar preparadas para pensar por conta própria, o que significa, sem dúvida, problemas com namorados, amantes, maridos, o que significa todo tipo de sofrimento e coração partido, e momentos em que você se perguntará se independência, liberdade de pensamento e seu próprio trabalho valem tudo isso.

Nós devemos acreditar que sim. Pois o mundo não é bom o bastante; nós precisamos torná-lo melhor.

No entanto, é um ótimo momento para ser mulher. Um momento maravilhoso para ser mulher negra; o mundo, eu descobri, não é rico apenas porque dia a dia nossas vidas são tocadas por novas possibilidades, mas porque o passado está cheio de irmãs que, em suas épocas, brilharam como ouro. Elas nos dão esperança, elas demonstram o esplendor de nosso passado, o que deveria nos libertar para reivindicar a plenitude de nosso futuro.

Tendo tocado nesses assuntos com franqueza, devo falar a respeito de outra coisa que aprendi desde que me tornei uma criança de dez anos mais madura. Qualquer escola perderia o valor sem grandes professores. É claro que tenho algumas grandes professoras em mente.

Quando vim para Sarah Lawrence, minha tutora era Helen Merrel Lynd. Ela foi a primeira pessoa que conheci a tornar a filosofia compreensível e a fazer de seu estudo algo natural. Foi ela quem me conduziu pelas obras de Camus e me mostrou, pela primeira vez, como a vida e os sofrimentos são sempre professores, ou, de acordo com Camus, a vida, o sofrimento e a *alegria*. Com Rilke, vim a entender que até a solidão tem sua serventia, e que a tristeza é com certeza uma fonte de criatividade. Desde que estudei com ela, tudo na vida, a tristeza, assim como a alegria, tem sua importância, seu significado e sua *utilidade*. Ela continua a me ensinar, em seu papel de "mulher mais velha". Antes de conhecê-la, sempre pensei que, depois de se aposentar, as pessoas não faziam nada. Ela trabalha e aproveita a vida como fazia antes. É claro, passou a ter mais tempo para se dedicar à escrita de seu mais novo livro. As mulheres mais jovens precisam saber disso, que a vida não estanca num ponto arbitrário. Cientes disso, podemos encarar os anos com confiança, expectativa e coragem.

Outra grande professora foi Muriel Rukeyser, que conseguia relacionar Fujiyama com a Guerra Civil Espanhola, e poesia com desfralde. Se você já conversou com alguém sobre consciência cósmica, sabe do que estou falando. Às vezes, acho que ela ensinava só por meio de insinuações e sugestões. Mas, acima de tudo, ela ensinava por meio da coragem de sua própria vida, o que, para mim, é a forma mais refinada de ensinar. Assombrada por muito pouco, intimidada por ninguém, Muriel Rukeyser, a poeta, e Muriel Rukeyser, a profetisa, a realizadora da verdade (e devo acrescentar a única e original, o que pareceria redundante se aplicado a qualquer outra pessoa), me ensinou que é possível viver nesse mundo como você quiser. Se não fosse por ela, talvez eu nunca tivesse encontrado a coragem para deixar não apenas a faculdade Sarah Lawrence, como também, mais tarde, o Departamento de Bem-estar Social da cidade de Nova York para me tornar uma escritora.

E quem consegue expressar a magia que é uma aula de Jane Cooper? Sempre penso em Helen Lynd como uma tulipa. Vermelho-alaranjada. Frágil, mas firme. Forte. Vejo Muriel Rukeyser como uma ametista, intensa e valiosa. Púrpura. Cheia de mudanças místicas, humores e feitiços. Mas Jane Cooper sempre foi um pinheiro. Quieta, ouvinte, sincera. Como a árvore que você adota como melhor amiga aos sete anos de idade. Capaz de se tornar ainda mais querida por ter resistido a tantas tempestades, ainda disposta a ouvir e a propiciar paz.

Essas mulheres foram o presente de Sarah Lawrence para mim. E, sempre que penso nelas, compreendo que toda mulher é capaz de trazer de verdade outra mulher a esse mundo. É isso o que todas nós devemos fazer umas pelas outras.

Meus presentes para vocês hoje são dois poemas: "Não seja a queridinha de ninguém", uma espécie de conselho fraterno sobre uma possibilidade perigosa, e "Consolo", para as jovens escritoras que anseiam, geralmente quando ainda não estão prontas, por dizer as palavras que vão corrigir o mundo.[33]

NÃO SEJA A QUERIDINHA DE NINGUÉM

Não seja a queridinha de ninguém;
Seja uma forasteira.
Pegue as contradições
De sua vida
E se enrole
Como num xale,
Para se defender das pedras
Para se manter aquecida.

Observe as pessoas sucumbindo
À loucura
Com grandes vivas;
Deixe que lhe olhem desconfiadas
E sua desconfiança olhar de volta.

Seja uma forasteira;
Aprecie andar sozinha
(Fora de moda)
Ou junte-se à multidão
Nas bordas dos rios
Com outros tolos
Impetuosos.

Crie um encontro feliz
Na margem
Onde milhares pereceram
Pois tristes palavras corajosas
Eles disseram.

Não seja a queridinha de ninguém;
Seja uma forasteira.
Digna de viver
Entre seus mortos.

CONSOLO

Devo amar as perguntas
por si mesmas
como Rilke disse
como quartos trancados
cheios de tesouros
que minha chave
cega e tateante
não consegue ainda abrir
e esperar por respostas
como cartas
não lacradas
enviadas com intenções dúbias
e escritas numa língua
muito estrangeira.

e no constante fazer
de mim mesma
nenhuma ideia de Tempo
há de forçar, entulhar
o espaço
onde cresço.

1972

Além do pavão:
a reconstrução de Flannery O'Connor

Depois de um evento de poesia em uma universidade que tinha acabado de abolir sua política segregacionista, na Geórgia, alguém mencionou que, em 1952, Flannery O'Connor e eu tínhamos vivido bem perto uma da outra, na mesma estrada Eatonton-Milledgeville. Eu tinha oito anos de idade em 1952 (ela deveria ter 28), e nós nos mudamos para longe de Milledgeville em menos de um ano. Ainda assim, como eu amava a obra dela há tempos, a coincidência de termos vivido perto uma da outra me intrigou e me levou a pensar nela novamente.

Quando eu era uma estudante universitária nos anos 1960, lia seus livros sem parar, sem me dar conta da diferença dos contextos racial e econômico dela e do meu, mas me afastei de sua obra com raiva ao descobrir que, enquanto eu lia O'Connor – sulista, católica e branca –, havia outras mulheres escritoras, algumas delas sulistas, outras religiosas, todas negras – que não tive a oportunidade de conhecer. Por muitos anos, enquanto procurava, encontrava e estudava mulheres negras, afastei-me deliberadamente de O'Connor, me sentindo quase envergonhada por tê-la lido primeiro. E, ainda assim, mesmo que não a lesse mais, eu sentia sua falta, e percebi que, embora o resto dos EUA pudesse não se importar, tendo suportado a segregação literária por tanto tempo, eu nunca ficaria satisfeita com essa situação. Eu teria de ler Zora Hurston *e* Flannery O'Connor, Nella Larsen *e* Carson McCullers, Jean Toomer *e* William Faulkner, antes que pudesse começar a me sentir alguém com uma carga *boa* de leitura.

Em 1974, pensei que seria uma boa ideia visitar as duas casas, a minha e a de Flannery O'Connor, para ver o que poderia ser aprendido 22 anos depois de termos nos mudado e dez anos depois de sua morte. Parecia certo ir primeiro à minha antiga casa – para estabelecer prioridades no olhar, por assim dizer – e então à casa dela, para ver, pelo menos, se os pavões ainda estavam lá. Convidei minha mãe para essa exploração um tanto nostálgica, e ela, curiosa a respeito de casas abandonadas e pavões, nem tanto a respeito de escritores e literatura, aceitou.

Então, no reluzente carro novo de minha mãe, que ela havia aprendido a dirigir aos 61 anos, nós atravessamos as rodovias arborizadas da Geórgia para revisitar nosso passado.

Na estrada que levava a nossa antiga casa, nós nos deparamos com uma cerca, um portão e uma placa de propriedade particular. O carro não passava pelo portão, e para além dele, tudo era pasto lamacento. Fiquei chocada ao me lembrar de que, enquanto morávamos aqui, vivíamos literalmente num pasto. Essa era uma memória que eu tinha reprimido. Naquele momento, isso me assustava.

– Você acha que a gente deveria entrar? – perguntei.

No entanto, minha mãe já tinha aberto os portões. Para ela, a vida não tinha cercas, exceto, talvez, as religiosas, e, sobre essas, nós tínhamos concordado não discutir. Caminhamos entre pinheiros tomados por trepadeiras, pássaros esvoaçantes e uma ou outra azaleia selvagem com lampejos alaranjados. O dia estava claro por causa da primavera, o céu, limpo, a estrada, irregular e tranquila.

– Eu queria ver o velho Jenkins [proprietário das terras onde morávamos] vir me dizer que estou invadindo alguma coisa – ela disse com o peito estufado. – Ele nunca nos pagou pela colheita de 1952.

Depois de cinco minutos caminhando à toa, nos deparamos outra vez com uma cerca, um portão fechado e uma placa de "NÃO ENTRE". Mais uma vez minha mãe ignorou os três, destravou o portão e seguiu em frente.

– Ele nunca me deu a metade dos bezerros que criei naquele ano – disse. E eu ri do jeito e da memória dela.

Agora estávamos diante de uma grande subida verde. À nossa esquerda, bezerros pastam, atrás deles, fica a floresta. À nossa direita, vemos o celeiro que usávamos, do mesmo jeitinho de 22 anos atrás. É alto e de um prateado desgastado pelo tempo, e dele vem um cheiro adocicado de forragem de amendoim. Na frente, um pomar de nozes-pecã. Bem à nossa frente, no alto da elevação, está o que resta da casa.

– Bem, ainda está de pé – diz minha mãe. E, maravilhada, acrescenta: – Olha só os meus narcisos!

Em 22 anos, eles se multiplicaram e agora florescem de um lado a outro do terreno. É uma típica cabana de rendeiro abandonada. Dos quatro cômodos da casa, só restam dois, os outros praticamente desabaram. Os que sobraram estão cheios de mato.

Considerando o triste estado da casa, é incrível como o entorno é bonito. Não há outra casa por perto. Há colinas, pastos verdes, um círculo de árvores verdejantes e uma família de coelhos saltitando pelo caminho. Minha mãe e eu ficamos de pé no quintal, imersas em memórias. Lembro-me apenas do sofrimento: ir a uma escola segregada miserável, que já havia sido uma prisão estadual. No segundo andar, uma grande marca circular revelava o lugar onde um dia estivera a cadeira elétrica; pisar numa cobra d'água a caminho de casa, depois de ter levado água para minha família na lavoura; perder Phoebe, minha gata, porque fomos embora às pressas e não conseguimos encontrá-la a tempo.

– Bem, dona casa velha – diz minha mãe sorrindo de tal jeito, que quase posso vê-la como se fosse maior do que a casa, fisicamente, acima da casa –, uma coisa boa você nos deu. Foi bem aqui que eu tive minha primeira máquina de lavar!

Na verdade, a única coisa agradável que eu me lembro daquele ano é de um campo por onde costumávamos passar a caminho da cidade de Milledgeville. Era como uma pintura feita por alguém que amava a tranquilidade. No primeiro plano, perto da estrada, o campo verde era usado como pasto por vacas malhadas que pareciam nunca se mexer. Então, um pouco mais adiante, havia uma colina íngreme coberta de trepadeira kudzu – escura e exuberante, subindo pelos troncos até cobrir e transformar o formato das árvores de modo impressionante... Passando pela colina, ele parece igual. Até as vacas poderiam ser as mesmas – embora seja possível ver que elas se movem, não muito rápido nem para muito longe.

O que eu gostava nesse campo na infância era que, em meio a uma vida de pesadelos com execuções por eletrochoque, gatas perdidas e aparições repentinas de cobras, ele representava a beleza e a paz imutáveis.

– É claro – digo a mim mesma, enquanto fazemos a curva na estrada principal, a três quilômetros de minha casa antiga –, aquele é o terreno de Flannery. As informações que me deram situam a casa dela na colina logo à frente.

Há uma nova pousada extravagante do outro lado da rodovia 441, bem em frente à casa de Flannery O'Connor, e, antes de visitar a casa, minha mãe e eu resolvemos comer alguma coisa por lá. Doze anos atrás nós não poderíamos fazer uma refeição num lugar como esse na Geórgia, e sinto uma espécie de satisfação cansada ao ajudar minha mãe com seu suéter e arrumar-lhe uma cadeira perto da janela. As pessoas brancas almoçando ao nosso redor – que nos encaram, embora se esforcem para não fazê-lo – formam um pano de fundo desfocado, contra o qual o rosto de minha mãe ganha uma nitidez particular. *Essa* é, sem dúvida, a perspectiva adequada, penso, mordendo uma broa de milho.

Enquanto tomamos chá gelado, discutimos O'Connor, o fim da segregação, a inferioridade das broas de milho que estamos beliscando e como criar pavões.

– Aquelas coisas com certeza devem devorar as flores – diz minha mãe, explicando porque nunca criou nenhum.

– Sim – concordei –, mas eles são muito mais bonitos do que seriam se os humanos os tivessem inventado, é por isso que a dama gostava deles. Essa ideia tinha acabado de passar pela minha cabeça, mas, após colocá-la em palavras, achei que fosse verdade. Fico sentada me perguntando por que me referi a Flannery O'Connor como uma dama. Essa é uma palavra que raramente uso, e geralmente por engano, porque a própria noção do que significa ser uma dama me é repugnante. Consigo imaginar O'Connor numa reunião social sulista, sendo muito educada e sentindo-se muito entediada, fazendo notas mentais sobre os absurdos da tarde. Por ser branca, ela seria de pronto elegível ao papel de dama, mas não acredito que ela de fato tenha gostado disso.

– Ela deve ter sido cristã, então – alega minha mãe. – Acreditava que Ele criou tudo. – Ela faz uma pausa, olha para mim com tolerância, me desafiando a contestá-la. – E ela *tinha razão, inclusive.*

– Ela era católica – digo – e não deve ter se sentido confortável no Sul batista primitivo. Além disso, e mais do que qualquer outro escritor, ela acreditava em tudo, inclusive no que não podia ver.

– É por isso que você gosta dela? – me pergunta.

– Eu gosto dela porque ela *escrevia* – respondo.

"'*Flannery*' parece coisa de comer", alguém me disse uma vez. O nome sempre me lembra flanela, o tecido usado para fazer camisolas e camisas de inverno. É muito irlandês, assim como os ancestrais dela. Seu primeiro nome era Mary, mas parece que ela nunca o usou. Talvez "Mary O'Connor" não seja misterioso o bastante. Ela era ariana, nascida em 25 de março de 1925. Quando tinha dezesseis anos de idade, o pai morreu de lúpus, doença que a levaria anos depois. Depois da morte do pai, ela e a mãe, Regina O'Connor, se mudaram de Savannah, na Geórgia, para Milledgeville, onde moraram em uma casa geminada construída pelo avô de Flannery O'Connor, Peter Cline. Essa casa, chamada "a Casa Cline", foi construída por escravizados que fizeram os tijolos com as próprias mãos. Os biógrafos de O'Connor sempre se impressionam com esse fato e o mencionam como se ele garantisse o selo sagrado da aristocracia, mas toda vez que leio isso, penso que alguns daqueles escravizados eram parentes meus, fazendo trabalho pesado sob o calor sufocante da Geórgia para levantar a casa do avô dela, suando e enfrentando nuvens de mosquitos enquanto a casa lentamente se erguia, tijolo por tijolo.

Isso me vem à cabeça toda vez que visito as casas construídas no Sul antes da abolição, com seus cômodos espaçosos, suas escadarias grandiosas e suas janelas de trás sombreadas, que, sem as árvores de grande porte plantadas lá fora, dariam direto para as senzalas hoje desaparecidas. Fico de pé no quintal dos fundos observando as janelas e paro nas janelas olhando para o quintal, e entre o eu que olha pela janela e o eu que está no gramado, mora a História.

O'Connor frequentou escolas católicas locais e a Georgia Women's College. Em 1945, recebeu uma bolsa para a Oficina de Escritores na Universidade de Iowa. Completou o mestrado em 1947. Enquanto ainda era estudante, escreveu contos que a fizeram ser reconhecida como escritora de grandes talento e qualidade técnica. Depois de um período em Yaddo, na colônia de artistas no norte do estado de Nova York, mudou-se para um quarto mobiliado na cidade de Nova York. Tempos depois, viveu e escreveu em um quarto alugado em cima da garagem da casa de Sally e Robert Fitzgerald, em Connecticut, e estes ficaram responsáveis pelos direitos autorais de O'Connor após sua morte.

Embora, como afirma Robert Fitzgerald em seu prefácio para "Tudo o que sobe deve convergir", de O'Connor, "Flannery estava disposta a ser uma escritora por conta própria e não tinha planos de voltar a morar na Geórgia", ficar longe da Geórgia para sempre não foi possível. Em dezembro de 1950, ela sentiu um peso peculiar em seus "braços de datilógrafa". No trem a caminho de casa para as festas de Natal, passou tão mal que teve de ser hospitalizada imediatamente. Era lúpus sistêmico. No outono de 1951, depois de nove meses terríveis no hospital, ela retornou a Milledgeville. Como não podia subir as escadas da Casa Cline, a mãe a levou para a casa de campo, Andalusia, a oito quilômetros da cidade. Flannery O'Connor viveu lá com a mãe pelos treze anos seguintes. O resto de sua vida.

A palavra latina *lúpus* significa "lobo" e é definida como "aquele que devora a substância". É uma doença dolorosa e desgastante, e O'Connor sofreu não só com a doença – que enfraquecia seus músculos e inchava seu corpo, entre outras coisas – mas com a medicação usada para combatê-la, que fazia o cabelo cair e os ossos pélvicos derreter. Ainda assim, ela conseguiu – com a ajuda de muletas, a partir de 1955 – se locomover e escrever, e deixou mais de três dúzias de contos magníficos, a maioria deles premiados, dois romances e cerca de uma dúzia de ensaios e discursos brilhantes. Seu livro de ensaios, *Mistérios e costumes*, dedicado em especial aos imperativos morais de uma verdadeira escritora de ficção, está entre os melhores do gênero que li até hoje.

Enquanto eu entrego o meu cartão de crédito à garçonete sorridente, minha mãe pergunta:

– Nessas viagens de volta ao Sul, o que exatamente você procura?

– Completude – respondo.

– Você me parece bem inteira – diz ela.

– Não – insisto – porque tudo ao meu redor é despedaçado, deliberadamente dividido. A história, a literatura e as pessoas estão divididas também. Isso leva as pessoas a fazer coisas estúpidas. Por exemplo, um dia fui convidada a falar num encontro de bibliotecárias do Mississipi e, antes que eu pudesse começar, umas das autoridades em história e literatura do estado se levantou e disse que ela de fato *achava* que sulistas escreviam bem porque "nós" perdemos a guerra. Ela era branca, é claro, mas metade das bibliotecárias na sala era negra.

– Aposto que ela era bem velha – replica minha mãe. – São os únicos que ainda se preocupam com aquela guerra.

– Então eu me levantei e disse não, "nós" não perdemos a guerra. "Todos vocês" perderam a guerra. E a derrota de vocês foi a nossa vitória.

– Esses velhos vão é desaparecer – completa minha mãe.

– Bem, eu acredito que a verdade sobre qualquer assunto só aparece quando todos os lados da história são reunidos, e todos os diferentes significados formam um novo. Cada escritor escreve partes que faltam na história do outro. A inteira é o que me interessa.

– Bom, duvido que você consiga encontrar as partes *verdadeiras* que faltam em qualquer coisa vinda dos brancos. – diz minha mãe, falando baixinho para não ofender a garçonete que limpa uma mesa próxima. – Eles estão sentados em cima da verdade há tanto tempo que achataram a vida que havia nela.

– O'Connor escreveu um conto chamado "Tudo o que sobe deve convergir".[34]

– O quê?

– Tudo o que sobe vai numa mesma direção, se encontra, vira uma coisa só. Resumindo, a história é essa: uma velha branca, por volta dos cinquenta...

– Ela não é velha! Eu já passei dessa idade e não sou velha!

– Desculpe. Essa mulher de meia-idade entra num ônibus com o filho, que gosta de pensar que é um sulista progressista... ele procura por uma pessoa negra ao lado de quem possa se sentar. Isso deixa a mãe horrorizada, pois, embora ela não seja velha, tem um pensamento antiquado. Ela está usando um chapéu horrendo, muito caro, roxo e verde.

– Roxo e *verde*?

– Muito caro. *Elegante*. Comprado na melhor loja da cidade. Ela diz: "Com um chapéu assim, não vou encontrar ninguém como eu por aí". Mas, na realidade, logo depois uma mulher negra e grande, a quem O'Connor descreve como sendo um tanto parecida com um gorila, entra no ônibus com um menininho, e ela está usando o mesmo chapéu verde e roxo. Bem, a senhora branca não-tão-jovem sente-se horrorizada, passada para trás.

– *Aposto* que se sentiu. Agora as pessoas negras também têm dinheiro para comprar essas tolices.

– É exatamente o que O'Connor quer dizer! Tudo o que sobe deve convergir.

– Bom, as pessoas de chapéus verde e roxo terão de convergir sem mim.

– O'Connor pensava que o Sul, à medida que se tornasse mais "progressista", ficaria parecido como o Norte. A mesma cultura sem graça, os corpos igualmente violados e, no que diz respeito às pessoas, bom, você não seria capaz de diferenciar um grupo racial do outro. Todo mundo iria querer as mesmas coisas, e todo mundo seria reduzido a usar, simbolicamente, chapéus verdes e roxos.

– E você acha que isso está acontecendo?

– Acho. Mas não é só isso que a história quer dizer. A mulher branca, numa tentativa de salvar o orgulho, decide tratar o incidente dos chapéus como se fosse um caso de Maria-vai-com-as-outras. Ela parte do princípio de que ela não é a Maria, é claro. Ela ignora a mulher negra imensa com aparência de idiota e começa a tentar chamar a atenção do filho da mulher, que é pequeno, preto e *bonitinho*. Ela não percebe que a mulher negra a encara, furiosa. Quando todos descem do ônibus, ela oferece ao menino "uma moeda novinha em folha". E a mãe da criança desce a mão e lhe enche de bolsadas.

– Aposto que ela tinha uma bolsa bem grande.

– Grande e cheia de objetos duros.

– Então, o que aconteceu? Você não disse que o filho da mulher branca estava junto?

– Ele tentou alertar a mãe. "Esses negros não são como os antigos", ele lhe disse. Mas ela não deu ouvidos. Ele achava que odiava a própria mãe até vê-la no chão, então sentiu pena. Contudo, quando tentou ajudá-la, ela não o reconheceu. Ela regrediu em sua mente a um tempo condizente com seus desejos. "Diga ao vovô para vir me buscar", diz ela. Então sai cambaleando, sozinha, pela noite.

– *Coitada* – diz minha mãe, solidária a essa mulher horrenda, numa completa identificação que é *tão* sulista e *tão* negra.

– Foi isso o que o filho dela sentiu também, e é *assim* que você reconhece um conto de Flannery O'Connor. O filho foi transformado pela experiência da mãe. Ele entende que, embora ela seja uma mulher tola tentando viver no passado, não passa de uma criatura patética, assim como ele. Mas agora é tarde demais para lhe dizer isso, pois ela está louca de pedra.

– O que a mulher negra fez depois de dar uma surra na mulher branca e ir embora?

– O'Connor decide não contar, e é por isso que, embora seja uma boa história, para mim é só meia história. *Talvez você saiba* a outra metade...

– Bem, eu não sou escritora, mas *houve* uma velha branca em quem eu quis bater uma vez... – ela começa.

– Exatamente – digo.

Descobri O'Connor quando estava na faculdade no Norte e fiz um curso sobre escritores sulistas. A perfeição de sua escrita era tão deslumbrante que eu nem percebi que não havia escritores negros na ementa. Os outros escritores que estudamos – Faulkner, McCullers,[35] Welty[36] – pareciam obcecados com um passado racial que não os deixava sair do lugar. Eles pareciam deixar evidente a humanidade de seus personagens em cada página. Os personagens de O'Connor – cuja humanidade, ou mesmo sanidade, é tida como certa, e que são tristes, feios, de mente fechada, ateus e de presunção e arrogância raciais marcantes, sem ao menos um gracioso e bonito que não seja, ao mesmo tempo, uma piada – me chocavam e me encantavam.

Foi pelas descrições que ela fazia das mulheres brancas sulistas que passei a gostar de seu trabalho, pois quando apontava a caneta na direção delas, nenhum traço do aroma da magnólia pairava no ar (e a árvore em si poderia nunca ter sido plantada), e sim, posso afirmar, sim, essas pessoas brancas sem a magnólia (e que são indiferentes à existência da planta), e essas mulheres negras sem seios fartos e sem qualquer paciência superior típica de uma raça, essas são como as pessoas do Sul que conheço.

Para mim, ela foi a primeira grande escritora moderna do Sul e foi, de qualquer forma, a única que eu tinha lido até então a escrever frases audaciosas e desmistificadoras sobre as mulheres brancas, tais como:

"A mulher era mais ou menos bonita – cabelo amarelo, tornozelos gordos, olhos cor de lama."

Seus personagens masculinos brancos não se saem muito melhor – todos desajustados, ladrões, loucos deformados, analfabetos e assassinos, e seus personagens negros, homens e mulheres, são igualmente superficiais, dementes e absurdos. Que ela tenha mantido certa distância (anda que apenas em seu trabalho posterior, mais maduro) das questões internas de seus personagens negros me parece uma boa escolha, uma vez que, ao limitar, de modo deliberado, o tratamento dado a essas questões e se ater ao registro de ações e comportamentos observáveis, ela os deixa livres, na imaginação do leitor, para habitar outra paisagem, uma outra vida, além da que ela cria para eles. Essa é uma virtude ausente em muitos escritores ao lidar com representantes de um povo oprimido dentro de uma história, e a insistência em saber de tudo, em ser Deus, tem, na verdade, nos sobrecarregado com mais estereótipos do que jamais daremos conta de nos livrar.

Em sua vida, O'Connor ficava mais à vontade. Em uma carta para o amigo Robert Fitzgerald, em meados da década de 1950, ela escreveu "como dizem os crioulos,[37] eu tenho essa tristeza." Ao que parece, ele não viu nada ofensivo em incluir essa declaração pouco lisonjeira (para O'Connor) na introdução que escreveu para um dos livros dela. Na ocasião, O'Connor tinha certeza de que estava morrendo, estava sofrendo; pode-se presumir que tenha feito esse comentário de modo um tanto frívolo. Ainda assim, não acho graça. Noutra carta que escreveu um pouco antes de morrer, ela disse: "Justiça é justiça, e não deveria se recorrer a ela com base em questões raciais. Para o sulista, essa não é uma questão abstrata, mas concreta: ele a vê em termos de pessoas, não de raças – um jeito de ver que elimina as respostas fáceis." É claro que essa observação, embora grandiosa, não se aplica ao tratamento racista dado aos negros pelos brancos do Sul, e O'Connor deveria ter acrescentado que falava apenas por si.

No entanto, o *essencial* na obra de O'Connor não está de forma alguma ligado à raça, razão pela qual ela é tão revigorante, vinda, como é o caso, de uma cultura tão *racial*. Caso sua obra seja "sobre" alguma coisa, então é "sobre" profetas e profecias, "sobre" revelação e "sobre" o impacto de graças sobrenaturais em seres humanos que, sem elas, não têm qualquer chance de crescimento espiritual..

Uma indicação de que ela acreditava em justiça para o indivíduo (ao menos na descrição montada para um personagem inventado por ela) aparece na reescrita interminável de *O gerânio*, seu primeiro conto publicado (em 1946), aos 21 anos de idade. Ela revisou a narrativa várias vezes, mudou o título pelo menos duas vezes, até que, quase vinte anos depois da primeira publicação (e, de modo significativo, penso eu, depois do início do Movimento pelos Direitos Civis), o conto se tornou uma história diferente. Seus dois principais personagens negros, um homem e uma mulher, passaram por uma metamorfose completa.

Na história original, o velho Dudley, um racista senil do Sul, vive com a filha em Nova York, num prédio onde também moram "crioulos". Os personagens negros são descritos como seres passivos, modestos. A mulher negra fica sentada em silêncio, com as mãos entrelaçadas, em seu apartamento; o homem, seu marido, ajuda o velho Dudley a subir a escada quando ele perde o fôlego e conversa gentilmente, senão de modo condescendente, sobre armas e caças. Entretanto, na versão final, a mulher passa pelo velho Dudley (que passou a se chamar Tanner) como se ele fosse um saco de lixo aberto, resmunga toda vez que o vê e "não se parece com nenhum tipo de mulher, preta ou branca, que ele já tenha visto". O marido, que o velho Dudley insiste em chamar de "Pregador" (sob a premissa equivocada de que para todo homem negro esse é um tratamento cortês), nocauteia o velho duas vezes. No fim do conto, ele enfia a cabeça, os braços e as pernas do velho Dudley por entre o corrimão da escada "como numa paliçada", e o deixa lá para morrer. O título definitivo do conto é "O dia do Juízo Final".

A qualidade adicionada é a raiva, e, nesse caso, O'Connor esperou vê-la *demonstrada* pelas pessoas negras antes de registrá-la.

Ela era uma artista que pensava que poderia morrer jovem e descobriu que de fato morreria. Sua visão dos personagens é tão aguda que penetra fundo. Qualquer que fosse a cor do personagem ou sua posição social, ela o via como via a si própria, sob a luz de uma morte iminente. Alguns de seus contos, em especial "O calafrio constante" e "Os confortos do lar", parecem escritos a partir de um desespero que, em algumas situações, deve ter vindo dessa visão sombria; mas é pelo humor que ela é mais apreciada e lembrada. Minhas frases favoritas são:

> "Em todo lugar que vou, me perguntam se as universidades reprimem os escritores. Minha opinião é que não os reprimem o suficiente. Há muitos *best-sellers* que poderiam ter sido evitados por um bom professor." – *Mistérios e costumes*
>
> "Seria até uma boa mulher, se a cada instante de sua vida houvesse alguém por perto para lhe dar um tiro." – o "Desajustado", em *Um homem bom é difícil de encontrar.*[38]
>
> "Há certos casos em que, se você conseguir aprender a escrever mal o suficiente, poderá ganhar muito dinheiro." – *Mistérios e costumes*
>
> "Faz parte do trabalho da ficção incorporar o mistério por meio dos costumes, e o mistério é um grande constrangimento para a mente moderna." – *Mistérios e costumes*

Para ela, ser católica era algo importante. Isso pode ser surpreendente para quem leu seu trabalho como se fosse o de uma ateia. Ela acreditava em todos os mistérios de sua fé. E, ainda assim, era incapaz de escrever textos dogmáticos ou cheios de fórmulas. Nenhum traço religioso, nada envolto em suave luz celestial, nem mesmo finais felizes. O fato de o bem não triunfar em seus contos e, com frequência, sequer estar presente, costuma intrigar alguns leitores e irritar a igreja católica. Quase nunca há escolhas, e Deus nunca intervém para ajudar alguém a vencer. Na verdade, para O'Connor, Jesus era Deus e só foi vitorioso ao ser derrotado. Ela percebeu que muito pouco foi aprendido desde a crucificação, e que é apenas pela morte de Jesus, contínua e repetida – tocando a vida de cada um de uma forma incisiva, direta –, que o significado daquela perda original é marcado no coração do indivíduo.

Em "O refugiado de guerra", um conto publicado em 1954, um refugiado polonês é contratado para trabalhar na fazenda de uma mulher. Embora ele pareça só falar bobagem, é um funcionário perfeito. Trabalha de forma tão disciplinada que a mulher começa a prosperar mais do que já havia esperado. Contudo, por ter costumes diferentes dos seus (o refugiado tenta convencer um dos funcionários negros da fazenda a se casar com sua sobrinha "comprando" a saída dela de um campo de concentração), a mulher permite que um trator desgovernado o atropele e o mate.

"Para mim", ela diz ao padre, "Cristo não passava de um refugiado". Ele não se enquadrava. Entretanto, depois da morte do refugiado polonês, ela compreende sua cumplicidade na crucificação moderna e reconhece a imensidão de sua responsabilidade para com outros seres humanos. O impacto dessa nova consciência a deixa debilitada; ela perde a saúde, a fazenda e até a capacidade de falar.

Esse momento de revelação, quando o indivíduo fica frente a frente com as próprias limitações e compreende "as verdadeiras fronteiras de seu país interno", é recorrente na obra de O'Connor e sempre se revela em momentos de crise e perda extremas.

Há certa resistência a ler O'Connor porque ela é "muito difícil", ou porque as pessoas não compartilham de suas "convicções" religiosas. Um rapaz que estudou a obra de O'Connor com Eudora Welty anos atrás me fez rir com a seguinte história, que pode ou não ser verdadeira:

– Eu não acho que Welty e O'Connor entendessem uma à outra – ele disse, quando perguntei se achava que O'Connor teria apreciado ou compreendido a arte mais convencional de Welty. – Welty, toda vez que chegava a uma parte especificamente mais densa ou simbólica dos contos de O'Connor, suspirava e perguntava: "Tem algum católico na turma?".

"Entendendo" os contos ou não, sabe-se que seus personagens são criações novas e surpreendentes no mundo e que nenhuma de suas histórias – nem mesmo as primeiras, em que a consciência para questões raciais não tinha se desenvolvido o suficiente para ser interessante ou diferente dos estereótipos ignorantes e ofensivos que a precederam – poderia ter sido escrita por qualquer outra pessoa. Assim como é possível diferenciar um Bearden[39] de um Keene[40] ou um Picasso de um cartão-postal, é possível distinguir um conto de O'Connor de qualquer história comparada a ele. Seu catolicismo não limitava sua arte (definindo-a) de jeito nenhum. Depois de seus grandes contos sobre pecado, danação, profecia e revelação, os que podem ser encontrados nas revistas de sempre parecem tratar de amor e rosbife.

Andalusia é um casarão branco no alto de uma colina com um alpendre com tela de onde se tem vista para o lago. Está bem preservado e, de fato, aqui e ali os pavões caminham imponentes sob o Sol. Nos fundos, há um casebre sem pintura onde devem ter morado pessoas negras. Esse costumava ser o típico arranjo de classe-média-abastada: os brancos na frente, os "serviçais" numa casa muito mais mal-conservada, a uma distância que permitia que fossem chamados aos gritos pela porta dos fundos. Embora um conhecido de O'Connor tenha me contado que ninguém vive lá hoje em dia – mas que um caseiro toma conta de tudo –, fui até o alpendre e chamei. Não era um gesto totalmente vazio ou simbólico: eu vim a essa casa desocupada para aprender algo sobre mim e sobre Flannery O'Connor e hei de aprender, tenha ou não alguém em casa.

O que sinto diante do alpendre é raiva pelo fato de alguém ser pago para cuidar dessa casa, embora ninguém more nela, e de a casa dela ainda estar de pé, enquanto a minha – que, é claro, nunca nos pertenceu, na verdade – pouco a pouco vira pó. A casa dela se torna – num instante – o símbolo de minha falta de herança, e por um momento eu a odeio até o último fio de cabelo. Tudo o que ela significa para mim se apequena, embora esse apequenamento interno se dê contra minha vontade.

Nos fundos da casa de Faulkner também há um casebre sem pintura, e um caseiro negro ainda vive lá, um homem sério que, ao ser perguntado sobre o lendário "senso de humor" de Faulkner, respondeu que, até onde sabia, "o senhor Bill nunca fazia piadas". Durante anos, enquanto eu lia Faulkner, a imagem daquele homem calado no casebre dos fundos se alongava pela página.

Parada ali, batendo na porta de Flannery O'Connor, eu não pensei em sua doença, em sua obra mesmo assim magnífica; eu pensei: tudo tem a ver com as casas. Com o modo como as pessoas vivem. Há ricos que têm casas para morar e pobres que não as têm. E isso é errado. É mais fácil praticar o separatismo literário, hoje em dia na moda entre pessoas negras como sempre esteve entre os brancos, do que mudar um fato como esse. Eu penso: nivelaria esse país num estalar de dedos, se pudesse.

– Ninguém pode mudar o passado – diz minha mãe.

– É por isso que existem revoluções – respondo.

Minha amargura vem de uma fonte mais profunda do que meu conhecimento da diferença que a raça tem feito, ao longo da história, nas vidas de artistas negros e brancos. O fato de que o Mississipi nem sequer se lembra de onde Richard Wright viveu, enquanto a casa de Faulkner é preservada por um caseiro negro, é doloroso, mas não insuportável. O que beira o insuportável é saber como esse tipo de injustiça causa danos a minha psique. Em uma sociedade injusta, a alma de uma pessoa sensível corre o risco de ser deformada por pesos como esse. Por muito tempo, sentirei a casa de Faulkner, a casa de O'Connor, me esmagando. Lutar contra isso demanda uma certa quantidade de energia, que pode ser mais bem aproveitada em outra coisa.

Minha mãe considerou que, uma vez que Flannery O'Connor morreu jovem de uma doença lenta e dolorosa, a mão de Deus se fez presente. Depois, suspira. – Bem, você sabe, é verdade, como dizem por aí, que a grama do vizinho é sempre mais verde. Isto é, até você se ver do outro lado da cerca.

É claro que, numa sociedade justa, clichês como esse não poderiam existir.

– Mas a grama *pode* ser mais verde do outro lado, e isso pode não ser apenas uma ilusão – respondo. – A grama do outro lado pode ter um bom fertilizante, ao passo que a sua pode ser obrigada a crescer, se é que vai crescer, sobre areia.

Nós caminhamos em silêncio, ouvindo o farfalhar suave das caudas dos pavões enquanto cruzam o terreno. Reparo como O'Connor, em sua ficção, descreveu essa mesma vista das colinas arredondadas, as árvores alinhadas, escuras contra o céu, a estrada empoeirada que vai do terreno na frente da casa até a rodovia. Eu me lembro de sua coragem e do quanto – por meio de sua arte – ela me ajudou a ver. Ela destruiu os últimos vestígios de sentimentalismo na escrita branca sulista; fez mulheres brancas parecerem ridículas em pedestais e, ao atingir a maturidade como artista, retratou seus personagens negros com humildade e comedimento incomuns. Ela também lançou feitiços e fez magia com a palavra escrita. Sei que sempre vou amar a mágica, a inteligência e o mistério de Flannery O'Connor, e também sei o significado da expressão "Não jogue o bebê fora junto com a água do banho". Se já houve expressões criadas para proteger a saúde do espírito, essa é uma.

Enquanto saíamos do terreno, os pavões de O'Connor – que, segundo ela, tinham a última palavra – abriram suas caudas esplêndidas para nosso deleite. Um dos pavões está tão envolvido na apresentação de sua obra-prima, que não nos permite ir embora até terminar o espetáculo.

– Pavões são inspiradores – comento com minha mãe, que não parece nem um pouco encantada com eles e, na realidade, franze a testa quando os vê passar –, mas é claro que não consideram a possibilidade de estar no meio do nosso caminho.

– Sim – diz ela –, e se você não ficar de olho, eles devoram as suas flores.

1975

A vida dividida de Jean Toomer

Em 1923, quando Jean Toomer tinha 29 anos de idade, publicou *Cane*, um livro que cantava com naturalidade e sem esforço a beleza, a paixão e a vulnerabilidade da vida dos negros, em especial os do Sul. Em sua forma, era incomum: havia contos intercalados com poemas, uma noveleta construída como uma peça e desenhos em linhas delicadas realçando as páginas, de maneira despretensiosa, de um canto a outro. Alguns críticos chamaram o livro de romance, outros, de poema em prosa, e alguns não sabiam do que chamá-lo; mas todos concordaram que *Cane* era original e uma mudança bem-vinda numa ficção que antes assumira uma postura de exaltação ou de didatismo em relação à vida negra e interracial nos Estados Unidos.

O livro foi um *sucesso* entre os escritores que acabariam por conceber a Harlem Renaissance[41] [Renascença do Harlem] – incluindo Langston Hughes[42] e Zora Neale Hurston –, que, ao que parece, sem saber muito a respeito de seu autor, receberam *Cane* como uma obra genial e foram influenciados por ela. Hughes foi estimulado a explorar as possibilidades dramáticas de relacionamentos interraciais e intrafamiliares no Sul, em seus poemas e peças. Hurston foi encorajada a retratar a cultura da vida rural dos negros do Sul como criativa, vibrante e fadada a ter um futuro útil, ainda que cheio de mudanças, no mundo moderno, embora o próprio Toomer tenha considerado *Cane* o "canto do cisne" daquela cultura.

Pouco se sabia a respeito de Toomer nos círculos literários negros, porque ele nunca pertenceu a nenhum; e pouco depois de *Cane* ter sido publicado, ele deixou de circular até nos meios literários brancos. No auge da Harlem Renaissance, na segunda metade da década de 1920, o livro estava esgotado, em grande parte esquecido, e seu autor era um mistério quase nunca mencionado.

Toomer ainda era um mistério mais de quarenta anos depois, em 1969, no apogeu do movimento de estudos negros, quando *Cane* foi reeditado e, mais uma vez, capturou a imaginação dos leitores com sua complexidade poética e com o tratamento sensível dado ao homem negro e, em especial, às mulheres negras. Nesse período, o falecido poeta, romancista e curador de coleções especiais na Fisk University,

Arna Bontemps, teve acesso aos escritos autobiográficos de Toomer, que havia morrido em 1967. Bontemps escreveu de modo empático, apesar de contido, sobre o longo isolamento de Toomer numa casa geminada em Washington D.C., acompanhando o declínio de seus avós, também sobre uma breve viagem de três meses a Sparta, na Geórgia, que foi a inspiração para *Cane*, e sobre a "crise" do escritor em relação a sua identidade racial. Alguns dos mistérios em torno da personalidade de Toomer começavam a ser desfeitos.

A coletânea dos escritos de Toomer, *The Wayward and the Seeking*,[43] editada e concebida por Darmin T. Turner (ao que tudo indica, há muito mais escritos), também contribuiu muito para desvendar o mistério de Jean Toomer. Há uma extensa seção dedicada aos fragmentos autobiográficos, três contos e vários poemas, incluindo "The Blue Meridien", a declaração definitiva de como o autor via os Estados Unidos. A edição inclui ainda duas peças interessantes e provocativas que ilustram a sensibilidade de Toomer em relação às mulheres, bem como sua extrema condescendência para com elas, além de uma seleção de máximas e aforismos sobre a natureza e a humanidade, publicados anteriormente no livreto *Essentials*.[44]

Feministas ficarão intrigadas com o que Toomer escreve sobre sua mãe e avó. Sua mãe era uma mulher inteligente, em tudo dominada pelo marido, a quem ela passou quase toda sua breve vida tentando desafiar. Ela morreu quando Toomer tinha quinze anos de idade, da segunda de duas operações misteriosas realizadas em casa que, pela forma como são descritas, parecem abortos. A avó também era submissa ao marido, até que a saúde dele começou a declinar com a idade avançada. Então ela, também velha e doente, deixou a doce e silenciosa sombra do marido e desabrochou numa mulher cheia de humor, histórias memoráveis, sátiras e zombarias sobre tudo e qualquer coisa. Há relatos que a descrevem como tendo "um pouco de sangue escuro". Sem dúvida será difícil, se não impossível, para os amantes de *Cane* lerem *The Wayward and the Seeking* (o título é tirado de um dos poemas de Toomer) sem sensações de decepção e de perda. Decepção porque o homem que escreveu a vida "negra" de forma tão pungente em *Cane* escolheu viver como um homem branco, enquanto Hughes, Hurston, Du Bois e outros escritores negros celebravam a negritude em suas vidas e em suas obras. Perda porque parece que essa decisão enfraqueceu o julgamento moral de Toomer: havia coisas na vida americana e em sua própria vida que ele simplesmente se recusava a ver.

A recusa de Toomer em reconhecer o racismo à sua volta é lamentável. Ele viveu em Washington com os avós por quase vinte anos e, quando foi embora para estudar na Universidade de Wisconsin, decidiu não falar nada sobre sua identidade racial a não ser que lhe perguntassem. Se limitava a dizer que era um americano. O assunto "nunca foi levantado", ele escreve, e, no espaço de duas semanas, ele estava "lidando com esse mundo branco como algo inevitável, esquecido de que já tinha circulado por um grupo de pessoas de cor".[45] Toomer não acha estranho quando seus colegas, quando presumem que ele é indiano, o agridem tanto no campo de futebol que ele precisa pedir para sair da partida. "Se os outros têm preconceito racial, isso é problema deles, desde que não o manifestem contra mim". Devido a essa cegueira deliberada, não surpreende que sua ficção posterior a *Cane* retrate apenas pessoas brancas e nunca registre o racismo delas, de nenhuma forma; é como se Toomer acreditasse que a ausência de pessoas negras garantisse a ausência do racismo.

Para muitos que lerem essa coletânea, Toomer parecerá, como ele se via, um visionário em sua pressuposição de que era "natural e inevitavelmente" um americano – um "protótipo" de uma nova raça surgida no continente americano, "nem preto nem branco". Notarão que não foi Toomer quem preconizou que uma única gota de sangue negro torna alguém negro. Toomer, mais branco do que negro, poderia, sem dificuldade, apresentar o argumento oposto: que muitas gotas de sangue branco tornam alguém branco. Eles pensarão que é heroico da parte de Toomer abandonar rótulos raciais e insistir em ser apenas "da raça americana". Não se incomodarão com o fato de que, no tempo de Toomer, apenas pessoas brancas eram tratadas como simplesmente americanas.

Sem dúvida, outros leitores irão considerar Toomer um oportunista racial, como seu avô, P. B. S. Pinchback, governador da Louisiana durante a Reconstrução,[46] que, de acordo com Toomer, se estabeleceu em Nova Orleans antes da Guerra Civil e comandou um regimento de tropas federais durante a guerra. Depois que "a guerra terminou e o homem negro [estava] livre e emancipado", Pinchback enxergou sua "oportunidade na arena política. Declarou ter sangue negro, se associou à causa negra e chegou ao poder". Uma vez no poder, Pinchback não fez nada relevante pelas massas de homens negros que votaram nele. Ele e sua família viveram confortavelmente entre os brancos de classes abastadas até o dinheiro começar a minguar, em razão de tantas apostas nos cavalos. Então ele se mudou e passou a morar entre pessoas "de cor" com a pele tão clara que "nunca tiveram de combater a separação por cor". Foi entre esses brancos e quase-brancos que Toomer cresceu.

Como seu avô, Toomer parece ter usado sua conexão com pessoas negras apenas uma vez, quando foi de seu interesse. Quando estava tentando publicar trechos de *Cane*, ele enviou alguns contos para o *Liberator*, que tinha o escritor negro Claude Mckay entre seus editores. Ele explicou que, embora tivesse ascendência francesa, galesa, negra, alemã, judia e indiana, sua "crescente necessidade de expressão artística" o levou

> (...) mais e mais profundamente para o grupo negro. E conforme minha receptividade aumentou, eu me vi amando-o como nunca poderia amar o outro. Ele tem estimulado e fertilizado qualquer talento criativo que eu possa ter. Uma visita à Geórgia no último outono foi o ponto de partida de quase tudo que tenho feito de valor. Ouvi canções populares dos lábios de camponeses negros. Vi a beleza intensa do crepúsculo sobre a qual eu tinha ouvido tantos relatos suspeitos e, sobre a qual, até aquele momento, eu era um tanto cético. E uma parte profunda da minha natureza, uma parte que eu tinha reprimido, floresceu de repente para a vida e reagiu a tudo isso. Agora não consigo me conceber como alguém distante e separado.

Entretanto, assim que *Cane* foi publicado, Toomer contou uma história diferente. Quando seu editor lhe pediu para "se apresentar" como negro para a divulgação de *Cane*, Toomer respondeu que por não ser negro, não poderia se apresentar como um. Ele se afastou dos círculos literários, foi para uma comunidade gurdjieffiana[47] com a intenção de se autoaprimorar, conheceu a escritora branca e bem relacionada Margery Latimer e se casou com ela. Um ano depois, ela morreu no parto. Sua segunda esposa, Marjorie Content Toomer, rica e também branca, se estabeleceu com ele numa fazenda entre *"quakers* tolerantes"* no condado de Bucks, na Pensilvânia, onde, depois de 73 anos vivendo como "um americano", Toomer morreu numa casa de repouso.

Alguns de nós irão perceber que *Cane* não apenas foi o melhor trabalho de Toomer, mas que é também em parte baseado na essência das histórias contadas por sua avó, a de "sangue escuro", a quem o livro é dedicado, e que muitas das mulheres em *Cane* foram criadas a partir da fraqueza e da indecisão trágicas na vida de sua mãe. *Cane* foi um duplo "canto do cisne" para Toomer. Ele queria registar a memória de uma cultura que ele pensou estar morrendo, cujo espírito considerava belo, ao mesmo tempo em que também dizia adeus ao "negro" que sentia estar morrendo dentro de si. Assim, *Cane* é um presente de despedida, e não é menos precioso por isso. Acho que Jean Toomer gostaria que preservássemos a beleza do livro, mas o deixássemos partir.

1980

Escritora por causa, não apesar, dos filhos

Outra escritora e eu conversávamos sobre a dificuldade de trabalhar imediatamente após os nascimentos de nossos filhos. "Não escrevi nada durante um ano", admiti, "que não desse a impressão de haver um bebê gritando ao longo de todo o processo." Ao que ela de pronto acrescentou: "E eu ficava tão abalada pela melancolia cada vez que cogitava escrever que passei meses entorpecida. Por sorte", concluiu, ainda franzindo a testa diante da lembrança sombria, "sempre contei com ajuda em tempo integral". Tendo tido uma babá apenas três tardes por semana, achei uma audácia comparar a situação dela à minha.

O que eu e essa mulher precisávamos para colocar nossas vidas em perspectiva era um exemplar do livro de *Cidadã de segunda classe*, de Buchi Emecheta.

Foi a dedicatória desse romance que me fez lê-lo, por ser exatamente o tipo de dedicatória que eu jamais me imaginaria escrevendo.

> Para meus queridos filhos
> Florence, Sylvester, Jake, Christy e Alice,
> sem cujos adoráveis ruídos de fundo
> este livro não teria sido escrito.[48]

Que tipo de mulher consideraria os "ruídos de fundo" de *cinco* filhos "adoráveis"? Pensei que a dedicatória pudesse camuflar certa culpa materna não reconhecida pela autora, mas Emecheta é escritora e mãe, e é por ser as duas coisas que ela escreve.

Adah, a personagem central de *Cidadã de segunda classe*, não tem lembranças de sua existência antes dos oito anos de idade, porque, "veja bem, ela era uma menina. Uma menina que chegou quando todo mundo esperava e previa um menino. Então, uma vez que ela foi uma decepção para seus pais, sua família nuclear e sua tribo, ninguém pensou em registrar seu nascimento". Adah é dos igbos da Nigéria, e, entre os igbos, a única função das mulheres é trabalhar duro em casa e ter inúmeros filhos, de preferência, meninos.

É seu irmão, Boy, quem frequenta a escola, enquanto Adah fica em casa para aprender os deveres de uma esposa. Inteligente e muito interessada em aprender a ler, Adah foge para a escola: por seu desejo de se instruir ser tão evidente quanto patético, permitem que ela fique. Os professores avisam aos pais que, uma vez que Adah terá uma educação superior à de outras meninas da mesma idade, seu valor como noiva será mais alto. Em suma, eles vão poder ganhar mais dinheiro com ela.

Os anos passam em meio a sonhos de ir à Inglaterra (que Adah considera uma espécie de paraíso), o trabalho duro em casa e os estudos, que Adah ama. Entretanto, quando chega a hora de se inscrever na universidade, Adah – que agora é órfã – descobre que, por não ter um lar, não poderá prestar os exames necessários. Como na sociedade igbo as mulheres que vivem sozinhas são consideradas prostitutas, e porque ela precisa de um endereço fixo para continuar sua formação, Adah se casa com Francis, um eterno estudante preguiçoso e mimado que a trata como sua propriedade – e, na sociedade igbo, é isso que ela é. Ansiosa por ascender em seu clã (uma mulher com muitos filhos acaba atingindo o status de um homem), Adah tem dois filhos um atrás do outro, impressionando a todos com sua capacidade de procriar e de manter um emprego bem remunerado como funcionária do consulado americano. Quando acompanha Francis na mudança para Londres, logo descobre que essa reprodução em série não é admirada por lá. Com crianças a reboque e um marido acomodado ao status de cidadão de segunda classe, resignado a viver num casebre (quase ninguém em Londres, inglês ou não, aluga imóveis para "africanos com filhos"), Adah precisa se adaptar a um país onde impera um racismo impressionante e a pessoas que parecem incapazes de adotar um comportamento decente em relação aos ex-colonizados.

Ignorando a advertência do marido de que agora ela também é uma cidadã de segunda classe e, portanto, deve aceitar o trabalho numa fábrica com outras esposas africanas, Adah se candidata a um emprego melhor, numa biblioteca. Para constrangimento do marido, ela consegue, mas logo precisa abrir mão do posto porque está grávida novamente.

Os horrores na vida de Adah são muitos: Francis, frustrado por não ter passado nas provas que eram a razão de sua ida à Inglaterra, torna-se violento; os conterrâneos e conterrâneas de Adah são rudes e pouco dispostos a ajudá-la porque a consideram presunçosa com seu emprego de primeira classe; as gestações de Adah são difíceis, e os filhos estão sempre doentes. No entanto, apesar de tudo, ela consegue ver a situação de uma perspectiva cultural que evita a autopiedade. Desde o princípio, faz uma distinção entre o marido e os filhos: "Mesmo que não tivesse nenhum motivo pelo qual ser grata a Francis, ela ainda poderia lhe agradecer pelos filhos, pois nunca havia tido nada antes."

E é aqui que Adah toma a decisão que me parece impressionante e importante para todas as artistas com filhos. Ela refle que, uma vez que os filhos serão adultos um dia, ela irá em busca da ambição de sua vida, não apenas por si mesma, mas também por eles. A ambição de sua vida é escrever um romance e, no primeiro dia em que coloca a criança mais velha numa creche e as duas mais novas para tirar um cochilo, começa a escrevê-lo. Uma vez que esse romance é escrito para os adultos que seus filhos serão um dia, não há problemas se as distrações e as alegrias que eles representam em sua vida, enquanto crianças, tornem-se parte dele. (Concordo que, em todo caso, é mais saudável escrever para os adultos que os filhos se tornarão um dia do que para as crianças em que certos críticos "maduros" se transformam de vez em quando.)

Dessa forma, Adah integra a profissão de escritora ao conceito cultural de mãe/trabalhadora que ela detém da sociedade igbo. Assim como a mãe africana costuma cultivar alimentos, socar milho e lavar roupa com seu bebê amarrado às costas, Adah consegue escrever seu romance com os filhos brincando na mesma sala.

O primeiro romance que Adah escreve é destruído pelo marido. Ele afirma que seria uma vergonha para seus pais ter uma nora escritora. Adah o abandona e começa outro livro. Para se sustentar, trabalha numa biblioteca local onde se distrai ouvindo o que lhe parecem infortúnios simples, que suas colegas americanas e britânicas insistem em lhe confidenciar. Ela concebe seu romance aos poucos, em pequenas partes, enquanto os filhos dormem ou, em momentos não tão silenciosos, brincam.

A capa da edição destaca as semelhanças entre a vida de Adah e a da autora: "Buchi Emecheta nasceu em 1944 perto de Lagos, na Nigéria, onde cursou a universidade e mais tarde se casou. Em 1962, mudou-se para Londres, onde ainda vive com seus cinco filhos, trabalhando com os jovens negros de Paddington. Ela encontra tempo para escrever acordando às quatro da manhã, antes que as necessidades dos filhos e do trabalho a ocupem".

A ideia de que isso sequer seja possível nos faz repensar as ideias ocidentais tradicionais de como a arte é produzida. Nossa cultura separa os deveres de criar filhos daqueles relacionados ao trabalho criativo. Eu mesma sempre precisei de um lugar silencioso e reservado para trabalhar (de preferência, com vista para um jardim). Outros demandam diferentes versões da torre de marfim, uma residência artística em Yaddo, uma colônia MacDowell.[49]

Embora *Cidadã de segunda classe* não seja excitante em termos de estilo e seja, sem dúvida, muito autobiográfico, não perde seu valor como romance. É um dos bons. Levanta questões fundamentais sobre como a vida criativa e a vida prática devem ser vividas e com quais propósitos, o que é mais do que alguns livros escritos sem filhos por perto conseguem. *Cidadã de segunda classe* é um dos livros mais esclarecedores sobre a vida africana contemporânea que já li.

1976

Dádivas de poder:
os escritos de Rebecca Jackson

No verão de 1830, quando Rebecca Cox Jackson tinha 35 anos de idade, acordou em pânico com o estrondo dos trovões e com a luz dos raios de uma forte tempestade. Durante cinco anos, tempestades com raios tinham-na aterrorizado, deixando-a tão perturbada que ela era obrigada a esperar na cama até que passassem. Dessa vez, nem o santuário de sua cama foi suficiente; ela se viu encolhida em seu tormento no alto da escadaria do sótão, acreditando que o próximo raio a derrubaria escada abaixo. Nessa situação, ela clamou a Deus que a perdoasse por todos os pecados, uma vez que estava prestes a morrer, e que tivesse piedade de sua pobre alma pecadora no outro mundo. Entretanto, em vez de morrer, com a enunciação de sua prece, sua tormenta interior cessou, e o céu nublado dentro de si clareou, e seu coração ficou "leve" com o perdão, a misericórdia e o amor de Deus. Ela perdeu de vez o medo de tempestades (passou a acreditar que o poder do espírito de Deus lhe acudiria nas intempéries); e correu de janela em janela abrindo as cortinas para deixar que o clarão dos raios a banhasse. Era, em suas palavras, como "glória" para a sua alma.

Essa foi a primeira conexão de Rebecca Jackson com o divino. Ela teria muitas outras.

Rebecca Cox nasceu em 1795, filha de negros livres, na Filadélfia. Sua mãe morreu quando Cox tinha treze anos de idade, e ela passou muitos anos com uma avó amorosa, que também morreu quando ela era jovem. Não há registros de seu pai. Do início de sua vida adulta até quase seus quarenta anos, ela morou com o irmão mais velho, Joseph Cox, um presbítero da influente Igreja Bethel Metodista Episcopal Africana, uma das primeiras igrejas negras nos Estados Unidos, fundada por Richard Allen. O marido, Samuel Jackson, vivia com ela na casa do irmão e também era muito envolvido com a igreja. Eles não tinham filhos.

Depois de sua conversão espiritual – como ela reconheceria anos mais tarde –, Jackson descobriu que tinha recebido "dons" sobrenaturais. Que podia ver o futuro nos sonhos, e que nada escapava a seu "olho da alma". Isso significava que, enquanto falava com outras pessoas ou apenas as observava (e, muitas vezes, nem isso), era capaz de discernir seus pensamentos mais profundos, bem como as maneiras de lidar com eles. "Deus" (manifestado como uma voz interior) falava com ela, ela o sentia; e, desde que não hesitasse em obedecê-Lo, podia contar com a ajuda divina diante de qualquer obstáculo.

Havia muitos obstáculos.

Para começar, Rebecca Jackson não sabia ler nem escrever, vivendo em uma família e comunidade religiosas que valorizavam essas habilidades acima de todas as outras. Como filha mais velha, responsável pelos cuidados com os irmãos mais novos depois da morte da mãe, e também pelos vários filhos pequenos de seu irmão, não havia como frequentar a escola. Como ser capaz de falar qualquer coisa inteligente sobre Deus, limitada como era por desconhecer Sua palavra escrita, parecia-lhe um mistério insondável. Além disso, era uma mulher casada.

Jackson se voltou para o irmão em busca de ajuda para aprender a ler, mas, cansado do trabalho e muitas vezes impaciente com ela, tudo que ele conseguiu foi fazê-la se sentir ainda mais atrasada e perdida. Ele também tentava censurar e alterar o que ela ditava ou lhe pedia para escrever.

> Então pedi a meu irmão para escrever e ler minhas cartas. Ele estava escrevendo uma carta em resposta a outra que tinha acabado de ler. Eu disse o que queria botar na carta. Depois lhe pedi para ler. Ele leu. Eu disse, "tu colocou aí mais coisa do que eu disse... Eu não quero que tu *escolha* as palavras na minha carta. Só quero que tu *escreva*." Então ele disse, "Irmã, tu és a pessoa mais difícil que já ajudei a escrever!" Esses termos, e a maneira como ele escreveu a minha carta, perfuraram minha alma como uma espada... Não pude deixar de chorar. E as seguintes palavras sopraram em meu coração. "Tenha fé, e chegará o tempo em que você conseguirá escrever." Essas palavras sopraram em meu coração como que pronunciadas por um pai carinhoso. Minhas lágrimas cessaram num instante.

De forma inacreditável, Jackson aprendeu a ler e a escrever com a ajuda do espírito que trazia dentro de si.

Um dia, eu estava terminando um vestido com pressa e orando. [Rebecca Jackson ganhava a vida como costureira.] Em minha cabeça, ouvi "Quem ensinou ao primeiro homem na Terra?" "Ora, Deus?" "Ele é imutável, e se Ele ensinou o primeiro homem a ler, Ele pode te ensinar." Eu deixei o vestido de lado, peguei a Bíblia, subi as escadas, me ajoelhei, abri a Bíblia e a apertei contra o meu coração, pedindo com fervor a Deus Todo Poderoso para, se estivesse de acordo com Seu desejo sagrado, que Ele me ensinasse a ler Sua santa palavra. E quando olhei para a Bíblia, comecei a ler. E quando descobri que estava lendo, fiquei assustada – e não pude ler mais nada. Voltei a rezar com os olhos fechados e, então, abri os olhos, comecei a ler. Então continuei até ler o capítulo inteiro. Voltei lá pra baixo. "Samuel, eu consigo ler a Bíblia". "Mulher, você tá ficando doida!" "Bendito seja Deus no céu e na Terra, eu consigo ler a sagrada escritura!" Sentei e li... Quando meu irmão chegou para o jantar, eu lhe disse "Eu consigo ler a Bíblia! Li um capítulo inteiro!" "De tanto ouvir as crianças ler, ouviu até decorar." Que doloroso isso foi para mim, pensar que ele faria tão pouco de um presente de Deus!

Desse momento em diante, Rebecca Jackson descobriu que podia escrever suas próprias cartas e "ler a Bíblia em qualquer lugar". Contudo, suas interpretações das escrituras, baseadas somente em sua própria instrução espiritual, causaram desavenças não apenas dentro da família, como também em toda a comunidade religiosa da qual fazia parte. Afinal de contas, ela foi uma mulher que, num tempo em que a igreja não permitia mulheres como pregadoras, tão logo recebeu a mensagem sagrada, tratou logo de difundi-la. Os pastores e presbíteros das igrejas oficiais (todos homens) a acusaram de "desmembrar as igrejas", uma vez que ela se recusava a se juntar a qualquer uma delas, e de ser uma herege, "uma mulher liderando homens". Houve muitas ameaças e atentados contra sua vida.

Em grande parte, os *insights* espirituais de Jackson vinham diretamente de revelações, quase sempre extáticas, em sonhos ou no período de vigília. Ela também era literalmente instruída em questões espirituais e temporais por um espírito que vinha lhe dar aulas quase todos os dias. Um dos exemplos mais impressionantes dessa instrução (o "professor" de Jackson era um homem branco "paternal", vestido em traje *quaker*) é uma anotação em seu diário, "Vista da Atmosfera Natural":

> Noite de segunda-feira, 18 de fevereiro de 1850, eu fui instruída a respeito da atmosfera e seus limites. Eu vi suas formas – ela é como o mar, que tem seus limites... Ela cobria a terra e o mar, tão acima de todas as coisas que se movem e, mesmo assim, tão abaixo do céu estrelado. Seu rosto é como o do mar, calmo e suave se o vento não o perturba. Assim é a atmosfera quando os poderes do Sol e da Lua não a perturbam. Se agitada por eles, ela se enfurece como o mar e lança suas tempestades sobre a terra. Nada pode existir acima dela. Um pássaro não poderia viver ou voar sobre sua superfície, assim como um peixe não pode viver nem nadar fora d'água. É sempre calmo e sereno entre sua face e o céu estrelado. A visão me pareceu linda.

Seus sonhos são cheios de símbolos e de atividades peculiares. Ela consegue voar pelo ar como um pássaro (embora mais alto do que os passáros e, curiosamente, do que as mulheres brancas), atravessar paredes, visitar outros reinos e conversar com anjos. Ela consegue tocar um fogão quente quando está acordada e não se queimar, ou cambalear de olhos fechados na beirada do degrau de uma escada íngreme e não cair. Ela prega a palavra de Deus como lhe é revelada e descobre que tem o poder de curar pessoas doentes e de converter pecadores. Toda a glória por essas dádivas ela atribui a Deus, e se descreve repetidamente como "a filhinha" Dele ou "um verme da terra".

Um dos maiores obstáculos na nova vida de Rebecca Jackson em Cristo (Jesus, ela aprende, é o segundo Adão e, em essência, um espírito feminino; o primeiro Adão era masculino e caiu em desgraça por permitir que a luxúria substituísse o espírito e, portanto, a obediência a Deus) era a expectativa de seu marido de que ela cumprisse com as obrigações conjugais. Mas a voz insistia que, embora ela pudesse viver com o marido e lhe servir de outra maneira, não poderia se permitir o que chamava de "o pecado da queda". Fazer isso a colocaria na mesma categoria de Adão. No início, o marido ficou confuso, depois convencido da santidade e, por fim, ofendido do mesmo jeito. Nos momentos mais selvagens do marido, Rebecca Jackson escreve "ele perseguia minha vida, noite e dia". No entanto, como a voz interior sempre a "conduzia", ela era capaz de se manter à frente, de saber o que ele "ia fazer" antes que ele mesmo soubesse.

Um ano depois da conversão, ela deixou o marido e a casa do irmão. Tornou-se uma pregadora itinerante que fundou uma "sociedade" (ou melhor, uma fraternidade de irmãs) com outras mulheres negras que organizavam "grupos de oração", reunindo-se nas casas umas das outras para rezar, discutir as escrituras, cantar e apoiar umas às outras na árdua tarefa de seguir a "verdadeira" voz dentro delas – grupos de conscientização espiritual, pode-se dizer. Foi nesse período que Jackson começou um relacionamento com uma mulher mais nova, Rebecca Perot. As duas mulheres viveram, viajaram, rezaram e dormiram juntas até o fim da vida de Jackson, cerca de 33 anos depois que se conheceram.

Foi com Rebecca Perot que Jackson se tornou integrante e residente da comunidade Shakers de Watervliet, em Nova York. Os Shakers, um grupo religioso que não acreditava em nada laico – em especial nos governos e nas leis feitas pelos homens (se recusavam a lutar nas guerras americanas, tampouco reconheciam os Estados Unidos como um país) – cujos membros viviam em estado de êxtase e compartilhavam as mesmas visões espirituais de Rebecca Jackson: acreditavam que Deus era espírito ("Pergunte também como Jesus pode ser tanto homem quanto mulher. Deus é espírito") e que deveria ser adorado como um só, de preferência em silêncio, a não ser que o próprio espírito instruísse o contrário. Acreditavam na confissão e no arrependimento dos pecados como um pré-requisito para a paz interior. Acreditavam na limpeza física e moral, em trajes simples, na meditação em silêncio e em viver separado do mundo. Mas, acima de tudo, do ponto de vista de Rebecca Jackson, era o único grupo religioso do qual ouvira falar que acreditava no celibato.

Durante o período com os Shakers, Rebecca Jackson teve contato com muito amor e riqueza espiritual. Pela primeira vez na vida, ela se sentiu compreendida e valorizada como alguém que demonstrava dons evidentes vindos de Deus. Na mesma proporção em que tinha sido desprezada pelas Igrejas Metodistas Episcopais Africanas por sua postura em relação ao celibato (eu sua visão, uma pré-requisito indispensável para se dedicar à vida espiritual), ela foi acolhida pelos Shakers, que concordavam com ela que, uma vez que Jesus era solteiro e celibatário, esse era o exemplo que ele desejava que seu povo seguisse.

Entretanto, com o passar do tempo, os desentendimentos surgiram, principalmente porque Jackson se sentia compelida a sempre seguir sua voz interior ou seu "comando invisível" e não podia obedecer aos líderes Shakers, a menos que sua voz interior lhe dissesse para fazê-lo. Um pouco antes da Guerra Civil, sua voz interior lhe ordenou que pregasse para seu povo – devastado pela escravidão e pela perseguição – cuja pobreza ela sentia que os Shakers não abordavam de forma adequada. No entanto, quando pediu para deixar a ordem e seguir o comando, a liderança dos Shakers não lhe deu as bênçãos esperadas. Ela e Perot foram embora de Watervliet mesmo assim, embora Jackson tenha sido acusada de apostasia, de tentar conduzir os outros "à sua própria verdade".

Com o tempo, a ruptura foi desfeita. Rebecca Jackson recebeu orientações de sua voz interior para aceitar as ordens e instruções de líderes Shakers, fossem homens ou mulheres. Depois desse gesto de subserviência, os Shakers lhe deram a bênção para ser ministra num assentamento Shaker para pessoas negras que ela estabeleceu na Filadélfia, em 1870. Com essa bênção, veio o status de grupo religioso reconhecido, assim como a promessa dos Shakers de providenciar ajuda para a nova comunidade em tempos de dificuldades. Não há registros de que Jackson tenha pedido ou recebido tal auxílio.

> Um grupo central de irmãs vivia numa única casa espaçosa, ajudando umas às outras no trabalho, como costureiras ou lavadeiras na cidade... [Registros Shakers nos informam]. Visitantes Shakers brancos, vindos de Watervliet e de New Labanon, em 1872, descreveram a residência da família, em tom um tanto impressionado, como "quase palaciana" com seu encanamento moderno, aquecimento central, "uma grande sala de estar, capaz de comportar vinte almas sentadas", uma sala de reuniões acarpetada, com cornijas "de mármore"... "muito bonita, quase extravagante". A descrição dos cultos realizados naquela noite... também é cheia de admiração.

Em 1878, oito mulheres negras, três crianças negras e três mulheres brancas (uma delas judia) viviam na comunidade Shaker, integrantes da família espiritual de Rebecca Jackson e Rebecca Perot.

O pequeno grupo de irmãs Shakers sobreviveu à morte de Rebecca Jackson, em 1871, e durou até 1908, quando os últimos relatórios do grupo foram registrados.

Gifts of Power: The Writings of Rebecca Jackson é um documento extraordinário. Ele nos diz muito sobre a espiritualidade dos seres humanos, em particular sobre os recursos espirituais interiores de nossas mães, e, por causa disso, traz uma contribuição inestimável ao que sabemos a nosso respeito. Uma simples resenha nem de perto lhe faria justiça, pois é uma contribuição de muitas facetas, algumas bem compreensíveis, outras não. Por exemplo, como lidar com as crenças sem dúvida gnósticas de Rebecca Jackson (de que a "ressurreição" acontece em vida, não depois da morte; que o espírito de "Cristo" se manifesta pela "mente" por meio de sonhos e visões e não pela burocracia da igreja) cem anos antes da descoberta dos *Gnostic Gospels: The Secret Teachings of Christ [Evangelhos gnósticos: os ensinamentos secretos de Cristo]*, de Nag Hammadi? Como lidar com a descoberta de que ela não tinha apenas um Pai divino, mas também uma Mãe divina – consistente com crenças religiosas indianas e africanas antes das intervenções do Ocidente? Como lidar com as explicações que insinuam o porquê de muitas mulheres negras (Rebecca Jackson sendo apenas uma delas)[50] abandonarem as primeiras igrejas negras para fundar suas próprias congregações? (As igrejas tradicionais insistiam numa adoração "civilizada", todos cantando ao mesmo tempo versos do mesmo livro; ao passo que as mulheres queriam a paixão e a glória da adoração e do louvor *inspirados* e *espontâneos*, comportamento que os homens à frente das igrejas chamavam de "pagão". O que os líderes chamavam de "progresso" na igreja negra, isto é, um comportamento contido, calmo e presbiteriano, as mulheres chamavam de "deixar o diabo entrar na igreja".) Como lidar com a capacidade de Jackson de criar espiritualmente um "pai" que ela nunca teve? E como lidar com o notável poder generalizado de Rebecca Jackson – uma mulher levada pelo espírito interior a viver sua própria vida partindo do zero, deixando para trás marido, família, casa e amigos?

Jean McMahon Humez fez um trabalho magnífico ao editar *Gifts of Power*. Só há um ponto no qual me detive, enquanto lia sua esplêndida introdução, para questionar seu conhecimento sem dúvida profundo do material. Foi na passagem em que ela discute o relacionamento entre Rebecca Jackson e Rebecca Perot (conhecida entre os Shakers como "as duas Rebeccas"). Ao contrário de outras mulheres negras que eram líderes religiosas, solteiras e que viajavam sozinhas, escreve Humez, Rebecca Jackson "depois de romper com o marido e com o irmão...

viajou pelo resto da vida mantendo um relacionamento próximo com uma amiga querida, uma amiga íntima que compartilhava suas crenças religiosas. *Se tivesse nascido nos tempos atuais, talvez tivesse sido uma lésbica assumida.*" (grifo meu)

Embora mulheres pastoras que pregavam e viviam com outras mulheres fossem vistas, pelos homens que lideravam as igrejas, como "lésbicas no armário", por seguir suas vozes interiores em vez dos "pais" da igreja, não há nada nesses escritos que faça Jackson parecer lésbica. Seria maravilhoso se ela fosse, é claro. Mas também seria maravilhoso se não fosse. É de se perguntar o porquê de Humez insinuar que ela era lésbica, uma vez que Jackson menciona mais de uma vez sua "morte" para a sexualidade ou para o "desejo". O exemplo que Humez dá de atividade "erótica" por parte de Jackson é o relato de um sonho que envolve os longos cabelos de Rebecca Perot. No sonho, outra mulher desembaraça todo o cabelo de Perot, e Jackson fica chateada porque havia cuidado tanto do cabelo de Perot e o "tinha deixado tão comprido".

Tendo em mente que nossa cultura sempre considerou cabelos compridos quase tão importantes quanto a leitura e, muitas vezes, na *mesma* medida, eu diria que esse sonho não se qualifica como erótico. Em minha opinião, há um sonho mais revelador, relatado por Rebecca Perot, no qual ela se vê como uma rainha e a Rebecca Jackson como um rei da África.

O que questiono é a tentativa de uma pesquisadora não negra rotular como lésbica uma mulher negra que não se apresenta como tal. Mesmo se Jackson e Perot *tivessem* uma ligação erótica, que termo usaram para falar a respeito? (Que termo teria sido tão negro e positivo quanto "sapatão" – em tempos mais modernos – é negro e negativo?). Elas viam a situação como uma rejeição aos homens? Isso (o que fizessem juntas sozinhas) infringia sua noção de celibato? Era "lesbiandade"[51] o simples fato de Jackson e Perot viverem juntas? Isso significaria que quaisquer duas mulheres vivendo justas seriam lésbicas? É "lesbiandade" o fato de Jackson e Perot terem fundado uma comunidade religiosa formada só por mulheres (e seus filhos)? Se qualquer dessas coisas é "lesbiandade", então a acusação de que essas mulheres eram "lésbicas não assumidas" é bem fundamentada. No entanto, essas mulheres não aceitaram esse rótulo no passado, e eu acho que deveríamos ao menos nos perguntar se elas o aceitariam hoje em dia, uma vez que o nome que elas *aceitaram* e *adotaram*, inclusive causando-lhes muito sofrimento e assédio, foi *celibato*. Celibatárias, assim como as lésbicas, é claro, têm dificuldade de provar sua existência. Meu palpite é que, assim como Virginia Woolf, a quem muitos se referem como lésbica, mas que se descrevia como um "eunuco", as duas Rebeccas se tornaram irmãs espirituais, em parte porque não davam muita importância ao sexo, o que Jackson afirma reiteradamente.

Em todo caso, a palavra "lésbica" pode não ser adequada (nem confortável) para mulheres negras, que, com toda certeza, começaram a criar seus laços muito antes da residência de Safo na ilha de Lesbos. Na verdade, eu consigo imaginar que mulheres negras que amam mulheres (sexualmente ou não) não iriam se incomodar com o que as gregas estavam fazendo, mas, em vez disso, iriam se referir a si mesmas como mulheres "inteiras", "completas" ou "sagradas". Ou mulheres "circulares" – mulheres que amam outras mulheres, sim, mas mulheres que, numa cultura que oprime todas as pessoas negras (e isso vem de muito tempo), também se preocupam com seus pais, irmãos e filhos, não importa como se sintam em relação a eles enquanto homens. Meu termo particular para esse tipo de mulher seria "mulherista". Seja como for, a palavra que elas escolhessem teria de ser espiritual e concreta, e teria de ser orgânica, característica, não apenas imposta. Uma palavra que fosse além de expressar que elas preferem mulheres em vez de homens. Além de dizer que optaram por morar separadas dos homens. Na realidade, para ser consistente com os valores culturais negros (que, sejam lá quais forem suas falhas, ainda têm um valor considerável), teria de ser uma palavra que afirmasse a conexão com toda a comunidade e com o mundo, ao invés da separação, *a despeito de* quem dormia com quem ou quem trabalhava com quem. No fim das contas, o principal problema em ter Lesbos como um ponto de referência para mulheres que amam mulheres não é, como já pensei, o fato de ter sido um lugar habitado por mulheres gregas cujas servas, assim como sua cultura, haviam sido provavelmente roubadas do Egito, mas por ser uma ilha. O simbolismo disso, para uma pessoa negra, está longe de ser positivo.

Mas essa é uma pequena reclamação e, talvez, bem específica. Eu sinto que nomear a nossa experiência do nosso jeito (assim como rejeitar tudo que não nos sirva) é o mínimo que podemos fazer – e, na atual sociedade, talvez seja o único sinal tangível de liberdade pessoal. Foi a percepção dessa importância que fez Rebecca Jackson anotar suas próprias "viagens" espirituais, para que todos pudessem testemunhar sua caminhada individual. Isso a torna única. E nos torna gratas por tê-la como uma dádiva de poder em si mesma.

1981

Zora Neale Hurston:
um sinal de alerta e um relato parcial

Tomei consciência do quanto eu precisava da obra de Zora Neale Hurston algum tempo antes de saber de sua existência. No fim dos anos 1970, eu estava escrevendo um conto que exigia um material preciso sobre práticas de vodu entre negros moradores da zona rural do Sul dos Estados Unidos nos anos 1930; não parecia haver nenhum disponível no qual eu pudesse confiar. Vários antropólogos e folcloristas brancos racistas daquela época, sem qualquer surpresa, me desapontaram e me ofenderam. Eles achavam os negros inferiores, pitorescos e cômicos, e, para mim, isso enfraquecia, ou melhor, destruía a relevância de seus livros. Felizmente, foi então que descobri *Mules and Men*, o livro de Zora sobre folclore, reunindo sua própria experiênica e a de sua pequena comunidade negra de Eatonville, na Flórida. Por ter feito uma imersão em sua própria cultura, mesmo enquanto registrava as "boas e velhas mentiras", isto é, a cultura oral, era possível ver como ela e o material se harmonizavam (mesmo depois de ter frequentado a Barnard College, se tornado escritora e aprendiz de antropóloga). A autenticidade do material foi comprovada pela familiaridade com o contexto, e me senti aliviada diante de sua garantia de estar expondo uma cultura que era não apenas adequada, mas superior. Ela gostava de saber que pessoas negras podiam ser cômicas e pitorescas em algumas ocasiões. No entanto, o fato de que podiam ser inferiores em relação à raça ou à cultura dos brancos, isso nunca lhe passou pela cabeça.

A primeira vez que ouvi o *nome* de Zora, eu estava assistindo uma aula de literatura negra com a grande poeta Margaret Walker, na Universidade Estadual de Jackson, na capital do Mississipi. A razão dessa informação não ter ficado registrada em minha memória foi o fato de que o nome de Zora e seu trabalho terem sido mencionados muito rapidamente. A turma estava estudando os "gigantes" de sempre da literatura negra: Chessnut, Toomer, Hughes, Wright, Ellison e Baldwin, com a esperança de muito em breve incluir LeRoi Jones.[52] Jessie Fauset, Nella Larsen, Ann Petry, Paule Marshall (inigualável em inteligência, visão e técnica se comparada a qualquer pessoa de sua geração, para dizer o mínimo sobre suas contribuições à nossa literatura) e Zora Neale Hurston foram nomes adicionados, como notas de rodapé verbais, à ilustre lista masculina paralela. Se bem me lembro, nenhuma obra delas foi estudada no curso. Muitas delas estavam esgotadas e assim permanecem. (Talvez Gwendolyn Brooks e a própria Margaret Walker fossem exceções a essa lista, ambas poetas tão indispensáveis, que seria impossível ignorá-las. E seus livros – devido ao nacionalismo cultural e político nos anos 1960 – eram facilmente encontrados.)

Quando eu li *Mules and Men,* fiquei maravilhada. Ali estava um livro perfeito! Logo testei sua "perfeição" com meus parentes, americanos tão típicos que são úteis em todo tipo de pesquisa política, cultural e econômica. Pessoas muito comuns do Sul, tendo se esquecido muito cedo de sua herança cultural sulista nos subúrbios e guetos de Boston e Nova York, eles leram o livro, ou me ouviram ler o livro e ouviram a leitura uns dos outros, e uma espécie de paraíso foi recuperado. Pois foi isso que o livro de Zora fez: devolveu-lhes todas as histórias que tinham esquecido ou das quais tinham passado a ter vergonha (que nos foram contadas por nossos pais e avós – nenhum dos quais era capaz de contar uma história *sem* fazer você chorar ou rir) e mostrou o quão maravilhosas e, de fato, inestimáveis elas são. Isso não é exagero. Não importa como eles leram as histórias que Zora tinha coletado, não importa a distância que tentaram manter, tendo se tornado tão sofisticados, das vidas que seus pais e avós tinham vivido, não importa o quanto tentaram se manter indiferentes em relação a tudo o que Zora revelava, no fim, não conseguiram conter os sorrisos, a risada, a alegria por ela ressaltar o que eles eram: descendentes de um povo criativo, alegre, corajoso e extravagante; um povo que amava o drama, apreciava a inteligência e, acima de tudo, saboreava o prazer da companhia eloquente e *audaciosa* uns dos outros.

Esse foi o primeiro indício da qualidade que considero a mais característica da obra de Zora: saúde racial; uma visão das pessoas negras como seres humanos completos, complexos, *plenos*, uma noção que está ausente em boa parte da literatura e da escrita de pessoas negras. (Em minha opinião, apenas Du Bois mostrava o mesmo encanto consistente com a beleza e o espírito do povo negro, o que é interessante quando consideramos que seu ângulo de visão é o exato oposto do dela.) O orgulho que Zora sentia do povo negro era tão evidente naquela pseudo década de vinte negra que deixava outros negros desconfiados e talvez desconfortáveis (afinal, *eles* ainda estavam apaixonados por coisas europeias). Zora estava interessada na África, no Haiti, na Jamaica e – em busca de alguma diversidade racial (indígenas) – em Honduras. Ela também tinha uma confiança em si mesma como indivíduo que poucas pessoas (alguém?), negras ou brancas, entenderiam. Isso advinha do fato de Zora ter sido criada numa comunidade de pessoas negras com respeito imenso por si mesmas e pela capacidade de se governarem. O próprio pai tinha escrito as leis da cidade de Eatonville. Essa comunidade afirmava o direito de Zora existir, e ela a amava como uma extensão de si mesma. Com quantos negros americanos isso acontece? Com certeza não acontece com nenhum que eu conheça. Em sua autoaceitação confortável, Zora se parecia mais com uma africana não colonizada do que com os negros americanos contemporâneos, a maioria dos quais acreditou, pelo menos em seus anos de formação, que sua negritude indicava que algo estava errado com eles.

Enquanto isso, as primeiras obras de Zora demonstram que ela cresceu sentindo pena dos brancos porque os que ela conhecia careciam de "luz" e alma. É impossível imaginar Zora sentindo inveja de alguém (a menos que fosse uma piada), e muito menos de uma pessoa branca por ser branca. Afinal de contas, para um negro, essa é uma evidente calamidade.

Se condenada a viver em uma ilha deserta, e obrigada e me virar com dez livros, eu escolheria dois de Zora, sem hesitar: *Mules and Men*, pois eu precisaria ser capaz de passar para as gerações mais jovens a vida dos negros americanos como lendas e mitos; e *Seus olhos viam Deus*, porque ia gostar de me divertir ao me identificar com a heroína negra, Janie Crawford, enquanto ela desempenhava vários papéis em ambientes variados e se envolvia (com excelentes resultados!) com situações românticas e sensuais. *Não há livro mais importante para mim do que esse* (incluindo *Cane* de Toomer, que chega perto, mas de um ângulo que considero mais arriscado).

Por ter me comprometido com a obra de Zora, por amá-la, na verdade, fiquei curiosa para ver o que outras pessoas tinham escrito sobre ela. Para a jovem escritora iniciante e impressionável que fui, isso foi um erro. Depois de ler ataques imprecisos, enganosos, deliberadamente depreciativos e em geral irresponsáveis à sua vida e a seu trabalho por quase todo mundo, eu fiquei um tempo paralisada de medo e confusão. Pois se uma mulher que tinha nos valorizado tanto (correndo tantos riscos: de saúde, reputação, sanidade) podia ser tão ridicularizada e relegada a um esquecimento tão desdenhoso, que chance outra pessoa – eu, por exemplo – teria? Eu sabia que tinha bem menos arrojo do que Zora.

Por muito tempo, encarei esse medo e sua causa. Zora era uma mulher que escrevia e dizia o que pensava – até onde se pode perceber, quase sempre. Pessoas que a conheceram e que não estavam acostumadas a essa característica numa mulher, que, além disso, era a) às vezes equivocada, b) em grande parte, bem-sucedida em seu trabalho, a atacavam da forma mais cruel possível. Eu também seria atacada se escrevesse o que penso? E se eu ousasse abrir a boca para falar, deveria estar sempre "certa"? De acordo com os parâmetros de quem? Apenas quem leu a obra de Zora e as opiniões de seus críticos pode compreender o poder que esses questionamentos têm de confundir uma jovem escritora insegura.

Em algum momento, contudo, descobri que repudio e desprezo o tipo de crítica que intimida em vez de educar os jovens; e não gosto do medo, especialmente em mim. Fiz então o que o medo costuma me levar a fazer: reagi. Comecei a lutar por Zora e por sua obra; pelo que eu sabia que era bom e não deveria ser perdido.

Robert Hemenway foi o primeiro crítico que li que parecia indignado por Zora ter terminado a vida na pobreza e na obscuridade; por ter passado seus últimos dias num lar beneficente e ter seu enterro pago através de "doação". No entanto, Zora, como ele teve o cuidado de destacar em seu livro *Zora Neale Hurston: A Literary Biography*, permaneceu digna e altiva até o fim. Foram os esforços de Hemenway para mapear o legado de Zora e a pesquisa a respeito de sua vida que me levaram, em 1973, a um cemitério mal-conservado em Fort Pierce, na Flórida, na tentativa de localizar e sinalizar o túmulo de Zora. Embora naquela época eu a considerasse um grande gênio americano, não havia nada grandioso ou histórico em minha cabeça. Em vez disso, era uma tarefa que abracei com naturalidade – como pessoa negra, mulher e escritora –, porque Zora estava morta e eu, pelo menos por enquanto, viva. Zora era engraçada, irreverente (ela foi a primeira a chamar os literatos da Renascença do Harlem de "niggerati"),[53] bonita, sexy e, certa vez, vendeu cachorros-quentes num parque em Washington para registrar com precisão como as pessoas negras que compravam cachorros-quentes falavam. (Recebi essa informação no mês passado, em uma carta de um de seus velhos amigos de Washington.) Ela iria a qualquer lugar onde precisasse estar – Harlem, Jamaica, Haiti, Bermudas – para descobrir alguma coisa apenas porque tinha de saber. Adorava dar festas. Amava dançar. Usava lenços amarrados na cabeça, como mulheres na África, no Haiti e em vários outros lugares fazem há séculos. Por outro lado, adorava usar calças e botas, e um chapéu inclinado sobre um dos olhos. (Tenho uma foto dela de calças, botas e chapéu de abas largas que me foi dada por seu irmão, Everette. Ela está com o pé no estribo de um carro – provavelmente dela, vermelho vivo – e tem um ar malicioso.) Ela acendia um cigarro em público –, coisa que as damas não costumavam fazer – e, graças aos céus, nunca foi uma dama na juventude.

Os críticos implicavam até com os "trapos" que ela usava na cabeça. (É curioso como esses críticos pareciam incapazes de diferenciar uma rainha afro-americana da Tia Jemima.)[54] Não gostavam de sua visível sensualidade: a tendência a se casar ou não com homens, mas apreciá-los mesmo assim – ao mesmo tempo que não se descuidava do trabalho. Insinuavam de modo dissimulado que Zora era gay, ou no mínimo bissexual – como mais poderiam explicar tanto apetite? Embora não exista, talvez por infelicidade, qualquer rastro de evidência de que isso fosse verdade. O comentário se torna engraçado – e, é claro, sempre irrelevante – quando levamos em conta que o que ela *de fato* escreveu foi uma das histórias de amor heterossexual retratadas de forma mais "saudável" em nossa literatura. Além disso, ela falava demais, aceitava coisas dos brancos (Guggenheims,[55] Rosenwalds[56] e banquinhos para os pés) sem qualquer problema, se vestia com desleixo e parecia não dar a mínima para as opiniões de outras pessoas a seu respeito. Com sua risada fácil e fala arrastada do Sul, e com a crença de que sabia a autêntica dança dos "crioulos",[57] Zora parecia – entre os refinados "Novos Negros" da Renascença do Harlem – *preta*. Não surpreende que sua presença fosse sempre chocante. Embora quase todos concordassem que ela era encantadora, nem todo mundo concordava que esse audacioso encanto negro fosse aceitável, ou, de fato, uma representação adequada da raça.

Zora estava à frente de seu tempo, para os círculos intelectuais, no estilo de vida que escolheu. Nos anos 1960, todo mundo entendia que mulheres negras podiam usar belos tecidos em suas belas cabeças e se importar com a autenticidade das coisas "de preto" e africanas. Nos anos 1960, não era mais um crime receber auxílio financeiro – na forma de bolsas e financiamentos – por seu trabalho. (É interessante observar que aqueles escritores que reclamavam que Zora "aceitava dinheiro dos brancos" costumavam ser eles mesmos sustentados integralmente, até no que comiam – ou, no caso de Langston Hughes, que *tentava* comer, depois que sua "madrinha" branca o dispensou – por mecenas brancos.) Nos anos 1960, ninguém se importava que o casamento não durasse para sempre. Ninguém esperava isso. E acredito que hoje em dia, nos anos 1970, não esperamos mais (embora possamos torcer e rezar) que toda pessoa negra que fale *sempre* diga a coisa certa (uma vez que isso é impossível): e, se *esperarmos* por isso, merecemos toda a liderança silenciosa que estaremos fadados a ter.

Nos primeiros anos e até o meio de sua carreira, Zora foi uma revolucionária cultural pelo simples fato de ter sido ela mesma. Sua obra, tão vigorosa entre as pálidas produções de muitos de seus contemporâneos, vinha da essência da vida negra tradicional. Em seus últimos anos, ela passou a temer a vida que, com tanta bravura, tinha ousado viver antes. Sua obra se tornou reacionária, estática, tímida e, de um modo chocante, equivocada. (Isso se aplica em especial a seu último romance, *Seraphs on the Sewannee*, que sequer é sobre pessoas negras, o que não é nenhum crime, mas sobre pessoas brancas com as quais é impossível se importar – o que é, sim, um crime.)

Uma série de desventuras abateram o espírito de Zora e sua saúde. E ela foi à falência.

Estar falida fez toda a diferença.

Sem o próprio dinheiro numa sociedade capitalista, não há como se falar em independência. Essa é uma das lições mais claras da vida de Zora, e é por isso que a considero "um sinal de alerta". Devemos aprender o possível com ela.

Sem dinheiro, uma doença, mesmo que não seja grave, pode minar a força de vontade. Sem dinheiro, ir ao hospital é problemático, e sair sem dinheiro para pagar pelo tratamento é quase impossível. Sem dinheiro, uma pessoa se torna dependente dos outros, que podem ser – mesmo em sua gentileza – instáveis em seu apoio e despóticas em relação às expectativas de retorno. Como a Blanche, personagem de Tennessee Williams,[58] Zora foi forçada a depender "da bondade de estranhos". O que pode ser mais perigoso, se os estranhos se mantiverem para sempre no controle? Zora, que trabalhou tanto, nunca conseguiu se sustentar com seu trabalho.

Ela não reclamava de não ter dinheiro. Não era seu estilo. (Meses atrás, recebi uma longa carta de uma das sobrinhas de Zora, uma menina inteligente de dez anos, me explicando que sua tia era tão orgulhosa, que o único jeito de a família desconfiar de sua doença ou situação financeira era se dando conta de que não fazia ideia de seu paradeiro. Por isso, ninguém da família esteve a seu lado em seu leito de morte ou em seu funeral.) Aqueles de nós que recebem "bolsas e financiamentos de *pessoas brancas*" sabem que esse auxílio é oferecido da mesma maneira que o auxílio financeiro no Mississipi. A pergunta que fazem é direta: *De quanto você precisa apenas para sobreviver?* E então a pessoa – se tiver sorte – recebe um terço disso. O impressionante é que Zora, que ficou órfã aos nove anos de idade e fugiu aos quatorze, foi empregada doméstica e manicure antes dos vinte (por necessidade, não por amor ao trabalho) – tendo apenas um vestido – e conseguiu se tornar Zora Neale Hurston, antropóloga e autora, apesar de tudo.

Para mim, a coisa mais infeliz que Zora escreveu foi sua autobiografia. Depois de alguns capítulos, tudo soa falso. É possível ouvir a voz de alguém que dependeu da assistência de muitos amigos "transitórios" ao longo da vida. Um provérbio taoísta afirma que *lançar mão da sinceridade com o insincero é perigoso*. (Um erro que negros, como grupo, tendem a cometer nos EUA). E então temos Zora oferecendo gratidão e palavras gentis a pessoas que sabemos que ela não poderia ter respeitado. No entanto, essa bajulação, tão estranho ao caráter de Zora, é também um resultado da dependência, um sinal da sua impotência, sua incapacidade de pagar as dívidas com qualquer coisa além de palavras. Devem ter sido palavras amargas para ela. Devemos lembrar que Zora não estava sozinha em sua dependência – porque é verdade que os Estados Unidos não nos apoiam ou honram como seres humanos, muito menos como negros, mulheres e artistas. Nós aceitamos a ajuda quando nos tem sido oferecida porque estamos comprometidos com o que fazemos e com a sobrevivência de nossas obras. Zora também estava comprometida com a sobrevivência da herança cultural.

Em minha cabeça, Zora Neale Hurston, Billie Holiday e Bessie Smith formam um tipo de trindade pecadora. Zora *pertence* a uma tradição de cantoras negras muito mais do que aos "literatos", pelo menos para mim. Houve altos e baixos extremos em sua vida, a busca destemida por aventura, intensas experiências emocionais e sexuais e o amor pela liberdade. Como Billie e Bessie, ela seguiu seu próprio caminho, acreditou em seus próprios deuses, perseguiu os seus próprios sonhos e se recusou a se separar das pessoas "comuns". Teria sido bom se as três pudessem ter contado umas com as outras em tempos de dificuldade. Fecho meus olhos e as imagino: Bessie cuidaria de todo o dinheiro; Zora manteria as tendências masoquistas de Billie sob controle e evitaria que ela cantasse aquelas músicas constrangedoras de tudo-por-um-homem, evitando, assim, o vício em heroína; em retribuição, Billie e Bessie seriam a família que Zora nunca teve.

Nós somos um povo. Um povo não joga seus gênios fora. E se eles forem jogados, é nosso dever, *como artistas e como testemunhas em nome do futuro,* resgatá-los novamente pelo bem dos nossos filhos – osso por osso, se necessário.

1979

Em busca de Zora

> Em 16 de janeiro de 1959, Zora Neale Hurston, sofrendo com as sequelas de um acidente vascular cerebral, escrevendo com dificuldade, elaborou uma carta para o "departamento editorial" da Harper & Brothers perguntando se eles estariam interessados em ver "o livro no qual estou trabalhando no momento – uma vida de Herodes, o Grande". Um ano e doze dias depois, Zora Neale Hurston morreu sem recursos para pagar pelo próprio funeral, tendo sido acolhida no lar beneficente St. Lucie County, na Flórida. Ela jaz numa sepultura não identificada num cemitério segregado em Fort Piece, na Flórida, um lugar de descanso quase sempre simbólico do destino do escritor negro nos Estados Unidos.
>
> Zora Neale Hurston é uma das escritoras mais importantes e não lidas nos EUA, autora de dois clássicos menores e de mais quatro livros importantes.
>
> – Robert Hemenway, "Zora Hurston and Eatonville Anthropology"
> em *The Harlem Renaissance Remembered*

Em agosto de 1973, acordo no exato momento em que o avião, durante a descida, sobrevoa Sanford, na Flórida, o que significa que consigo ver Eatonville, terra natal de Zora Neale Hurston. Reconheço a cidade pela descrição de Zora em *Mules and Men*: "a cidade de cinco lagos, três quadras de críquete, trezentos negros de pele clara, trezentos bons nadadores, muitas goiabeiras, duas escolas e nenhuma cadeia". É claro que não consigo ver as goiabeiras, mas os cinco lagos ainda estão lá, e são os lagos que eu conto enquanto o avião se prepara para aterrissar em Orlando.

Vista do céu, a Flórida parece completamente plana, e, conforme nos aproximamos do chão, essa impressão não muda. Essa é a primeira vez que vejo o interior do estado, sobre o qual Zora escreveu tão bem, e ali estão quilômetros quadrados de laranjais, a areia, o manguezal e os pinheiros que conheço de seus livros. Ao sair do avião, caminho pelo ar úmido do meio-dia e entro no aeroporto cafona, mas bem refrigerado. Procuro por Charlotte Hunt, minha companheira na expedição

Zora Hurston. Ela mora em Winter Park, muito perto de Eatonville, e está escrevendo sua dissertação sobre Zora. Eu a vejo acenar – uma grande mulher branca com rosto agradável, de óculos escuros. Nós nos correspondemos por várias semanas, trocando nossas descobertas mais recentes (em grande parte, feitas por Charlotte) a respeito de Zora e tentando dar sentido à massa de informações obtidas (no geral erradas ou simplesmente confusas) da própria Zora – a partir de seus contos e de sua autobiografia – e de pessoas que escreveram sobre ela.

Eatonville habita por tanto tempo minha imaginação, que mal posso acreditar que eu a encontrarei existindo por conta própria. No entanto, depois de vinte minutos na rodovia, Charlotte pega uma saída, e eu vejo um pequeno ajuntamento de casas e lojas, sem nenhum padrão específico, no solo arenoso que margeia a estrada. Nós paramos diante de um prédio limpo e cinza com duas placas fascinantes: Prefeitura de Eatonville e Correios.

Na metade do edifício, que abriga a Prefeitura de Eatonville, uma mulher esbelta, de pele escura, está sentada examinando algumas cartas sobre a mesa. Quando ouve que nós estamos procurando por alguém que possa ter conhecido Zora Neale Hurston, ela se inclina para trás, pensativa. Como não quero despertar a má vontade em pessoas que podem saber alguma coisa a respeito de Zora que não sabem se devem contar, optei por uma mentira simples, mas que percebo ser muito *útil*.

– Sou sobrinha da senhorita Hurston – pressiono a jovem, que abaixa a cabeça com um sorriso.

– Acho que a sra. Moseley é praticamente a única pessoa viva que ainda se lembra dela – ela responde.

– Você está falando da Mathilda Moseley que disse aquelas mentiras sobre "a-mulher-é-mais-esperta-que-o homem" num livro de Zora?

– Sim – disse a jovem –, a sra. Moseley está bem velha hoje em dia. Mas, a esta hora, ela deve estar em casa.

Fico diante do balcão olhando para ela, a primeira habitante de Eatonville com quem falei. Por causa dos livros de Zora, sinto que sei alguma coisa sobre ela; ao menos sei como era a cidade onde ela cresceu anos antes de ela nascer.

– Me diz uma coisa, vocês ensinam os livros de Zora nas escolas aqui?

– Não, não fazem isso. Acho que as pessoas não sabem nada sobre Zora Neale Hurston nem sobre as grandes coisas que ela fez. Ela foi uma grande mulher. Eu li todos os livros dela, mas não acredito que outras pessoas de Eatonville tenham feito isso.

– Pelo que eu entendi, muitas das pessoas religiosas aqui achavam Zora meio imoral – Charlotte sussurrou do meu lado. – Não acho que gostavam do que ela escrevia.

– Bem, obrigada pela sua ajuda – digo à jovem.

Ela reforça as instruções de como chegar à casa da sra. Moseley e sorri enquanto Charlotte e eu vamos embora.

> A carta para a Harper não expõe a rejeição da editora a uma obra-prima desconhecida, mas revela como a grande promessa da Renascença do Harlem se deteriorou para muitos dos escritores que usurfruíram de sua exuberância. Também indica a tragédia pessoal de Zora Neale Hurston: formada em Barnard, autora de quatro romances, duas coletâneas de folclore, uma autobiografia e importante pesquisadora da cultura popular afro-americana, levada pela pobreza e pelas circunstâncias a oferecer a uma editora um livro não solicitado.
>
> – Robert Hemenway

> Zora Neale Hurston nasceu em 1901, 1902 ou 1903 – depende do quão velha ela estivesse se sentindo quando alguém lhe perguntava.
>
> – Bibliotecária da biblioteca Beinecke, Universidade de Yale

A casa de Moseley é pequena, branca e aconchegante, o pequeno quintal quase engolindo pelas espirradeiras e pés de hibisco. Charlotte e eu batemos à porta. Eu chamo. Mas não temos resposta. Isso nos parece estranho. Nós tivemos tempo para estimar a idade da sra. Moseley – não datas ou número, só idosa. Eu tinha em mente uma senhora trêmula, inválida e acamada quando ouvimos um carro. Olho para trás e vejo um Buick preto e branco – pintura descascando e a grade dianteira enferrujada – se aproximando da frente da casa. Uma velha senhora de cabelos brancos, bem arrumada num vestido roxo, está ao volante. Ela faz uma careta porque o carro de Charlotte está na entrada.

A sra. Moseley olha para nós com desconfiança. "Sim, eu conheço Zora Neale", ela confirma, séria e com um olhar frio direcionado a Charlotte (que, imagino eu, se sente muito *branca* nesse momento), "mas isso foi há muito tempo, e eu não quero falar sobre o assunto".

– Sim, senhora – sussurro, recorrendo à minha empatia para lidar com a situação.

– Não é só isso – a sra. Moseley prossegue –, eu estive doente. Fui hospitalizada para fazer uma operação. Artéria rompida. Os médicos não acreditavam que eu ia sobreviver, mas vocês estão me vendo viva, né?

– E muito bem, por sinal – comento.

Sra. Moseley desce do carro. Uma mulher magra, faceira, com a boca cheia de falsos dentes de ouro. Gosto dela porque ela fica parada *altiva* ao lado do carro, com uma mão no quadril e a bolsa de palha no outro braço. Ela usa sandálias brancas de tirinhas e salto que destacam suas pernas bem torneadas.

– Tenho 82 anos, sabe, e não consigo mais me lembrar das coisas como antes. De qualquer maneira, Zora Neale foi embora fazer faculdade e nunca mais voltou a morar aqui. Ela vinha aqui para juntar material para os livros dela, mas era só isso. Passou a maior parte do tempo no sul da Flórida.

– Sabia, sra. Moseley, que eu vi o nome da senhora num dos livros de Zora?

– Viu? – ela me olha com um pouco mais de interesse. – Eu li uns livros dela muito tempo atrás, mas aí as pessoas começaram a me pedir emprestados, e de novo e de novo, e, de tanto emprestar, sumiram todos.

– Eu poderia mandar para a senhora os que foram reimpressos – ofereço. – A senhora gostaria que eu fizesse isso?

– Não – a sra. Moseley se apressa em responder. – Não leio muito hoje em dia. Além disso, tudo isso foi há *tanto* tempo...

Charlotte e eu nos encostamos no carro sob o Sol. A sra. Moseley nos conta em detalhes minuciosos cada passo de sua cirurgia recente, terminando com:

– O que os médicos não sabiam, enquanto esperavam que eu morresse (e eles pensavam que eu não viveria o bastante para precisar tirar meus pontos!), é que Jesus é o melhor médico, e se *Ele* diz que você vai ficar boa, é só isso que importa.

Diante dessa filosofia, Charlotte e eu concordamos num murmúrio: sendo do Sul e criadas na igreja, nós já ouvimos essa crença antes. No entanto, o que descobrimos é que a sra. Moseley não se lembra muito além do ano de 1938. Ela nos mostra uma foto de seus pais e nos conta que o pai era irmão de Joe Clark. Como todos os leitores de Zora Neale sabem, Joe Clark foi o primeiro prefeito de Eatonville; seu correspondente ficcional é Jody Starks em *Seus olhos viam Deus*. Nós também recebemos instruções de onde a loja de Joe Clark *ficava* – onde agora é o Clube Eaton. Club Eaton, uma grande casa noturna laranja e bege que vimos na estrada principal, parece ser famosa pelos bons momentos que todos costumam passar ali. Talvez seja o equivalente moderno da marquise sob a qual todos os homens da infância de Zora se reuniam para contar "mentiras", ou seja, lendas folclóricas da cultura negra, que eram "inventadas e aplicadas na mesma hora" para usar uma frase de Zora. Quanto ao lugar exato do nascimento de Zora, a sra. Moseley não tem a menor ideia.

Depois que falo da exuberância de seus hibiscos, ela se torna mais falante. Mencionou o quanto *amava* dançar na juventude, falou de como o marido era bom. Disse que, quando ele estava vivo, ela era completamente feliz, porque ele a deixava ser uma mulher totalmente livre.

– Eu tinha tanta liberdade que às vezes tinha de me beliscar para ter certeza de que eu era uma mulher casada.

Então, mais relaxada, ela nos conta que ela e Zora foram colegas de escola.

– Zora e eu frequentamos a mesma escola. Hoje em dia se chama Hungerford High. Ela *era* só até a oitava série, mas nossos professores eram tão bons que naquela época você saía sabendo matérias da faculdade. Quando eu fui para Morris Brown, em Atlanta, os professores me ensinavam as mesmas coisas que eu já tinha aprendido bem aqui em Eatonville. Escrevi para a minha mãe e disse que ia voltar para ajudar a cuidar das crianças pequenas. Eu não estava aprendendo nada de novo.

– Diga uma coisa, sra. Moseley, por que a senhora acha que Zora era contra a integração? Li em algum lugar que ela era contra o fim da segregação das escolas porque sentia que isso era um insulto aos professores negros.

– Ah, um deles (uma pessoa branca) veio aqui me perguntar sobre a integração. Num dia em que eu estava fazendo minhas compras. Ouvi eles comentando dentro da loja sobre as escolas. E saí de perto porque eu sabia que, se eles me perguntassem, não iam gostar do que eu ia dizer. Mas eles se aproximaram e me perguntaram do mesmo jeito. "O que você acha dessa integração?", um deles disse. Fiz de conta que tinha entendido errado. "Você está *me* perguntando o que eu acho da integração? Bom, como você pode ver, eu sou uma senhora negra – eu devia ter 75 ou 76 na época –, e essa é a primeira vez que alguém me pergunta sobre a integração. E ninguém perguntou a minha avó o que ela pensava, mas o pai dela era como vocês." – A sra. Moseley parece satisfeita com essa lembrança de sua resposta. Ela olha para Charlotte. – Eu tenho sangue de três raças nas minhas veias, branco, negro e indígena, e ninguém me perguntou *nada* antes – ela comenta, com ar de indignação.

– A senhora acha que morar em Eatonville fez a integração parecer uma coisa menos atraente?

– Olha, eu posso lhe dizer o seguinte: vivi a minha vida inteira em Eatonville e já participei do governo dessa cidade. Eu fiz de tudo, menos ser prefeita, mas fui *assistente* do prefeito. Eatonville era e é uma cidade de negros. Nós temos nossa própria polícia, nosso correio, nossa prefeitura. Eu preciso de integração? Eles dominaram a cidade de Goldsboro porque as pessoas negras que viviam lá nunca se organizaram, como nós fizemos. Eu nem sei se ainda há negros vivendo lá. Eles construíram casas enormes em torno dos lagos. Mas nós não deixamos isso acontecer aqui em Eatonville e não vendemos terras para qualquer um. E, veja só, ainda estamos aqui.

Quando saímos, a sra. Moseley acena, ao lado de seu carro. Penso na carta de Roy Wilkins atacando Zora Neale por causa de sua falta de entusiasmo com o fim da segregação nas escolas. Eu me pergunto se ele conhecia a experiência de Eatonville, onde ela cresceu. Poucas pessoas negras nos EUA vêm de uma comunidade negra autônoma, na qual a união e a lealdade são consideradas comuns. Um lugar onde o orgulho negro não é uma novidade.

Entretanto, uma coisa que a sra. Moseley disse me incomodou.

– Sra. Moseley, me diga uma coisa, por que, treze anos depois da morte de Zora, o túmulo dela continua sem identificação?

– O motivo de não haver uma lápide é porque ela não foi enterrada aqui. Ela foi enterrada em algum lugar no sul da Flórida. Acho que ninguém sabia ao certo onde ela estava.

> Ela só precisa escrever livros para atingir um público maior – porque ela já é, por si só, um livro de entretenimento. Na juventude, ela sempre conseguia bolsas de estudos, e outras coisas de pessoas brancas abastadas, algumas das quais simplesmente lhe pagavam para estar presente e ser uma representante da raça negra, o que ela fazia com estilo. Ela era cheia de anedotas hilárias, histórias engraçadas e relatos tragicômicos, lembranças de sua vida no Sul como filha de um ministro de Deus itinerante. Ela era capaz de fazer chorar num minuto e rir no minuto seguinte. Para muitos de seus amigos brancos, sem dúvida, ela era a "escurinha" perfeita, no bom sentido que eles davam ao termo – isto é, ingênua, infantil, doce, bem-humorada e de pele bem escura.
>
> Entretanto, a srta. Hurston era também esperta – uma aluna que não deixava a faculdade lhe dar uma boa nota genérica e que tinha grande desdém por todas as pretensões, acadêmicas ou não. É por isso que ela se dava tão bem em suas pesquisas sobre folclore, capaz de circular em meio ao povo como se nunca tivesse ido à faculdade. Quase ninguém era capaz de abordar um morador do Harlem na avenida Lenox e medir sua cabeça com um instrumento antropológico esquisito sem receber insultos pela tentativa, exceto Zora, que costumava parar qualquer um com uma cabeça interessante e medi-la.
>
> – Langston Hughes, *The Big Sea*

> O que importa o que as pessoas brancas podem ter pensado dela?
>
> – Estudante do curso sobre escritoras negras,
> Wellesley College

A sra. Sarah Peek Patterson é uma bela mulher ruiva de meia-idade, vestindo calça laranja e brincos de ouro. Ela é a diretora do necrotério Lee-Peek, em Fort Piece, o estabelecimento que cuidou do funeral de

Zora. Ao contrário de muitas agências funerárias em cidades do Sul, que parecem palácios no meio na pobreza generalizada, Lee-Peek parece *modesta* e decadente. Talvez por ser pintada de branco e roxo, assim como seus Cadillacs funerários. Essas cores não envelhecem bem. As salas são bagunçadas e tristes, o banheiro é uma prisão minúscula com cheiro rançoso, e tem um frasco de tintura preta (ao que parece, usada para retocar o cabelo dos cadáveres) pingando dentro da pia. Dois caixões simples de pinho repousam em cima da banheira. A sra. Patterson é agradável e prestativa.

– Como eu lhe disse pelo telefone, sra. Patterson – Começo, apertando sua mão e olhando em seus pequenos olhos castanhos. – Sou sobrinha de Zora Neale Hurston e gostaria de colocar uma lápide em sua sepultura. Quando liguei na semana passada, a senhora me disse que podia me dizer onde está a sepultura.

A essas alturas, estou completamente dentro da personagem, e a mentira sai de meus lábios com perfeita naturalidade. Além disso, pelo que me consta, ela *é* minha tia – e de todas as outras pessoas negras também.

– Ela foi enterrada em 1960 – exclama a sra. Patterson. – Foi no tempo em que meu pai dirigia a funerária. Se ele não estivesse doente, você podia falar com ele. Mas sei onde fica. Ela está no cemitério antigo, no Jardim do Repouso Celestial, na rua Dezessete. Assim que você passa pelo portão, há um círculo e ela está bem no meio dele. A dela é única sepultura naquele círculo, porque ninguém mais é enterrado naquele cemitério.

Ela se vira para uma mulher negra, atarracada, por volta dos trinta anos de idade, usando uma camisa polo verde e uma bermuda jeans branca.

– Essa moça vai lhe mostrar onde é – avisa.

– Não consigo lhe dizer o quanto lhe sou grata – digo à sra. Patterson, enquanto me levanto para sair. – E você poderia me dizer mais uma coisa? Veja só, eu nunca conheci minha tia. Quando ela morreu, eu ainda estava na escola. Você poderia me dizer do que ela morreu, que tipo de funeral ela teve?

– Eu não sei exatamente do que ela morreu. Sei que ela não tinha dinheiro. As pessoas fizeram uma vaquinha para enterrá-la... Acredito que morreu de desnutrição.

– *Desnutrição*?

Lá fora, no Sol escaldante, apoio a testa no teto do carro de Charlotte, ainda mais escaldante. O contato com o metal quente só intensifica a minha raiva. "*Desnutrição*", consigo resmungar. – Que inferno, nossa situação não mudou *nada* desde os tempos de Phillis Wheatley. Ela morreu de fome!

– Sério? Eu não sabia disso – disse Charlotte.

> Nada que se diga de sua dedicação é exagero. Era tão grande que seu casamento com Herbert Sheen, na primavera de 1927, durou pouco. Embora o divórcio não tenha sido oficializado até 1931, os dois se separaram amigavelmente depois de poucos meses, Hurston seguindo com sua pesquisa sobre folclore, Sheen indo para a faculdade de medicina. Hurston nunca se casou novamente.
>
> – Robert Hemenway

– Qual é o seu nome? – pergunto à moça que se sentou no banco de trás.

– Rosalee.

Ela tem uma voz rouca, como se fosse uma cantora que fuma demais. Ela é sem graça e tem um ar de total indiferença.

– Outra mulher veio aqui querendo ver a sepultura dela – comenta, acendendo um cigarro. – Uma senhora baixinha, bem branca, de uma daquelas universidades da Flórida. Orlando ou Daytona. Mas deixa eu falar uma coisa antes de chegar lá. Tudo o que eu sei é onde fica o cemitério. Eu não sei nada dessa sepultura. Melhor você voltar lá e pedir para ela desenhar um mapa.

Um pouco depois, com um desenho feito pela sra. Patterson indicando a localização da sepultura, seguimos para o cemitério.

Passamos por alguns quarteirões de casas pequenas em cores pastéis e viramos direto na rua Dezessete. Bem no final, chegamos a um portão alto arredondado, com as palavras "Jardim do Repouso Celestial" quase sumindo na pedra. Pelo pequeno desenho da sra. Patterson, eu esperava encontrar um círculo pequeno – o que situaria a sepultura de Zora a uns dez ou quinze passos da estrada. No entanto, o "círculo" é bem grande e mais parece um campo abandonado. O capim alto invade a estrada de terra e roça as laterais do carro. Também não ajuda o fato de que saio do carro e piso bem em cima de um formigueiro.

– Eu não sei vocês – eu digo – mas não estou acreditando nisso.

Estou acostumada com desleixo na conservação de cemitérios, uma tradição na maioria das comunidades negras do Sul, mas essa negligência é inacreditável. Até onde a vista alcança, não há nada além de matos e arbustos, alguns na altura da minha cintura. Há uma sepultura perto da estrada, e Charlotte decide investigá-la. Está bem conservada, e pertence a alguém que morreu em 1963.

Rosalee e eu nos embrenhamos no mato; levanto meu vestido longo até os quadris. A folhagem arranha meus joelhos, os insetos se banqueteiam. Olho para trás e vejo Charlotte de pé, resoluta perto da estrada.

– Você não vem? – grito.

– Não. Eu sou daqui e sei o que deve ter por aí! – ela grita de volta, se referindo às cobras.

– Merda.

Toda minha vida passa melodramaticamente diante de meus olhos. Rosalee está a poucos metros, à minha direita.

– Como você vai encontrar alguma coisa aí? – ela me pergunta.

E eu paro por alguns instantes olhando para o mato. Alguns arbustos são bem bonitos, com pequenas flores amarelas. A folhagem é densa e saudável, mas um grosso tapete cinzento de erva daninha cobre o chão. Uma cobra poderia estar a uns 15 centímetros do meu dedão e eu não veria. Avançamos devagar, bem devagar, olhos atentos, pernas trêmulas. É difícil dizer onde fica o centro, pois o círculo não é realmente redondo, parece mais a metade de algo arredondado. Há coisas estalando e sibilando no mato. Carrapichos grudam na minha saia. Areia e formigas cobrem meus pés. Olho na direção da estrada e percebo que há, na verdade, *duas* grandes pedras arredondadas, sinalizando entrada e saída do cemitério. Uso as duas como referência e tento localizar o centro exato. Mas o centro de qualquer coisa pode ser muito grande, e uma sepultura sem marcação não é uma coisa muito fácil de identificar. Encontrar a sepultura parece praticamente impossível. Só há uma coisa a fazer:

– Zora! – grito o mais alto que posso (fazendo Rosalee dar um pulo). – Você está aí?

– Se 'tiver, tomara que não responda. Se ela responder, dou o fora.

– Zora! – chamo outra vez. – Estou aqui. Onde você está?

– Se 'tiver, que fique quieta – resmunga Rosalee.

– Zora! – Então começo a me irritar. – Espero que você não pense que vou passar o dia aqui, com essas cobras me vigiando e essas formigas se refestelando. Na verdade, só vou lhe chamar mais uma ou duas vezes!

Numa moita de mato seco, perto de um arbusto, meu olho detecta um dos maiores insetos que já vi. Está de costas e é tão grande quanto três dos meus dedos. Caminho em direção, e grito "Zo-ra!" e meu pé afunda num buraco. Olho para baixo. Estou em cima de um retângulo rebaixado com cerca de 1,80 m de comprimento e 1 metro de largura. Ergo os olhos para ver onde estão os dois portões.

– Bom, este é o centro, ou quase isso. Também me parece o único ponto rebaixado que encontramos. Parece uma sepultura para você?

– Pelo amor de não ter que andar mais no meio do mato – Rosalee grunhe – sim, parece.

– Espere um minuto, eu preciso dar uma olhada em volta e ter certeza de que esse é o único ponto que parece uma sepultura, mas você não precisa vir.

Rosalee dá um sorriso – na verdade, mostra os dentes – bonito e firme.

– *Nem...* – ela diz. – Tenho pena de você. Se uma dessas cobras te pega por aí sozinha, eu ia me sentir *muito* mal – ela ri. – Já vim até aqui, vou com você.

– Obrigada, Rosalee. Zora também agradece.

– Desde que ela não venha me agradecer pessoalmente... – ela diz, enquanto caminhamos pelo campo.

> O sabor e a qualidade das histórias de Zora Neale Hurston, por exemplo, muito antes de os contos serem publicados em *Mules and Men* e em outros livros, se tornaram uma lenda local que poderia... ter seguido outro caminho em condições diferentes. Uma pequena mudança no centro de gravidade os teria transformado em *best-sellers*.
>
> – Arna Bontemps, *Personals*

Amargurada pelo não reconhecimento do valor de sua pesquisa sobre folclore, em especial na comunidade negra, frustrada com o que considerava sua incapacidade de converter a visão de mundo afro-americana em formas de prosa ficcional, Hurston enfim desistiu.

– Robert Hemenway

Quando Charlotte e eu seguimos para a Merritt Monument Company, de pronto vejo a lápide que eu quero.

– Quanto custa essa? – pergunto à jovem responsável, apontando para uma lápide alta de pedra escura.

Parece tão majestosa quanto Zora deveria ser quando estava aprendendo vodu com os curandeiros de Nova Orleans.

– Ah, aquela é nossa melhor lápide. É ébano enevoado.

– Bom, e quanto custa?

– Não sei, mas espere – e olha em volta aliviada. – Aí vem alguém que sabe.

Um homem baixo, bronzeado, com olhos verdes quase fechados, se aproxima. Deve ser o marmorista, acho, porque seus olhos estão apertados, como fendas, como se ele estive tentando livrá-los do pó das pedras há muito tempo.

– Essa é Ébano Enevoado, a melhor que temos.

– Quanto é? – pergunto, começando a perceber que provavelmente *não posso* pagar por ela.

Ele me diz um valor que poderia alimentar as vítimas da seca do Sahel por três anos. Eu entendo que devo honrar os mortos, mas, entre a grandeza dos mortos e os vivos famintos, não há escolha.

– Tenho muitas letras para serem gravadas – digo, diante da lápide cinza simples que escolhi. É clara e comum, nem um pouco parecida com Zora, e, por um momento, sinto raiva por eu não ser rica.

Vamos até o escritório e lhe entrego um pedaço de papel que diz:

ZORA NEALE HURSTON

"um gênio do Sul"
romancista folclorista
antropóloga
1901-1960

"Um gênio do Sul" é de um poema de Jean Toomer.

– Onde fica essa sepultura? – o homem da lápide pergunta. – Se for no cemitério novo, a pedra precisa ficar rente ao chão.

– Bom, não é no cemitério novo, e Zora – minha tia – não precisa de nada baixo, porque, com o mato lá, ninguém consegue ver nada. Você vai ter de ir lá comigo.

Ele solta um grunhido.

– E leva um bastão grande para "sentir" o local. – Acrescento. – Porque não tem como ter certeza de que é uma sepultura, a não ser pelo fato de o lugar estar rebaixado.

– Bom – diz ele, depois de aceitar meu dinheiro e preencher um recibo, ciente de que é o único escultor de lápides em quilômetros –, leve essa bandeira (ele me entrega uma vara de 1,20 m de comprimento com um marcador vermelho na ponta) para o cemitério e ponha onde você acha que está a sepultura. Vai levar umas três semanas até colocarmos a lápide no lugar.

Eu me pergunto se ele sabe que está me mandando para mais um confronto com as cobras. Provavelmente sabe. Charlotte disse que vai cortar minha perna para chupar o sangue se eu for picada.

– Pelo menos você vai me mandar uma foto quando a lápide estiver colocada, né?

Ele diz que sim.

A volta de Hurston à pesquisa com folclore em dezembro de 1927 só foi possível graças à sra. R. Osgood Mason, uma idosa branca, mecenas das artes, que, em diferentes ocasiões, ajudou Langston Hughes, Alain Locke, Richmond Barthe e Miguel Covarrubias. Segundo consta, ela tomou conhecimento de Hurston por meio de Locke, que com frequência servia de intermediário entre jovens negros talentosos e a sra. Mason. Toda a relação entre essa mulher e a Renascença do Harlem merece um estudo mais amplo, pois representa muito da ambiguidade envolvendo o patronato branco de artistas negros. Todos os artistas ajudados por ela eram orientados a chamá-la de "Madrinha"; havia uma ênfase nítida em aspectos "primitivos" da cultura negra, talvez um resquício do interesse da sra. Mason pelos indígenas das Grandes Planícies. No caso de Hurston, sua mecenas impôs restrições especiais: embora ela recebesse um belo salário para sua pesquisa do folclore, deveria limitar sua correspondência, e nenhuma parte de sua pesquisa poderia ser publicada sem aprovação prévia.

– Robert Hemenway

Você tem de ler os capítulos que Zora *deixou de fora* de sua autobiografia.

– Estudante, sala das coleções especiais de Biblioteca Beinecke, Universidade de Yale

O dr. Benton, um amigo de Zora, médico em Fort Pierce, é um desses homens idosos, de boa aparência, de quem sempre acabo gostando com facilidade. (Não me incomoda mais que eu possa estar o tempo todo em busca de figuras paternas; a essas alturas, já encontrei várias e apreciei todas elas.) Ele é perspicaz, com olhos castanhos firmes sob um cabelo quase branco. Deve ter uns setenta anos de idade, mas não aparenta. Ele circula com dignidade e tem motivos para se orgulhar da nova clínica onde agora exerce a profissão. A enfermeira que trabalha com ele nos olha com desconfiança, mas os olhos do dr. Benton são penetrantes como um bisturi abrindo a pele. Logo imagino que, se ele sabe qualquer coisa sobre Zora Hurston, não vai acreditar que sou sua sobrinha.

– Eatonville? – ele pergunta, se inclinando para frente na sua cadeira, primeiro olhando para mim, depois para Charlotte. – Sim, conheço Eatonville; eu cresci não muito longe de lá. Conheci toda a a família de Zora. (Ele examina a forma das maças do meu rosto, o tamanho de meus olhos, a textura do meu cabelo.) Conheci o pai dela. O velho. Era trabalhador. Um homem cristão. Fez o melhor que pôde pela família. Ele foi prefeito de Eatonville uma vez, sabe. Meu pai foi prefeito de Goldsboro. Você nunca deve ter ouvido falar de lá. A cidade nunca se organizou como Eatonville e está quase desaparecendo. Mas Eatonville ainda é toda negra.

Ele faz uma pausa e olha para mim.

– E você é sobrinha de Zora – diz, pensativo.

– Bom – digo, com uma dignidade contida e, espero, com um toque de rubor do século XIX –, sou ilegítima. É por isso que nunca conheci tia Zora.

Eu o amei pela forma como ele veio em minha defesa.

– Você não é ilegítima! – ele se exalta, seus olhos pousados em mim com carinho. – Todos nós somos filhos de Deus. Você nem *pense* numa coisa dessas!

E eu me odeio por ter mentido para ele. Ainda assim, me pergunto se teria chegado tão longe a ponto de providenciar a lápide e descobrir sobre os últimos dias de Zora Hurston sem ter contado essa mentira. Na realidade, talvez sim. No entanto, não queria correr riscos de ficar de mãos atadas no meio da Flórida.

– Zora não se dava muito bem com a família dela. Eu não sei por quê. Você leu a autobiografia dela, *Dust Tracks on a Road*?[59]

– Sim, li. Foi doloroso ver Zora fingindo ser ingênua e grata à velha "Madrinha" branca que ajudou a financiar sua pesquisa, mas adorei a parte em que ela fugiu de casa depois de brigar com a esposa do irmão.

Dr. Benton concorda com a cabeça.

– Quando Zora ficou doente, tentei convencê-la a voltar e ficar com a família, mas ela se recusou. Não havia nenhum ódio, eles apenas não se davam bem com Zora, e ela não queria ficar com eles. Ela também não queria ir para o abrigo do condado, mas teve de ir, porque não conseguia fazer mais nada sozinha.

– Fiquei surpresa de saber que ela morreu de desnutrição.

Dr. Benton pareceu chocado.

– Zora não morreu de desnutrição – disse, indignado. – Onde lhe contaram essa história? Ela teve um derrame e morreu no lar beneficente.

Ele parecia bastante perturbado, mas se recostou na cadeira, mergulhado em pensamentos.

– Ela era uma mulher incrível – ele diverga. – Às vezes, depois que eu fechava meu consultório, ia para a casa dela só para conversar por uma hora ou duas. Ela era uma grande leitora, viajada, e sempre tinha suas próprias ideias sobre o que estava acontecendo...

– Eu nunca a conheci. Só vi algumas fotos de Carl Van Vechten e de jornais... Como ela era?

– Quando eu a conheci, nos anos 1950, ela era uma mulher grande, *imponente*. Não tão clara quanto eu [dr. Benton tem a pele bege escura], tinha mais ou menos 1,70 m e pesava uns 90 quilos. Talvez mais. Ela...

– O que?! Zora era *gorda*! Não nas fotos de Van Vechten!

– Zora amava comer – dr. Benton comenta com complacência. – Era capaz de se sentar com um pote de sorvete e comer e conversar até acabar.

Enquanto o dr. Benton fala, eu me lembro de que as fotos de Van Vetchen foram tiradas no tempo em que Zora ainda era jovem. Nelas, ela aparece bronzeada, alta e saudável. Nas fotos de jornais posteriores – ela estava pelos quarenta anos –, eu me lembro que ela parecia mais pesada e mais clara. Deduzi que as fotos anteriores foram tiradas enquanto ela estava envolvida com a pesquisa sobre folclore sob o Sol escaldante da Flórida.

– A pressão arterial dela era alta. Sua saúde não era boa... Ela chegou a morar em uma de minhas casas, na rua da Quadra da Escola. Uma casa tipo bloco... Não me lembro do número. Minha esposa e eu costumávamos convidá-la para vir a nossa casa para o jantar. *Ela sempre comeu bem* – ele foi enfático.

– É reconfortante saber disso – comento, me perguntando onde Zora comia quando ela não estava com a família Benton.

– Às vezes ela ficava sem mantimentos, depois que ficou doente, e ligava para mim. "Venha aqui me ver", ela dizia. E eu a levava para fazer compras.

– Ela estava sempre estudando. Antes do derrame, sua mente trabalhava o tempo todo. Também vivia viajando. Uma vez ela foi a Honduras estudar alguma coisa. E, antes de morrer, estava trabalhando naquele livro sobre Herodes, o Grande. Ela era tão inteligente! E se expressava com perfeição. O inglês dela era lindo. (Suspeito que essa seja uma forma criativa de me dizer que Zora não falava o *inglês negro* de seus personagens.)

– Eu costumava ler todos os livros dela – dr. Benton prosseguiu –, mas isso foi há muito tempo. Eu me lembro de um que era sobre... acho que se chamava "Os filhos de Deus" [*Seus olhos viam Deus*], e eu me lembro de Janie e Teapot [Teacake] e aquele cachorro louco que montou na vaca naquela tempestade e mordeu o velho Teapot no rosto...

Estou maravilhada por ele se lembrar tanto da história, ainda que os nomes estejam errados; no entanto, ao ver o carinho dele por Zora, sinto que devo lhe perguntar sobre o enterro.

– Ela foi enterrada como indigente?

– Ela não foi enterrada como indigente! – diz ele, exaltado. – Todos aqui *amavam* Zora.

– Nós acabamos de encomendar uma lápide – falo devagar porque ele *é* um homem de idade, e a cor está indo e voltando de seu rosto –, mas, para dizer a verdade, não consigo ter certeza de que encontrei a sepultura. Tudo que eu sei é que o ponto que encontrei era o único buraco do tamanho de uma sepultura no local.

– Eu me lembro que não era perto da estrada – dr. Benton comenta, mais tranquilo. – Outra senhora esteve aqui, levou uma vareta de metal e cutucou toda aquela parte do cemitério, mas não encontrou nada. Ela tirou umas fotos da área. O mato ainda chega até os joelhos?

– Chega e passa – murmuro. – Dessa vez, não há a menor dúvida de que dr. Benton está envergonhado.

Enquanto ele nos acompanha até o carro, continua a falar de Zora.

– Ela não conseguia escrever muito quando o fim se aproximou. Ela ficou fraca depois que teve o derrame; sua mente foi afetada. Ela não conseguia se concentrar por muito tempo. Ela veio de Daytona, acho. Ela possuía uma casa-barco lá. Quando veio para cá, a vendeu. Ela viveu com o dinheiro da venda, depois trabalhou como doméstica para um artigo sobre empregadas domésticas que estava escrevendo, e trabalhou para o *Chronicle*, escrevendo a coluna do horóscopo.

– Acho que o povo aqui na Flórida ficou aborrecido com ela porque ela defendia algum político de quem eles não gostavam. Ela dizia que esse político *construía* escolas para os negros, enquanto o outro, de quem eles gostavam, só falava. E embora não fosse egoísta, ela era firme no que pensava; e o que ela pensava, ela falava.

Quando saímos do consultório do dr. Benton, percebo que eu tinha perdido meu voo de volta para Jackson, Mississipi. Sendo assim, Charlotte e eu decidimos encontrar a casa onde Zora morou antes de ter sido levada para o abrigo do governo onde morreu. Entre suas várias anotações, Charlotte localiza uma carta de Zora que ela copiou e que contém o endereço: rua da Quadra da Escola, 1734. Pedimos informações a várias pessoas. Por fim, dois senhores num Plymouth cinza empoeirado se oferecem para nos guiar até lá. A rua não é pavimentada e está cheia de poças d'água. É sombria e tosca, salva apenas pela luz do Sol do fim da tarde. Agora consigo entender o que é uma casa tipo bloco. Um dos motivos é a casa ter formato de bloco, além de ser cercada por outras iguais. Algumas casas são azuis, outras, verdes ou amarelas. A de Zora é verde-clara. Elas são pequenas, com cerca de 15 m², baixas e com telhados retos. A casa onde Zora morou parece em pior estado do que as outras, mas essa é a única diferença. Também há três crianças sujas e maltrapilhas sentadas nos degraus.

– Vocês moram aqui? – pergunto, apontando a câmera fotográfica.

– Não, senhora – eles respondem em uníssono, me encarando com seriedade. – Nós moramos mais pra lá. Essa é a casa de dona Fulana, mas ela está no hospital.

Nós jogamos conversa fora enquanto tiro mais fotos. Um carro sobe a rua com um jovem casal negro dentro. Eles olham de cara feia para Charlotte e tampouco me olham de forma amigável. Saem do carro e ficam de pé na porta da casa onde moram, do outro lado da rua. Vou até lá explicar.

– Vocês sabiam que Zora Hurston morou em frente à casa de vocês?

– Quem? – Eles me encaram sem expressão, então passam a prestar atenção, curiosos, como se eu tivesse inventado aquele nome. Os dois têm cabelos naturais, ele usa um *dashiki* sóbrio.

De repente, me sinto frágil e exausta.

– É uma longa história, mas, me digam uma coisa: tem alguém que more nessa rua há mais de treze anos?

– Aquele senhor ali – o jovem aponta. Há um homem sentado nos degraus de uma casa um pouco mais adiante. Ele está bem arrumado, tem os cabelos grisalhos, e há certa fraqueza nele. Ele me lembra o marido da sra. Turner de *Seus olhos viam Deus*. Ele parecia estar "desaparecendo", como se suas feições sofressem erosão. Antigamente, antes de o preto ser bonito, aquele homem teria sido considerado atraente, porque seu cabelo é ondulado e sua pele, marrom clara; mas, hoje em dia, bom, a pele clara deixou de ser sua própria recompensa.

Depois das preliminares, só há uma coisa que quero saber: – Me diga uma coisa – puxo o assunto olhando para a casa dela –, Zora gostava de flores?

Ele me olha de um jeito estranho.

– Na verdade – ele olha com arrependimento para o quintal vazio e descuidado ao redor da antiga casa de Zora –, ela era louca por elas. E era uma grande jardineira. Ela amava azaleias e aquela trepadeira ligeira florida (glória da manhã), ela gostava muito daquela flor que exala perfume à noite (gardênia). Ela também mantinha uma horta caseira o ano inteiro. Ela cultivava couve e tomate, coisas assim.

– Todo mundo nesse bairro tinha consideração pela sra. Hurston. Quando ela morreu, as pessoas da rua toda recolheram dinheiro para pagar pelo funeral. Foi um enterro bonito.

– Por que ninguém colocou uma lápide?

– Bom, ninguém nunca pediu. Ela e a família não se davam bem. Eles nem vieram para o funeral.

– E ela vivia aqui sozinha?

– Sim, até eles a levarem embora. Ela morava aqui sozinha. Só ela e Sport, que era sua companhia.

Aguço os ouvidos.

– Quem?

– Sport, o cachorro. Era sua única companhia. Era um cachorro grande, marrom e branco.

Quando volto para o carro, Charlotte estava conversando com o jovem casal na varanda deles. Estão relaxados e sorriem.

– Contei a eles sobre a senhora famosa que vivia do outro lado da rua, em frente à casa eles – Charlotte me conta, enquanto saímos com o carro. – É claro que eles não faziam ideia de que Zora existiu, menos ainda de que ela morou do outro lado da rua. Acho que vou mandar alguns livros dela para eles.

– Seria muito gentil de sua parte.

> Eu não sou tragicamente negra. Eu não tenho nenhuma grande tristeza represada em minha alma nem me espreitando no fundo dos meus olhos. Eu não me importo nem um pouco.

Eu não pertenço à escola soluçante da Negritude que afirma que a natureza lhes deu um negócio sujo e injusto, cujos sentimentos estão machucados por isso... Não, eu não choro pelo mundo – estou ocupada demais afiando a minha faca de ostras.

– Zora Neale Hurston, "Como é ser negra como eu",
World Tomorrow, 1928

Há momentos – e procurar pelo túmulo de Zora Hurston foi um deles – em que as reações normais de luto, horror e sentimentos semelhantes não fazem sentido, porque eles não mantêm uma relação real com a profundidade da emoção que se pode sentir. Para mim, foi impossível chorar diante do campo cheio de mato onde Zora está. Em parte, foi assim porque eu a conheci pelos livros, mas, também, porque existe um ponto em que até o luto parece absurdo. E, nesse ponto, a risada emerge para recuperar a sanidade.

Apenas mais tarde, quando a dor não é mais uma ameaça tão direta à própria existência, é que o aprendizado daquele momento de loucura cômica é compreendido. Momentos assim nos roubam tanto nossa juventude quanto nossa vaidade. Mas talvez esses também sejam os instantes em que nascem disciplinas ainda maiores.

1975

parte dois

*Se manifestardes o que há em vós, o que há em vós vos salvará.
Se não manifestardes o que há em vós, o que há em vós vos destruirá.*
— Jesus, *The Gnostic Gospels*, editados por Elaine Pagels

O Movimento pelos Direitos Civis:
para que serviu?

[Escrevi este ensaio no inverno de 1966-1967, enquanto dividia um quarto nas imediações do Washington Square Park, em Nova York, com um jovem judeu, esforçado estudante de direito, que viria a se tornar meu marido. Foi meu primeiro ensaio publicado e recebeu um prêmio de trezentos dólares pelo primeiro lugar no concurso anual de ensaios da *American Scholar*. O dinheiro teve um poder tranquilizador quase mágico naqueles tempos de pais insatisfeitos, amigos indignados e refeições de um único item, e nos possibilitou tulipas, peônias, margaridas e costeletas de cordeiro por vários meses.]

Pouco tempo atrás, alguém disse a uma velha senhora negra do Mississipi, cujas pernas tinham sido gravemente mutiladas pela polícia local, que a prendeu por "perturbar a ordem", que o Movimento pelos Direitos Civis estava morto e, uma vez que estava morto, perguntaram-lhe o que achava dele. Mancando e se afastando, com a ajuda de sua bengala, a senhora respondeu que o Movimento pelos Direitos Civis era como ela: "se tá morto com certeza ainda não tá pronto pra se render!"

Essa senhora é uma lendária lutadora pela liberdade em sua pequena cidade, no delta do Mississipi. Já foi muito maltratada por insistir em seus direitos de cidadã americana. Já apanhou por cantar canções do Movimento, foi confinada na solitária de prisões por falar de liberdade e colocada a pão e água por rogar a Deus em voz alta pela salvação de seus carcereiros. Na visão de uma mulher como essa, o Movimento pelos Direitos Civis nunca irá acabar enquanto sua pele for negra. Nem irá acabar para cerca de vinte milhões de outras pessoas com a mesma "aflição", para quem o Movimento não pode nunca "se render", não importa que ele seja assassinado pela imprensa e considerado morto e enterrado pelo público americano branco. Enquanto um negro americano sobreviver, a luta pela igualdade com outros americanos também deve sobreviver. Essa é uma dívida nossa com esses reféns inocentes que deixamos para o futuro, nossos filhos.

Contudo, liberais brancos e ex-patrocinadores do Movimento pelos Direitos Civis são rápidos em justificar sua insatisfação com o

Movimento, alegando estar tudo acabado. "E já que acabou", eles irão perguntar, "alguém poderia por favor me dizer o que ele conquistou?". Em seguida, apresentam estatísticas que, dizem, mostram como a segregação está mais avançada agora do que há dez anos – nas escolas, na moradia e nos empregos. Ressaltam as vitórias dos políticos conservadores nos últimos anos. Falam das rebeliões nos guetos e da pesquisa mostrando como é notório que a maioria dos policiais é racista demais para fazer um trabalho justo e eficaz nessas regiões. Referem-se a cada área afetada pelo Movimento pelos Direitos Civis como se estivesse, de um jeito ou de outro, caindo aos pedaços.

Entretanto, eles quase nunca falam das atitudes humanas entre os negros que passaram por mudanças formidáveis nos últimos sete ou dez anos (sem mencionar todos os anos em que havia um movimento, e somente os negros sabiam disso). Quase nunca falam das mudanças na vida privada causadas pela influência de integrantes do Movimento. Enxergam falhas genéricas e poucos ganhos individuais, ou nenhum.

Eles não compreendem o que impede o Movimento de "se render" e os negros de voltar ao antigo status de cidadãos *calados* de segunda classe. A impressão é que eles nunca se perguntaram por que é sempre o homem branco – em sua rádio, em seu jornal e em sua rede de TV – quem diz que o Movimento está morto. Se um negro ousasse afirmar uma coisa dessas, talvez seus companheiros torcessem para ele tomar um tiro. O Movimento está morto para o homem branco porque não lhe interessa mais. E não lhe interessa porque ele pode se dar esse luxo: não precisa se dedicar ao Movimento, viver com ele ou por ele, como os negros precisam. Ele pode tirar uma folga das notícias de surras, assassinatos e prisões vindas do Norte e do Sul – se sua pele for branca. Negros não podem e nunca vão poder tirar uma folga das injustiças que os atingem, pois são eles – e não o homem branco – o alvo.

Talvez seja ingenuidade ter gratidão pelo fato de o Movimento ter "salvado" um grande número de indivíduos e lhes dado algo pelo que viver, mesmo não lhes tendo fornecido tudo que queriam. (Do ponto de vista material, deu-lhes muito pouco.) Quando um movimento desperta as pessoas para as possibilidades da vida, parece injusto frustrá-las ao negar-lhes aquilo que acharam ter sido oferecido. Mas o que foi oferecido? O que foi prometido? Do que se tratava? Para que serviu? Teria sido melhor, como tem sido sugerido, deixar o povo negro como estava, adormecido, sem alianças entre si, desesperançoso quanto às perspectivas de seus filhos em um mundo futuro?

Penso que não. Se o reconhecimento da minha condição é toda a liberdade que eu recebo de um "movimento pela liberdade", isso é melhor do que a ignorância, o esquecimento e a desesperança, do que a existência semelhante à existência de um animal. O ser humano só vive de verdade por meio do saber: do contrário, simplesmente representa um papel, reproduzindo os hábitos diários dos outros, mas sem usufruir de suas possibilidades criativas humanas, e se conformando com a superioridade de outro e com seu próprio sofrimento.

Quando somos crianças, crescendo sob os cuidados dos pais, desejamos o brilho do mundo lá fora. Às vezes, nossos pais o providenciam para nós – se tivermos sorte; às vezes, ele vem de outra fonte, distante de casa. Nós esperamos, paralisados, cercados de ansiedade e pavor, torcendo para que não tenhamos de crescer no mundo limitado e nos caminhos estreitos à nossa volta. Ansiamos por uma vida que nos empolgue; aspiramos a um conhecimento de mundo que nos resgate de nossa vida inócua que mais se parece com a morte. Buscamos sinais em cada acontecimento novo; procuramos heróis em cada rosto desconhecido.

Faz apenas seis anos que comecei a me sentir viva. Eu já estava viva, é claro, antes disso – tenho 23 anos de idade –, mas eu não sabia disso de verdade. E não sabia porque ninguém me contou que eu – uma típica estudante do ensino médio, pensativa, cheia de desejos, mas negra – existia nas mentes dos outros assim como existia na minha. Até aquele momento, minha mente estava isolada dos contornos externos de meu corpo e de minha compleição, como se mente e corpo fossem estranhos entre si. A mente tinha o pensamento e o espírito – eu queria ser escritora ou cientista – que a cor do corpo não permitia. Eu nunca tinha me visto e existia como estatística, ou como um fantasma. Eu caminhava pelo mundo dos brancos, menos real para eles do que uma sombra; e, por ser jovem e estar bem escondida entre os bairros pobres, em meio a outras pessoas que também não existiam – nem nos livros ou filmes, nem governando suas próprias vidas –, eu esperava o chamado da vida. E, por milagre, fui chamada.

Houve uma comoção em nossa casa naquela noite, em 1960. Tínhamos conseguido comprar nosso primeiro aparelho de TV. Era usado e tinha custado caro demais, mas minha mãe havia se acostumado a assistir às novelas da tarde na casa onde trabalhava como empregada doméstica, e nada podia satisfazê-la nos dias em que não trabalhava, a não ser a continuação de suas "histórias". Então, ela juntou as moedas e comprou uma TV.

Eu me mantinha indiferente a todas aquelas "histórias", episódios de gravidez, aborto, hipocrisia, infidelidade e alcoolismo. Todos aqueles homens e mulheres eram brancos e viviam em casas com empregados, longas escadarias pelas quais eles flutuavam, varandas onde drinques eram servidos quatro vezes ao dia para "relaxá-los". No entanto, minha mãe, com os pés inchados e descalços, livres do aperto dos sapatos, o corpo pesado relaxado em nossa única poltrona confortável, assistia a cada movimento das mulheres penteadas com esmero, ouvia cada palavra, criticava cada indireta e subida de tom; e, no tempo que duravam as "histórias", ela se via como um deles. Ela se colocava em cada cena que via: o cabelo trançado clareado, os noventa quilos comprimidos num elegante vestido tamanho 44, a pele negra e ressecada convertida em macia e *branca*. Seu marido se tornava "bonito e moreno", talentoso, sagaz, refinado, charmoso. E, quando ela se virava e via meu pai sentado ao lado com a camisa suada e os pés fedidos esticados sobre a cama para "arejar", havia sempre um lamentável olhar de surpresa em seu rosto. Então, ela suspirava e ia para a cozinha, com ar de perdida e insegura. Minha mãe, um mulherão de verdade, que criou seus oito filhos e meia dúzia de filhos dos vizinhos sem reclamar, estava convencida de que, em comparação a "eles", ela não existia. Minha mãe subordinou a própria alma à deles e se tornou uma fiel e discreta apoiadora da "Bela Gente Branca". Uma vez, ela me perguntou, num momento de desespero e orgulho alheio, se eu não achava aquela gente "mesmo mais inteligente, mais bonita, melhor". Minha mãe fez essa pergunta: uma mulher que nunca desamparou nenhum dos filhos, nunca traiu meu pai, nunca fingia, se pudesse evitar, e nunca experimentou bebidas alcóolicas. Ela nem sequer conseguia atribuir a "eles" a culpa por fazê-la acreditar no que eles queriam que ela acreditasse: se não se parecesse com eles, não pensasse como eles, não fosse sofisticada nem se deixasse corromper a troco de conforto como eles, ela não era ninguém. Negra não era uma cor em minha mãe; era um escudo tornando-a invisível.

É claro, os roteiristas sempre incluíam no roteiro empregadas negras determinadas, confiáveis e sábias, como um paliativo; mas minha mãe, empregada por quase quarenta anos, nunca se identificou com o rosto da criada negra que mal aparecia sob a touca de babados. Como todo mundo, ao menos em seus devaneios, ela acreditava ser livre.

Seis anos atrás, depois de assistir indiferente às novelas de minha mãe e me perguntando se não havia algo mais a se esperar da vida, o Movimento pelos Direitos Civis entrou em minha vida. Como uma espécie de bom presságio, o rosto de dr. Martin Luther King Jr. foi o primeiro rosto negro que vi na tela da nossa TV nova. E, como num conto de fadas, minha alma foi tocada pelo significado que a missão dele assumiu para mim – na ocasião, ele estava, de forma um tanto humilhante, sendo empurrado pela polícia camburão adentro por ter liderado uma marcha de protesto no Alabama – e eu me apaixonei pelo rosto sóbrio e determinado do Movimento. A canção "We shall overcome" – aquela canção usurpada por quem não acredita nela – soou em meus ouvidos pela primeira vez. Qualquer influência que as novelas de minha mãe poderiam ter tido sobre mim se tornou impossível. A vida de dr. King, por parecer maior e mais milagrosa do que o próprio homem, por causa de tudo que ele havia feito e sofrido, apresentava um padrão de força e sinceridade no qual eu sentia que podia confiar. Ele havia sofrido muito por causa da simples crença na não violência, no amor e na fraternidade. Talvez a maioria das pessoas não pudesse ser alcançada por essas crenças, mas pelo fato de o dr. King ter continuado a tentar alcançá-las, apesar do perigo para si e para sua família, eu vi nele o herói pelo qual tinha esperado por tanto tempo.

O que o dr. King prometia não era uma moradia estilo casa de fazenda com quilômetros de gramado bem cortado para cada homem negro, mas problemas com a polícia e, depois, a liberdade. Ele não prometia dois carros por família, mas a coragem, para todas as famílias, em todos os lugares, de caminhar com os próprios pés, sem medo ou vergonha. Ele não dizia que, um dia, chegaria a nossa vez de procurar prováveis compradores em meio à nossa vizinhança próspera e bem cuidada, ou de exibir de outras formas nossa arrogância e ignorância, como outros grupos étnicos fizeram antes de nós; o que ele dizia era que tínhamos o direito de viver em qualquer lugar que escolhêssemos no país, e o direito a um trabalho digno e bem-remunerado capaz de garantir a manutenção de nossos lares. Ele não dizia que tínhamos de nos transformar numa réplica da classe média branca americana; mas dizia que tínhamos o direito de nos tornar qualquer coisa que quiséssemos ser.

Por causa do Movimento, por causa de uma fé vigilante no frescor e na imaginação do espírito humano, por causa do "negros e brancos juntos" – pela primeira vez em nossa história, em um relacionamento humano na TV e fora dela –, por causa dos espancamentos, das prisões, do inferno das batalhas ao longo dos últimos anos, eu tenho lutado, como nunca lutei antes, por minha vida e por uma chance de ser eu mesma, de ser algo mais do que uma sombra ou um número. Antes, parecia não haver um motivo real pelo qual lutar, além do esforço pelo pão de cada dia. Por causa do Movimento, existe uma chance naquele outro a que Jesus se referiu quando disse que não se pode viver só de pão.

Eu tenho lutado e esperneado e jejuado e rezado e amaldiçoado e chorado a ponto de existir. Tem sido como nascer de novo, literalmente. Só o fato de "saber" já significa tudo para mim. Saber me projetou para o mundo, para a faculdade, para os lugares, para as pessoas.

Parte do que a existência significa para mim é entender a diferença entre o que sou agora e o que eu era antes. É ser capaz de cuidar de mim no campo intelectual e no financeiro. É ser capaz de perceber quem está sendo injusto comigo e quando. Significa estar apta a me proteger e a proteger aqueles que amo. Significa ser parte de uma comunidade mundial, e estar *alerta* sobre qual é a parte à qual me juntei, e saber como optar por outra parte, caso aquela não mais me convenha. Saber é existir: existir é estar envolvida, me movimentar, ver o mundo com meus próprios olhos. Isso, pelo menos, o Movimento me deu.

Os *hippies* e outros niilistas me fariam acreditar que dá na mesma se as pessoas do Mississipi têm ou não um movimento por trás de si. Uma vez garantidos seus direitos, são capazes de atropelar uns aos outros até que sejam exatamente como todo mundo. Estarão bem alimentadas, serão complacentes com questões espirituais, desprovidas de emoção e sem aquelas humanidade e "alma" maravilhosas das quais o Movimento as viu lançar mão mais de uma vez. "O que o Movimento fez", perguntam eles, "com as poucas pessoas que, supõe-se, ele ajudou?". "Providenciou-lhes empregos de colarinho branco, os fez mudar para casarões em bairros brancos, deu-lhes ternos sem graça de flanela cinza?" "O que essas pessoas são agora?", perguntam. E então, eles mesmos respondem: "Inúteis!".

Eu acharia essa argumentação – ouvida muitas e muitas vezes, tanto de *hippies* quanto de não *hippies* – cômica, se não fosse trágica. Pois a vejo como um delírio, um pretexto, uma desculpa para se dissociar de um mundo no qual sentem que muito pouco mudou ou evoluiu. A verdadeira questão, entretanto, assim me parece, não é se as pessoas pobres irão adotar a mentalidade da classe média quando estiverem bem alimentadas; é se algum dia estarão bem alimentadas o suficiente para que sejam capazes de escolher qualquer mentalidade que julguem pertinente. A falta de um movimento não impediu minha mãe de *desejar* uma vida burguesa em seus devaneios.

A fome está espalhada pelo Mississipi. No estado da Geórgia, onde nasci, há mais famílias famintas do que Lester Maddox[1] gostaria de admitir – ou mesmo de ver alimentadas. Eu frequentei a escola com crianças que comiam terra. O Movimento tem estimulado e forçado alguns senadores liberais a pressionar o governo por comida de modo que os famintos possam comer. Há pouco tempo, vales-alimentação no valor de dez dólares, e inacessíveis a muitas famílias, foram reduzidos a cinquenta centavos. Os vales continuam inacessíveis para algumas delas, e o governo, na percepção de muita gente, poderia distribuir alimentos de graça e alimentar seu próprio povo. O fato de não fazê-lo enfurece membros do Movimento; eles destacam os bilhões em trigo enviados de graça a outros países, todos os anos. A lentidão do governo enquanto pessoas passam fome, a falta de vontade em admitir que há americanos famintos, o corte mesquinho no preço dos vales-alimentação, tudo isso faz com que muitos militantes pelos direitos civis levem as mãos à cabeça, cheios de revolta. Mas eles não desistem. Não se recolhem ao mundo da psicodelia. Fazem o possível para pressionar o governo a doar comida aos famintos. Não vão tão longe, em meio às desilusões com a sociedade, a ponto de vislumbrar essas famílias famintas comprando casarões padronizados e mandando seus filhos esnobes estudar em Bryn Mawr e Yale. Eles priorizam o mais urgente e tentam fazer com que elas se alimentem.

Os membros do Movimento não acham que lhes cabe, em absoluto, dizer às pessoas que eles ajudam o tipo de vida que devem levar. Como tocar a própria vida é, afinal de contas, um dos direitos que restaram ao indivíduo – quando e se ele tiver a oportunidade de escolher. Não é uma prerrogativa da classe média determinar o que é digno de desejo. E ainda há a possibilidade de a classe média do futuro se sair muito melhor do que a de hoje. Até conheço pessoas da classe média atual que não são *de todo* más.

Talvez haja tão poucos negros *hippies* porque os negros de classe média, embora bem alimentados, não são indiferentes. O mundo traiçoeiro em que vivem exige que se mantenham bem conscientes acerca de quem ou do que pode tentar acabar com eles. Eles são classe média em termos financeiros e sociais, mas não podem se dar ao luxo de ser classe média em termos de complacência. Eles desconfiam do movimento *hippie* porque sabem ser ele incapaz de fazer alguma coisa pelos negros enquanto grupo, além de "amá-los", o que todo paternalista diz fazer. E uma vez que a única maneira de os negros sobreviverem (e, por infelicidade, não o conseguem fazer apenas na base do amor) é com o apoio do grupo, eles se mantêm em alerta e à distância.

Pouco tempo atrás, um escritor branco tentou explicar o motivo de haver relativamente poucos negros *hippies*: os negros desenvolveram uma "superpostura" que se desfaz sob o efeito do LSD e os leva a uma *bad trip*. O que esse escritor nem imagina é que, hoje em dia, os negros precisam cada vez menos de drogas para qualquer tipo de viagem. Enquanto os *hippies* estão "viajando", os negros estão em busca de poder, algo muito mais importante para a sobrevivência de seus filhos do que LSD e maconha.

Todo mundo ficaria surpreso se os israelenses ignorassem os árabes e começassem a "viajar" e a fumar maconha. Nesse país, nós somos os israelenses. Todo mundo que conseguisse, gostaria de se esquecer disso, é claro. Mas, para nós, esquecer, por um minuto que fosse, seria fatal. "We Shall Overcome" é apenas uma canção para a maioria dos americanos, *mas nós precisamos fazer isso*. Ou morreremos.

Para que serviu o Movimento pelos Direitos Civis? Se tivesse apenas dado o dr. King a este país, um líder consciente, já teria sido suficiente. Se tivesse apenas desviado os olhos negros das histórias brancas na televisão, teria sido suficiente. Se tivesse alimentado uma criança faminta, teria sido suficiente.

Se o Movimento pelos Direitos Civis está "morto" e se não nos deu mais nada, ele nos deu uns aos outros, para sempre. Para alguns de nós, ele deu pão; a outros, abrigo; a outros, conhecimento e orgulho; a todos, consolo. Deu-nos nossos filhos, maridos, irmãos, pais, como homens renascidos com um propósito pelo qual viver. Rompeu com o padrão da servidão negra nesse país. Estraçalhou a falsa "promessa" das novelas brancas, que bajulava tantas vidas patéticas. Deu-nos uma história e homens muito mais grandiosos do que presidentes. Deu-nos heróis, homens altruístas cheios de força e coragem, para que nossos meninos e meninas os sigam. Deu-nos esperança no amanhã. Chamou-nos à vida.

E porque nós vivemos, ele nunca morrerá.

1967

Os deveres nada glamourosos, mas valorosos, da artista negra revolucionária, ou sobre a escritora negra que simplesmente trabalha e escreve

[Este texto foi apresentado na Associação de Alunos Negros da faculdade Sarah Lawrence, em 12 de fevereiro de 1970. Comecei a apresentação com "Saudações do grande e soberano estado do Mississipi", causando risos na plateia.]

Quando eu vim estudar em Sarah Lawrence em 1964, estava fugindo da Spelman College, em Atlanta, uma faculdade que eu considerava avessa à mudança, à liberdade e à compreensão de que, quando a maioria das meninas entra na faculdade, elas já são mulheres e deveriam ser tratadas como mulheres. Em Sarah Lawrence, encontrei tudo que eu vinha procurando naquela época – a liberdade de ir e vir, de ler sem pressa, de seguir no meu ritmo, de me vestir do meu jeito e de conduzir minha vida pessoal como me conviesse. Foi aqui que escrevi meu primeiro conto publicado e meu primeiro livro, aprendi a sentir que meus pensamentos faziam sentido e parei de sentir professores ou administradores em meu encalço.

Acreditei ter encontrado a felicidade e a paz em meu próprio tempo.

E, por algum tempo, talvez, eu tivesse. Apenas depois de me formar e ir para o Mississipi, comecei a perceber que minhas aulas em Sarah Lawrence tinham negligenciado áreas cruciais e contribuído para criar um ponto cego na minha educação que precisava com urgência ser resolvido se eu esperasse ser uma mulher completa, um ser humano inteiro, uma mulher negra cheia de autoconsciência e orgulho. Conforme percebi, algum tempo depois da graduação, quando estudei escritores contemporâneos do Sul nesta universidade – em aulas ministradas por uma mulher maravilhosa e motivadora a quem muito admiro –, as obras de Richard Wright não foram lidas; em vez disso, eu tinha estudado o Sul do ponto de vista de Faulkner, de Feibleman, de Flannery O'Connor. Depois, ao tentar oferecer o mesmo curso – a estudantes negros –, percebi que tal curso simplesmente não *poderia* ser lecionado se *Black Boy*[2] não fosse lido pela turma, ou se o ensaio "The Ethics of Living Jim Crow" estivesse fora da lista de leituras.

Mais tarde, percebi que, quando eu tinha decidido escrever um trabalho sobre pan-africanismo em minha aula de história do mundo moderno, aqui nesta faculdade, minha professora formada em Harvard não fez nenhuma menção a W.E.B. Du Bois (que também frequentou Harvard, no século XIX), sem dúvida por nunca ter ouvido falar dele.

Percebi também, num determinado semestre, ter desperdiçado cinco de meus suados dólares ao comprar uma antologia de poesia inglesa e americana, supostamente "abrangente", editada por um integrante do corpo docente de Sarah Lawrence. Um homem gentil, bonito até, que não pensou em incluir nenhum poema de um poeta negro. Eu acredito que esse homem, muito legal de verdade, não sabia da *existência* de poetas negros, ou, se sabia, acreditava, assim como Louis Simpson, que "a poesia identificável como negra não é importante". Ainda não descobri o exato significado disso, mas me parece algo bem feio, e que vem mantendo poetas negros fora de antologias "abrangentes" nas quais o leitor teria a oportunidade de decidir se seus poemas são ou não "importantes".

Comecei a sentir que, de maneira sutil, sem intenção ou maldade, eu tinha recebido uma formação equivocada. Nos lugares aonde meus deveres como poeta negra, escritora e professora me levariam, as pessoas teriam pouca necessidade de Keats e Byron ou até mesmo de Robert Frost, mas precisariam muito de Hughes, Bontemps, Gwendolyn Brooks e Margaret Walker.

Nos últimos quatro anos, tenho frequentado outra faculdade. Dessa vez, uma faculdade feita apenas de livros – exemplares mofados, esgotados há muitos anos –, de pessoas velhas, os homens e as mulheres negros e negras mais velhos que pude encontrar, e de jovens; estudantes e desistentes articulando de várias formas, tímidas ou enfáticas, que acreditam não dispor de uma história própria valiosa, de uma música respeitável, de uma escrita ou de uma poesia direcionada a eles.

Minha matrícula nessa novíssima faculdade nunca terá fim, e fico feliz por isso. E, todos os dias, olho em volta tentando ver o que poderia ser feito para torná-la maior, mais inclusiva, mais imprescindível e duradoura. Há coisas que nosso povo deveria conhecer, livros que deveriam ler, poemas que deveriam saber de cor. Penso em

Black Reconstruction,[3] de Du Bois, em *Cane*, de Jean Toomer, em *Mules and Men*, de Zora Neale Hurston. Dez anos atrás, o único exemplar de *Black Reconstruction* disponível em Atlanta estava tão danificado e tinha sido colado tantas vezes que um estudante só podia consultá-lo na biblioteca por apenas meia hora e não era autorizado a retirá-lo da sala de leitura. Encontrei *Cane*, de Jean Toomer, e *Mules and Men*, de Zora Neale Hurston, escondidos a portas trancadas na biblioteca da Universidade Lincoln. Sabendo que ambos os livros estavam esgotados na época, xeroquei os dois e roubei os direitos de alguém, mas era o mínimo a ser feito, se eu quisesse ler e reler esses livros, e assim o fiz.

Hoje em dia, fico feliz ao ver uma Associação de Estudantes Negros em Sarah Lawrence. Isso deve significar que há muitos estudantes negros pagando por seus estudos. Quando estudei aqui, havia seis de nós, e nenhum era totalmente negro. É evidente que muita coisa mudou, aqui e no resto do país. Entretanto, quando olho ao redor e vejo o quanto ainda precisa ser feito, fico apenas um pouco, ainda que com sinceridade, impressionada.

Muito tem sido dito sobre o papel do escritor negro revolucionário, mas chegou a hora da transformação de palavras em trabalho. Pois, como alguém disse, "o trabalho é o amor tornado visível". Há os mais velhos, os Toms, as Janes, ou qualquer pessoa mais velha, que precisam ter colocadas em palavras a coragem e a dignidade de suas vidas. Há estudantes precisando de orientação e direcionamento. Orientação e direcionamento de verdade, e apoio que não desapareça quando a noite chegar.

Ainda não criei uma classificação para mim. Eu gostaria de me considerar revolucionária, pois estou sempre mudando e evoluindo, espero que para o bem de outras pessoas negras. Eu me declaro negra quando me parece necessário me chamar de alguma coisa, até mesmo por acreditar que a obra da pessoa faz mais por rotulá-la de forma adequada do que sua aparência. Eu costumava dizer que sou poeta, mas passei a ter dúvidas em relação a isso. Meu impulso mais duradouro é escrever, apenas. Parece-me necessário esquecer todos os títulos, todos os rótulos, todas as horas de conversa e me concentrar na montanha de trabalho diante de mim. Meu principal conselho para jovens artistas negros seria se fechar em algum lugar longe de todos os debates sobre quem eles são e sobre sua cor, e apenas produzir pinturas, poemas, contos e romances. É claro, o tipo de artista que esperam que sejamos não pode fazer isso. Nosso povo está esperando. *Mas deve existir uma consciência em torno do que é embuste e do que é verdade*, o que é pragmático e o que é criado especialmente com o intuito de paralisar nossos talentos. Por exemplo, é injusto oferecer um belo poema às pessoas que pretendemos tocar, se elas não conseguem ler.

Assim, qual o papel do artista negro revolucionário? Às vezes, é o papel do professor de reforço em leitura. Jamais me esquecerei de uma das garotas da minha turma de estudos negros, na Jackson State, no ano passado. Ela havia passado um ano inteiro tendo aulas com uma das maiores poetas negras vivas: Margaret Walker. Eu assumi o curso durante o trimestre de afastamento da srta. Walker. Estávamos lendo "For my people", e a aluna chegou à seguinte parte:

> Que surja uma nova terra. Que nasça um outro mundo. Que uma paz infame se inscreva no céu. Que avance uma segunda geração cheia de coragem, que floresça um povo amante da liberdade, que uma beleza restauradora e a força de um golpe final sejam o pulsar em nossos espíritos e em nosso sangue. Que sejam escritas as canções marciais, que desapareçam as elegias. Que uma nova raça de homens surja agora e assuma o domínio!

– O que você acha? – perguntei à moça. (Ela havia lido o poema muito bem.) Ela balançou a cabeça.

– Qual o problema? – perguntei.

– Ah, esses poetas antigos! – disse. – Nunca escrevem poemas que nos mandem lutar!

Conforme percebi, ela havia lido o poema, inclusive com emoção, e não tinha compreendido uma palavra do que tinha lido.

– O que é uma "canção marcial"? – perguntei. – O que é uma elegia que desaparece? – Ela estava, por completo, perdida diante das palavras.

Eu me recordo de um jovem (de barba, bonito), um muçulmano, segundo ele, recusando-se terminantemente a ler Faulkner.

– Nós estamos na revolução agora, não precisamos mais ler pessoas brancas – argumentava.

– Lê teus inimigos – eu provocava, sem resultados. E esse mesmo jovem também não fazia o menor esforço para ler Hughes ou Ellison, McKay ou Ernest Gaines, talvez um dos jovens escritores negros mais talentosos em atividade hoje em dia. O problema era que a retórica revolucionária, tão popular na atualidade, o convencera da perfeição de sua própria negritude e da imperfeição de tudo e de todos que são brancos, mas não o ensinara a ler. A crença de já ser um homem completo impediu o desenvolvimento desse jovem. E quando ele se formar, como vai acontecer, dará aulas a nossos filhos e ainda não saberá ler, nem estará inclinado a aprender.

A verdadeira revolução está sempre preocupada com as coisas menos glamourosas. Preocupada em aumentar a capacidade de leitura entre o segundo e o terceiro ano. Em simplificar a história e em registrá-la (ou recitá-la) para os mais velhos. Em ajudar os analfabetos a preencher formulários de vales-alimentação – pois eles precisam comer, com ou sem revolução. O trabalho tedioso e frustrante junto a nosso povo é o trabalho do artista negro revolucionário. Significa, acima de tudo, estar por perto sempre que precisarem de você.

Mas o trabalho do artista negro é também criar e preservar o que foi criado antes dele. É conhecer as palavras do "Hino Nacional Negro", de James Weldon Johnson, e até se lembrar da melodia. É ser capaz de ler "For my people" com lágrimas nos olhos, compreensão na alma. É enviar sinais de afeição aos nossos velhos e antigos poetas ignorados pela fama. Um dos melhores gestos de toda minha vida foi levar um saco de laranjas para Langston Hughes quando ele teve uma gripe, mais ou menos duas semanas antes de morrer.

Devemos zelar por nossos velhos. Devemos reverenciar sua sabedoria, apreciar seu discernimento, amar a humanidade de suas palavras. Talvez nem todos tenham sido heróis do tipo que temos em mente hoje em dia, mas costuma ser necessário apenas uma leitura de suas obras para saber que eram pessoas de alma e sensibilidade.

Há apenas um ou dois anos, li esse poema de Arna Bontemps, "O Homem negro fala da colheita":

> Eu semeei ao lado das águas de então
> Eu plantei fundo em meu peito o temor

De que vento ou ave levasse o grão
Que plantei a salvo desse ano de dor

Espalhei sementes que enchem da terra a alma
Em fileiras do México ao Canadá.
Mas em minha colheita só o que a palma
Agarra, é o que posso mostrar.

Mas no pomar que nasce de meu plantio,
Filhos do irmão juntam raiz e talo ao largo,
Sem surpresa meus filhos catam em lavradio
O que não semearam, e comem o fruto amargo.

Basta um pouco de imaginação para ver no autor um colosso espiritual, de braços bem abertos, como num desenho de Charles White, prestes a abrigar todos os "Adãos e Evas e suas incontáveis gerações", suportando a dor da colheita, mas protegendo os ceifeiros com muito amor.

Onde *estava* esse poema em todas aquelas antologias que li com o coração ansioso e a respiração presa? Não estava lá, assim como todos os outros que também não estavam. Mas está, e sempre estará, em meu coração. E se, num agitado dia cinzento, todos os nossos livros negros forem queimados, ele estará em minha cabeça e eu serei capaz de recuperá-lo e recitá-lo, embora ele seja amargo para a língua e doloroso para os ouvidos. Pois esse também é o papel do artista negro revolucionário. Ele deve ser um arquivo ambulante de poemas, histórias e canções, de pessoas, lugares, façanhas e desventuras.

Na minha nova faculdade de jovens, costumam me perguntar "Qual o lugar do ódio na escrita?". Depois de tudo pelo que passamos nesse país, é tolo, e, de toda forma, inútil dizer que o ódio não tem lugar. É obvio que tem. Mas devemos exercitar nossos impulsos mais nobres com nosso ódio, e não deixar que ele nos destrua ou destrua nossa *verdadeira e preciosa herança*, que não é, diga-se de passagem, uma herança de preconceito ou intolerância. Como descobri em minha própria escrita, um pouco de ódio direcionado de forma precisa é algo útil. Uma vez disseminado, no entanto, torna-se uma teia na qual posso ser capturada e paralisada como a mosca no salão. O artista deve se lembrar de que alguns indivíduos, como Byron de la Beckwith[4] ou o xerife Jim Clark, devem ser odiados, e que algumas corporações, como a Dow e a General Motors, também devem ser odiadas. E também o banco Chase Manhattan e o Governo do Mississipi. Contudo, há homens que devem ser amados, ou pelo menos respeitados por seus méritos, e grupos de pessoas, como os American Friends, que não devem ser odiados. A força do artista é sua coragem de olhar para cada coisa do passado com o olhar renovado e sua habilidade de recriar, da forma mais verdadeira possível, o vasto domínio intermediário composto de pessoas entre o assassino de Medgar Evers,[5] Byron de la Beckwith, e um velho e bom cavalheiro como John Brown.[6]

Fico impressionada com pessoas que afirmam ser capazes de ver cada pessoa e acontecimento em tons bem definidos de preto ou branco, mas cuja obra não é, em minha bem embasada e cautelosamente analisada opinião, nem preta nem branca, mas um monótono e uniforme tom de cinza. É chata por ser fácil e exigir apenas um leitor preguiçoso ou preconceituoso. Cada conto ou poema tem uma fórmula, em geral dois terços de "odeio os brancos com toda minha alma" e um terço de "sou negro, bonito, forte e quase sempre tenho razão". A arte não precisa ser lisonjeira, e o trabalho de qualquer artista deve ser mais difícil do que isso. A vida de uma pessoa quase nunca pode ser resumida em uma palavra; ainda que essa palavra seja preto ou branco. E é dever do artista apresentar o ser humano *como ele é*. Vocês devem se lembrar que Bigger Thomas[7] tinha grandes e curiosas qualidades, mas não era bom nem bonito. Ele era verdadeiro, e isso é suficiente.

Às vezes, com raiva e frustrada com o mundo onde vivemos, eu me pergunto: O que é real e o que não é? E agora, me parece, o real é o que está acontecendo. O real é o que aconteceu. O que aconteceu e o que está acontecendo comigo são o mais real de tudo. Então eu escrevo a partir disso. Escrevo sobre os homens velhos que conheci (adoro homens velhos), sobre belas e grandes mulheres, com braços como almofadas (que, na verdade, gostariam de se parecer com Pat Nixon), sobre pais e mães atormentados e sobre filhos acanhados e esperançosos. E, hoje em dia, no Mississipi, pareço de vez em quando reviver minha infância na Geórgia. Vejo os mesmos rostos, ouço as mesmas vozes suaves, dou uma mordida, vez ou outra, no mesmo milho maduro e adocicado, ou tomo um gole de vinho. E quando escrevo sobre as pessoas de lá, de algum modo muito estranho, é como se não estivesse escrevendo sobre eles, mas sobre mim. A artista, então, é a voz do povo, mas ela também é O Povo.

1971

Quase um ano

O que uma família de classe média alta bem-intencionada *pode* fazer para acalmar as frustrações, aliviar a raiva, amenizar a fúria de uma criança negra do gueto que vem morar com eles? "Cometer suicídio", poderiam sugerir alguns militantes do fim dos anos 1960. De um ponto de vista negro, de fato, existem poucas opções. Em *The almost year* [Quase um ano], um livro notável pela ausência de hipocrisias, estereótipos, *déjà vu* e sermões movidos a culpa branca liberal, o autor Florence Engel Randall tenta encontrar um caminho no qual o negro pobre e ofendido e o branco rico privilegiado podem interagir e trocar alguma afeição. Pois, talvez, afeição seja a única coisa que cada um dos lados tem para dar.

Uma menina negra do gueto passa "quase um ano", de setembro e junho, com os Mallory, uma família suburbana branca e próspera. Ela odeia a situação – e a todos eles. No entanto, sua tia e única provedora a deixa com eles enquanto sai em busca de um emprego melhor. Os Mallory descobrem uma menina hostil ao tratamento diferenciado ou a qualquer outro. Toda iniciativa da parte deles é, de pronto, rechaçada.

Contudo, por Deus, os Mallory são sinceros. Tentam, de todas as maneiras possíveis, fazer a menina se sentir em casa. Eles a alimentam bem e lhe oferecem roupas usadas da filha adolescente. Mas, para a menina negra, há comida demais, roupas demais. Os Mallory parecem se afogar numa abundância de itens essenciais. E, embora capaz de reconhecer a sinceridade, ela não consegue reagir como se espera; a casa, os carros, o lindo lago, os patos, o tapete de folhas caídas (não há árvores onde a menina negra mora) a impedem. Incapaz de se aproximar dos Mallory, a não ser como uma pária, a menina negra os rejeita, reagindo com desdém a toda expressão de preocupação da parte deles.

Movida pela raiva, a menina conjura uma assombração, que toma conta da casa dos Mallory. Infelizmente, não se pode acreditar nesse fantasma que (pelo visto) apoia a causa da menina. Ainda bem, porque o sofrimento e a raiva dos negros ainda não são matéria-prima em desfechos de contos de fadas. Na verdade, é possível se perguntar se o autor pretendia criar uma assombração crível; pois perto do fim do livro, depois de muitos tremores na casa e muito chacoalho de louça, a menina negra abre a temida porta do sótão e confronta "um pequeno espectro escuro". Ela mesma. E, nessa apavorante jornada, é a sra. Mallory quem caminha a seu lado, e ela enfim permite que essa mulher branca a toque e, mais importante, compartilhe e encare o medo que assombrava a casa. A afeição surgida entre elas faz o fantasma descansar, espanta o medo.

Esse carinho, esse toque capaz de banir o medo uns dos outros, a menina negra vai levar consigo ao voltar para o gueto. Um gueto em nada parecido com a linda área dos subúrbios onde vivem os Mallory. Nem a família vai dividir sua prosperidade financeira com a menina. Também não vão se matar. Ou liderar uma revolução capaz de libertar a menina negra de sua rua sem árvores.

Qual o valor de uma hora de calor em nove meses de frio? De nove meses numa casa bonita, mas uma vida inteira num bairro pobre? Que valor tem a amizade satisfeita em ver alguém *temporariamente* confortável? Isso é mesmo amizade?

O que se deseja (essencial, se pretendemos compartilhar essa terra como francos amigos) é uma família Mallory que se envolva de forma radical com a mudança da sociedade, não uma que se limite a socorrer os oprimidos. Esse livro, ainda que maravilhoso, aceita o fato de que o carinho mútuo basta. É possível ter carinho mútuo com os Mallory, mas não se pode contar com eles de nenhuma maneira muito significativa. A menina sabe disso quando retorna com a tia para sua vizinhança. E, apesar de toda compreensão e das boas intenções, é pouco provável que os Mallory notassem uma menina negra acenando da janela de um prédio, quando passassem de trem pelo Harlem a caminho de um espetáculo na cidade.

1971

Escolha: Um tributo a dr. Martin Luther King Jr.

[Este discurso foi proferido em 1972, em Jackson, Mississipi, em um
restaurante que se recusava a servir pessoas negras até ser obrigado,
pelo Movimento pelos Direitos Civis alguns anos antes, a fazê-lo.]

Quando minha tataravó era uma mulher escravizada, caminhou da
Virginia a Eatonton, na Geórgia – que dizem ser o local ancestral dos
Walker – levando dois filhos no colo. Ela chegou a viver 125 anos, e
meu próprio pai a conheceu na infância. (Em memória dessa caminhada, opto por manter e usar meu nome "de solteira", Walker.)[8]

Ela foi enterrada em um cemitério perto da igreja frequentada por
minha família, mas, como a cruz de madeira que identificava o lugar
exato apodreceu há alguns anos, é impossível saber com precisão onde
está o corpo. No mesmo cemitério, está a maioria dos parentes de minha mãe, que viveram na Geórgia por tanto tempo, que ninguém se
lembra quando chegaram. E todos os meus tios-avôs e tias-avós foram
enterrados lá, meu avô e minha avó, e, recentemente, meu pai.

Se é verdade que uma terra não lhe pertence até que você tenha
enterrado um corpo nela, então a terra onde nasci me pertence uma
dúzia de vezes. Contudo, a história da minha família, como a de todas
as famílias negras do Sul, é uma história de desapropriação. Nós amá-
vamos a terra e a cultivávamos, mas ela nunca nos pertenceu; e ainda
que comprássemos a terra, como fez meu bisavô depois da Guerra Civil, havia sempre o risco de ela ser tomada, como a dele foi, durante o
período que se seguiu à Reconstrução.

Meu pai não herdou nada de valor material de seu pai, e, na minha juventude, no início dos anos 1960, despertei para uma amarga
realidade: se quisesse continuar a amar a terra onde nasci, eu teria de
deixá-la. Pois pessoas negras – incluindo meus pais – tinham aprendido há muito tempo que decidir ficar numa terra amada, porém brutal,
significa correr o risco de perder o amor e ser levado a reconhecer apenas a brutalidade.

Faz parte da sensibilidade dos negros do Sul preservar memórias;
pois, durante muito tempo, isso foi tudo que pessoas negras, cedo ou

tarde forçadas a abandonar a terra natal, tiveram permissão de levar consigo.

Eu vi meus irmãos, um por um, deixarem nossa casa e irem embora do Sul. Vi minhas irmãs fazerem o mesmo. Isso não era incomum; o abandono de tudo, com exceção das memórias, era algo normal, exceto para quem não sabia "fazer nada melhor", ou para os detentores de uma teimosia ou uma força tão colossal que assumiam um risco que outros não podiam suportar.

Em 1960, minha mãe comprou um aparelho de televisão, e, todos os dias, depois da escola, eu assistia a Hamilton Holmes e Charlayne Hunter[9] se esforçando para se integrar – com pele clara e tudo – na Universidade da Geórgia. E então, um dia, apareceu o rosto do dr. Martin Luther King Jr. Que nome engraçado, pensei. No momento em que o vi pela primeira vez, ele estava sendo algemado e enfiado num camburão. Havia ousado reivindicar seus direitos de filho da terra e tinha sido preso por isso. Não demonstrava medo, mas parecia calmo e sereno, inconsciente de sua própria coragem extraordinária. Seu corpo inteiro e sua consciência estavam em paz.

Ao ver aquele ato de resistência, soube que jamais seria capaz de viver neste país sem resistir a tudo que tentasse me deserdar, e que nunca seria forçada a deixar a terra onde nasci sem lutar.

Ele era O Cara, O Herói, A Pessoa Destemida por quem tínhamos esperado. Eu nem tinha percebido antes que estávamos à espera de Martin Luther King Jr., mas estávamos. E eu tive certeza disso quando minha mãe adicionou o nome dele à lista de pessoas por quem ela rezava todas as noites.

Às vezes, penso que foram mesmo as orações de pessoas como minha mãe e meu pai, que durante tanto tempo se renderam na luta, que mantiveram o dr. King vivo até cinco anos atrás. Durante anos, nós rezávamos por sua vida antes de dormir e acordávamos perguntando "Nosso 'Senhor' ainda está aqui?".

Vocês conhecem os atos públicos do dr. King. São visíveis e estão por toda parte. Sua voz seria reconhecida mais rapidamente do que qualquer outra voz ouvida nesse século – mesmo que algumas bibliotecas municipais, como a de Jackson, não tenham as gravações de seus discursos, e as bibliotecárias deem risadinhas cruéis quando perguntamos os motivos de os discursos não estarem lá.

Vocês sabem, caso tenham lido os livros do dr. King, que ele segue uma filosofia complexa e revolucionária que poucas pessoas são capazes de compreender por inteiro ou têm a paciência de incorporar a suas vidas. Que isso é nossa fraqueza, nossa ruína.

E se vocês sabem alguma coisa sobre um bom sermão batista, podem imaginar o que perderam caso nunca tenham tido a chance de ouvir Martin Luther King Jr. pregar na Ebeneezer Baptist Church.

Vocês sabem dos prêmios e condecorações com os quais ele pouco se importava. E sabem de sua preocupação com os deserdados: o indígena, o latino, o pobre branco – com quem ele muito se importava.

Vocês sabem que o salão desse restaurante era fechado para pessoas negras há não mais do que cinco anos. E que nós comemos juntos aqui hoje, em grande medida, por causa de seus esforços e de seu sangue. Nós aceitamos os simples prazeres da vida, sem dúvida, em nome dele.

No entanto, acrescentem a todas essas coisas uma que me parece inigualável em importância: ele nos devolveu nossa herança. Devolveu-nos nossa terra natal; os ossos e o pó de nossos ancestrais, que podem agora descansar sob nosso cuidado e nossa atenção. Ele nos deu o azulado do céu da Geórgia no outono e no verão; as cores do inverno sulista e vislumbres do verde do ócio primaveril. Podemos convidar para ficar aqueles parentes que antes recebíamos apenas como visita... Martin Luther King nos deu o uso integral de nossas florestas e restaurou nossas memórias para os que foram obrigados a fugir, transformando-as numa realidade que podemos apreciar a cada dia e deixar para nossos filhos.

Ele nos deu a continuidade do pertencimento sem a qual uma comunidade se torna efêmera. Ele nos deu um lar.

1973

Revisitando Coretta King

Estive com Coretta Scott King pela primeira vez em 1962, quando eu era uma caloura na Spelman College, em Atlanta, e morava a poucos quarteirões da vizinhança limpa, mas mal conservada, onde viviam Coretta e Martin Luther King Jr. Naquele verão, eu ia com um grupo de estudantes de Spelman ao World Youth Peace Festival, em Helsinque, e nossa orientadora, uma ativista pela paz, branca, da Califórnia, achou que deveríamos encontrar a sra. King que, na época, parecia ser a única mulher em Atlanta ativa e publicamente engajada na busca pela paz.

Eu me recordo com nitidez dos nossos poucos minutos na casa dos King, uma casa modesta, com poucos móveis e uma mobília muito comum. Fiquei maravilhada que os móveis fossem tão simples, pois eram iguais aos das casas das pessoas negras, não móveis em estilo francês provinciano cobertos de plástico e sem uso das casas de famílias negras de classe média. Eu me senti bem confortável no sofá. Naquele dia, Coretta estava ágil, atenta, esbelta, bem animada, na verdade; tinha uma aparência juvenil, com o rosto sem maquiagem, brilhando um pouco, e cabelos longos presos num rabo de cavalo simples, um pouco cacheado. Estava a caminho de uma conferência pela paz, em Genebra. Além disso, estava radiante por causa de um recital que se aproximava.

Enquanto ela falava rapidamente conosco, fiquei sentada no sofá, encarando-a, tímida demais para falar. Eu estava satisfeita só de observar sua exuberância, sua inteligência, seu brilho e seus sorrisos ao falar do movimento pela paz, de sua música e de todos os seus planos. Ela nos dirigiu muitas palavras de encorajamento sobre nossa viagem, a primeira ao exterior de muitos de nós, mas não me lembro das palavras exatas. Ela não mencionou, nem nós, o marido. Mas por ser tão evidente que ali estava uma mulher feliz, não pude evitar o desejo de dar uma escapada da sala e ver o resto da casa; eu tinha certeza, ele estava lá.

De vez em quando, penso que, se não fosse pelo marido dela, o dr. King, eu teria chegado à idade adulta sem acreditar em nada, em ninguém. A minha vida, assim como a de milhões de jovens negros do Sul, parece ter começado e encontrado um propósito no exato momento em que o ouvi falar pela primeira vez. Ao longo dos anos, como milhares de outros, eu o segui, sem questionar, pois minha fé nele superava até a descrença nos Estados Unidos. Quando ele foi assassinado, em 1968, foi como se a última luz do meu mundo se apagasse. Mas, em 1962, jovens de dezoito anos de idade, como eu, sentiam como se estivessem no início de tudo. O futuro parecia difícil, mas brilhante. Tínhamos um amigo e um irmão obstinado, jovem e destemido, que se posicionava ao nosso lado e por nós. Tínhamos a esperança sincera, como quando se tem dezoito anos de idade, de sua esposa ser boa o suficiente para ele. Quanta sorte você tem de tê-lo! Eu tinha pensado, observando Coretta naquela ocasião, começando a reconhecer de má vontade que meu herói tinha se casado com uma pessoa, e não apenas com uma esposa.

Na vez seguinte em que vi Coretta, estávamos no funeral do dr. King, quando meu marido e eu marchamos atrás do corpo do marido dela, cheios de raiva e desespero. Só conseguíamos vê-la de longe, sentada num palanque, no campus de Morehouse. Em meu coração, dei adeus à não violência que ela ainda professava. Eu estava bem menos calma do que ela aparentava estar. Uma semana depois da caminhada de seis quilômetros por Atlanta, e depois das lágrimas, da raiva e de um sentimento de estar aos poucos me transformando em uma pedra, perdi o bebê que estava esperando. Eu nem me importei. Naquele momento, eu tinha a impressão de que se "ele" (levou semanas até minha língua ser capaz de pronunciar seu nome) deveria morrer, ninguém mais merecia viver, nem mesmo meu filho. Eu pensava, deitada na cama, ouvindo os sotaques rudes do Mississipi ao meu redor, que, com um pouco de sorte, eu poderia sucumbir. Não me lembro de ter sentido muita vontade de viver. Entretanto, uma semana mais tarde, voltei a ver o rosto de Coretta na televisão, e talvez tenha sido minha imaginação, mas ela falava de um modo tão parecido com o do marido que, por um minuto, achei estar ouvindo a voz dele... "Venho a Nova York hoje com um forte sentimento de que meu querido marido, arrancado bruscamente do nosso convívio há pouco mais de três semanas, gostaria que eu estivesse aqui hoje. Embora meu coração esteja carregado de luto por ter sofrido uma perda irreparável, minha fé na vontade redentora de Deus hoje está mais forte do que nunca."

Naquele momento eu soube que meu luto era, na verdade, autopiedade; algo que nem Martin nem Coretta tinham tempo de sentir, acredito. Eu ainda estava com raiva, confusa e, ao contrário de Coretta, tinha me afastado muito de minha fé em Deus, quiçá de minha fé na humanidade, mas ela me colocou de pé, como seu marido tinha feito em outra ocasião, e me forçou a reconhecer o quanto eu devia não apenas à memória de seu marido, mas também à continuidade de seu trabalho.

Quando cheguei com o intuito de entrevistá-la para este artigo, Coretta ficou surpresa por eu me lembrar tão bem do nosso encontro em sua casa, pois havia tempos ela tinha se esquecido dele. A primeira coisa que reparei foi que seus olhos mudaram. Estão reservados, quase frios, e ela está tensa; talvez por já terem escrito tanto sobre ela, e ela já estar saturada. Não é mais tão magra quanto era em 1962, mas, se for esse o caso, eu também não. Dessa vez, seus cabelos alcançam as bochechas e estão presos por uma faixa magenta. Seu vestido tem listras coloridas, e seu batom é bem vermelho.

Sinto-me constrangida, pois na lista de perguntas da entrevista incluí coisas como "Você gosta de dançar?", "Consegue fazer o bugaloo?", "Você guarda cupons de descontos?". Também quero saber sua cor favorita e seu signo do zodíaco. Ela comenta, com sinceridade: mesmo que as pessoas com curiosidade sobre ela possam ter interesse por essas coisas, as perguntas em si são "sem importância". Eu me sinto bem boba quando ela diz isso, e vou logo explicando que meu maior interesse está nos rumos de sua carreira musical – a sra. King estudou no Conservatório de Música da Nova Inglaterra e se apresenta com frequência em shows. Depois disso, acrescento, começando a me animar um pouco, pois agora seu olhar é bem menos severo, que eu gostaria de saber se ela pensa que uma mulher pode manter sua arte – no caso dela, o canto – sem ter de sacrificá-la às ambições do marido, às necessidades dos filhos ou às expectativas da sociedade. Quero saber sua opinião sobre o fato de mulheres negras terem sido tão contrárias à libertação das mulheres. Como uma mulher negra, digo, não entendo isso, pois as mulheres negras, entre todas as mulheres, têm sido oprimidas muito além do óbvio – oprimidas por *todos*. Comento que, até pouco tempo atrás, havia mulheres negras que não sabiam nem mesmo como uma mulher negra se parece, pois a maioria das mulheres negras estava clareando a pele e alisando o cabelo. Riscando outro item da minha lista vergonhosamente longa – a assistente, sra. Bennet, tinha deixado claro quando cheguei que o tempo máximo da entrevista era de uma hora –, pergunto sobre o papel que ela acredita ter no mundo, nesse país, em sua família e em sua comunidade.

Numa conversa, a voz de Coretta é bem diferente de quando ela faz seus discursos. É mais suave e com menos sotaque sulista. Enquanto fala, ela parece muito calma e segura, embora não relaxada; é cautelosa e tem cuidado para que o sentido exato de suas palavras seja expresso e compreendido. Tenho a impressão de ela ser mais frágil do que parece e experimento a estranha sensação de que a Coretta com quem estou falando não é a mesma que seus filhos e sua família conhecem. De repente me dou conta de que, talvez, a reação à exposição excessiva seja a proteção vigilante da própria privacidade. Faço um esforço para não encará-la enquanto ela fala, mas descubro que não consigo. Eu teria encarado Mary McLeod Bethune[10] do mesmo jeito. Coretta mudou muito desde 1962, mas segue acreditando e dando continuidade ao trabalho do marido e ao dela. Tento descobrir de onde vem tanta força.

Ela se recosta na poltrona giratória cor de caramelo, à sombra de um grande retrato do marido pintado a óleo, faz uma breve pausa e toca uma das muitas pilhas de correspondência sobre a mesa. Ela começa por um ponto de referência mútuo: o dia em que nos encontramos pela primeira vez, há dez anos. "Naquela ocasião", ela se recorda, "eu estava me preparando para a Conferência do Comitê das Dezoito Nações pelo Desarmamento, em Genebra. Cinquenta mulheres americanas tinham sido convidadas, e eu ia como uma das delegadas. Eu também tinha agendado, no domingo seguinte, uma apresentação em Cincinnati. É claro, isso era um pouco problemático, pois eu ficaria longe das crianças por uma semana, mas achei importante eu ir. No entanto, não teria ido se meu marido não tivesse me encorajado." Ela dá um leve sorriso e explica. "De vez em quando, Martin e eu tínhamos essas discussões sobre eu estar tão envolvida com o meu canto e meus discursos e passar tanto tempo fora de casa. Sempre concordamos que, quando nós dois estivéssemos com muitos compromissos fora de casa, eu reduziria as atividades. Eu não ficava muito infeliz com isso. Era mesmo uma questão de conhecer nossas prioridades. E, uma vez que minha maior prioridade sempre foi minha família, nunca houve qualquer conflito.

"É claro que Martin teve problemas ao longo da carreira por não conseguir passar mais tempo com a família. Ele nunca se sentia confortável por ficar tanto tempo longe. Eu não acho que alguém com necessidade de ficar muito tempo longe de casa consiga, de fato, resolver a questão. Mas o que você tem de fazer é passar o maior tempo possível com a família e tornar esse tempo significativo. Quando Martin estava com as crianças, entregava-se tão por completo que eles tinham uma grande sensação de amor e de segurança. Acho que os indivíduos que se saem melhor nessa questão são os que se sentem seguros consigo mesmos e comprometidos com o que fazem. Pessoas com um propósito e que acreditam estar fazendo a coisa mais importante *a seu alcance*. Nunca tivemos dúvida de estar fazendo a coisa mais importante ao nosso alcance por nós mesmos e por uma sociedade melhor na qual cresceriam nossas crianças, todas as crianças."

Nesse momento, alguma coisa dá errado com o gravador, e eu me inclino para arrumá-lo, explicando, um pouco envergonhada, não levar o menor jeito com esses aparelhinhos. Caridosamente, Coretta admite que ela também não é nenhum gênio com qualquer tipo de máquina.

Enquanto esperamos a fita rebobinar, digo que seu marido aparece com frequência em minhas obras e mais ainda em meus pensamentos. Conto que em meu romance (eu tinha acabado de presenteá-la com um exemplar), um dos personagens comenta que, embora o dr. King tenha sido assediado e oprimido pelo mundo branco o tempo todo, sempre foi amável com a esposa e os filhos. Digo-lhe o quanto isso é importante para mim: que homens negros não descontem a raiva e a frustração em suas esposas e filhos. Uma tentação óbvia demais.

Coretta mantém uma expressão pensativa enquanto diz: "Talvez eu não devesse dizer isso, pois *não* sei de fato, é só uma impressão... mas poucos homens negros parecem se sentir seguros o suficiente como homens a ponto de conseguir fazer as mulheres se sentir como mulheres. Martin me causava uma sensação muito boa desde quando o conheci. Ele era um homem tão forte que eu me sentia como uma mulher, eu podia *ser* uma mulher e deixá-lo ser um homem. Ainda assim, ele também era muito afetado pelo sistema, como homem negro;

mas, apesar de tudo, sempre enfrentou as coisas como homem, como pessoa digna... Sinto falta disso hoje em dia, muita mesmo. Desde a morte de meu marido, tenho tido de lutar sozinha e, mais do que nunca, consigo reconhecer como é importante ter alguém com quem compartilhar as coisas, alguém que se importa, que se preocupa."

Como feminista ardorosa, eu gostaria de dedicar muito tempo ao tema das mulheres negras e da liberação das mulheres. Mas Coretta se limita a dizer que entende a relutância de mulheres negras em se envolver com a própria liberação enquanto todas as outras pessoas negras não estiverem livres. "É claro", diz ela, com uma risada irritada, "que *dá nos nervos* ver homens repetindo o tempo todo coisas como 'eu sei que a mulher deve dirigir!'" Ela também acredita que, se as mulheres se tornarem envolvidas em questões sociais de modo definitivo, irão se descobrir mais poderosas como ativistas *e* como mulheres. Ela acha que as mulheres vão se liberar na medida em que se envolverem na luta pela mudança e pela justiça social. Isso me parece muito lógico, mas não posso deixar de suspeitar que, assim como ocorre no caso do povo negro, deve haver uma nova definição para mulheres, cunhada por elas mesmas. Temo que muitas pessoas, inclusive muitas mulheres, não saibam, de verdade, o que é uma Mulher.

Entretanto, nós compartilhamos uma grande admiração pelas mulheres negras, liberadas ou não. Acho que ambas nos damos conta de que a maioria das mulheres negras do Sul têm conhecido mulheres cujas almas foram liberadas há gerações. Na verdade, no momento em que Coretta menciona palavras de encorajamento ditas por uma senhora idosa, com quem ela se encontrou em algum lugar, seus olhos se enchem de lágrimas. "A mulher negra", diz ela, "tem um papel especial a desempenhar. Nossa herança de sofrimento e nossa experiência de ter de lutar contra todos os obstáculos para criar nossos filhos nos dão uma maior capacidade de compreender tanto o sofrimento quanto a necessidade e o propósito da compaixão. Eu acho que temos um tipo de resistência, uma determinação, que nos torna fortes." E então ela diz algo que me parece muito verdadeiro: "De uma maneira geral, as mulheres não fazem parte da corrupção do passado, então podem fornecer um novo tipo de liderança, uma nova imagem para a humanidade. Mas se decidirem ser amargas e vingativas, não serão capazes de fazer isso. Mas elas são capazes de uma compaixão, de um amor e de um perdão tremendos que, se usados, podem tornar o mundo melhor. Quando você pensa no que algumas mulheres negras passaram, e então vê o quanto ainda são bonitas! É incrível como ainda acreditam nos valores da raça, como têm mantido o amor pela justiça, como ainda podem sentir a mais profunda compaixão, não apenas por si mesmas, mas por qualquer pessoa oprimida; isso é um tipo de milagre, algo digno de ser preservado e passado adiante."

Coretta nasceu e foi criada em Marion, Alabama, uma cidade pequena não muito longe de Selma, cidade pouco maior que, mais tarde, seu marido tornaria famosa. Quando fala de sua criação no "coração de Dixie", não há amargura na voz. Como muitos negros do Sul, ela é capaz de ignorar ou de sentir pena dos brancos racistas, pois percebe que são doentes. Por outro lado, sua voz se aquece com orgulho e respeito pelo pai, que sobreviveu apesar de incríveis dificuldades. Obidiah Scott não se limitou a sobreviver; ele triunfou.

Os Scotts tinham uma fazenda em Marion, e o pai de Correta criava milhares de galinhas. Quando sua serraria foi incendiada de forma misteriosa poucos dias depois de comprada, ele adquiriu um caminhão e começou um pequeno negócio de madeira para papel. Há pouco tempo, aos 71 anos de idade, Obie Scott concorreu ao cargo de comissário rodoviário em sua cidade natal, algo fora de cogitação há cerca de seis ou sete anos. Ele perdeu a eleição, e Coretta acredita que perder "mexeu com ele", mas o importante, observa, é ele ainda ter coragem de tentar mudar as coisas no Sul para que todas as pessoas possam viver no lugar em paz e harmonia.

"Meu pai é um homem *muito* trabalhador", afirma Coretta. "Se fosse branco, seria prefeito de Marion, Alabama." Pelo que me contou, acho que Coretta subestima Obidiah Scott: se fosse branco, não duvido, teria ido parar no governo do Alabama.

Embora participe ativamente de várias campanhas políticas, Coretta parece ter gostado em particular da turnê por seu estado natal, em apoio a candidatos negros da região, incluindo seu pai. Ela explica que fez alguns "shows da liberdade",[11] com o apoio dos filhos, e que eles gostaram de participar da campanha tanto quanto ela. Uma coisa evidente em relação a Coretta é que o tecido de sua vida é muito bem fabricado. Cada parte é tecida uma na outra com firmeza. De seu escritório, no porão da casa, ela dirige os negócios do Martin Luther King Jr. Memorial Center. Quando os filhos chegam da escola, descem as escadas correndo para vê-la. Ela costuma parar o que estiver fazendo e conversar com eles. Sua música é uma habilidade usada em várias boas causas: seus "shows da liberdade" reúnem multidões em torno de candidaturas negras nas eleições locais; outras apresentações levantam fundos para o memorial que ela insiste em manter em nome do marido. Seu canto também é uma forma de alcançar outros povos capazes de captar a beleza de sua voz, mesmo sem entender o significado das palavras que ela canta.

A hora reservada para minha entrevista havia acabado fazia tempo. No entanto, Coretta, bem mais relaxada, estava disposta a discutir alguns tópicos que parecem ter surgido em decorrência natural das respostas dadas às minhas perguntas. A respeito de pessoas negras no poder e dos brancos que trabalham com elas, ela diz: "Não acredito que as pessoas negras vão usar o poder da forma errada como ele foi usado antes. Acho que aprenderam com a experiência. E temos visto circunstâncias em que pessoas negras e brancas trabalharam juntas com muita eficiência. Isso se aplica a lugares onde há uma maioria negra, como no condado de Hancock, na Geórgia, por exemplo, ou Fayette, no Mississipi, onde Charles Evers é prefeito." Sobre a não violência, ela afirma: "É muito difícil fazer alguém enxergar a não violência como algo além de marchas e demonstrações. É mais difícil fazer com que as pessoas se organizem para fazer pressão por mudanças na sociedade. Quem vê a não violência como algo *fácil* não percebe tratar-se de uma disciplina espiritual que demanda muita força, amadurecimento e purgação do ego para que a pessoa possa ultrapassar praticamente qualquer obstáculo pelo bem de todos, sem se preocupar com o próprio bem-estar."

Gosto de ouvir, enquanto conversamos, a mãe Coretta falar com o filho mais velho, Marty, de quatorze anos, pelo telefone. Parece que ele foi esquecido na escola, a vários quilômetros de distância, chove torrencialmente, e ele quer alguém para buscá-lo imediatamente. Coretta está preocupada, mas se mantém firme. Diz-lhe que, por ter perdido a carona combinada, terá de esperar até que alguém possa buscá-lo. Ele reclama. Ela repete a decisão: terá de esperar. Ponto final.

Passamos alguns minutos discutindo seu papel na vida e como ela o enxerga. Não me surpreende que sua vontade seja inspirar outras mulheres a assumir posições mais ativas nos movimentos pela paz e na eleição de candidatos decentes e a se envolver na tomada de decisões que afetarão suas vidas e as de seus filhos. Diz que ela e Martin costumavam conversar muito sobre a tentativa de organizar as mulheres, e ela lamenta por ele nunca ter tido tempo de se dirigir às mulheres como mulheres. "Nós nunca usamos o poder das mulheres com o qual podíamos contar", diz ela.

Enquanto junto minha parafernália antes de ir embora, Coretta sai de trás da mesa, e nós conversamos um pouco sobre as fotos de família enfileiradas na parede do escritório. Há uma especialmente encantadora, dela com o marido e as crianças, num passeio pelo parque. O rosto de Coretta na fotografia está radiante, embora ela lamente não ter sido fácil convencer todo mundo a se arrumar naquele dia para conseguir fazer a foto. Fora do escritório, ela me apresenta à irmã do dr. King, a sra. Farris, com quem eu tinha cruzado rapidamente em Spelman. A sra. Farris me lembra muito o irmão; tem a mesma dignidade e serenidade. É uma mulher de poucas, mas oportunas, palavras. Ela ajuda a sra. King com a contabilidade.

Quando deixo a casa de tijolos vermelhos na avenida Sunset, a chuva que vinha caindo forte o dia inteiro tinha dado uma trégua. E, embora não houvesse promessa de Sol, havia uma sensação de que a primavera já estava chegando nas colinas de Atlanta. "Vocês, negros *sulistas*", alguém tinha me dito semanas antes, "protegem demais Martin King e Coretta." Penso nisso enquanto saio do lugar onde Martin King não vive mais, exceto nos corações de todas as pessoas que trabalham lá em seu nome.

Enquanto meu avião decola, penso em todas as maneiras como as vidas de Martin e Coretta King tocaram a minha. Penso naquele dia de primavera há poucos anos, há tantos anos, e na boa vontade de Coretta em encorajar um grupo de jovens mulheres que começariam a se envolver numa experiência emocionante, mas, de certa forma, assustadora. Penso nos anos durante os quais eu e a maioria dos negros da Geórgia, incluindo ateus e agnósticos, iam dormir rezando pela segurança de Martin King, e em como acordávamos a cada manhã fortalecidos por ele ainda estar conosco. Foi Martin, mais do que qualquer um, quem expôs a beleza escondida das pessoas negras do Sul e nos fez voltar a olhar para a terra que nossos pais e mães conheceram. O Norte não é para nós. Nós não seremos expulsos do que é nosso. Martin King, com

Coretta a seu lado, deu o Sul ao povo negro e reduziu o Norte a uma opção. E, embora eu perceba que o Sul sempre me pertenceu, há algo novo em meu olhar. Olho pela janela do avião para as colinas vermelho-sangue da Geórgia e do Alabama e, por fim, para minha casa, o Mississipi, sabendo que, quando eu chegar lá, a terra pode tremer e se sacudir, mas eu seguirei de cabeça erguida, para sempre.

1971

A escolha de permanecer no Sul:
dez anos depois da Marcha em Washington

No dia da Marcha, nosso ônibus deixou Boston antes do amanhecer. Éramos uma multidão alegre e barulhenta capaz de gritar as palavras "Nós venceremos" sem qualquer traço de tristeza ou dúvida. Pelo menos na superfície. Por baixo de nossa postura de coragem, havia a ansiedade: estaria Washington pronta para nós? Haveria violência? Nós seríamos *vencidos*? *Nós* tínhamos chances de vencer? Fosse como fosse, nos sentíamos confiantes o bastante para tentar.

Era o verão do meu segundo ano na faculdade em Atlanta, e eu tinha ido a Boston, como de hábito, tentar arrumar um trabalho que ajudasse a me sustentar durante mais um ano na universidade. Ninguém entre os meus parentes de Boston foi à Marcha, mas todos a viram, entusiasmados, na TV. Quando voltei naquela noite, eles disseram ter visto alguém muitíssimo parecida comigo no meio da multidão, bem à esquerda de Martin Luther King Jr. Mas é claro que eu não tinha nem chegado perto dele. A multidão não permitiu. Em vez disso, eu estava sentada num galho de árvore, longe do Lincoln Memorial, e, embora eu conseguisse ver muito pouco dos oradores, consegui ouvir tudo.

Como trabalho final do curso de oratória e artes cênicas, no semestre anterior, o professor havia levado a turma para ouvir uma palestra de Martin Luther King, na Universidade de Atlanta. "Não estou interessado na política dele", alertou, "apenas no discurso." Então eu tinha escrito um texto que dizia: "Martin Luther King é um orador surpreendentemente eficiente, embora seja *muitíssimo* influenciado pela igreja Batista a ponto de suas declarações soarem dramáticas e pesadas demais para ser levadas a sério." Comentei também sobre sua falta de humor, seus olhos "orientais" sem expressão e sobre o fato fascinante de que seu terno cinza-tubarão não tinha nenhum vinco – levando-me a me perguntar como ele o havia vestido. Foi uma surpresa, portanto, descobrir, na Marcha de Washington, que a mesma voz que me parecera enfadonha e pouco inspirada num pequeno centro de convenções era, naquele momento, tão eletrizante no tom quanto na mensagem.

Martin King era um homem que, de fato, tinha a fala entrelaçada às raízes da consciência religiosa negra sulista, e quando sua voz retumbante se ergueu e ressoou sobre as cabeças das milhares de pessoas reunidas no Lincoln Memorial, eu senti o que uma pessoa sulista criada na igreja *sempre* sente quando aquelas cadências – não apenas as palavras em si, mas as espirais rítmicas de intensa emoção, seguidas por pausas ainda mais intensas – fluem da boca de um pregador de primeira linha. Eu senti minha alma se elevar pela pura força da bondade eloquente de Martin King.

> Há quem pergunte aos defensores dos direitos civis: "Quando vocês estarão satisfeitos?". Nunca estaremos satisfeitos enquanto o negro for vítima dos horrores indescritíveis da violência policial. Nunca estaremos satisfeitos até que nossos corpos, pesados com o cansaço da viagem, possam se abrigar nos hotéis de beira de estrada e nos hotéis das cidades. Não estaremos satisfeitos até que a mobilidade básica do negro não se restrinja a ir de um gueto pequeno a outro maior. Nunca estaremos satisfeitos enquanto nossos filhos forem despidos de suas identidades e roubados de sua dignidade por cartazes que dizem "Apenas para brancos". Não estaremos satisfeitos enquanto um negro no Mississipi não puder votar, e um negro em Nova York acreditar que não tem motivos para votar. Não, nós não estamos satisfeitos e não ficaremos satisfeitos até que a justiça flua como água, e a igualdade, como um rio poderoso.

E quando ele falou em "deixar a liberdade soar" pelas "colinas verdes do Alabama e pelas colinas vermelhas da Geórgia", eu vi de novo aquilo que apenas ele era capaz de me fazer ver: que eu, na verdade, tinha direito à terra em que nasci. Aquelas colinas vermelhas da Geórgia eram minhas, e ninguém me obrigaria a deixá-las até que eu estivesse pronta para isso.

> [...] Alguns de vocês vieram até aqui apesar de grandes dificuldades e obstáculos. Alguns de vocês acabaram de deixar as celas da prisão. Alguns de vocês vêm de lugares onde a luta pela liberdade os deixou feridos pela avalanche de perseguição ou combalidos pelos vendavais da violência policial... Voltem para o Mississipi, voltem para o Alabama, voltem... para a Geórgia
>
> [...] sabendo que, de alguma maneira, essa situação pode e será transformada... Essa é nossa esperança. É a fé com a qual eu voltarei para o Sul. Com essa fé, nós seremos capazes de extrair das montanhas de desespero uma pedra de esperança.

Mais tarde, eu leria que a Marcha de Washington tinha sido uma enganação para os negros, que os líderes tinham se vendido ao governo Kennedy, que todos deveríamos nos sentir tolos por ter participado. No entanto, seja lá o que o governo Kennedy tenha feito, não teve nada a ver com a proximidade que eu senti do meu povo naquele dia, de King e John Lewis e de milhares de outros. E é impossível me arrepender de ter ouvido aquele discurso, porque nenhuma pessoa negra que eu conhecia jamais tinha encorajado qualquer um a "Voltar para o Mississipi...", e eu sabia que, se esse desafio fosse aceito por milhões de negros que costumavam deixar o Sul em busca de melhores oportunidades no Norte, uma mudança seria inevitável.

Isso pode não parecer muito aos olhos de outros americanos habituados a se mudar pelo país movidos apenas por inquietação e ganância, mas para a pessoa negra do Sul, criada com a expectativa de ir embora – por falta de trabalho, de dinheiro, de poder, de respeito –, era uma ideia que criava raiz em solo fértil. Nós lutaríamos para ficar onde nascemos e fomos criados e destruiríamos as forças que tentavam nos desapropriar. Continuaríamos com a revolução a partir de nossas próprias casas.

Eu pensava em meus sete irmãos e irmãs já longe do Sul e queria saber: Por que tiveram de deixar o lar quando quiseram encontrar uma vida melhor?

Eu nasci e fui criada em Eatonton, no meio do estado da Geórgia. Joel Chandler Harris[12] também nasceu lá, e os visitantes às vezes ficam chocados ao ver um grande coelho de ferro no gramado do Fórum. É uma cidade de duas ruas, e, de acordo com meus pais, o clima social mudou muito pouco desde a infância deles. Sendo assim, nas tardes quentes de sábado da minha própria infância, eu olhava cheia de vontade pela vitrine da lanchonete onde jovens brancos se sentavam em banquinhos no conforto do ar-condicionado, bebiam Coca-Cola e tomavam sorvetes de casquinha. Pessoas negras podiam entrar e comprar, mas não podiam consumir o que compravam lá dentro. Quando o primeiro hotel foi construído em Eatonton, no fim dos anos 1950, a noção estabelecida de *pertencimento* era tão evidente que os donos nem precisavam colocar um cartaz de "Somente brancos".

Eu estava exilada em minha própria cidade e cresci desprezando seus cidadãos brancos quase tanto quanto eu amava a região rural da

Geórgia onde eu pescava, nadava e caminhava entre campos de margaridas amarelas, ou me sentava em contemplação ao lado de um grande pinheiro que "era do meu pai", porque quando ele era garoto e andava oito quilômetros pra ir à escola, durante o inverno, ele e seus colegas faziam uma fogueira toda manhã ao pés da árvore; e, ainda assim, ela sobreviveu – embora houvesse um buraco triangular no tronco, grande o bastante para eu me esconder lá dentro. Essa era a árvore do meu pai, e de lá eu avistava os campos no qual a família dele tinha trabalhado por gerações (e dela sido proprietária por um curto período de tempo) e podia caminhar – durante a tarde – até a casa onde minha mãe nasceu; uma ruína maltratada pelo tempo, quase caindo, na verdade, mas tão essencial para a percepção de minha mãe sobre a existência quanto alguém pode pressupor que a Califórnia seja para Nixon. Talvez até mais, uma vez que minha mãe sempre se preocupou em estar em paz com a terra que ela ocupa. Mas eu teria de deixar tudo isso. Juntar minhas memórias e seguir para o Norte. Pois eu não seria uma empregada e não podia ser uma "garota", ou uma assustada cidadã de segunda categoria, ou qualquer uma das coisas que meus irmãos e irmãs já haviam se recusado a ser.

Naqueles dias, poucos negros dedicavam muito tempo a discutir o ódio dos brancos. O entendimento era que eram – em geral – maldosos e injustos, como as enchentes, terremotos ou outras catástrofes naturais. Se você era negro, sua tarefa era conviver com essa informação, assim como os moradores de São Francisco convivem com a falha de San Andreas. Você aproveitava os momentos (e a vida) da melhor maneira possível, dadas as circunstâncias.

Por não nos terem ensinado a história negra – exceto pelas fotografias de Booker Washington, George Washington Carver e Mary McLeod Bethune, expostas uma vez por ano, na Semana da História Negra –, não sabíamos quantas riquezas da América tínhamos perdido. De certa forma, é difícil compreender como as pessoas brancas – preguiçosas, como todos nós concordávamos que elas eram – sempre conseguiram estar à frente. Na primeira vez que Hamilton Holmes e Charlayne Hunter foram vistos tentando ingressar na Universidade da Geórgia, as pessoas ficaram chocadas: por que eles queriam entrar em uma universidade de pessoas brancas? Se queriam ir a algum lugar, que fossem a uma instituição construída com dinheiro negro! Isso foi um pouco antes de as pessoas relacionarem séculos de trabalho não remunerado ao "progresso" branco, mas tão logo fizeram essa conexão, passaram a ver Hamilton e Charlayne como os heróis que eram.

Eu tinha visto as notícias sobre Charlayne e Hamp todas as tardes quando voltava da escola. A ousadia deles era contagiante. Quando saí de casa e fui fazer faculdade em Atlanta, em 1961, eu me aventurei a me sentar na parte da frente do ônibus. Uma mulher branca (que suas unhas tenham virado pó!) reclamou com o motorista, e ele me mandou mudar de lugar. Mas mesmo enquanto eu ia lá para trás, confusa, com raiva e aos prantos, eu sabia que aquele não era o fim da história.

Meu único lamento ao deixar Atlanta rumo a Nova York, dois anos e meio depois, era perder as apresentações no centro da cidade, nas manhãs de sábado, parte indispensável na formação de quem frequentava o Centro Universitário de Atlanta. Contudo, em 1965, voltei à Geórgia para trabalhar durante parte do verão no condado de Liberty, ajudando a angariar eleitores e, de maneira geral, examinando o Sul para ver se valia a pena reivindicá-lo. Suponho que concluí que *valia* alguma coisa, pois, mais tarde, em 1966, recebi minha primeira bolsa de literatura e fiz planos entusiasmados de deixar o país e ir ao Senegal, na África Ocidental – mas nunca fui. Em vez disso, peguei um avião para o Mississipi, onde eu não conhecia ninguém pessoalmente, e onde vivia uma mulher de quem eu só tinha ouvido falar. Aquele verão marcou o início de uma compreensão de que eu jamais poderia viver feliz na África – ou em qualquer outro lugar – até poder viver livre no Mississipi.

Além disso, eu estava me perguntando como a permanência em um lugar poderia influenciar a consciência de um escritor em formação. Os escritores russos que eu admirava tinham uma coisa em comum: uma noção da alma russa enraizada no solo que a nutria. No romance russo, a própria terra é uma personagem. No Sul, Faulkner, Welty e O'Connor podiam ficar nas casas onde nasceram e escrever porque, embora os vizinhos os achassem esquisitos – e no caso de Faulkner, inútil –, eles foram poupados do fardo adicional de não poder usar um banheiro público e não tiveram de passar por uma intensa crise emocional ao decidir onde comprar um hambúrguer. E se Wright tivesse conseguido ficar no Mississipi? Fiz essa pergunta não porque eu tenha imaginado um curso alternativo para sua vida (até porque não deixo de admitir que Jackson, no Mississipi, com tiroteios paralisantes e bombardeios, e com o crescimento e a repressão da resistência negra nas ruas, pode ser considerado o lugar mais chato do mundo), mas porque faz referência à falta de opção de Wright. E que um homem com seu talento careça de opções *é* ofensivo. Terrivelmente ofensivo.

Escritores negros costumavam sair do Sul assim que possível. A combinação da pressão por criar com a exposição constante a insultos indignos e humilhações encorajadas pelo sistema revelou-se um fardo pesado demais. Mas a partida deles empobreceu quem ficou. Eu me dei conta disso de forma mais clara quando me mudei para Jackson e descobri Margaret Walker, autora de *For my People*, que já estava lá, uma força da natureza, produzindo sob pressões inimagináveis e, ao fazer isso, mantendo vivos, nos milhares de alunos que estudavam com ela, não só o senso artístico, mas também a necessidade de reivindicar nossos direitos de nascença direto da fonte. Não sei se, no caso dela, estabelecer-se no Sul foi apenas uma questão de escolha ou preferência, mas no futuro – para outros artistas negros – pode e *deve* ser.

Então, dez anos após a Marcha de Washington, a pergunta é: até que ponto diminuiu a montanha de desespero? Qual o tamanho e o formato da pedra da esperança? Eu sei que é irritante, a essa altura dos acontecimentos, ouvir falar de mais "símbolos" de mudança, mas, levando-se em conta que nunca é tão tarde no Mississipi quanto no resto do país, eu vou me permitir falar sobre alguns deles:

Uma vez por semana, eu dirijo até o centro de Jackson para almoçar com meu marido em um dos hotéis mais chiques da cidade. Ele tem um restaurante bacana com vista para uma piscina em forma de balalaica e ótima comida. Meu marido, Mel Leventhal, um advogado de direitos humanos que processa uma grande quantidade de instituições racistas por ano (e costuma ter ganho de causa) (e agora está pensando em processar a Biblioteca Pública de Jackson, porque a) recusaram-se a emitir um cartão da biblioteca para mim em meu nome e b) a bibliotecária grunhiu como uma mula quando lhe pedi uma gravação dos discursos de dr. King – que a biblioteca não tinha), tem seus próprios motivos para ir lá, e o último deles é que os cozinheiros fazem excelentes *cheeseburgers*. Ele se lembra de ter "testado" a piscina do hotel, em 1965 (antes de eu conhecê-lo): dos insultos raivosos dos brancos conforme os negros entravam na água e da tensão crescente à medida que os brancos saíam da piscina e se posicionavam no entorno com ar de ameaça. Eu me lembro da pura falta de educação das garçonetes no restaurante, um ano mais tarde, e de ter me perguntado se os "testes" nunca acabariam. (Não éramos nem de longe os únicos nessa situação: uma das novas integrantes negras do conselho escolar, ainda hoje, almoça num restaurante diferente a cada dia, porque já foi expulsa de todos eles.) Às vezes, é difícil comer lá por causa dessas lembranças, mas, no Mississipi (assim como no restante dos Estados Unidos), o racismo se alastra como uma trepadeira kudzu, que engole florestas inteiras e casas abandonadas; se você não continuar arrancando as raízes, ele volta a crescer mais rápido do que você é capaz de destruí-lo.

Um dia, nós nos sentamos no restaurante para relaxar e ficamos observando um menino negro, com cerca de quinze anos de idade, nadar na piscina. Ao contrário dos brancos do passado, os que estavam na piscina não saíram. E o menino, quando estava cansado e satisfeito, saiu da piscina sem pressa, deitou-se de costas, dobrou os joelhos – com seu calção de banho apertado – e ficou lá, indiferente às caras brancas que o observavam das janelas do restaurante.

"Eu poderia *jurar* que esse menino não sabe o que é o complexo de castração", eu disse, pensando em como os mais corajosos dos "testadores" anos antes pareciam se curvar sobre o próprio corpo quando saíam da água.

Nós começamos a rir, pensando que coisa pequena e insignificante esse evento deveria ter sido. Isso nos lembrou do dia em que vimos um jovem negro passeando pelo centro da cidade de braços dados com sua namorada do ensino médio, uma mocinha morena. Nós estávamos com um amigo sem a menor paciência para presenciar tal comportamento "inadequado", que resmungou sem qualquer sinal de humor: "Ah, por que é que, assim que a gente começa a ver sinais de liberdade, são os sinais errados!"

Mas alguém, de fato, gostaria de voltar no tempo? Eu penso na época, quando eu era criança, em que as pessoas negras não podiam usar a piscina pública, e os governantes da cidade eram cruéis a ponto de não permitir que o diretor da minha escola construísse uma piscina para pessoas negras *na propriedade dele*. E quando meu bom amigo, um adolescente do Norte (visitando a avó, é claro), foi agredido e jogado em uma cela por ter parado na rua principal, em plena luz do dia, e consertado a corrente da bicicleta de uma menina branca. E agora, pensando nesses dois meninos diferentes, senti-me feliz por eles ainda estarem vivos, do mesmo modo que me sinto feliz por não termos mais de "testar" lugares públicos para comer ou nos preocupar se uma garçonete hostil vai cuspir em nossa sopa. Eles serão os herdeiros de Emmet Till[13] muito em breve. Por enquanto, pelo menos, sua infância não está sendo destruída nem eles se sentem acuados pelas memórias que nos assolam.

É memória, mais do que qualquer coisa, que azeda o mel das conquistas no Sul. O que não conseguimos esquecer e o que não vamos perdoar. Meu marido disse que, no sexto aniversário de nossa filha, pretende lhe dar de presente um Mississipi *seguro* por inteiro (no que se refere à questão racial), e talvez isso seja possível. Para ela. Para nós, segurança já não é o bastante.

Eu pensei nisso no dia em que estávamos decidindo se íamos nadar ou fazer um passeio de barco na represa Ross Barnett, o maior espaço de lazer aquático da região. Foi quando me lembrei dos guardas estaduais vindo para cima de nós quando fomos nadar lá, em 1966 (à noite), e do horror que eles me provocaram; e também me lembro muito bem do homem que dá nome à represa. Não é o medo atual, mas a memória, que torna raras nossas idas ao lugar. Para nós, todos os dias de nossas vidas têm sido um "teste". Apenas para as próximas gerações o fato de curtir a vida no Mississipi parecerá um direito natural. Mas pessoas dedicaram suas vidas, de modo espontâneo, à garantia dessa possibilidade. E continuam a dedicá-las, no trabalho duro, dia após dia, ano após ano, numa clara manifestação de sua vontade e de seu amor.

Os negros que foram para o Norte estão voltando para casa. Meus irmãos e irmãs compraram os acres de pinheirais que rodeiam o lugar onde minha mãe nasceu. Negros cujo primeiro pensamento há dez anos era deixar o Sul agora estão ficando. Há mais e melhores empregos, gerados por mais, e mais persistentes, processos jurídicos: nós aprendemos de uma vez por todas que nada de valor jamais é dado de boa vontade. O clima racial está tão bom quanto na maioria das áreas do Norte (algumas pessoas com certeza hesitariam antes de migrar para certas áreas de Michigan ou de Illinois), e ainda há ar puro e espaços abertos em abundância – embora seja provável que as frenéticas taxas de crescimento econômico enfeiem a paisagem, como em qualquer outro lugar. Dirigir de Atlanta ao Texas não é mais uma aventura aterrorizante; desde que se tenha como pagar, é pouco provável um cliente ser recusado pelos "hotéis de beira de estrada e das cidades". As últimas resistências são as paradas de caminhões, cujos donos têm sido levados aos tribunais com frequência. A brutalidade policial – a mais nova forma de linchamento – não é mais aceita como algo natural; pessoas negras reagem contra ela violentamente, e as prefeituras se preocupam em atrair negócios e em projetar uma imagem "progressista" de suas cidades. Pessoas negras podem votar e votam (fiscalização nas votações ainda é necessária, de vez em quando), e cada ano eleitoral traz sua pequena leva de representantes negros eleitos. As escolas públicas estão entre as mais integradas do país, e, é claro, aqueles cartazes "Somente brancos" e "negros" não vão mais ferir o coração da minha filha do jeito que machucaram o meu – pois eles desapareceram.

Charles Evers, o famoso prefeito de Fayette, está pensando – outra vez – em concorrer ao governo do Mississipi. James Meredith está pensando – mais uma vez – em disputar o mesmo cargo. Eles deixam suas intenções bem claras na TV local. Em junho, Charles Evers disse, na cerimônia que lembrou os dez anos do assassinato de seu irmão Medgar, "eu não penso mais que vou levar um tiro". Considerando a ousadia de suas aspirações políticas e a tenacidade em atingir seus objetivos, essa é uma declaração relevante. O medo que pairava sobre o Mississipi nos anos 1960, em grande medida, já se foi. "Se Medgar pudesse ver o que aconteceu no Mississipi nos últimos anos", afirmou a viúva, Myrlie Evers, "acho que ele estaria surpreso e satisfeito."

A montanha de desespero tem diminuído, e a pedra da esperança tem tamanho e formato, e pode ser zelada pelos olhos e pelas mãos. No entanto, a liberdade sempre se revela uma tentação ardilosa, pois, no próprio ato de tentar agarrá-la, é possível acabar algemado. Eu acho que Medgar Evers e Martin Luther King estariam consternados com a falta de radicalismo da nova classe média negra, e desanimados ao saber que a maioria das pessoas mais amparadas pelo Movimento dos anos 1960 têm se perdido na busca por carros, mobília cara, casas grandes e os melhores uísques; ao saber que a mesma classe que deve sua nova prosperidade ao Movimento se recusa a apoiar organizações que possibilitaram esse sucesso e tem se afastado do cuidado com as pessoas negras que são pobres. Ralph Abernathy renunciou há pouco tempo à presidência da Southern Christian Leadership Conference por falta de recursos e por causa de uma dívida de oitenta mil dólares. Isso é mais do que uma vergonha; é um crime.

Um amigo meu de Nova York que estava na Student Nonviolent Coordinating Committee (SNCC) nos anos 1960 veio para o Mississipi na semana passada encontrar "alimento espiritual". "Mas não encontrei alimento algum", escreveu mais tarde, "pois o Mississipi mudou. Está se tornando americano de verdade. O que é pior, está se tornando o Norte."

Infelizmente, isso é bem possível, e nos leva a procurar como loucos uma direção alternativa. É evidente que a beleza da paisagem do Sul não está a salvo das cicatrizes da ganância, porque os sulistas são tão gananciosos quanto qualquer um. E as notícias dos movimentos negros no Norte não são nem um pouco encorajadoras. Na realidade, um *recuo* dos objetivos igualitários dos anos 1960 parece uma faceta de grupos nacionalistas. Em um artigo recente para *The Black Scholar*, Barbara Sizemore escreve:

> A mulher nacionalista não pode criar ou tomar a iniciativa. Seu principal objetivo de vida é inspirar e encorajar o homem e os filhos dele. Irmãs nesse movimento devem implorar a permissão para falar e atuam como ajudantes dos homens, seus senhores e líderes, como professoras e enfermeiras. A posição delas é similar à das irmãs da Nação do Islã. Enquanto Baraka é o guia espiritual em conferências nacionais, apenas as viúvas e esposas de mártires negros, como Malcolm X e Martin Luther King Jr., e Queen Mother Moore podem participar. Outras mulheres são excluídas.

Isso é de partir o coração. Não apenas para as mulheres negras, que lutaram em pé de igualdade contra as forças da opressão, mas para todos que acreditam que qualquer tipo de subordinação é a morte do espírito. Entretanto, nós temos bons exemplos; pois eu sei que Sojourner Truth, Harriet Tubman – ou Fannie Lou Hammer ou a sra. Winson Hudson – simplesmente ignorariam a suposição de que "permissão para falar" *lhes pudesse ser concedida*, e lutariam pela liberdade de todas as pessoas, jogando cartazes "Somente brancos" e "Somente homens" na mesma pilha de lixo. Pois, no fim das contas, a liberdade é uma batalha pessoal e solitária, e cada um supera os medos de hoje para que se possa encarar os de amanhã. E essa é também minha experiência com o Sul.

E se eu deixar o Mississipi – como farei qualquer dia desses –, não será pelos motivos dos outros filhos e filhas de meus pais. Nem o medo nem a falta de liberdade para expressar meus pensamentos de mulher farão parte da minha decisão. Se eu deixar o Mississipi, será porque a cultura onipresente do futebol americano me entedia, a proliferação de lojas do Kentucky Fried Chicken me deixa chocada e porque as luzes de neon começaram a substituir as árvores. Será porque o mar está muito longe e não há uma montanha sequer aqui. Mas, acima de tudo, será por ter me sentido livre para ir; e será a Minha Escolha.

1973

Bom dia, Revolução:
escritos dispersos de protesto social

Em sua apresentação da importante coletânea de textos revolucionários de Langston Hughes, até então dispersos, a editora Faith Berry fez a seguinte observação: "Langston Hughes era mais conhecido como um poeta popular, explorando o tema 'Eu também canto a América'. Entretanto, essa imagem, aceita por ele, muito embora não a tenha escolhido, é apenas parte de seu legado."

> Durante uma carreira que durou quatro décadas, na qual experimentou todos os gêneros literários, ele escreveu alguns dos textos mais revolucionários entre os escritores americanos de sua geração. Era chamado de 'poeta laureado da raça negra', mas nunca por motivos que incluíssem seus versos mais radicais. Editores e críticos que o celebravam em público como 'poeta laureado' ignoravam a parte de sua obra que não combinava com sua imagem popular. Vista dessa perspectiva, sua prosa e poesia revolucionárias representavam uma aberração, uma fase isolada de sua carreira.

Entretanto, como Berry bem demonstra, a "fase" revolucionária de Langston Hughes se estendeu por quarenta anos e durou enquanto ele viveu.

Para os que avaliaram mal a natureza do compromisso político de Langston Hughes, e são muitos, esse comentário de Sauders Redding, no prefácio desse livro, irá aliviar parte da culpa: "Hughes era um escritor e poeta revolucionário. Contudo, o fato de isso não ter sido determinante na formação de sua reputação deve-se, em parte, ao próprio Hughes. *Ele quis assim*" (itálicos meus). Como dizem por aí, a trama se complica. O que Redding quer dizer?

Parece que Langston, com sua característica afinidade em relação a qualquer ideia que lhe parecesse benéfica a povos pobres e negros, gostava muito das mudanças políticas e sociais que ele testemunhou na Rússia no início dos anos 1930. Além disso, ele se apaixonou pela ideia da Revolução em si; e com a mão firme de quem crê de verdade, ele a humanizou:

Bom dia, Revolução:
Você é a melhor amiga
que já tive.
Vamos juntos por aí daqui em diante.

O longo poema "Good morning, Revolution", do qual esses versos foram extraídos, foi publicado na revista *New Masses*, em 1932. Dois anos depois, na mesma publicação, Hughes escreveu:

REVOLUÇÃO

Grande multidão que nada teme...
Venha, e se aproxime!
E erga a mão
Contra esse varão
De ferro e aço e ouro
Que vendeu e comprou
Você...
Cada um...
Pelos últimos mil anos.
Venha, e se aproxime.
Grande multidão que nada teme,
E lhe arranque membro por membro.
Corte-lhe a rica garganta de
Orelha a orelha,
E encerre seu tempo para sempre,
Agora...
Este ano...
Grande multidão que nada teme.

Foi essa sua admiração sem reservas pela União Soviética que lhe causou problemas, como aconteceu com muitos escritores que se viram, nos anos 1950, perseguidos pelo macarthismo. Embora Langston nunca tenha se filiado ao Partido Comunista, escreve Berry, ele foi vítima "daquela era de paranoia sem precedentes, quando qualquer um que já tenha feito um elogio à Rússia era considerado inimigo público e tratado como tal. Em março de 1953, intimado a testemunhar diante do Comitê do Senado de Operações do Governo de Joseph McCarthy, ele foi pressionado a responder perguntas como 'Você poderia dizer, com franqueza, a este comitê se houve ou não um período em sua vida em que você acreditou na forma de governo soviética?'".

Por ser negro e ter excelente discernimento, boa visão e sensibilidade muito apurada em relação a questões raciais e econômicas, Langston considerava "a forma de governo soviética" bem atraente, tendo em vista suas claras vantagens em comparação ao sistema Jim Crow de democracia com o qual ele estava acostumado nos Estados Unidos. Em um ensaio intitulado "A União Soviética e a cor", Langston escreveu:

> Em um museu de Ashgabat, capital do Turcomenistão, vi cartazes, exibidos como uma excentricidade a ser vista por crianças em idade escolar, que diziam: proibida a entrada de sartes, tanto na língua turcomena quanto na russa. Disseram-me que, tempos atrás, esses cartazes eram colocados nas entradas de grandes e belos parques públicos, no centro de Ashgabat. Nos tempos do czar, aquele parque era apenas para europeus – pessoas brancas, não os povos nativos que os brancos desdenhosamente chamavam de "sartes", uma palavra equivalente à nossa pior palavra para se referir aos negros.

> Enquanto eu estava ali olhando para aqueles cartazes, agora peças de museu, mas antes barreiras muito reais para pessoas racializadas no Turcomenistão, eu me lembrava de parques que tinha visto em meu próprio país nos quais eu não podia entrar – parques públicos em cidades como Charleston, Memphis e Dallas. Mesmo hoje, depois de uma grande guerra mundial em defesa da democracia, esses parques ainda existem nos Estados Unidos. Eles não existem mais na União Soviética.

Não foi apenas a libertação do racismo que o encantou. Langston descobriu que a União Soviética era o único país do mundo onde ele poderia ter seus dentes obturados sem custo (ele era com frequência atormentado por problemas dentários e teve dor de dentes em vários lugares do mundo); e o agradou saber que as mulheres, que na Rússia asiática tinham sido usadas ao bel-prazer de seus maridos em haréns, tinham arrancado seus véus e ido para a escola e não podiam ser compradas e vendidas, como acontecia antes da Revolução.

Percebe-se em seus escritos ser óbvio que ele preferia a medicina gratuita, os parques sem segregação e as mulheres livres da União Soviética, em vez de pessoas chamando-o de "garoto"[14] em seu país. Então, Berry diz: "Como resultado das audiências macartistas, durante muitos anos, o nome de Hughes figurou nas listas de autores antiamericanos cujos livros foram banidos das bibliotecas da United States Information Agency em todo o mundo. Seus livros também foram banidos de escolas e bibliotecas em certos estados que aprovaram leis anticomunistas. Um centro influente de conferências, que por muito tempo organizou o agendamento de suas palestras, cancelou o contrato. Suas aparições públicas costumavam ser acompanhadas de piquetes, com pessoas carregando cartazes que diziam "traidor", "vermelho", "simpatizante do comunismo".

Assim, esse homem sensível, que ganhava a vida escrevendo, surpreendeu Saunder Redding na Conferência Pan-Africana de Escritores, em 1962, porque, embora os representantes de países africanos estivessem ansiosos para ouvir seus poemas revolucionários contra o colonialismo e o imperialismo, Langston não os leu. Em vez disso, "ateve-se a seus versos convencionais sobre temas convencionais".

Alguns dos melhores poemas de Langston estão nessa coletânea, e eles destacam sua impaciência basilar pela revolução, uma impaciência que era, apenas em parte, racial.

DEUS AO FILHO FAMINTO

> Filho faminto,
> Eu não criei esse mundo para você.
> Você não comprou um título na minha estrada de ferro.
> Você não investiu na minha corporação.
> Onde estão seus barris de petróleo?
> Eu fiz o mundo para os ricos
> E para os que serão-ricos,
> E para os que sempre-foram-ricos,
> Não para você,
> Filho faminto.

CANSADO

Estou cansado de ficar torcendo,

Você não,

Que o mundo se torne bom

E belo e feliz?

Vamos pegar uma faca

E cortar o mundo em dois...

E ver o que vermes estão comendo

Na raiz.

O livro, muito bem editado por Berry, restitui o pensamento político de Langston ao seu contexto adequado, qual seja, suas autobiografias *The Big Sea* e *I Wonder as Wander*, e deve ser lido em complemento a elas, como uma parte que Langston deixara de fora. Contudo, eu me pergunto se o silêncio de Langston sobre sua escrita revolucionária pode ser atribuído apenas à relutância de seus editores em publicá-la ou aos ataques que ele sofreu durante a era McCarthy. O comportamento de um homem complexo como Langston Hughes nunca é compreendido com facilidade. Acho possível que, enquanto o entusiasmo pela revolução se manteve, a empolgação com a União Soviética se alterou. Vários conhecidos seus na Rússia foram exilados, presos ou mortos. Essa experiência deve ter tido um impacto profundo num homem que, desde a infância, era incapaz de qualquer violência: ela o fazia passar mal.

Langston Hughes era também um homem de um senso de justiça primoroso e um grau extraordinário de tolerância em relação a *indivíduos*, qualidades que revolucionários mais empedernidos – aqueles que entendem ser necessário atirar nas pessoas e seguir em frente – quase nunca têm tempo de cultivar. Além disso, estava comprometido com sua liberdade pessoal e artística. Ou, talvez, tenha atingido aquele ponto que qualquer escritor revolucionário sério alcança, no qual o entendimento de que crianças morrem de fome num mundo de fartura parece exigir uma arma atrás das barricadas, não um discurso atrás do púlpito, não uma caneta sobre o papel. Escrever ou falar sobre atitudes que ele mesmo não estava pronto para tomar pode ter lhe parecido um escárnio em relação a sua integridade. No entanto, ainda que essas coisas sejam verdade – e eu me limito a apresentá-las como considerações que um grande artista pode ter feito –, não negam o fato de que Langston via a chegada da revolução nos Estados Unidos como um evento positivo que já deveria ter acontecido e, de uma maneira geral, impressionava-se com o que via da revolução em outros países.

Quando estava na China, em 1949, Langston viu crianças pequenas sendo vendidas nas ruas para se prostituir e vendidas a fábricas para trabalhar, pois seus pais eram pobres demais para alimentá-las. Dizem que isso não acontece mais na China. Bom dia, Revolução.

1976

Os passos que queremos dar, os filmes que queremos ver

O cenário é uma vila fictícia no oeste da África. Mulheres são arrastadas de suas casas e jogadas no chão por soldados africanos armados de rifles. As casas são incendiadas e ardem contra o céu. As mulheres se amontoam, enquanto os soldados atiram para o alto, zombando do medo e do desamparo. Por fim, com a vila destruída, os soldados recebem um sinal do comandante, um mercenário europeu, e sobem no jipe.

Em seguida, uma das mulheres se levanta, ajusta o cesto de bananas-da-terra sobre a cabeça, prende o bebê com mais firmeza às costas e se afasta em silêncio pela floresta. O atalho a leva até a margem da estrada principal no exato momento em que os soldados se aproximam aos berros. Eles gritam eufóricos em sua direção. Ela acena. Mas enquanto eles passam numa nuvem de poeira, ela ergue uma submetralhadora, que mantinha escondida num arbusto, e mata todos. Então, recoloca o cesto sobre a cabeça (o bebê ainda repousa confortavelmente em suas costas) e segue o seu caminho.

Embora o restante de *Countdown at Kusini* não seja tão forte quando essa abertura marcante e irretocável, trata-se de uma produção a ser celebrada, da qual podemos tirar alguma lição e – com trilha sonora efervescente e ação ininterrupta – que nos diverte.

Esse é o primeiro longa-metragem produzido por uma organização de mulheres negras, a Delta Sigma Theta. Com uma história de ativismo político que inclui a participação no movimento feminista e sufragista de 1913, as 88 integrantes da Delta Sigma Theta, baseada nos Estados Unidos, a maior fraternidade de mulheres negras do mundo, decidiram não mais aceitar que imagens degradantes do povo negro – e, em especial, de mulheres – lhes fossem impostas a partir das telas do cinema. Em vez disso, levantariam elas mesmas o dinheiro, *entre as próprias integrantes do grupo*, para fazer o tipo de filme que queriam: refletindo os valores e preocupações das pessoas negras, além da grandeza crua e política do ativismo das mulheres negras. O resultado é *Countdown at Kusini*, baseado num conto de John Storm Rogers, com roteiro de Ossie Davis (que também dirigiu o filme), Ladi Ladebo e Al Freeman Jr.

Kusini explora temas como a revolução, as disputas de guerrilhas e as relações de afro-americanos com a luta africana contra a dominação estrangeira. O músico afro-americano Red Salter (Greg Morris) está em turnê pela África quando se envolve com a revolução. Corporações internacionais tentam destruir a luta anticolonialista local assassinando Motapo (Ossie Davis), um venerado guerrilheiro que luta pela liberdade. Salter é convencido pela revolucionária Leah Matazima (Ruby Dee) a contrabandear armas e a transferir Motapo de um esconderijo a outro.

Vários momentos do filme são dolorosos: ideais são traídos, amigos da revolução, assassinados. Mas é um filme em especial divertido, agradável, com incríveis paisagens da África (as filmagens aconteceram todas na Nigéria; muitos dos atores são africanos), com cerimônias, músicas e costumes africanos. O espectador sai do cinema pronto para se juntar à próxima luta revolucionária, sem desânimo diante do que o espera, admirado com as possibilidades de mudança sempre que os oprimidos decidem se rebelar.

Quase todas as falhas de *Kusini* são óbvias e instrutivas: Ossie Davis, como Motapo (uma combinação inspirada em Patrice Lumumba, Amilcar Cabral e Martin Luther King) permanece sempre desassociado do personagem. Ele interpreta Motapo de maneira condescendente, consciente demais do papel de "libertador" de seu povo. Não projeta profundidade de sentimentos; pelo menos não o suficiente para levar a cabo uma revolução. A Leah de Ruby Dee, a bela e implacável companheira revolucionária de Motapo, arrumada demais, destoa com frequência da caracterização de alguém em ação num país pobre e em guerra. Apesar disso, ela está magnífica, tão convincente no papel de uma mulher determinada a se livrar dos opressores que nos sentimos compelidos a lhe estender a mão.

A maior falha do filme é a escalação de Greg Morris (que, em termos de versatilidade, lembra Richard Nixon) como um músico afro-americano transformado em contrabandista de armas pela causa. Morris – Barney Collier, na série de TV *Missão: Impossível!* – é tão estranho e desajeitado como o amante *machão* de Leah (obviamente mais mulher do que ele jamais será capaz de entender, muito menos dominar), que o público, nas duas vezes em que assisti ao filme, riu de seus esforços.

Uma outra falha é a piada obrigatória da "branquela feia" (que, desatinada, persegue o herói negro bonito), enaltecendo a mulher negra, Leah, que na verdade dispensa esse tipo de trama barata.

Countdown at Kusini é uma estreia impressionante das mulheres da Delta Sigma Theta na indústria cinematográfica. Espero que, daqui em diante, elas nos apresentem um filme significativo como esse a cada ano.

1976

Interlúdios

Atlanta, Geórgia, 15 de janeiro de 1976

Estou cruzando a cidade de carona com minha prima. Ela é esbelta e de pele marrom, uma motorista agressiva e sem papas na língua que tira de letra a atitude de certos motoristas e dirige tranquila em alta velocidade. Depois de uma manhã de neve em Nova York, o tempo ensolarado de Atlanta parece primavera. "O que a traz a Atlanta?", ela me perguntou, descendo uma colina que proporciona uma ampla vista da "Nova Atlanta", do "hotel mais alto do mundo" (concluído há pouco tempo) aos murais coloridos que cobrem as paredes de vários dos edifícios mais baixos da cidade. É dos murais que eu gosto; o prédio do hotel – cilíndrico e ereto, como um dedo negro apontando para o céu – parece banal na altura, além de redundante.

O nome da minha prima é Faye.[15] Eu não a encontrava havia dez anos. Parada numa esquina de Atlanta, descansando depois de uma marcha de 1,5 km organizada pela Igreja Batista Ebeneezer (em defesa do direito de todo americano de ter um emprego e também em comemoração ao aniversário de 47 anos de Martin Luther King Jr.),[16] senti, enquanto ouvia a voz suave do prefeito negro de Atlanta, Maynard Jackson, uma leve cutucada no braço.

– Você é minha prima Alice Walker? – ela me perguntava.

Em resposta, dei-lhe um abraço. Ficamos ali sorrindo uma para outra enquanto durou a manifestação. Em seguida, ela me arrancou de lá em seu carro.

– Andei pensando como o desemprego está matando o que sobrou da qualidade de vida das pessoas negras e/ou pobres – eu disse. – Aí ouvi falar da Marcha por Empregos em Atlanta. Não pude resistir. Também queria visitar lugares como Atlanta, Mississipi e Boston, ver o que as pessoas negras andam pensando e fazendo nessa espécie de interlúdio entre protestos políticos.

– Eu quase não vim hoje – ela disse. – É tão cansativo marchar quando a gente se dá conta de que, enquanto a gente está lá, arruinando os pés, o presidente e os deputados estão por aí, esquiando em algum lugar.

– A última coisa em que eles estão pensando é no povo pobre percorrendo as ruas de um lado para o outro implorando, não por comida, não por doações, mas por trabalho. Ainda assim, é uma boa ocasião para se encontrar com parentes e amigos, melhor do que não fazer nada. O que você achou?

Durante boa parte da marcha, eu tinha pensado no FBI e na CIA. Eu tinha me concentrado em J. Edgar Hoover e o imaginei – presença maligna espalhada como fumaça pelo céu – rindo de todas as marchas anteriores, planejando formas de fazer até a maior delas fracassar. Eu tinha pensado em Martin Luther King Jr., tão demonizado por tanta gente, temendo – em seus últimos dias de "Topo da Montanha" – não poder estar ao nosso lado nas últimas marchas, no momento da chegada (onde quer que pudéssemos chegar), porque, uma vez que o povo negro ouvisse as fitas que o FBI ameaçava divulgar sobre suas "escapadas" sexuais, não iríamos mais querer tê-lo por perto, não iríamos mais acreditar nele. Eu tinha pensado no quão equivocado esse medo teria sido. As pessoas negras tinham ouvido rumores sobre o "apetite" sexual de King durante anos, tinham lido histórias que o pintavam fazendo amor com estranhas em banheiras, cercado de luxo, e, ainda assim, a maioria de nós tinha percebido com clareza o assassinato de reputação que estava em curso e tinha lhe desejado nada além de sucesso em todas as áreas da vida que ele tivesse conseguido preservar, em cada pequena alegria. Ao menos era assim que eu me sentira.

– Eu me sinto uma tola marchando –falei. – As canções ficam presas na garganta. Quando alguém começou a cantar "We Shall Overcome", eu me engasguei de verdade. Mas aí acabei cantando de qualquer jeito, porque, se as pessoas negras ainda querem cantar, se ainda conseguem abrir o peito, quem sou eu para não cantar junto?

O único verso do antigo hino do Movimento pelos Direitos Civis que não passava pela garganta de ninguém era o que dizia "negros e brancos juntos". Foi logo substituído por "emprego para todos". Isso me chamou a atenção. Isso e o fato de que a pessoa cantando perto do nosso grupo com a voz mais pura e doce era um jovem de, no máximo, vinte anos de idade, sem dúvidas viciado em drogas. Diante da inesperada alta potência da voz daquele jovem, os manifestantes ao meu lado pararam, como se um anjo saído do passado do Movimento tivesse vindo se juntar a eles. Como se fôssemos um só, nós nos viramos para lhe dar boas-vindas, e ele talvez fosse o único entre nós ainda capaz de infundir o bom e velho vigor em nossas canções. Ele tinha cambaleado sob o efeito da droga, mesmo durante a marcha.

O que isso *significa*, eu tinha me perguntado, segurando com força a bolsa, irritada com o reflexo, mesmo enquanto observava com tristeza aquele rosto escuro sensível, apesar de perdido; sabendo que, talvez, não faltasse muito até que eu *soubesse* a resposta.

Faye estudou literatura francesa na Universidade de Brown depois da última vez que nos vimos.

– Foi um desastre – ela disse. – Pensei que ia enlouquecer. Eu queria estudar poetas haitianos francófilos, e, é claro, só me passaram Proust.

Depois de Brown, houve um ano em Lyon de "estudo e folga". Ela foi casada – mal e por pouco tempo –, divorciou-se e, no momento, está estudando em um seminário de Atlanta para se tornar pastora. Faye já tem uma igreja em sua cidade natal e, no próximo domingo, irá pregar.

– Deus e eu estamos nos dando muito bem – diz, animada, como se isso explicasse a forma como dirige.

Também administra uma creche e, ao passar voando pelos prédios coloridos, aponta para o tipo de arte em cores vivas com a qual quer decorar as paredes para as crianças.

Fico surpresa que uma mulher de menos de trinta anos como Faye queira se tornar pastora.

– Mas, Alice – explica ela –, na comunidade negra, a igreja tem mais poder do que qualquer outra instituição. Não temos mais nossas escolas. Nunca tivemos 'a prefeitura'. Tudo o que tínhamos, de fato, era a *igreja* negra que, graças a Deus, não deixou de existir. É a minha igreja que patrocina a creche que eu administro. Nenhuma outra instituição negra podia assumir a responsabilidade. Minha mãe também não consegue entender por que a filha quer ser pastora. Ela fica tentando me convencer a me casar de novo. Acho que ela pensa que, se não estou interessada nos homens que ela encontra para mim, deve ser porque sou gay. Pessoas negras com filhas solteiras estão com medo, nesses tempos de liberação das mulheres. – Ela ri.

– Eu gosto de homens; só não tenho tempo para eles agora. Mas, a julgar pelo jeito com que minha mãe encara a coisa, você seria capaz de achar que ela nunca ouviu falar de uma mulher querendo ser independente.

Fico decepcionada ao saber dessas coisas da minha tia. Quando eu era criança, minhas tias (incluindo a mãe de Faye) eram as pessoas mais independentes que eu conhecia. Eram nove moças fortes crescidas na segunda década desse século, na fazenda do meu avô. Com a ajuda dos três irmãos, elas a administravam. Nas reuniões de família, falavam sempre dos velhos tempos, quando cada uma delas podia pescar, caçar e montar armadilhas, atirar "tão bem quanto um homem" e se defender com os próprios punhos. Depois de falar sobre um típico dia de trabalho na fazenda, no qual elas faziam tudo, desde reunir o gado montadas a cavalo a ajudar a matar porcos, minha tia favorita acrescentava: "E aí eu entrava em casa, tomava banho, colocava meu vestido *vermelho*, passava um pouco de ruge *vermelho* nos lábios, um talco no decote, arrumava o cabelo e esperava a visita de meu 'amigo'."

Minhas tias gostavam de se gabar dos corpos saudáveis e músculos fortes, do quanto conseguiam cozinhar, comer e trabalhar, e da recusa em deixar que o medo as levasse a desistir de qualquer luta de igual para igual. Ao contrário de muitas mulheres que passavam a adolescência ouvindo que precisavam se casar, nunca ouvi de minha mãe ou de qualquer uma de suas irmãs que isso era algo que eu deveria considerar. É por causa delas que sei que mulheres podem fazer qualquer coisa e que o trabalho de uma pessoa não afeta sua sexualidade.

– Bem – diz Faye – elas não têm sido independentes nos últimos trinta anos. Preferiram ficar desocupadas em suas belas casas, como as mulheres brancas do cinema. Quiseram os maridos por perto para 'protegê-las'. (Embora essa coisa de 'protegê-las' tenha enlouquecido a maioria dos maridos, incluindo meu pai.) Por fim, só querem ter netos, como todo mundo.

Não falei nada. Fiquei pensando nas tias com as quais eu queria me parecer: ainda consigo vê-las nos campos de mato alto, atirando em falcões, matando cobras, sem entender como alguém podia ter medo de ratos.

Joe Harris

Faye parou o carro numa área tranquila do subúrbio. Nós caminhamos da entrada até a porta de uma modesta casa de alvenaria cercada de árvores. Um grande pastor alemão cumprimenta Faye, saltando à frente e tentando lamber sua cara. Essa é a casa de Joe Harris, um bom e velho amigo que não vejo há dois anos. Estou ansiosa para conversar com ele sobre seu retorno de Boston para o Sul, uma vez que morar no Sul era algo que ele tinha jurado nunca mais fazer. Joe vem até a porta e nos convida a entrar, segurando o cachorro, Uhuru, pela coleira. *"Senta, Uhuru!"*, diz ele, com firmeza, nos oferecendo as cadeiras da cozinha. A esposa, Mabel, está no fogão, cozinhando alguma coisa que não parece culinária étnica – quando estou com parentes ou velhos amigos, tenho vontade de comer tipos específicos de comida: frango frito, carré, miúdos de porco, hortaliças, broa de fubá; lamento que nada disso esteja sendo preparado.

Joe tem cerca de 1,80 m, e o corpo musculoso exibe sinais de flacidez. Ele tem pele castanha, nariz aquilino e cabelo preto alisado, com cachos que caem sobre os ombros, *à la* Errol Flynn.

– Eu *odiei* Boston – ele me conta. – As pessoas negras em Boston são tão desunidas que não conseguem se juntar para um protesto.

Ele pede que a esposa lhe passe uma cerveja. Ela tem a pele escura, é curvilínea e calada.

– Mabel não concorda comigo – diz Joe, com um gole de cerveja. – Mas tudo bem. Eu amo isso aqui. Amo o clima, tudo. Em Boston, eu estava sempre doente. Sempre faltava ao trabalho por causa dos resfriados, minhas amígdalas, uma gripe. Aqui não faz tanto frio. Trabalho como gerente de uma boate e não preciso ficar exposto a toda mudança de clima, trocando pneus, como eu fazia em Boston. Trocar pneus era o único tipo de trabalho que alguém com a minha formação conseguia.

Conheço Joe tão bem quanto conheço meus irmãos. Nós crescemos juntos, frequentávamos a mesma escola. Ele era um dos alunos mais inteligentes das escolas locais de Eatonton, na Geórgia, nossa cidade natal. De acordo com o resultado do teste de QI, ele era acima da média. No entanto, não conseguia seguir regras. Foi expulso da escola no segundo ano do ensino médio por dar um tapa num professor e ameaçar bater no diretor da escola.

– Se eu tivesse feito faculdade – diz ele –, com certeza iria poder me dar bem aqui no Sul. – Ele se lembra de nossos tempos de ensino médio. – Eu não conseguia suportar a escola porque quando eu usava meu cabelo grande, no estilo afro, em 1954, 1955, os professores implicavam comigo. Eu não suportava o sr. McGlockton [o diretor] porque ele não era um homem. Ele deixava os brancos da cidade mandar nele. E, através dele, em nós. Eles nem sequer usavam senhor ou doutor quando falavam com ele; o chamavam de professor.

Eu gostava do sr. McGlockton. É verdade, concordo com Joe, que ele era humilhado pelos brancos da cidade que odiavam ver qualquer pessoa negra formada ou ocupando uma posição importante, mas ele tinha sido sempre um homem bondoso e gentil, sempre com tempo de conversar com os alunos. Eu partia do princípio de que ele era melhor do que as pessoas que o humilhavam, não pior.

Essa racionalização um tanto generosa (na visão de Joe Harris) não o impressiona, pois ele queria um herói e encontrou, segundo ele, um covarde.

– Acontece – diz ele, com tristeza, enquanto toma a cerveja, – que aqueles brancos jamais o chamariam de senhor, qualquer que fosse a situação. Assim sendo, eu deveria ter ficado na escola, ido para alguma faculdade, me tornado advogado e voltado para botar *pra* quebrar. Mas agora é tarde.

Seus dois filhos entram na cozinha. São meninos de olhar vivo, curiosos, com nove e dez anos de idade.

– Por onde os dois neguinhos[17] andaram? – pergunta Joe.

Ao ouvir isso, lembro-me por que não tenho visto Joe por tanto tempo. Porque ele chama as pessoas de *neguinho*. Uma vez, inclusive, ele falou assim com minha filha. Tivemos uma discussão bem feia. Achei que nunca seria capaz de perdoá-lo.

– Eu diminuí bastante o uso dessa palavra – diz ele, desculpando-se. – Sabe, antes de seu comentário, naquela vez, eu nunca tinha pensado que alguém podia se ofender com isso.

– Não apenas ofendida – digo eu –, mas *magoada*. Toda vez que ouço uma pessoa negra que eu amo usando essa palavra, sinto como se estivessem me matando.

Faye ouve a conversa com atenção.

– Eu ainda uso muito 'neguinho' – admite – e achei que não tivesse mais nenhuma conotação negativa. Afinal de contas, Redd Foxx fala isso em rede nacional o tempo todo.

– Eu disse para Joe não chamar nossos filhos assim – diz a esposa de Joe, Mabel. – Vivo dizendo que não é porque eles são "neguinhos" para pessoas brancas que deveriam ser "neguinhos" para ele também.

– Faço isso para que se preparem – argumenta Joe.

– Você está preparando seus filhos para *ser* "neguinhos"? – pergunto.

Ele faz um gesto indicando que eu não o entendo.

Faye continua:

– Mas aí, aconteceu uma coisa que me fez perceber que eu *tinha sim* atribuído uma carga negativa a pessoas que eu chamava de 'neguinho', não importa quantos adjetivos positivos eu usasse junto. Conheci um rapaz, mais novo do que eu, e eu acho *mesmo* que há muito a ser dito levando-se em conta a geração mais jovem, tão inteligente e gentil, digo, com uma cabeça tão boa; e havia a ternura com que ele me tratava e o respeito que tinha por todas as pessoas negras; eu tinha de falar dele para minha melhor amiga, então liguei e disse 'Menina, eu preciso te contar desse n–', e não consegui terminar a frase. Eu não conseguia chamá-lo assim. Porque não importava o quanto eu enfeitasse, *ele simplesmente não era um 'neguinho'*.

– Aliás, odeio o programa de TV do Redd Foxx – disse Mabel, enfim se sentando. – Não apenas por causa das piadas estúpidas com negros e porto-riquenhos, mas pela maneira como ele trata "Tia Esther".

(Tia Esther é uma personagem da série "Sanford e filho", com Redd Foxx. Ela é alta, angulosa e negra, e é chamada de "gorila" com uma regularidade chocante.)

– Todo mundo ri da Tia Esther – diz Mabel –, mas todos sabem que ela se parece com eles ou com alguns de seus parentes. A gente esquece que as pessoas brancas nos chamam de "gorilas" há anos. E devem achar que estão certos, pois estão vendo a gente fazer a mesma coisa na TV.

Isso me faz lembrar de que, num voo recente da American Airlines de São Francisco a Nova York, eu estava assistindo a um curta-metragem de futebol americano estrelado por um jogador negro. A cena de abertura mostrava vários macacos, vestidos com casacos de chuva e echarpes, balançando umas bolsas grandes, pulando para cima e para baixo, "torcendo" nas arquibancadas. Depois de algumas cenas em que o famoso jogador executa sua famosa jogada, a câmera focaliza sua esposa e outras duas mulheres, vestidas de forma quase idêntica à dos macacos, pulando e torcendo pelo jogador, segurando as bolsas no ar. As pessoas que produziram esse vídeo estavam fazendo uma declaração visual aviltante; uma declaração contra a qual eu nada podia fazer de imediato, a não ser *morrer* de vontade de arrancar e jogar fora a tela do avião, a dez mil metros de altura. Quando cheguei em Nova York, no aeroporto Kennedy, soube que o aeroporto de La Guardia tinha sido bombardeado. E pensei: onde acontecem insultos à dignidade das pessoas, atos violentos de retaliação colocam em risco a vida de todos nós. Cada um de nós paga com uma cota de medo e ansiedade – se não com a própria vida –, e esse é um preço bem alto.

Joe Harris fala de seu jardim, suas árvores, sua rua tranquila e limpa.

– Posso passar dias, semanas até, sem ver uma pessoa branca – diz ele, com alegria. – Compro gasolina de um homem negro. Faço compras e só vejo rostos negros. Aqui, as casas noturnas frequentadas por pessoas negras pertencem a pessoas negras, *e elas são boas*, nada brega ou cafona, como em Boston. As lojas de bebida pertencem aos negros. Comprei minha casa de um corretor de imóveis negro... As únicas coisas que os caras brancos me fornecem são a eletricidade e o telefone.

– Em Boston, um homem pobre pode se acabar de trabalhar e nunca ser dono de nada além de sujeira e baratas.

– E a educação das crianças?

– Bem – ele faz uma careta – tanto faz aqui como em Boston. Quando eles integram as escolas nesse país, integram apenas os professores. Nas turmas dos meus filhos, todas as crianças são negras, os professores, brancos. Nosso filho mais velho é tão revoltado quanto eu era. Ele tem dificuldade em aceitar disciplina imposta por um professor branco.

Enquanto Joe faz a gentileza de sair para me comprar um hambúrguer, pergunto a Mabel por que ela não está tão satisfeita com a vida no Sul quanto Joe.

– As coisas aqui *são* melhores – diz ela – mas eu não faço amigos com facilidade. Todos os meus amigos estão em Boston. É claro – acrescenta –, que você tem de morar onde *pode* morar. E, se é *dolorido* abandonar as pessoas de quem você gosta, então é normal que você sofra.

E eu penso: Sim, há duzentos anos, você bem poderia ter tentado fugir para o Canadá, não importando o quanto outras pessoas escravizadas, já estabelecidas por lá, lhe escrevessem contando sobre o frio mortal.

Taylor Reese

Eu pedi a Taylor Reese que viesse a casa de Joe para que eu pudesse lhe perguntar como ele se sente sendo um sucesso.

– Eu não sei *o que* sinto – ele diz.

Ele é o corretor de quem Joe Harris comprou a casa. Ele também é da nossa cidade natal. Havia rumores, alguns anos atrás, de que ele estava ficando rico vendendo imóveis em Atlanta e seus arredores. Vivendo no luxo. Engordando.

– Ninguém está comprando casas numa recessão como essa, tem sido difícil até manter os negócios funcionando.

Ele trouxe o filho caçula com ele, e de imediato me sinto atraída pela criança que, aos quatro anos de idade, me lembra como o pai dele era anos atrás. A mesma pele marrom escura, os olhos sorridentes cor de avelã.

Digo: – Você poderia ter sido meu filho.

Ele responde: – Uh-*um*!

Eu me apaixonei por Taylor Reese aos seis anos de idade. Quando eu tinha quatorze e ele, dezesseis, começamos a namorar. Mais tarde, ficamos noivos. Nosso relacionamento durou mais de seis anos, durante todo o ensino médio e boa parte de meu primeiro ano na faculdade. A última vez que vi Taylor foi em 1965. Eu estava em Atlanta a caminho de algum lugar mais ao Sul para trabalhar pelo Movimento naquele verão; ele estava casado e prestes a se tornar pai. Ele não estava muito envolvido com política na época, e achei difícil me relacionar com ele.

Agora descubro que ele *é* político, mas não quero falar sobre isso. Ou sobre vender casas, sucesso ou sobre a recessão. Quero saber se ele é feliz. Quero saber se ele é a mesma pessoa que eu amava. Que ainda *é* bonito, embora não tão magro, dá para ver, e sua loção pós-barba, como eu lhe disse, é uma delícia.

– Eu sonho com você – comentei.

Ele sorri e sussurra (porque Joe e Mabel estão no cômodo ao lado):

– A gente sempre tem fantasias fazendo amor com nossos antigos amantes.

Eu retribuo o sorriso, embora não estivesse me referindo a isso.

– Você foi meu melhor amigo por quase sete anos; passamos por coisas juntos que só os melhores amigos passam. Eu sempre quis lhe dizer o quanto achava que você era bom...

– Ah é? Bom no quê?

– Em nada *em particular*...

Ele finge estar despontado. Nós rimos.

– Apenas bom. Quero dizer que você era leal, você era gentil, você era atencioso, amoroso. *Bom*. Quanto mais velha eu fico, mais sou capaz de apreciar isso. Mais me parece lamentável que pessoas que já chegaram a se amar sejam pressionadas a se esquecer de tudo. Eu quero saber tudo sobre você. Gostaria de conhecer seus filhos. De conhecer sua esposa. Quero saber de tudo que aconteceu com você.

Olhando para ele, pai, marido, empresário, *adulto*, eu me lembro de coisas, nesse momento, sobre as quais nunca pensei. Nossa formatura do ensino médio, nossos encontros de sábado à noite, *todas as noites de sábado ao longo de todos aqueles anos*. A forma como, devagar, fomos nos afastando, nos apegando a outras pessoas, sem tentar manter o que tinha sido uma grande amizade.

Não lhe digo isso, mas meus sonhos com ele quase nunca são eróticos. Ele apenas aparece, de vez em quando, *em* meus sonhos; para sempre magro, para sempre com dezessete anos de idade. Tanto faz se estou colhendo margaridas ou encarando um pelotão de fuzilamento.

– Você continua um mistério para mim. Porque eu te conhecia tão bem e já não te conheço mais. – Talvez seja a escritora em mim que está frustrada, com raiva das pontas soltas em algo com significado pessoal importante.

– Eu não mudei – ele diz, e fico comovida com a ternura casual com que ele acaricia o rosto do filho, que está de pé atrás dele, agarrado a uma de suas pernas. Aquele gesto de afeição cuidadosa, eu reconheço.

Jackson, Mississipi, 17 de janeiro de 1976

Eu tenho uma amiga que odeia vizinhanças. Eu espero sempre viver em meio a uma. Quando eu e meu marido nos mudamos para Jackson, em 1967, tínhamos o medo frequente de que nossa casa pudesse ser atacada. (Nosso casamento interracial era considerado perigoso, além de ilegal, no Mississipi, embora, três meses antes de nossa chegada, a Suprema Corte tivesse derrubado o estatuto que o proibia. E meu marido, como "mais um advogado judeu de Nova York", era bem recebido apenas pela comunidade negra em favor da qual ele trabalhava). Nós compramos um cachorro e um rifle, mas dependíamos de nossos vizinhos. Se vissem um carro cheio de pessoas brancas desconhecidas passando pela rua, eles nos chamavam, ou ficavam em suas varandas até que o carro desaparecesse. Quando passo pela nossa velha casa na rua Rockdale, sinto como se estivesse voltando para casa.

– Preparei o quarto para você, assim que você ligou – disse Lorene. Lorene e sua família vivem na casa ao lado de onde eu morava. Ela trabalha como auxiliar de enfermagem no hospital local. O marido, Thomas, tinha uma pequena mercearia, porém, não sei o que ele faz hoje em dia. Suspeito que esteja desempregado, mas não é o tipo de pessoa que compartilha uma informação dessas. Thomas e Lorene me fazem lembrar de pessoas que conheci na infância, quando vivia no campo: em tudo acessíveis e confiáveis, generosas além de qualquer compreensão, tão negras e, no entanto, tão inconscientes da negritude como ideologia que visitá-los é como tirar um descanso mental.

Eles têm três crianças pequenas, duas delas nascidas durante o ano e meio que se passou desde que nos mudamos. Thomas está segurando o bebê, assistindo à televisão e tentando consertar um brinquedo quebrado, tudo ao mesmo tempo. Como a maioria das pessoas com quem converso, ele pretende votar em Jimmy Carter para presidente. Há um orgulho curioso pelo fato de Carter ser do Sul. "Um branco decente e *inteligente*, para variar", todo mundo diz. Embora Thomas goste dele pelo simples fato de que ele cultiva amendoins, com base na teoria de que "um homem que planta amendoins para ganhar dinheiro só pode fazer bem ao país".

– Eu fui a Nova York uma vez – diz ele, com voz lenta e sotaque carregado. – Não conseguia me orientar. Para mim, o Sol nascia no norte o tempo todo. – Ele coloca o bebê no andador e joga o brinquedo quebrado atrás da poltrona reclinável. – Dirigi até o Brooklyn uma vez, por engano. Parecia a Coreia durante a guerra. Como é que você consegue morar lá?

– Com meu estilo rural de sempre – eu rio. – Com um grande jardim florido, uma lareira fumacenta e um carteiro bem lento.

Na verdade, morar no Brooklyn (embora eu vá a Manhattan duas ou três vezes por semana) é muito parecido com viver no Mississipi. Antes de nos mudarmos de Jackson, meu marido, advogado pelos Direitos Civis, estava processando corretores de imóveis racistas na cidade. Hoje em dia, ele faz a mesma coisa no Brooklyn. E, mais uma vez, o que torna a vida suportável, até feliz, de vez em quando, é a proximidade de nossos vizinhos, um conglomerado multiétnico de pacifistas na violenta Nova York. Eu me deixo levar pelo frequente louvor que os moradores da área dedicam às roseiras de meu vizinho, a forma como varrem as calçadas, a forma como, no Brooklyn, qualquer coisa é um pretexto para plantar mais uma árvore. Acho notável o fato de os moradores de minha rua, que há muito se tornaram meus amigos (dispostos a cuidar de minha casa e de minha filha quando surge um imprevisto), serem tão educados, generosos e *limpos*, que não correspondem em nada à ideia de como são os nova-iorquinos.

– Sim, mas qual foi a pior coisa que lhe aconteceu depois que você se mudou para Nova York? – diz Lorene.

E ela tem motivos para estar cética, porque algo horrível aconteceu de fato. Respondo a pergunta, como se diz, pelo caminho mais longo.

– Você sabe como, por ter sido criada no Sul, é possível que uma pessoa tenha medo, com razão, dos brancos, mas nunca dos negros?

Eu me lembro de um bom exemplo dessa falta de medo: – Quando eu era pequena, uns presidiários negros estavam abrindo uma estrada perto de nossa casa, e um deles costumava vir até nossa varanda e pedir água. Na época, os presidiários usavam esses trajes que pareciam pijamas listrados em preto e branco, então, de fato, ele deveria ter chamado nossa atenção, porém isso não aconteceu. Nós lhe dávamos água e comida, qualquer coisa que tivéssemos, e, em seguida, pedíamos para caminhar até a estrada com ele. Nós passeávamos por uma trilha com esse sujeito condenado por ter matado um homem e nunca, em nenhum momento, sentíamos medo. Acreditávamos que era inocente, mesmo se fosse culpado.

– Às vezes você sente medo de outras pessoas negras em Nova York, não é? – Lorene pergunta.

– Pela primeira vez em minha vida. (É claro que eu tinha vivido na cidade antes; uma vez, no Lower East Side, num prédio sem porta. Contudo, eu era jovem demais para ter medo de qualquer coisa.)

Ficamos caladas por um longo tempo; observamos as crianças brincando, disputando um brinquedo.

– Acho que leva um tempo até a gente se acostumar – comenta Thomas.

No entanto, nunca vou me acostumar com isso. O laço de afinidade negro – tão sólido, tão resiliente – enfim foi rompido nas cidades do Norte. Não há qualquer cuidado mútuo, nenhuma confiança. Até a retórica de união revolucionária é usada de forma ameaçadora. O afetuoso termo "irmã" é logo substituído por "vadia". Meu medo é, em parte, luto, e, se eu fosse atacada ou roubada por outra pessoa negra, tenho dúvidas se eu me recuperaria. Só a ideia já me assusta. Há também o entendimento de que, assim como tenho medo deles, porque não sei mais que atitude esperar, eles têm medo de mim. De todas as coisas cruéis que aconteceram conosco na América, esse medo uns dos outros é, para mim, o mais insuportável, o mais humilhante.

– São as drogas – diz Lorene.

– Aqueles lugarzinhos nojentos em que são obrigados a morar – diz Thomas.

– Todo mundo que saiu do Sul, provavelmente, sente falta dos jardins.

– Saudades de ir pescar.

– Saudades das árvores.

– *Saudades de ver as pessoas lhe sorrindo por pura afeição.*

Dos motivos apresentados, esse é o mais pitoresco e, talvez, o mais verdadeiro.

Sra. Cornelius

Caminho meio quarteirão descendo a rua, em direção ao primeiro lugar onde minha filha de seis anos de idade frequentou a escola. É a casa de alvenaria arrumadinha, com árvores e balanços no jardim.

– Como vai a *minha* Rebecca? – pergunta a ex-professora, sra. Cornelius.

Ela tem a pele escura, é robusta e calorosa, e é exatamente o tipo de pessoa que eu gostaria que fosse a professora de minha filha. A pré-escola é um cômodo amplo, limpíssimo, anexado à casa há quatro anos, e observo as pequenas mesas e cadeiras quase com melancolia. No Brooklyn, minha filha frequenta uma boa escola pública, com professores amorosos e colegas amigáveis, mas não é a mesma coisa.

– *Sua* Rebecca está bem – respondo. E conversamos sobre as alterações na escola desde que nos mudamos. Mas meu propósito é, na verdade, agradecer o que ela e sua escola significaram para mim e para minha filha.

– Quando eu tinha quatro anos – eu lhe conto –, minha mãe não podia mais me levar para os campos com ela quando ia trabalhar. Ela perguntou à sra. Reynolds, a professora da escola fundamental local, se ela poderia me aceitar no primeiro ano. Comecei no dia seguinte. Apesar de ser a pessoa mais nova da sala, eu me sentia bem à vontade. A sra. Reynolds me ensinou que a escola é um lugar maravilhoso, cheio de pessoas que se importam com você e com sua família, que entendem você e suas manias e amam você por quem você é.

– Quando Rebecca tinha apenas um ano de idade, você a aceitou, porque ficar em casa com ela o dia todo, enquanto eu tentava escrever um romance, estava me enlouquecendo, e é por sua causa que, quando crescer, ela vai saber o significado da afeição solidária e da generosidade, mesmo vindas de estranhos.

A sra. Cornelius não dá a mínima para minha declaração de que a escola dela é a melhor que Rebecca conhecerá, onde quer que vá, pois foi nela que cultura e currículo se combinaram em harmonia, onde Rebecca aprendeu a cantar "Ain't Gonna Let Nobody Turn me 'Round" com a mesma facilidade com que aprendeu a cantar "You Are My Sunshine", onde pôde ouvir a história de Harriet Tubman e ver a própria Harriet no rosto da professora.

Boston, Massachusetts, 25 de janeiro de 1976

– As escolas em Boston estão no mesmo ponto onde estavam quando as pessoas negras desembarcaram dos navios. Ou foram arrastadas, devo dizer. Se todo esse furor racial continuar, vou mandar minha filha para uma escola no Sul.

Martha é uma mulher corpulenta, com pele cor de canela, voz agradável e lindos olhos grandes. Ela é uma pessoa com deficiência e depende de programas assistenciais. Ela não pode deixar o estado. Sua filha, Doris, tem quinze anos de idade, e as escolas locais a deixaram com uma gramática terrível e sem a menor noção do que é uma frase.

Martha é da Geórgia e vive em Boston há quase dez anos.

– Sempre pensei que Boston fosse a melhor – diz ela. O melhor lugar para escolas, hospitais, para pessoas inteligentes e não racistas. Bem, outro sonho que se vai pelo ralo. Perto do que Boston é hoje, o Mississipi fica bem na fita.

Eu também sempre amei Boston. Eu gostava de passar os verões aqui, trabalhando e indo à praia. Muitos de meus parentes vivem em Dorchester, uma região predominantemente negra da cidade. Meus irmãos vieram para Boston sem um centavo e deram duro em trabalhos ruins que ninguém mais queria, até que pudessem comprar boas casas em ruas agradáveis. No momento, embora suas casas ainda estejam em boas condições, a vizinhança no entorno está em estado deplorável. Por causa das grandes taxas de desemprego na comunidade negra e da consequente incapacidade de pagar hipotecas, casas têm sido abandonadas aos montes, vândalos têm quebrado janelas, revirado encanamentos e ateado fogo em tudo que não conseguem roubar. Passando pela Blue Hill avenue, antes tão familiar, para visitá-los, descobri que não sabia mais onde estava. Quarteirões inteiros estão cobertos por tapumes, há lixo entulhado nas esquinas, casas que já foram encantadoras parecem ter sido atacadas: a pintura descasca, as portas se soltam das dobradiças, as janelas estão cobertas por trapos. As pessoas na rua parecem *derrotadas*.

Martha se preocupa quando a filha passa cinco minutos sozinha na rua. A proteção policial aos moradores é uma piada. Em resumo, Boston não dá a mínima para seus cidadãos negros e pobres: ela os segregou num gueto, e é apenas quando eles tentam mandar suas crianças para escolas fora do gueto que recebem alguma atenção.

– Mas você trouxe Doris para o Norte com a intenção de escapar do Sul – eu disse.

– E vou mandá-la para o Sul com a intenção de escapar do Norte.

Eu me pergunto se nos Estados Unidos algum dia terá um lugar para as pessoas pobres. A impressão é que estão condenadas a estar sempre de passagem.

– Quando eu for embora daqui – diz meu irmão, morador de Boston por quase vinte anos, hoje em dia ansioso pela liberdade da aposentadoria, – sentirei tantas saudades quanto de uma dor de dente.

Ele também está voltando para o Sul, para o campo.

– Eu quero paz – ele diz. – Espaço e limpeza ao meu redor. E um pouco de tempo só para mim, antes de morrer.

É um sonho antigo, mas nem por isso realizado, por mais idade que tenha.

1977

A pátria de meu país são os pobres

A arquitetura banal e monótona da Helsinque do pós-guerra escondia a extraordinária vitalidade da juventude de todo o mundo que se reunia ali.

Nas duas breves semanas do festival, houve uma programação cultural espetacular, manifestações políticas de massa e incontáveis seminários sobre a luta na África, na América Latina, na Ásia, no Oriente Médio. A dimensão mais emocionante do festival, em minha opinião, veio dos encontros bilaterais das delegações, porque permitiam um contato mais próximo com a juventude de outros países.

A apresentação cultural feita pela delegação de Cuba foi o evento mais impressionante do festival. Não que tenham se apresentado da forma mais sofisticada e ordenada, mas sua exibição transmitiu um espírito revolucionário intensamente cativante. Eram jovens de uma revolução que ainda não tinha completado três anos. Com a delegação dos Estados Unidos na plateia, o grupo cubano satirizou o modo como capitalistas estadunidenses abastados tinham invadido seu país e roubado todos os traços de sua soberania. Seu ataque contra os invasores foi apresentado em peças, canções e danças. Durante aqueles dias, muito antes de a libertação das mulheres ser colocada em pauta, assistimos a uma milícia de mulheres cubanas defender com ardor a vitória de seu povo.

Não é fácil descrever a força e o entusiasmo da delegação cubana. Um dos eventos, entretanto, ilustra seu dinamismo contagiante e seu impacto sobre nós. No fim do espetáculo, o grupo cubano não deixou a cortina simplesmente cair. Afinal de contas, sua *performance* tinha sido muito mais do que um mero espetáculo. Tinha sido vida e realidade. Se fechassem a cortina e se curvassem aos aplausos, teria sido como se o empenho fosse apenas "arte". A juventude cubana continuou sua dança, fazendo uma conga vigorosa e deixando o palco rumo à plateia. Aqueles entre nós que se sentiram mais abertamente cativados pelo povo cubano, sua revolução e a batida triunfante dos tambores, se levantaram e espontaneamente se juntaram à fileira da conga. O restante – as pessoas tímidas, talvez até mesmo agentes – foi fisicamente puxado pela delegação cubana para a dança. Antes que percebêssemos, estávamos executando os passos daquela conga – trazida para a cultura cubana pelas pessoas escravizadas que dançavam em uma fileira de grilhões – por todo o prédio até as ruas. Intrigada, a população finlandesa olhava descrente para as centenas de jovens de todas as cores que, ignorando o trânsito, circulavam pelas ruas de Helsinque.

> – Angela Davis, escrevendo sobre o Festival Mundial da Paz em Helsinque, em *Uma autobiografia*[18]

Talvez eu tenha visto Angela Davis no festival. Talvez tenham nos apresentado. Ela não era Angela Davis nessa época. Impressionada pelos cubanos, também entrei na fila de conga e dancei pelas ruas de Helsinque. Essa foi minha primeira viagem ao exterior, financiada pelas mulheres muito generosas das igrejas negras de Atlanta, que me apoiaram, e a uma outra colega jovem da Spelman College, em meu desejo de ver o mundo a partir de um outro continente e demonstrar – depois que os Estados Unidos retomaram os testes nucleares em 1961 – nosso compromisso com a paz.

Embora Angela Davis e eu tivéssemos dezoito anos em 1962, sua autobiografia política prova que, do ponto de vista político, ela era bem mais madura do que eu. Ela parecia ter compreendido a natureza internacional da opressão enquanto eu mal conseguia ver além da luta das pessoas negras nas cidades pequenas da Geórgia. De fato, eu era tão ignorante em história e política que, quando fui embora do festival, segui para Moscou, e me levaram para passear pela Praça Vermelha; e, por muito tempo, eu não tive ideia de *quem* os russos, em fila, estavam indo ver no túmulo de Lênin.

Ainda assim, eu sabia o suficiente para entender que gostaria de ver o mundo sobreviver (embora, com ironia, nessa época, eu tivesse tendências suicidas nada lógicas). Eu queria paz e a extinção da possibilidade de guerra nuclear. E eu acreditava que meu trabalho naquele momento (incapaz de ir muito além) era começar a ver outros povos não como estranhos, mas como próximos.

A impressão que a *performance* cheia de energia dos cubanos me causou ficou comigo. Um deles me deu um exemplar de *A história me absolverá*, de Fidel Castro, que eu li no pequeno compartimento forrado de madeira de um trem russo serpenteando pela espetacular

Crimeia, e eu lia e chorava, chorava e lia, ao reconhecer a essência de uma luta que já me era familiar. Em sua defesa apaixonada pelo direito de o povo cubano se revoltar contra a tirania, eu não conseguia deixar de ouvir as vozes de Nat Turner, Harriet Tubman, Sojourner Truth, Frederick Douglass, Malcom X, e, acima de tudo, Martin Luther King Jr., cuja "Carta de uma cadeia de Birmingham", de 1963, tanto se assemelha a ela.

Ao fazer sua revolução, o povo cubano provou que a opressão não precisa durar para sempre. Três anos depois do início da revolução, eles tinham começado também a expulsar do país os gananciosos e os contrários à desconcentração. Ou seja, começaram a "prevalecer". Isso era muito importante para mim. Penso que parte do meu desespero "ilógico" se devia à sensação de impotência política, causada, em certa medida, pela falta de exemplos vivos. Eu acreditava que pessoas pobres não podiam vencer. (E, de fato, não importa quantas pessoas, pobres ou não, tenham protestado contra os testes nucleares; os testes – nos Estados Unidos e na União Soviética – continuaram). Mas eis, enfim, um povo revolucionário que eu podia respeitar e que tinha deixado bem claro que não pretendia perder.

Por muitos anos, eu tentei ir a Cuba. Como a revolução cubana tinha sido alcançada pela luta armada, eu estava ansiosa por ver o efeito que o uso da violência para se libertar tinha tido sobre as pessoas. Eu era, afinal de contas, uma pacifista, e acreditava na não violência como meio de provocar mudança social. Depois do nascimento de minha filha, eu tinha entendido por inteiro o mal de se esperar interminavelmente por condições de mudança, de acordo com a conveniência de terceiros, mas eu ainda precisava saber se o uso da violência não levaria à destruição inevitável da humanidade das pessoas. Eu queria confirmar a verdade de uma de minhas citações favoritas de Flannery O'Connor: "A violência é uma força que pode ser usada para o bem ou para o mal, e entre as coisas alcançadas por ela está o Reino dos Céus." Pois, para o povo pobre de Cuba, seu país tinha se tornado o "Reino dos Céus". Estava em suas próprias mãos, graças à Revolução Cubana.

> Antes da Revolução, apenas 60% das pessoas em idade produtiva tinham um emprego regular em horário integral.

Na população rural, somente 11% bebiam leite, 4% comiam carne, 2% comiam ovos.

44% da população nunca tinha frequentado a escola.

80% dos habitantes de Havana não tinham o bastante para comer.

– Ernesto Cardenal, *In Cuba*

Hoje, há trabalho para todos em Cuba. Todo mundo tem o suficiente para comer. Toda criança cubana vai à escola, assim como muitos adultos. O analfabetismo quase desapareceu.

Muitos dos americanos em visita a Cuba reclamam que a vida lá é dura. E é. Mas eles não parecem tão impressionados com o fato de que a pobreza foi eliminada, ou que quase todas as pessoas sabem ler: que uma tiragem de 300 mil exemplares de um livro recém-lançado possa se esgotar em dias. Não parecem admirados por um país oferecer assistência médica gratuita para todos os cidadãos e trabalhar todos os dias para fornecer habitações decentes a todos. Não dizem – e vejo assim – que uma vida dura compartilhada de forma igualitária por todos é preferível a uma vida de facilidades e abundância disponíveis entre poucos. Passar horas numa fila para receber o pão de cada dia não pode ser tão revoltante se isso significa que a pessoa receberá pão e que ninguém irá dormir com fome à noite.

Eu fui a Cuba com um grupo de artistas afro-americanos selecionados pelos editores da revista *The Black Scholar* e pelo Instituto Cubano para a Amizade entre os Povos. Passamos duas semanas lá – nem de perto tempo suficiente para compreender tudo que vimos. Seguem alguns fragmentos de minha experiência, apresentados com a noção muito clara de que minha visão de Cuba não é definitiva nem completa.

Estou sentada no restaurante Pavilion do Hotel Havana Livre, que, antes da revolução, era o Hilton de Havana. O restaurante está cheio de pessoas que, há vinte anos, não poderiam passar pela porta da frente. É como se, em Nova York, todo mundo que víssemos no metrô da Lexington Avenue na hora do *rush* estivesse habituado a passar o final de semana no Plaza Hotel de Palm Court. Estou conversando com Huey Newton, líder exilado dos Panteras Negras, e com sua esposa Gwen. Ele diz:

– Se eu voltar para a América falando como Eldridge [Cleaver], espero que pessoas negras e progressistas me excluam e me rejeitem.

Garanto-lhe que sim.

Quando os Newton vieram para Cuba dois anos atrás, pediram para viver "como o povo". Eles foram enviados para Santa Clara "uma cidade bem pequena, rural", segundo Newton, mas um belo símbolo de como a revolução mudou os hábitos e atitudes em Cuba. Ele me conta do parque de Santa Clara, que as pessoas negras não podiam frequentar antes da revolução. E de como esse parque – agora utilizado por todas as pessoas – representa a queda das instituições racistas por toda a ilha.

Incapazes de viver "como o povo" com comida racionada que sempre acabava antes do final da semana (e incapazes de aprender a torcer os pescoços das próprias galinhas), os Newton, criados na cidade, se mudaram para sua atual suíte (dois quartos contíguos para uma família de quatro pessoas) no Havana Livre. Como a maioria dos exilados e convidados do governo cubano, eles usam um cartão de identificação especial que lhes permite comer no restaurante do hotel e pedir punhados dos fortes charutos cubanos, além de rum claro e escuro.

A semelhança entre Huey Newton e a figura de uma espécie de grande gato humano é surpreendente. Tem-se a impressão de que seus vívidos olhos castanhos brilham no escuro. Seus modos são rápidos, graciosos, ágeis e de vigorosa gentileza.

Antes de mencionar o camaleônico Cleaver, agora "renascido" como um cristão de TV, Newton falou de seu pai, que morreu um pouco depois de ele chegar a Cuba.

Nesse momento, ele diz, como quem se desculpa: – Talvez você não fosse gostar dele.

Percebo que ele está receoso por eu ser feminista. Para mim, é doloroso presumir que Newton não o seja. Mas, pensando em como é mais fácil gostar de pessoas mortas do que das vivas, dou de ombros. – Estou preparada para gostar dele – digo, dando um trago num charuto e bebericando de meu copo de rum. – Conte-me o caso.

– Nós vivíamos numa fazenda em Louisiana, e ele não queria que minha mãe trabalhasse. Ele disse ao chefe branco: "quando o senhor mandar a senhorita Ann trabalhar nos campos, *aí* eu mando *a minha esposa*."

Isso não parecia difícil de entender. Nós estávamos comendo um coelho ensopado delicioso, do jeito que meu pai costumava fazer. Eu sorri por estar comendo coelho num restaurante chique de Havana, conversando com Huey Newton sobre eu aprovar ou não as atitudes do pai fazendeiro. Que momento.

– O *problema* – disse Gwen – é que a escolha de não trabalhar não foi feita por sua mãe.

– Então ela *queria* trabalhar? – perguntei.

– Bem, sim, acho que sim – disse Huey.

De repente, eu me lembrei da Lousiana, com certeza um dos estados americanos mais feios. Plano, quente, com casas separadas por quilômetros de distância. Lá, mulheres negras e brancas são capazes de enlouquecer de tédio.

– Bem – eu disse, – acho que não concordo com seu pai. Entendo, mas não concordo. A preocupação dele foi com o próprio orgulho, com a revolta contra o homem branco. Não tinha a ver com sua mãe.

Mais cedo, nós tínhamos nos reunido na suíte deles. Os dois filhos do casal tinham estado lá por pouco tempo. Eu tinha trazido presentes como revistas, livros, camisetas personalizáveis para as crianças. Gwen é uma mulher deslumbrante, com olhos negros grandes e serenos e um cabelo que se destaca por si só. Ela e Huey parecem ser os únicos negros de Havana com cabelos em estilo afro. Ao que parece, os cubanos consideram o cabelo volumoso uma expressão de comportamento antissocial. O que é inacreditável, considerando que os "cabeludos" ganharam a revolução.

Antes de sair dos Estados Unidos, ouvi rumores pesados contra Newton. Que ele tinha sido um cafetão e tinha assassinado uma jovem prostituta negra que o chamara de marginal; que tinha dado uma surra de coronhadas em seu alfaiate (!) e outras acusações do tipo.

Ele respondeu às minhas perguntas indiretas dizendo que armaram para ele e o taxaram de vilão, provavelmente o FBI, e que ele fugiu para Cuba tentando salvar a vida. Contudo, irá voltar para os Estados Unidos, pois sente saudades e é inocente.

Para dissipar a tensão surgida em torno dessa conversa, falamos de trivialidades: uma boa maneira de passar a tarde com exilados com saudades da terra natal e que falam a língua do país onde estão. Falamos de estrelas de cinema (ele conhece algumas pessoalmente, não conheço nenhuma). Gwen encoraja Huey a me explicar o significado de seu filme preferido; um clássico japonês chamado *The Forty Outcasts*. Seus olhos brilham enquanto ele descreve a história: parece ser sobre os sacrifícios que uma pessoa faz para preservar a honra numa sociedade de homens cujas regras de pertencimento são bem absurdas.

Nosso melhores poetas
Fazem poemas cheios de buracos:

Mulheres que amam mulheres, nunca revelam.
Homens que amam homens escrevem sobre úteros.
O gênio que ama os dois é emudecido
pela complexidade da escolha.
O pai negro da criança branca sofre em silêncio
A mãe do viciado tem vergonha de admitir
a própria vergonha

A poesia está cheia de buracos, eu digo.
Eles não lhe darão a vida,
mas pseudovida
em que todas as metades podem caber.

Será porque sabem que até Cuba
aquele país livre
toleraria qualquer coisa
que ajudasse a Revolução
exceto um gay descobridor da cura do câncer
ou uma Testemunha de Jeová
que em devaneios de agronomia paradisíaca
conseguisse leite e mel
bem baratos
para essa Terra Prometida?

– ruminações da autora.

E a história do escritor cubano que estava vivendo no estrangeiro e voltou para casa quando a Revolução triunfou. A Revolução se tornou o centro de sua vida. Ele trabalhou como jornalista com grande entusiasmo, grande euforia, fazendo propaganda da Revolução. Mas descobriram que ele era homossexual. Eles não queriam magoá-lo com nenhuma acusação e não o demitiram do emprego. Apenas lhe disseram que podia continuar sacando o pagamento, mas deveria parar de ir ao escritório. Ele entendeu o motivo de dizerem isso e ficou profundamente deprimido. Foi rejeitado pela Revolução que tanto amava. Ele foi embora de Cuba e cometeu suicídio em Roma.

– Ernesto Cardenal, *In Cuba*

Estamos num ônibus em frente aos quartéis de Moncada (hoje em dia, parte museu, parte escola); foi onde, em 1953, os rebeldes cubanos, liderados por Fidel Castro, tentaram se apoderar das armas que seriam usadas para controlar a vizinha província Oriente. A princípio, foram derrotados. Fidel fugiu para as montanhas: outros foram torturados, assassinados ou presos – como Fidel – depois da captura.

A dramaturga em nosso grupo anuncia com muito drama que é notório que metade da cidade de São Francisco é homossexual. Declara então sua intenção de se mudar por causa dessa ameaça a ela e a seus filhos. Somos dez artistas negros americanos – pintores, poetas, músicos e escritores. Sinto uma amargura triste no ar. Alguns dizem, com desprezo: Mude-se! Não é que sejamos gays, talvez seja por conhecer a dor de nos mudarmos para vizinhanças onde não nos queriam.

Quando ouvi que as Testemunhas de Jeová não são aceitas em Cuba e são consideradas contrarrevolucionárias, não me senti muito incomodada, embora isso significasse que alguns dos meus parentes, convertidos há pouco tempo a essa religião, não seriam bem-vindos. Entretanto, a aversão de Cuba a homossexuais, com sanção do governo, me parecia injusta e perigosa. Uma afronta à liberdade humana e uma chacota com a declaração mais revolucionária do *Código da Família Cubana*: "Todas as crianças são iguais." Será que homossexuais nascem ou são produzidos? Parte-se do princípio de que uma Testemunha de Jeová escolhe a própria religião. Mas se uma criança nasce homossexual, o que se há de fazer?

– Digam – perguntamos a nossos anfitriões –, o que há nos homossexuais que ameaça a revolução?

– Nós não os incomodamos, como vocês fazem em Nova York – eles respondem. – Vocês nunca vão ouvir falar de homossexuais apanhando nas ruas.

– Mas vocês não gostam deles.

– Nós não *sancionamos* as atitudes deles. Não os *aprovamos*. Em Cuba, por causa da pobreza de antes da revolução, a família cubana foi quase destruída. Acreditamos ser nosso dever fortalecê-la.

– Então homossexuais são vistos como uma ameaça à família?

– Nós acreditamos que a homossexualidade é uma aberração da natureza, e que quanto mais corrupta a sociedade se torna e mais fraca é a estrutura familiar, mais a homossexualidade se perpetua.

– Quais as sanções legais contra os homossexuais?

– Eles não podem ser professores – diz um de nossos intérpretes. – E não podem se tornar médicos. Não podem ocupar posições com o poder de influenciar a juventude.

Tudo isso agrada à nossa dramaturga. Ela balança a cabeça, concordando. O restante do grupo fica em silêncio. Afinal de contas, é a revolução deles. Talvez alguns entre nós sintam arrepios, pensando em amigos gays em nossa terra natal que não se sentiriam tão livres quando nos sentimos na Cuba da Liberdade.

O que Cuba nos ensina é que a revolução não é fogo de palha contra a injustiça. Como diz Fidel, "é um processo". São necessários anos e anos e gerações para construir uma sociedade justa. A derrota de um governo repressor é apenas o começo da luta.

Por onde passamos, destacamos o fato de sermos *trabalhadores* da cultura, não turistas; que viemos a Cuba para aprender, mas também ensinar. Não queremos apenas assistir aos filmes, queremos debatê-los com os cineastas. Não queremos apenas visitar os museus, queremos conhecer as escolas de arte. Queremos compartilhar nossa poesia, música e pintura com os poetas, músicos e pintores cubanos. Nós recebemos permissão para tal e passamos longas tardes com escritores (há uma escassez de mulheres escritoras, e não nos apresentaram nenhuma razão plausível para isso), cineastas e músicos. São visíveis os grandes esforços feitos para que a arte cubana reflita o povo cubano, sendo dada à herança africana o mesmo valor concedido à espanhola, e que por "cultura dominante" entende-se uma síntese das duas.

Tudo isso está em desenvolvimento. É um processo longe de estar concluído. O status das artes é análogo ao desenvolvimento do resto do país em direção à mudança. Por exemplo, nos primeiros dias em Cuba, ficamos consternados porque os inevitáveis drinques com rum e doces nos foram oferecidos por garçons ou garçonetes negros; sempre uma pessoa mais velha. O que é isso? Perguntamos, indignados, aos nossos anfitriões cubanos. Embora reconheçamos que o trabalho de garçom não seja em si degradante, a contratação consistente de pessoas negras para preencher as vagas *é*. Disseram-nos o que talvez devesse ter sido óbvio: que, antes da revolução, os negros eram empregados de forma desproporcional em trabalhos servis, nos quais muitos continuaram. Antes da revolução, eles estariam destinados a continuar nesses cargos até morrer. Agora, todos, incluindo garçons e garçonetes negros, estudam com regularidade para melhorar seus postos de trabalho. A educação é gratuita, e, uma vez que a pessoa tenha se preparado e feito um teste para uma posição mais alta, pode assumi-la. Mas o mais importante, destacaram nossos anfitriões, era que a revolução tornara quase impossível para um determinado grupo ser relegado para sempre a qualquer tipo de servidão.

Quando visitamos as creches e escolas de ensino médio cubanas, vimos que era verdade. Nenhuma distinção é feita entre pessoas negras, mestiças e brancas, ou entre meninos e meninas. Todos aprendem idiomas (incluindo inglês e russo), a lidar com computadores, a nadar, e estudam matemática, dança, música, ciências e geografia. Com base em seus uniformes bem cuidados, é impossível identificar a origem de cada criança. A cor permanece, mas, para além dela, existe uma espécie de *cubanidade* compartilhada.

Observar os jovens cubanos é animador, mas, para ser sincera, fiquei também desapontada. Ao contrário dos negros americanos, que nunca se sentiram à vontade sendo americanos, os cubanos negros criados na revolução não sentem muito orgulho de ser negros. Eles têm grande orgulho de ser cubanos. E não parecem capazes de sentir na pele o que é o racismo. Quanto mais insistimos em nos apresentar como americanos *negros* e quanto mais falamos de uma cultura *negra*, mais confusos e distantes eles ficaram.

Jovens cubanos brancos parecem igualmente indiferentes ao fato de serem brancos. (Embora cubanos brancos mais velhos com certeza preservem o racismo com o qual cresceram, a revolução não os permite demonstrá-lo, exceto em algumas atitudes. As únicas pessoas que nos trataram com arrogância considerada racista foram alguns dos membros mais antigos da União de Escritores Cubanos e do Instituto de Filmes Cubanos. Eles pareciam irritados com o fato de que norte-americanos negros ousavam questionar qualquer coisa em relação a Cuba – incluindo a ausência de mulheres na literatura e na produção de filmes. Tampouco pareciam interessados em nossa apresentação, baseada em cuidadosa pesquisa, sobre a experiência de atores negros no cinema americano. Foi bom sentir que esses homens representam atitudes que pertencem ao passado cubano, não ao seu presente ou ao seu futuro.)

Na escola Lênin, fora de Havana, uma instituição para alunos brilhantes, eu tive de encarar meu próprio preconceito. Nosso grupo foi levado para conhecer a escola, dar uma espiada nas grandes piscinas ao ar livre e nas quadras de esportes e ver fotografias dos campos de cedro que cercam o lugar. (Em Cuba, todos os estudantes, mesmo os do primeiro ano, trabalham e estudam de acordo com um plano educacional que se assemelha muito àquele implementado no Instituto Tuskegee, no final dos anos 1880, por Booker T. Washington. Crianças pequenas cultivam alface; as mais velhas, árvores e frutas cítricas.) E ali estávamos nós, entretidos pelo que eu percebia (com olhos americanos, numa visão bem estreita) ser um grupo "integrado". Que grupo! Rostos negros, mestiços, brancos, amarelos, rosados, dourados de Sol. E que música! Jovial, cheia de ritmo, vivaz, tocada de um jeito delicioso. Quando o grupo de adolescentes terminou, nós nos aproximamos para lhes agradecer. Estavam alegres, receptivos, cheios de expectativa. Cubanos e humanos do mais escuro ao mais claro. E então *nós* nos apresentamos como americanos "negros" (sem qualquer embaraço e sem outras denominações, eles se apresentaram apenas como cubanos, é claro), e suas feições mudaram. Pela primeira vez, eles pareciam conscientes da diferença de cor *entre eles – e sentiram vergonha alheia*. E me dei conta de que, enquanto eu tinha estado ali ouvindo a apresentação, eu os tinha classificado mentalmente entre pretos, brancos e "mestiços" e tinha deduzido determinadas coisas com base na minha própria categorização pervertida. E agora eu percebia que esses jovens cubanos não se viam como eu os via de jeito nenhum. Eles eram, assim como sua música, bem integrados à sua cultura e não precisavam de separação com base na cor nem apresentar qualquer definição de si mesmos.

– É claro, eles sabem o que é o racismo – explicou o diretor. – Eles o estudam nos livros.

Eldridge Cleaver fala muito do racismo em Cuba, e de nada adianta alegar que ele não existe. Mas os cubanos mais velhos, entre os quais o racismo é endêmico, morrerão um dia. Os jovens cubanos não terão as estruturas sociais que *permitem* o florescimento do racismo. *Isso* é revolução. Não a erradicação instantânea de hábitos aprendidos ao longo de uma vida inteira, mas a eliminação de tudo que promoveria esses hábitos e, em seu lugar, a criação de novas estruturas que previnam seu retorno.

Uma semana antes de eu voar para Cuba, comecei a sonhar com meu pai. Durante várias noites, ele aparecia numa posição que eu conseguia reconhecer, mas não situar: de pé na beira de uma estrada, na frente de um posto de gasolina, o chapéu nas mãos, enquanto eu me afastava dele cada vez mais.

Não era incomum eu sonhar com meu pai: ele morreu no inverno de 1973, mas, no início, meus sonhos com ele eram unicamente sobre a ausência de algo que eu percebia, às vezes, em seus olhos.

Meu pai, perto de sua morte, era um homem muito magro, com pele cor de café, um belo nariz largo e imensos olhos escuros e inteligentes. Durante toda a vida, ele trabalhou para outras pessoas; trabalho duro, difícil, que o obrigava (junto com esposa e oito filhos) a subsistir com tão pouco quanto trezentos dólares por ano. Logo, meu pai era um homem pobre explorado por uma classe média rural abastada, como milhares de camponeses mundo afora. Porém, na infância, eu não tinha consciência de nada disso. Eu pensava que o fato de sermos pobres era consequência do fracasso particular de meu pai.

Minha empolgação por enfim ir a Cuba não me fez perder o interesse no novo sonho que eu vinha tendo com meu pai. A cada noite, o sonho se repetia: ele, ao lado de uma estrada na Geórgia, os olhos grandes cheios de – quê? Eu me afastando cada vez mais.

Eu pensei no rosto do meu pai enquanto embarcava no avião para Cuba, na cidade do México, e mais uma vez quando fui escoltada para fora do avião estacionado, e tanto a aeronave quanto minha bagagem foram revistadas em cada detalhe pela equipe de aviação cubana. Três semanas antes da minha viagem, uma aeronave da companhia aérea cubana, com 73 passageiros a bordo, explodiu sobre o Caribe – a CIA foi apontada pelos cubanos como responsável; eles acreditavam que esse ato de barbárie era uma resposta dos Estados Unidos à presença militar cubana em Angola. Estaria meu medo revelando o motivo pelo qual eu sonhava com meu pai? Estaria ele tentando me dizer agora, como fazia em vida, que a minha curiosidade em relação a outros povos e lugares poderia colocar minha vida em perigo?

Mas o voo, com quatro horas de atraso, enfim decolou em direção a Havana. E, esperando por mim, no pátio de uma linda e antiga mansão desapropriada de alguém que deveria ter sido rico além do aceitável, lá estava meu pai.

A mesma pele escura cor de café, o mesmo nariz largo, os mesmos olhos vibrantes e inteligentes.

O nome do meu pai em Havana era Pablo Díaz, e ele falava espanhol, língua que não falo. Mas sua semelhança com meu pai – até no timbre da voz – era tão impressionante que, quando ele abriu a boca e dela saíram palavras em espanhol, eu olhei à minha volta para ver de onde vinha o truque.

Antes da revolução cubana, Pablo Díaz, assim como meu pai, tinha sido um homem que poderia ter vindo de qualquer país ou de nenhum, tão pobre era. Teria sido muito improvável para qualquer pessoa no governo se perguntar ou se importar com o que ele queria da vida, o que achava das coisas, o que percebia. Ele tinha cortado cana, feito todo tipo de pequenos serviços em cidades grandes (Havana e Nova York) e tinha se juntado cedo à revolução – uma opção que meu pai nunca teve. Pablo Díaz batalhou para abrir caminho e deixar a invisibilidade em comum com meu pai rumo a outro lado da existência; e é de seus lábios que muitos visitantes ouvem a história da luta cubana.

Como porta-voz oficial do Instituto Cubano de Amizade entre os Povos, esse homem negro, contando a história cubana para quem chegasse, aumentava meu respeito pela revolução. *Señor* Díaz nos falou sobre a revolução durante três horas, sua cadência firme como a de um *griot*: cada detalhe das conquistas de seu povo, ele sabia de cor.

Ele nos falou dos *mambises* negros dos anos 1800; de José Martí, o "pai" de Cuba; de Antonio Maceo, "o titã de bronze"; do ataque aos quartéis de Moncada, em 1953; do exílio dos revolucionários no México; da luta em Sierra Maestra; da renúncia do tirano Batista; da vitória da revolução; e de Che, Camilo e Fidel.

Ajudar a se livrar de seus próprios opressores deu-lhe um orgulho de si mesmo que nada mais daria, e, conforme ele falava, eu via em seus olhos uma qualidade que às vezes faltava nos olhos de meu pai: a certeza absoluta de que ele era um homem cujas palavras – por ter ajudado a destruir um modelo de vida que ele desprezava – seriam sempre ouvidas com respeito por seus filhos.

Além disso, nada mais há para se dizer sobre Pablo Díaz. Eu o vi duas vezes durante minhas duas semanas em Cuba. Eu lhe disse que ele me fazia lembrar de meu pai. Ele respondeu: "é uma honra para mim". Em uma fotografia com nosso grupo cubano/afro-americano, vejo que sua mão repousa sobre meu ombro, e eu estou tranquila, e sorrindo.

> O hotel ainda estava em profundo silêncio; parecia que ninguém tinha acordado. O único barulho vinha das duas camareiras perto da cozinha, mas elas deviam estar gritando uma com a outra, pois eu conseguia ouvir tudo o que elas diziam. Uma disse à outra que tinha um poema muito bonito. Ou, aliás, tinha dois. E que tinha enviado um deles à mãe no Dia das Mães. A outra camareira falou das aulas que estava frequentando no hotel e que iria fazer um ditado sobre os Estados Unidos. Elas falaram alguma coisa sobre a aula de História Antiga e que estavam estudando a "História de Cuba até 1957". Uma delas disse que as aulas de álgebra e aritmética eram as mais chatas, mas a outra disse que gostava. Eu as observei se afastando com seus baldes, deixando o chão vermelho da varanda úmido, reluzindo.
>
> – Ernesto Cardenal, *In Cuba*

A transformação de Pablo Díaz de camponês em historiador oficial me impressionou muito. Eu senti inveja de seus filhos, de todas as crianças de Cuba, cujos pais são encorajados e impelidos a continuar a crescer, se desenvolver, mudar, "acompanhar" seus filhos. A se tornar *compañeros*, além de pais. É provável que uma sociedade na qual exista comunicação respeitosa entre as gerações não falhe com tanta facilidade. Considerando essas ideias, eu me lembrei do incidente que deu origem ao sonho com meu pai. É uma história envolvendo economia, política e classe. Ainda assim, é uma história muito simples e que acontece todos os dias, em algum lugar no mundo.

Quando deixei minha cidade natal na Geórgia, aos dezessete anos de idade, e fui para a faculdade, vivi praticamente o fim de minha sempre precária relação com meu pai. Esse homem brilhante – ótimo em matemática, imbatível na contação de histórias, mas sem educação formal além das primeiras séries – considerou os modos de sua filha, agora de classe média (por estar na faculdade), uma barreira para a comunicação amigável, quiçá assustadores. Eu achava doloroso expressar minhas ideias numa linguagem que para ele mais obscurecia do que revelava. Essa separação, que nenhum de nós queria, é o que a pobreza engendra. É o que a injustiça significa.

Naquele dia, meu pai ficou do lado de fora do ônibus, com o chapéu – um velho fedora cinza – nas mãos, desamparado, enquanto eu ia embora do único mundo que ele conhecia. Ao contrário de Pablo Díaz, não havia metamorfose possível para ele. Sendo assim, nós nunca conversamos sobre essa separação, ou sobre a dor em seus belos olhos à medida que o ônibus se afastava e o deixava na beira daquela estrada solitária da Geórgia, e eu ia embora – com a visão turvada por lágrimas de culpa e alívio – para cada vez mais e mais longe. Na época em que ele morreu, tudo o que eu *de fato* entendia de sua vida era como ele tinha percebido poucas das possibilidades nela contidas, e quão pouco de sua provável grandeza eu mesma tinha conhecido.

> Com um olho humano sangrando na mão, um sargento e vários outros homens foram até a cela onde nossas companheiras Melba Hernández e Haydee Santamaría eram mantidas. Voltando-se para esta última e mostrando-lhe o olho, disseram: "Esse olho pertencia ao seu irmão. Se você não testemunhar o que ele se recusou a testemunhar, nós vamos arrancar o outro." Ela, que amava seu corajoso irmão [Abel Santamaría] acima de todas as coisas, respondeu, cheia de dignidade: "Se vocês lhe arrancaram um olho e ele não deu falso testemunho, muito menos eu o farei."

Mais tarde, eles voltaram e queimaram seus braços com cigarros acesos até que, enfim, sem o menor respeito, lhe contaram: "Você não tem mais noivo, porque o matamos também." Mas, ainda imperturbável, ela respondeu: "Ele não está morto, porque morrer por seu país é viver para sempre."

– Fidel Castro, *A história me absolverá*

Desde que voltei de Cuba, tenho ouvido perguntas sobre minha impressão das mulheres cubanas. De modo geral, as mulheres parecem estar bem integradas na sociedade cubana revolucionária. Há mulheres médicas, operárias, diretoras de editoras e assim por diante, bem como professoras, enfermeiras e diretoras de creches. Com Fidel Castro manifestando com frequência a convicção de que a revolução não pode ser considerada completa até que as mulheres compartilhem em igual medida oportunidades e responsabilidades, os cubanos – homens e mulheres – combatem de modo diligente séculos de machismo espanhol/africano. A igualdade de homens e mulheres é destacada ao longo de todo o *Código da Família Cubana*, que contém as leis que regulam a vida familiar. Os artigos a seguir são da Seção I do código, relacionados a "Relações entre Marido e Mulher":

Artigo 24. O casamento é estabelecido com igualdade entre ambas as partes.

Artigo 25. Os cônjuges devem coabitar, ser fiéis, atenciosos, respeitosos e ajudar um ao outro mutuamente.

Os direitos e deveres que este código estabelece para o casal se manterão válidos enquanto o casamento não for encerrado legalmente, mesmo que as partes não mais coabitem por qualquer motivo bem fundamentado.

Artigo 26. Ambas as partes devem cuidar da família que criaram e cada uma deve cooperar com o outro na educação, na criação e na orientação dos filhos, de acordo com os princípios da moralidade socialista. As partes devem atuar, de acordo com sua capacidade ou possibilidade, na administração da casa e cooperar para que ela se dê da melhor forma possível.

Artigo 27. As partes devem ajudar a atender as necessidades da família que criaram com seu casamento, cada uma de acordo com suas habilidades e seu status financeiro. Contudo, se apenas uma contribuir trabalhando em casa e cuidando dos filhos, a outra deve atuar como única parte provedora, sem prejuízo de seu dever de cooperar em todo o trabalho e cuidado mencionados anteriormente.

Artigo 28. Ambas as partes têm o direito de exercer sua profissão ou habilidade, e é dever de cada uma ajudar a outra e cooperar na direção desse objetivo, e estudar e melhorar seus conhecimentos. Entretanto, as partes devem sempre levar em consideração que a vida doméstica deve ser organizada de forma que essas atividades não comprometam o cumprimento das obrigações apresentadas neste código.

As mulheres cubanas com as quais eu tive contato pessoal eram, em quase todos os aspectos, como as mulheres que eu já conhecia em meu país, de modo que, quando chegou a hora de deixar Cuba, parecia natural ficar feliz ao vê-las a cada manhã e ficar contente por elas aparentarem sentir o mesmo. Uma dessas mulheres que, em sua paciência e gentileza, foi uma inspiração para nosso grupo era Magalys, uma jovem com cerca de vinte anos de idade que atuava como nossa intérprete. O que consegui saber a respeito de Magalys não se aplica, acho eu, apenas a ela: é casada, o marido trabalha como regulador de salários por toda a ilha e, portanto, passa longos períodos longe de casa. Isso parece não incomodar Magalys: ela aceita esses afastamentos como parte do casamento num país revolucionário e está ocupada estudando, fazendo testes de matemática (talvez para alguma outra ocupação diferente da que ela tem agora como intérprete e guia para grupos falantes de inglês). Uma linda mulher, de constituição delicada, com pele escura e olhos castanhos acolhedores, ela, de tempos em tempos, se aflige porque nós, negros americanos, queremos reivindicá-la com uma de nós, com exclusividade, enquanto ela foi criada para acreditar que pertence ao mundo.

Num nível bem diferente (talvez irrelevante), fiquei incomodada com o uso cubano da maquiagem (a primeira mulher muito maquiada que percebi era uma soldada curvilínea de farda, que também tinha bobes no cabelo), e eu ainda não fiz as pazes com meus sentimentos em relação a uma mulher revolucionária que pinta o cabelo de louro, por exemplo – como Haydée Santamaría (que esteve com o rebeldes no quartel de Moncada, bem como em Sierra Maestra) fez durante anos – ou que, em vez disso (usando chapinha e sei lá mais o quê), se esforça para parecer com outra pessoa que não ela mesma.

À primeira vista, é *animador* ver que mulheres revolucionárias também pintam o rosto e arrumam o cabelo, mas então a gente se pergunta: se a revolução falha em fazer com que uma pessoa se sinta confortável com o que ela é (Fidel, nota-se, não alterou a própria aparência nem o estilo de se vestir, e, desde o início da revolução, parou até de se barbear), podemos presumir, em nível pessoal, que ela é de fato um sucesso?

Por outro lado, é possível que a revolução liberte suas mulheres para fazer o que bem entender consigo mesmas. Presume-se que, agora que todo mundo pode comprar maquiagem, qualquer um pode usá-la. Essa interpretação me agrada, talvez por eu pintar *meu* rosto de vez em quando e não ter vontade de encarar um discurso sobre o assunto. Mas será que isso se aplica a mulheres cubanas que seguem um padrão – nas roupas e na maquiagem – quase exclusivamente europeu? Num país com uma população de maioria negra, mestiça e bronzeada, essa é uma questão que a revolução, em algum momento, talvez aborde: pode-se dizer que a igualdade foi alcançada se uma bela mulher negra *ainda* deseja ter a pele mais clara e o cabelo liso, ou se uma atraente mulher branca, morena, deseja cabelos louros, olhos azuis e um corpo magro? Um filme cubano que nos foi exibido exemplificou, para mim, o perigo da perpetuação de modelos de beleza estereotipados. Nesse filme, *La Nueva Escuela* (1973), em cartaz nos Estados Unidos, são mostradas centenas de estudantes. É difícil dizer, depois das primeiras cenas, que se está diante de jovens num país caribenho: quase todos eles parecem nórdicos. Se essa é a imagem de si que Cuba está mostrando ao resto do mundo, só nos resta perguntar qual a verdadeira imagem *ideal*, se subconsciente, que os cubanos têm de si mesmos. (Felizmente, a maioria dos filmes cubanos não têm esse problema e são excelentes exemplos de como uma sociedade com riqueza multirracial e multicultural pode ser retratada com muita naturalidade na arte popular.)

Nós todos tínhamos instruções rígidas para sermos, acima de tudo, humanos na luta. Nunca um grupo de homens armados foi mais generoso com o adversário. Desde o início, fizemos vários prisioneiros – no fim, quase vinte –, e houve um momento em que três de nossos homens – Ramiro Valdes, Jose Suarez e Jesus Montane – conseguiram entrar num quartel e manter quase cinquenta soldados prisioneiros por um curto período de tempo. Esses soldados testemunharam diante do tribunal, e todos, sem exceção, admitiram que nós os tratamos com total respeito, sem sequer ofendê-los com o uso de palavras de baixo calão. No que concerne a isso, quero dar ao promotor meus sinceros agradecimentos por uma coisa no julgamento de meus companheiros: quando fez o relatório, ele foi justo o bastante para reconhecer como fato incontestável que nós mantivemos o espírito elevado do cavalheirismo ao longo de toda a luta.

– Fidel Castro, *A história me absolverá*

Também me perguntaram sobre os prisioneiros políticos de Cuba, nenhum dos quais eu tive a oportunidade de ver, embora ninguém tenha negado sua existência. Não consigo acreditar, como temem meus amigos gays e lésbicas, que o homem que escreveu *A história me absolverá*, um dos grandes documentos dos direitos humanos do nosso século, ordene que homossexuais sejam torturados ou executados, ou que prenda pessoas por discordarem de sua política. O amor de Fidel pelo povo parece genuíno e quase universal. Seja como for, não consigo, além disso, buscar consolo no fato de que os Estados Unidos torturam e matam prisioneiros políticos, pois fazer isso seria evitar a questão de ser ou não correta a prisão por motivações políticas.

Os cubanos parecem achar justificável o encarceramento de certas pessoas por suas atividades contra a revolução. Ressaltam, também, que muitos dos prisioneiros roubaram a comida, a habitação e a educação do povo, ou assassinaram e aterrorizaram as pessoas durante o regime de Batista. Uma vez que não conheço os fatos, só posso relatar o que eles me apresentaram.

Minha parcialidade em relação a um país como Cuba me leva a pensar quase somente nos ganhos dos que eram muito pobres. Sou capaz de chorar ao ver os aparelhos nos dentes das crianças que eram pobres e que, por conta da dieta insuficiente e da falta de assistência dentária antes da revolução, poderiam ter sido privadas para sempre do prazer displicente de sorrir. Ver seus corpos saudáveis brincando ou ouvir as vozes inteligentes de seres humanos bem-educados – cujos pais e avós padeceram por séculos na pobreza e na ignorância – chega quase a anular minha capacidade de fazer uma análise séria além desses fatos. Criticar qualquer coisa me parece presunçoso, até mesmo absurdo.

Talvez por Cuba ter lutado com tanta persistência para aliviar os fardos dos despossuídos, eu acredite que os cubanos irão se tornar mais e mais sensíveis em relação aos membros de sua sociedade que agora são os despossuídos na revolução: os homossexuais, as Testemunhas de Jeová, as mulheres *como realmente somos* e os prisioneiros políticos cuja única culpa talvez advenha de pensar "errado". Afinal de contas, não é muito difícil entender que, assim como a vida em estado de mera sobrevivência é insuficiente para o florescimento do espírito, também o espírito é um sustentáculo insuficiente para a vida humana sem uma completa expressão de sua *essência*.

Por fim, eu acredito na combinação de compaixão, inteligência e trabalho que caracteriza o povo cubano. Apesar de tudo que ameaça torná-los não tão livres para ser *quem são*, acredito, ao lado deles, que eles continuarão a vencer.

1977

Registrando as estações

Aqui assistimos
a milhares de estações
ir e vir.
E túmulos anônimos emaranhados
nos arbustos
fazem de nossas pernas árvores
para sempre verticais entre a Terra
e o Sol.
Aqui não temos pressa de recusar
o chamado do campo da madeira
e do riacho;
não temos pressa de prestar
atenção aos nossos sonhos

Eu estava escrevendo sobre o Mississipi, sobre o Sul inteiro. Ainda assim, na manhã em que deixamos nossa casa de vez, eu estava tão cansada de lá que, no fim da rua, quando o carro parou para um último adeus, não pude olhar, não olhei de jeito nenhum. Eu não achava que algum dia voltaria a colocar os pés no Mississipi.

Mas não era culpa do Mississipi ele ter me exaurido. Para começo de conversa, eu tinha ido lá com o intuito de "observá-lo sem trégua", como escrevi em meu diário, em 1966. Queria acabar com o medo engendrado em minha imaginação de um lugar onde a vida negra era terrivelmente difícil, quase sem valor. O Mississipi tinha continuado sua evolução rumo a novas versões de si mesmo muito depois de meus olhos terem começado a se fechar.

Eu escrevi a uma velha amiga que tinha ajudado a financiar minha viagem anterior ao Mississipi dizendo que iria morar lá por um tempo, pois estava "atolada nas histórias". E era verdade. Passei os dois primeiros anos numa febre de registrar – em poemas, contos, no romance que estava escrevendo, ensaios – tudo o que via. Foi um período de constante revelação, ao longo do qual mistérios incompreendidos durante minha infância no Sul se revelaram desnudos para eu abraçá-los. Eu me tornei adulta no Mississipi.

E, ainda assim, o custo não foi pequeno. Tendo sido sempre uma pessoa temperamental e sujeita a períodos de depressão, tornei-me, depois de dois anos no Mississipi – e como de vez em quando acontecera no início da vida adulta – uma pessoa com tendências suicidas. Também passei a achar a maternidade onerosa, uma ameaça à minha escrita. Hábitos de vida inteira – a liberdade de ir e vir, de divagar e de sonhar acordada – deveriam ser, se não abandonados, ao menos reorganizados de forma drástica. E, durante todo o tempo, havia o medo de que meu jovem marido não retornasse de uma de suas viagens para visitar clientes nas regiões rurais do Mississipi.

Foi o último de nossos sete anos no Mississipi que me fez não querer vê-lo mais. Pois, naquele ano, a ameaça da autodestruição me afligiu como nunca. Eu não temia mais pela segurança de meu marido. Na verdade, devido à curiosidade da mídia americana, ele tinha se tornado uma celebridade na mesma medida em que antes tinha sido "um forasteiro agitador" e um pária. Uma vez que os processos lidando com o fim da segregação das escolas em Jackson estavam aos seus cuidados, nossa filha e eu podíamos vê-lo ao menos uma ou duas vezes por semana sendo entrevistado na TV. Eu também não temia mais por minha própria segurança, estivesse ou não na presença de meu marido. No início, ir ao cinema era uma agonia para nós. Durante muitos anos, éramos o único casal interracial, casado e com casa própria no Mississipi. Nossa presença na bilheteria provocava um silêncio raivoso. Mas até isso tinha deixado de acontecer no último ano. Mais do que qualquer outro lugar nesse país, as cidades grandes, pelo menos no Mississipi, aprenderam a não se comportar mal em público. E, em todos os lugares, os jovens buscam suas próprias fontes de prazer, e esse prazer, no Mississipi, tem se associado cada vez menos à humilhação de outras pessoas.

Acredito que parte de minha depressão vinha da angústia por não ser mais violenta como eu era. Durante anos, tive fantasias de entrar na casa de vários opressores, talvez disfarçada de empregada, e jogar granadas acionadas bem no colo deles. No entanto, embora eu considerasse essas pessoas, que atacavam e matavam nossas crianças, nos chamavam de chimpanzés em suas cadeiras de juízes e faziam de nossa vida diária um inferno, os Hitlers de nosso tempo, nunca levei a fantasia a cabo. Nenhum outro negro o fez – embora eu acredite que essa e outras fantasias do tipo abundam entre nós.

O fardo de uma filosofia não violenta e pacifista numa sociedade beligerante me fez sentir, quase sempre, como se eu não fizesse o suficiente.[19] Enquanto o trabalho rendia, e os poemas e os contos surgiam, eu não tinha tempo de pensar nisso. Quando a escrita empacava, eu questionava seu próprio valor. A escrita não parecia se equiparar aos objetivos de muitas das pessoas que nos visitaram naquela época.

E, ainda assim, muitos dos "revolucionários" que nos visitaram, com o principal intuito de criticar o Movimento no Mississipi, eram bem ridículos. Um exemplo típico da espécie acadêmica de revolucionário era um jovem estudante da Escola de Direito de Harvard que, enquanto consumia grandes quantidades de queijos e vinhos em nossa casa, referia-se várias vezes a meu marido como "o branquelo" e chegava a sugerir que iniciaria a revolução em nossa sala, matando meu marido. Hoje em dia, fico impressionada por não ter expulsado esse jovem de minha casa, junto com a jovem "militante" negra que o acompanhava, também estudante de direito, mas que quase nunca tinha autorização para abrir a boca. Éramos tão compreensivos e hospitaleiros que nossos corações quase explodiam.

Só mais tarde, naquele dia, fomos recompensados por esse comportamento equivocado. Conforme a noite se aproximou, e a escuridão mexeu com a memória de nossos convidados ligada a episódios racistas no Mississipi – todos horríveis –, o jovem "revolucionário" ficou com medo demais de se aventurar sozinho lá fora. Ele pediu que seu anfitrião "branquelo" ligasse para uma das autoridades negras com quem ele trabalhava a fim de escoltá-lo pela cidade adormecida, de volta ao hotel.

Eu ri com amargura até naquele momento. Mas a coisa me incomodou. Só agora me parece um episódio apenas patético.

Minha salvação naquele último ano foi uma psiquiatra negra que também tinha crescido no Sul. Embora ela me encorajasse a falar se eu tinha ou não amado/compreendido meu pai, eu tomei cada vez mais consciência de que estava me considerando responsável pela condição do povo negro nos Estados Unidos. Incapaz de assassinar os opressores, eu me sentava num escritório cheio de livros e escrevia sobre vidas que continuavam a me parecer extraordinárias, fossem quais fossem as condições dos indivíduos que as conduziam.

Em resumo, era visível que eu sentia que a Arte não era o bastante, e que minha arte, em especial, provavelmente não mudaria nada. Ainda assim, eu sentia ser uma prerrogativa de minha vida observar e "preservar", para o futuro, algumas vidas extraordinárias.

Muitas vezes, ao longo dos últimos quinze anos, eu me perguntei como pessoas negras conseguiam seguir em frente em períodos de "negligência inofensiva". Aqueles períodos que compõem a maior parte de nossa história nos Estados Unidos. Com as principais batalhas pelos Direitos Civis televisionadas, a maioria dos líderes militantes negros fotografados em capas da *Newsweek* e da *Time*, e com minha própria percepção de ter amadurecido na época de maior visibilidade para pessoas negras no país, em todos os tempos, sempre me pareceu inacreditável que meus pais, os pais deles e os pais dos pais deles tenham vivido o drama de suas vidas sem ter ninguém além de si mesmos como testemunhas. Eu lamentava a obscuridade em que eles viveram e não conseguia imaginar um período de minha vida que pudesse ser comparado à deles. Como fui ingênua de não suspeitar que aquelas vidas escondidas, gerações inteiras, eram a realidade constante da raça e que elas continuariam – sem os benefícios da TV e da exposição da mídia – a ser sua grande força. Eu deveria ter percebido a verdade de um dito popular entre pessoas do movimento negro que escolheram não se tornar estrelas e, em vez disso, continuaram a temer entrevistas e permaneceram tímidos diante das câmeras: "A revolução, quando vier, não será televisionada."

(A pessoa que teve o maior impacto sobre mim, a pessoa que eu considerava a mais revolucionária, é alguém que nunca vi.)

Escrevendo isso agora, em Nova York, é impossível não sentir que as pessoas negras que são pobres e completamente perdidas no sistema político e econômico dos Estados Unidos, e as pessoas negras e brancas que não o são foram transformadas em pedra. Nossos líderes morais foram assassinados, nossas crianças idolatram o poder e as drogas, nossas lideranças oficiais não raro são piadas ou não passam de opressoras. Nossa cantora de soul eleita e mais respeitada – cuja função tácita é, em parte, nos lembrar de quem somos – tornou-se loira.

Quinze anos de luta parecem ter feito muitos de nós voltar às aspirações dos anos 1950 – segurança, bem-estar social, cores improváveis de pele e cabelo. E, ainda assim, há uma realidade mais profunda do que a visível, e a consciência de um povo não pode ser fotografada.

Mas, em alguma medida, pode ser escrita.

1976

parte três

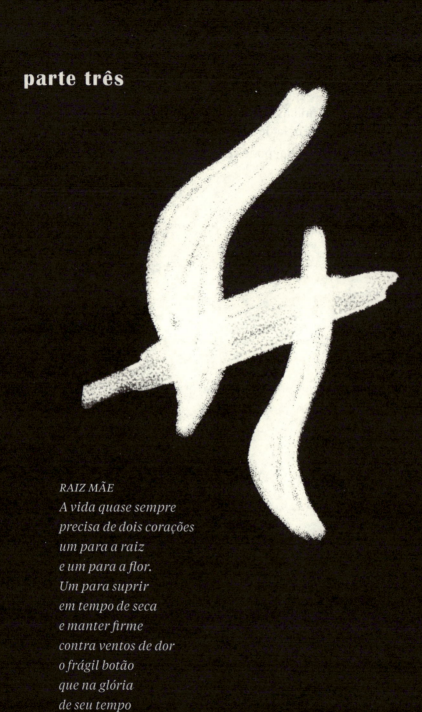

RAIZ MÃE
A vida quase sempre
precisa de dois corações
um para a raiz
e um para a flor.
Um para suprir
em tempo de seca
e manter firme
contra ventos de dor
o frágil botão
que na glória
de seu tempo
sustenta um coração que não é visto nem cantado.
– Marilou Awiakta, *Abiding Appalachia*

Em busca dos jardins de nossas mães

> Descrevi sua própria natureza e temperamento. Falei de como elas precisavam de uma vida mais plena para se expressar (...). Ressaltei que, em vez de escoar pelas vias adequadas, suas emoções tinham transbordado em correntezas que as dissipavam. Falei, acho que de um jeito bonito, de uma arte que surgiria, de uma arte que abriria caminhos para mulheres como ela. Pedi-lhe para ter esperança e construir uma vida interior que a preparasse para a chegada daquele dia. (...) Cantei, com um estranho tremor em minha voz, uma canção de promessa.
>
> – Jean Toomer, "Avey", *Cane*

O poeta conversa com uma prostituta que adormece enquanto ele fala...

Quando o poeta Jean Toomer viajou pelo Sul, no início dos anos 1920, descobriu algo curioso: mulheres negras de espiritualidade tão intensa, tão profunda, tão *inconsciente*, que elas mesmas ignoravam a própria riqueza. Perambulavam cegas pela vida: criaturas com corpos tão abusados e mutilados, tão entorpecidas e abaladas pela dor, que se consideravam indignas até mesmo da esperança. Nos abstratos esvaziados de individualidade em que seus corpos se transformavam aos olhos dos homens que deles faziam uso, elas se tornaram mais do que "objetos sexuais", mais até do que simples mulheres: tornaram-se "santas". Em vez de serem consideradas pessoas completas, seus corpos se tornaram santuários: o que era visto como a mente dessas mulheres se converteu num templo feito para adoração. Essas santas loucas encaravam o mundo desvairadamente, como lunáticas – ou em silêncio, como suicidas; e o "Deus" presente em seus olhares era mudo, como uma pedra.

Quem eram essas santas? Essas mulheres loucas, alucinadas, dignas de pena?

Algumas, sem dúvida, eram nossas mães e avós.

No calor sossegado do Sul pós-Reconstrução, foi essa a impressão de Jean Toomer: borboletas esplêndidas presas a um néctar maligno, trabalhando duro a vida inteira numa era, num século, que apenas as valorizava quando consideradas "as *mulas* do mundo". Essas mulheres tinham sonhos que ninguém apreendia – nem elas mesmas, de nenhuma forma coerente – e viam coisas que ninguém entendia. Vagavam ou se sentavam pelos campos, acalentando fantasmas com canções de ninar e desenhando com carvão a Virgem Maria nas paredes dos tribunais.

Elas forçavam a mente a abandonar seus corpos, e seu espírito de luta tentava se erguer, como frágeis redemoinhos na dura argila vermelha. E quando esses frágeis redemoinhos se desmanchavam em fragmentos espalhados pelo chão, ninguém lamentava. Em vez disso, homens acendiam velas para celebrar o vazio que restava, como fazem as pessoas que entram num lugar bonito e vazio para ressuscitar um deus.

Nossas mães e avós, algumas delas: dançavam ao som de uma música ainda inexistente. E esperavam.

Esperavam pelo dia em que o desconhecido que traziam dentro de si se revelaria; mas imaginavam, de alguma maneira, em meio à escuridão, que já estariam mortas no dia da revelação. Por isso, para Toomer, elas caminhavam, ou mesmo corriam, em câmera lenta. Pois não iriam a lugar nenhum no presente, e o futuro ainda não estava ao seu alcance. E os homens se apossaram de nossas mães e avós, "mas não sentiram prazer algum". Tão complexas eram sua paixão e sua serenidade.

Para Toomer, elas pairavam vazias ou em pousio,[1] como os campos no outono, com o tempo da colheita sempre à distância: e ele as via entrando em casamentos sem amor, sem alegria; tornando-se prostitutas, sem resistência; e tornando-se mães, sem satisfação.

Essas nossas mães e avós não eram santas, mas artistas; conduzidas a uma loucura sangrenta e letárgica pelos jorros de criatividade aos quais não podiam dar vazão. Eram criadoras que levavam uma vida de desperdício espiritual, pois eram tão ricas em espiritualidade – que é a base da arte –, que o esforço para lidar com o talento negligenciado e indesejado as enlouquecia. Desperdiçar essa espiritualidade era uma tentativa patética de deixar a alma mais leve, com um peso que seus corpos calejados do trabalho e abusados sexualmente conseguissem suportar.

O que significava para uma mulher negra ser uma artista no tempo de nossas avós? Na época de nossas bisavós? É uma pergunta cuja resposta é cruel o bastante para nos gelar o sangue.

Você teve uma tataravó genial que morreu sob a chibata de um capataz branco ignorante e depravado? Ou que era obrigada a assar biscoitos para algum malandro preguiçoso no fim do mundo, enquanto desejava de todo coração pintar aquarelas do pôr do Sol ou da chuva caindo sobre os pastos verdes e tranquilos? Ou que teve o corpo violado e forçado a dar à luz a filhos (que com frequência eram vendidos e enviados para longe) – oito, dez, quinze, vinte filhos –, enquanto sua única alegria era a ideia de esculpir personagens heroicos revolucionários, em pedra ou argila?

Como se manteve viva a criatividade da mulher negra, ano após ano e século após século, levando-se em conta que, na maior parte do tempo, desde a chegada das pessoas negras aos Estados Unidos, era considerado crime uma pessoa negra ler ou escrever? E a liberdade para pintar, esculpir, expandir a mente com atividades artísticas não existia. Imagine, se for capaz, o que teria acontecido caso cantar também fosse proibido por lei. Ouça as vozes de Bessie Smith, Billie Holiday, Nina Simone, Roberta Flack e Aretha Franklin, entre outras, e imagine essas vozes caladas para sempre. Então talvez você possa começar a compreender as vidas de nossas mães e avós "loucas", "santas". A agonia da vida de mulheres que poderiam ter sido poetas, romancistas, ensaístas, contistas (ao longo dos séculos) e que morreram com seus dons sufocados.

E, se este fosse o fim da história, teríamos uma causa pela qual clamar em minha paráfrase do grande poema de Okot p'Bitek:

> Oh, minhas irmãs de clã
>
> Choremos juntas!
>
> Venham
>
> Vamos lamentar a morte de nossa mãe,
>
> A morte de uma Rainha
>
> A cinza produzida
>
> Por uma grande fogueira!
>
> Oh, essa terra está totalmente morta

Fechem os portões

Com espinhos de *lacari*,

Pois nossa mãe

A criadora do Trono se foi!

E todas as jovens

Pereceram no deserto!

Mas este não é o fim da história, pois nem todas as jovens – nossas avós e nossas mães, *nós mesmas* – perecemos no deserto. E se nos perguntarmos o motivo e procurarmos até encontrar a resposta, saberemos com precisão, apesar de todos os esforços para apagar de nossas mentes, quem são e do que são feitas as mulheres negras norte-americanas.

Um exemplo, talvez o mais patético, o mais incompreendido, possa dar contexto às obras de nossas mães: Phillis Wheatley, uma mulher escravizada nos anos 1700.

Em *Um quarto só seu*, Virginia Woolf diz que para uma mulher escrever ficção, ela deve contar com duas coisas, impreterivelmente: um quarto só para si (com chave e fechadura) e dinheiro suficiente para se sustentar.

O que podemos então dizer de Phillis Weatley, uma mulher escravizada, que não era dona nem de si mesma? Essa menina negra frágil, enfermiça, que às vezes precisava de uma criada para si – tão precária era sua saúde – e que, se fosse branca, teria sem dúvida sido considerada uma intelectual superior a todas as mulheres e à maioria dos homens na sociedade de sua época.

Virginia Woolf também escreveu, obviamente sem se referir a nossa Phillis, que "qualquer mulher nascida com um grande talento no século XVI [insira "século XVIII", insira "mulher negra", insira "nascida na escravidão ou escravizada"] certamente teria enlouquecido, se matado com um tiro ou acabado em algum casebre solitário nos arredores do vilarejo, meio bruxa, meio sábia [insira "santa"], temida e zombada. Pois não é preciso entender muito de psicologia para saber que uma moça bem talentosa que houvesse tentado usar seu dom para a poesia teria sido tão frustrada e impedida por seus próprios instintos contraditórios [insira "correntes, armas, a chibata, a posse de seu próprio corpo por outra pessoa, a submissão a uma religião que não é a sua"], que teria decerto perdido a saúde física e mental".[2]

As palavras-chave no que se refere a Phillis são "instintos contraditórios". Pois quando lemos a poesia de Phillis Wheatley – assim como quando lemos os romances de Nella Larsen, ou a autobiografia, que nos soa estranhamente falsa, da mais livre entre todas as escritoras negras, Zora Hurston – a evidência dos "instintos contraditórios" está por toda parte. As lealdades dela estavam totalmente divididas, assim como sua mente, sem dúvida, também estava.

Mas como poderia ser diferente? Capturada aos sete anos de idade, escravizada por brancos ricos e idólatras que a fizeram crer na "selvageria" da África da qual eles a "salvaram"... é de se perguntar se ela nutria lembranças da terra natal como a conheceu, ou como era de fato.

No entanto, por sempre ter tentado usar seu talento para a poesia num mundo que a escravizou, Phillis era "tão frustrada e impedida pelas outras pessoas, tão torturada e estraçalhada... por seus próprios instintos contraditórios... que teria decerto perdido a saúde física e mental...". Nos últimos anos de sua breve vida, sobrecarregada não apenas pela necessidade de expressar seu dom, mas também por uma "liberdade" sem recursos ou amigos e com vários filhos pequenos, o que a obrigava a se matar de trabalhar para alimentá-los, é claro que ela perdeu a saúde. Vítima de desnutrição e negligência, e sabe-se lá quantos problemas mentais, Phillis Wheatley morreu.

Tão atormentada por "instintos contraditórios" era a Phillis negra, sequestrada e escravizada, que sua descrição da "Deusa" – como ela, de forma poética, se referia à liberdade que não teve – é irônica e cruelmente engraçada. E, de fato, tal descrição a tem exposto ao ridículo por mais de um século. Geralmente esse pequeno texto é usado para reforçar a imagem de Phillis como uma tola.

Ela escreveu:

> A Deusa vem em sublimes bailados
> Oliva e louro ornam os cabelos *dourados*.
> Por onde reluz do infinito essa filha
> Um encanto imenso no mundo brilha. [Itálicos meus]

É óbvio que Phillis, a menina escravizada, penteava os cabelos da "Deusa" toda manhã; antes, talvez, de levar o leite ou de preparar o almoço de sua senhora. Phillis criou suas imagens a partir da única coisa que ela via elevada acima de todas as outras.

Com a vantagem da visão *a posteriori*, nós perguntamos: "Como ela foi capaz?".

Mas, enfim, Phillis, nós entendemos. Chega de risinhos dissimulados cada vez que seus versos duros, resistentes e ambivalentes nos são impostos. Agora sabemos que você não foi idiota ou traidora; apenas uma garotinha negra de saúde frágil, arrancada de sua casa, de seu país, e escravizada; uma mulher que ainda assim lutou para cantar a canção que foi seu dom, mesmo numa terra de bárbaros que a elogiavam por sua linguagem confusa. Foi menos o que você cantou, e mais o fato de você ter mantido viva, em muitos dos nossos ancestrais, *a ideia da canção*.

Na cultura popular, que tão habilmente estabelece o status de uma pessoa na sociedade, as mulheres negras são chamadas de "as mulas do mundo", porque lhes foram entregues os fardos que todo mundo – *todo mundo* – se recusou a carregar. Temos sido chamadas de "matriarcas", "supermulheres" e "putas más e cruéis". Sem esquecer de "castradoras" e "mães de Sapphire".[3] Sempre que imploramos por compreensão, nosso caráter é distorcido; quando demandamos cuidados básicos, nos oferecem títulos inspiradores e vazios, e então nos mantêm nos recantos mais afastados. Quando pedimos amor, nos dão filhos. Em resumo, até mesmo nossos talentos mais básicos, nossas lutas de amor e fidelidade, nos foram empurrados goela abaixo. Ser uma artista e uma mulher negra, ainda hoje, rebaixa nosso status em vários aspectos, em vez de elevá-lo. E, ainda assim, seremos artistas.

Portanto, não devemos ter medo de colher dentro de nós, encarar e reconhecer em nossas vidas aquela criatividade viva que algumas de nossas bisavós não tiveram permissão de conhecer. Dou ênfase a *algumas* porque é bem sabido que a maioria de nossas bisavós conhecia, mesmo sem "se dar conta", a realidade de sua espiritualidade, ainda que elas não a reconhecessem além do que experimentavam quando cantavam na igreja – e nunca tiveram a intenção de desistir dela.

Pensar sobre como fizeram isso – aqueles milhões de mulheres negras que não eram Phillis Wheatley, Lucy Terry, Frances Harper, Zora Hurston, Nella Larsen, Bessie Smith, Elizabeth Catlett ou Katherine Dunham, nenhuma delas – me traz ao título deste ensaio, "Em busca dos jardins das nossas mães", que é um relato pessoal, ainda que seja compartilhado, em seu tema e em seu significado, por todas nós. Descobri, enquanto refletia sobre o vasto mundo da mulher negra e criativa, que, de maneira geral, a resposta mais verdadeira para uma pergunta que realmente importa pode ser encontrada muito perto.

No fim dos anos 1920, minha mãe fugiu de casa para se casar com meu pai. Casamento, se não a fuga, era algo que se esperava de meninas de dezessete anos de idade. Aos vinte, ela já tinha dois filhos e estava grávida do terceiro. Cinco filhos depois, eu nasci. E foi assim que vim a conhecer minha mãe: ela me parecia uma mulher grande, delicada e de olhar amoroso, que raramente perdia a paciência em nossa casa. Seu temperamento impulsivo e violento se revelava apenas algumas vezes por ano, quando ela enfrentava o proprietário branco das terras onde morávamos, que tinha a infelicidade de lhe sugerir que seus filhos não precisavam ir à escola.

Ela fazia todas as roupas que vestíamos, até os macacões dos meus irmãos. Ela fazia todas as toalhas e lençóis que usávamos. Passava os verões fazendo compotas de frutas e legumes. E os invernos fazendo colchas para cada uma de nossas camas.

Durante o dia "de trabalho", ela labutava nos campos ao lado – não atrás – do meu pai. Seu dia começava antes do Sol nascer e não terminava até tarde da noite. Nunca havia um momento para que ela se sentasse, sem ser perturbada, e desenrolasse o novelo de seus pensamentos; nunca um momento sem ser interrompida, fosse pelo trabalho ou pelas perguntas barulhentas de seus muitos filhos. E, ainda assim, foi para minha mãe – e para todas as nossas mães que não eram famosas – que me voltei em busca do segredo do que alimentou aquele espírito criativo amordaçado, às vezes mutilado, e ainda assim vibrante que a mulher negra herdou, e que se revela nos lugares mais insólitos e improváveis até os dias de hoje.

E vocês me perguntarão: mas quando foi que minha mãe, sobrecarregada, teve tempo de conhecer e se dedicar a alimentar seu espírito criativo?

A resposta é tão simples que muitas de nós passamos anos para descobri-la. É comum olharmos para o alto, quando deveríamos ter olhado para o alto e também para baixo.

Por exemplo: num Instituto Smithsonian em Washington D.C., está exposta uma colcha diferente de todas as outras no mundo. Com ilustrações caprichosas e inspiradoras, ainda que simples e reconhecíveis, ela retrata a história da crucificação. É considerada rara, de valor inestimável. Embora não siga nenhum padrão conhecido na confecção de colchas, e apesar de ser feita de pedaços e sobras de tecidos sem valor, é notório tratar-se da obra de uma pessoa com imaginação poderosa e dotada de profundo sentimento espiritual. Abaixo dessa colcha, vi uma placa que diz que ela foi feita por "uma mulher negra anônima no Alabama, há cem anos".

Se pudéssemos localizar essa mulher negra "anônima" do Alabama, ela se revelaria uma de nossas avós – uma artista que deixou sua marca nos únicos materiais aos quais teve acesso, no único meio que sua posição na sociedade lhe permitiu usar.

Como Virginia Woolf escreveria mais adiante em *Um quarto só seu*:

> No entanto, alguma espécie de genialidade deve ter existido nas classes trabalhadoras [substitua por "escravizadas" ou "esposas e filhas de camponeses arrendatários"]. De tempos em tempos, uma Emily Brontë ou um Robert Burns [substitua por "uma Zora Hurston ou um Richard Wright"] desponta e prova a sua presença. Mas ela certamente nunca foi passada para o papel. Quando, no entanto, nós lemos sobre uma bruxa sendo afogada, uma mulher possuída por demônios, [ou "Santos"], uma mulher sábia vendendo ervas [nossas benzedeiras] ou mesmo sobre um homem extraordinário que tinha uma mãe, então acho que estamos na pista de uma romancista perdida, uma poeta reprimida, uma Jane Austen sem voz e sem glória (...). Na verdade, eu ousaria dizer que aquele anônimo que escreveu tantos poemas sem assinar muitas vezes era uma mulher.[4]

E assim, nossas mães e avós, quase sempre de forma anônima, têm transmitido a centelha criativa, a semente da flor que elas mesmas nunca tiveram a esperança de ver: ou uma carta lacrada que elas não conseguiriam ler muito bem.

E assim ocorre, sem dúvida, com a minha própria mãe. Diferentemente das canções de Gertrude "Ma" Rainey que preservavam o nome de sua criadora mesmo quando estouravam na voz de Bessie Smith, nenhuma canção ou poema levará o nome de minha mãe. Ainda assim, muitas das histórias que escrevo são histórias dela. Apenas recentemente entendi isso direito: que, ouvindo as histórias de vida da minha mãe ao longo dos anos, venho absorvendo não apenas as histórias, mas algo da maneira como ela falava, algo da urgência envolvida no fato de saber que suas histórias – assim como a sua vida – devem ser registradas. Essa é provavelmente a razão pela qual muito do que tenho escrito seja sobre personagens que, na vida real, correspondem a pessoas bem mais velhas do que eu.

Mas a contação dessas histórias, que saía dos lábios da minha mãe com tanta naturalidade quanto sua respiração, não era o único jeito pelo qual ela se revelava uma artista. Pois as histórias também estavam sujeitas a interrupções, a morrer sem uma conclusão. É preciso começar a fazer o jantar, o algodão precisa ser recolhido antes das grandes chuvas. A artista que minha mãe foi e é se revelou para mim somente depois de muitos anos. Foi quando enfim percebi: assim como Mem, uma personagem de *A terceira vida de Grange Copeland*, minha mãe enfeitava com flores qualquer casa miserável em que fôssemos obrigados a morar. E não eram apenas as esparsas plantações de zínias típicas do campo. Ela plantava jardins ambiciosos – e ainda o faz – com mais de cinquenta variedades distintas de plantas que desabrocham com exuberância do início de março até o fim de novembro. Antes de sair para a lavoura, ela regava as flores, cortava a grama e preparava novos canteiros. Quando voltava do campo, era comum ela dividir tufos de bulbos, cavar um buraco na terra fria, arrancar e replantar roseiras, ou podar os galhos dos arbustos mais altos e das árvores – até que a noite chegava e ficava escuro demais para enxergar.

Tudo que ela plantava brotava feito mágica, e sua fama de cultivadora de flores se espalhou por três condados. Por causa de sua criatividade com as flores, até minhas memórias da pobreza são vistas através de uma tela florida – girassóis, petúnias, rosas, dálias, sinos dourados, buquê-de-noiva, esporinhas, verbena... e assim por diante.

E eu me lembro das pessoas vindo até o jardim da minha mãe para receber mudas de suas flores; ainda ouço os elogios derramados, porque ela transformava em jardim qualquer terra rochosa em que pusesse os pés. Um jardim tão reluzente e colorido, tão original em seu paisagismo, tão magnífico em sua vivacidade e criatividade, que até os dias de hoje as pessoas passam pela nossa casa na Geórgia – perfeitos estranhos e estranhos imperfeitos – e pedem para entrar e caminhar em meio à arte de minha mãe.

Percebo que minha mãe fica radiante somente quando cuida de suas flores, quase a ponto de se tornar invisível – a não ser como criadora: mãos e olhos. Ela se envolve com o trabalho que sua alma precisa fazer. Organizando o universo à imagem de sua concepção pessoal de beleza.

Seu rosto, enquanto ela elabora a arte que é seu dom, é um legado de respeito que ela deixa para mim, por iluminar e valorizar a vida. Minha mãe transmitiu um legado de respeito pelas possibilidades – e o desejo de agarrá-las.

Para ela, tão interrompida e invadida de tantas formas, ser uma artista ainda tem sido uma porção diária da vida. Essa capacidade de persistir, ainda que das maneiras mais simples, é um trabalho que as mulheres negras realizam há muito tempo.

Este poema não é o suficiente, mas é alguma coisa para a mulher que literalmente cobriu os buracos nas nossas paredes com girassóis:

Eram mulheres naquele tempo
A geração de minha mãe
Rouca na voz – Robusta
No passo
Com punhos além de
Mãos
Ah, como derrubaram
Portas
E passaram
Camisas brancas
Engomadas

Ah, como lideraram
Exércitos
Generais com lenços na cabeça
Em meio a campos
Minados
Cozinhas
Com armadilhas
Para descobrir livros
Escrivaninhas
Um lugar para nós
Ah, como sabiam o que nós
Devemos saber
Mesmo que não soubessem
Uma página sequer
Daquilo

Guiada por minha herança de amor pela beleza e de respeito pela força – em busca do jardim de minha mãe, encontrei o meu.

E talvez na África, há mais de duzentos anos, tenha existido uma mãe exatamente assim; talvez ela pintasse decorações alegres e ousadas em tons de laranja, amarelo e verde nas paredes de sua cabana; talvez cantasse – com uma voz como a de Roberta Flack – *cheia de doçura* entre os *compounds* de sua vila; talvez ela tecesse os tapetes mais lindos e contasse as histórias mais criativas entre todos os contadores de história da vila. Talvez ela mesma fosse poeta – embora apenas o nome de sua filha assine os poemas que conhecemos.

Talvez a mãe de Phillis Wheatley também tenha sido uma artista.

Talvez a assinatura da mãe de Phillis Wheatley seja visível não apenas na vida biológica da filha.

1974

De uma entrevista

Eu sempre fui uma pessoa solitária, e, desde os meus oito anos (quando tive um acidente traumático que me deixou cega de um dos olhos e com uma cicatriz),[5] sonho acordada – não com contos de fadas –, mas caindo sobre espadas, com armas apontadas contra meu peito ou minha cabeça, e com meus pulsos cortados por uma navalha. Isso me tornou tímida e retraída, e eu geralmente reagia a insultos e ofensas que não eram propositais. Descobri a crueldade (lendária) das crianças, e dos parentes, e não conseguia reconhecê-la como o que é, na verdade, curiosidade.

Apesar disso, acredito que foi nessa época – da minha situação solitária, isolada, uma posição de pária – que comecei realmente a ver as pessoas e as coisas, a reparar de verdade nas relações e a aprender a ser paciente o bastante para me importar com o desenvolvimento dessas relações.

Eu não me sentia mais como a menininha que era. Eu me sentia velha, e por achar que era desagradável olhar para mim, vivia cheia de vergonha. Eu me recolhia na solidão, lia histórias e comecei a escrever poemas.

Mas foi apenas no meu último ano de faculdade que entendi minimamente as consequências de meus devaneios. Naquele ano, eu me familiarizei com as ideias de todos os filósofos sobre o suicídio, porque, naquele momento, a ideia não me parecia assustadora nem estranha, apenas inevitável. Nietzsche e Camus eram os que faziam mais sentido e não eram piegas nem devotos. Desagradar a Deus não parecia grande coisa para eles, e eu tinha chegado a essa mesma conclusão. No entanto, além de descobrir esses comentários tão desapaixonados – embora ambos apontassem para a covardia envolvida no gesto, o que me incomodava –, eu tinha ido à África naquele verão e voltado à universidade bronzeada e saudável, cheia de esculturas e tecidos cor de laranja – e grávida.

Eu me sentia à mercê de tudo, inclusive do meu corpo, que eu tinha aprendido a aceitar como um tipo de revestimento em torno do que eu considerava ser meu verdadeiro eu. Desde que funcionasse adequadamente, eu o vestia, o paparicava, o colocava nos braços de pessoas aceitáveis e não pensava mais no assunto. Mas, naquele momento, ele se recusava a funcionar direito. Eu ficava tão enjoada que mal conseguia suportar o cheiro do ar puro. E eu não tinha dinheiro e estava, basicamente — como tinha estado desde o colégio —, sozinha. Eu sentia não ter escapatória, e não era romântica o bastante para acreditar que apenas o instinto maternal bastava como meio de sobrevivência; em todo caso, eu não parecia ser dotada desse instinto. Mas eu não conhecia ninguém que conhecesse a saída secreta, tão assustador era o aborto. E, então, quando todos os meus esforços para encontrar um médico que fizesse o aborto falharam, planejei me matar, ou – como eu pensava na época – "me permitir um pouco de descanso". Parei de comer no refeitório, porque vomitava sem parar, até que não saísse mais nada além de bile amarela e amarga. Eu me deitava na cama suando frio, com a cabeça rodando.

Quando eu estava lá deitada, pensei em minha mãe, para quem o aborto era pecado; seu rosto apareceu emoldurado pela janela à minha frente, sua cabeça cercada de taiobas gigantes e girassóis (as plantas de minha mãe a amam, elas crescem segundo a vontade dela); pensei no meu pai, aquele homem desconfiado, que tinha sido gordo e encolhia lentamente, que não me ajudava em nada desde que eu tinha doze anos de idade, quando ele me deu um feio par de sapatos Oxford bicolor, e eu me recusei a usá-lo. Pensei nas minhas irmãs, com seus próprios problemas (quando as procurei, uma nunca respondeu, a outra me disse – em 45 minutos de conversa à longa distância em linguagem articulada com cuidado – que eu era uma vagabunda). Pensei nas pessoas da minha formatura do ensino médio, que conseguiram juntar 75 dólares para me mandar para a faculdade. Pensei no cheque de cem dólares que minha irmã me deu por eu ter terminado o ensino médio como a melhor da minha turma: um cheque que nunca descontei, porque sabia que seria devolvido.

Acho que foi nesse momento que eu me permiti apenas duas lágrimas de autopiedade; como eu ousava ter desperdiçado tanto? Mas eu me odiei por ter chorado, então parei, consolada pelo fato de não ter de chorar – nem ver ninguém chorar – nunca mais.

Não comi nem dormi por três dias. Às vezes, minha mente se recusava a pensar no meu problema – e pulava direto para a solução. Eu rezava – mas não sabia para Quem ou para o Que eu rezava, ou se realmente rezava. Talvez rezasse um pouco para Deus, e depois um pouco para o Grande Vazio. Quando pensei na minha família, e quando, no terceiro dia, comecei a ver seus rostos nas paredes, percebi que eles ficariam magoados e chocados ao saber da minha morte, embora eu sentisse que não se importariam muito quando descobrissem que eu estava grávida. No fundo, acreditariam que eu era má. Eles teriam vergonha de mim.

Por três dias, eu fiquei deitada com a lâmina debaixo do travesseiro. Apenas três amigas sabiam do meu segredo – todas inexperientes (a não ser no palavreado) e impotentes. Elas tentaram me animar várias vezes, me colocar em dia com coisas tão fúteis como aulas. Eu me senti tocada pela gentileza e senti amor por elas. Mas, a cada vez que iam embora, eu pegava minha gilete e a pressionava fundo contra o braço. Eu praticava o movimento do corte. Assim, quando não houvesse mais esperança, eu poderia cortar meus pulsos rapidamente e (assim eu esperava) sem dor.

Naqueles três dias, eu me despedi do mundo (isso parecia um sentimento pretensioso, até naquela época, mas tudo estava começando a ser irreal), percebi o quanto eu o amava, e como seria difícil não ver o Sol nascer a cada manhã, a neve, o céu, as árvores, as pedras, os rostos das pessoas, todas tão diferentes (e foi nesse momento que todas as coisas começaram a fluir juntas; o rosto de uma das minhas amigas surgiu como a face gentil e bondosa de um leão, e eu lhe perguntei se um dia poderia tocar seu rosto e acariciar sua juba. Eu senti seu focinho e seus pelos, e ela era realmente um leão; comecei a vislumbrar a possibilidade de alguém sem valor como eu alcançar a sabedoria). Mas descobri, como tinha aprendido na varanda de um prédio no condado de Liberty, na Geórgia – quando pedras e garrafas me atingiram enquanto eu olhava as estrelas –, que eu não tinha medo da morte. De certa forma, comecei a desejá-la. Sentia-me cansada. A maioria dos poemas sobre suicídio em *Once*[6] nasceu de meus sentimentos nesse período de espera.

No meu último dia à espera de um milagre, uma das minhas amigas ligou para dizer que alguém tinha lhe passado um contato. Liguei da universidade, sem esperanças, e marquei uma consulta. Fui ao médico, e ele me deu um sedativo. Quando acordei, minha amiga estava de pé ao meu lado segurando uma rosa vermelha. Era uma moça loira, de olhos acinzentados, que amava cavalos e jogos de tênis, e que não disse nada enquanto me devolvia a vida. Aquele momento está gravado na minha memória – seu sorriso, triste, dolorido e assustadoramente jovem –, o momento em que ela se esforçou tanto para me apoiar e ser minha amiga. Ela me levou de volta à universidade e me colocou na cama. Minha outra amiga, negra, quase roxa, o cabelo como um trovão, me trouxe comida.

Naquela semana, eu escrevi sem parar (a não ser para comer e ir ao banheiro) quase todos os poemas de *Once*, com exceção de um ou dois, talvez, dos quais não me lembro.

Escrevi todos num pequeno caderno azul que não sei mais onde está – os poemas africanos primeiro, por causa da vitalidade, da cor e das amizades da África que se precipitaram sobre mim nos sonhos que tive na primeira noite em que dormi. Eu não tinha pensado na África (a não ser quando falava a respeito) desde que voltara. Tinha dado de presente todas as esculturas e tecidos, porque pareciam exalar um cheiro que me deixava mais enjoada do que o cheiro do ar puro. Então escrevi os poemas sobre suicídio, porque senti que compreendi o papel da fadiga e das circunstâncias no suicídio. Também comecei a entender como uma mulher é sozinha por causa do seu corpo. Depois, escrevi os poemas de amor (amor real e imaginário) e tentei me reconciliar com todas as coisas humanas. "Johann" é o exemplo mais extremo dessa necessidade de amar até o menos familiar, o mais assustador. Pois, na verdade, quando viajei pela Alemanha, estava num estado de terror constante, e não havia elogios vindos de belos jovens alemães que me salvassem. Por fim, escrevi os poemas sobre a luta no Sul. As marchas e os piquetes, todas as coisas que eu vinha reprimindo, porque, quando pensava nelas, a dor causava uma paralisia e uma confusão de ordem moral e intelectual. A raiva e a humilhação sofridas estavam sempre em conflito com o entusiasmo, a exaltação, a *alegria* que eu sentia quando podia sair inteira de cada embate violento ou confronto, e não – como as pessoas diante de mim – vomitando obscenidades e atirando tijolos. Pois, durante esses embates, eu tinha começado a entender o que significava estar perdida.

A cada manhã, os poemas concluídos durante a noite eram enfiados por baixo da porta de Muriel Rukeyser – a sala de aula dela era uma velha cabana de jardineiro no meio do campus. Depois, eu voltava correndo para o meu quarto e escrevia mais. Eu não ligava para o que ela fazia com os poemas. Eu apenas sabia que queria que alguém os lesse como se fossem folhas novas brotando de uma árvore velha. A mesma energia que me impelia a escrevê-los me fazia levá-los até aquela porta.

Este foi o inverno de 1965, e meus últimos três meses de faculdade. Eu tinha 21 anos de idade, embora *Once* só tenha sido publicado três anos depois, quando eu tinha 24. (Muriel Rukeyser deu os poemas para a sua agente, que os passou para Hiram Haydn, na Hartcourt Brace Jovanovich – que logo os aceitou, então ainda não posso dizer que tenho enfrentado dificuldades para publicar). Quando *Once* foi lançado, não me parecia mais importante – fiquei surpresa quando houve uma segunda tiragem quase imediata – isso é, o livro não me parecia importante; apenas a escrita dos poemas, que tinha me revelado com muita clareza o quanto amo estar viva. Foi essa sensação de contentamento que me levou a publicar meu primeiro conto, "To Hell with Dying", sobre um velho salvo da morte inúmeras vezes pelo amor dos filhos de seu vizinho. Eu era as crianças e o velho.

Eu revisito essa lembrança porque acho que pode ser algo importante de compartilhar com outras mulheres. Eu não gosto de voltar a ela; gostaria que nunca tivesse acontecido. Mas, se não tivesse, eu nunca teria sobrevivido para me tornar uma escritora. Sei que não teria sobrevivido de jeito nenhum.

Desde aquela época, parece-me que todos os meus poemas – e eu escrevo em série, em vez de poemas isolados – são escritos quando consigo sair de um desespero entorpecente e estou novamente de pé sob o Sol. Escrever poemas é minha forma de celebrar com o mundo o fato de eu não ter cometido suicídio na noite anterior.

Em sua autobiografia, Langston Hughes afirmou que escreveu seus melhores poemas quando estava triste. Quando estava feliz, não escrevia nada. Comigo também é assim, no que diz respeito aos poemas. Quando estou feliz (ou nem feliz nem triste), escrevo ensaios, contos e romances. Poemas – até os felizes – surgem do acúmulo de tristezas...

A escrita da minha poesia nunca é planejada de maneira consciente, embora eu tome consciência de que há determinadas emoções que eu gostaria de explorar. Talvez meu inconsciente comece a trabalhar nos poemas sobre essas emoções muito antes de eu me dar conta disso. Aprendi a esperar pacientemente (às vezes recusando bons versos, imagens, quando surgem, por medo de que não sejam duradouras), até que o poema esteja pronto para se revelar – *inteiro*, se possível. Às vezes, sinto o ímpeto de escrever poemas muito antes de me sentar para escrever. Há uma inquietação infinita, um tipo de excitação febril com um toque de pavor. O pavor ocorre porque, depois de escrever um monte de poemas, sempre acho que não voltarei a escrevê-los. Eu me torno consciente de que sou controlada por eles, e não o contrário. Adio a escrita o quanto posso. Então, me tranco em meu escritório, escrevo versos e versos e versos e os guardo, embaixo de outros papéis, sem olhar para eles por um bom tempo. Tenho medo de que, se forem lidos antes da hora, eles se transformem em lixo; ou pior, em algo tão específico e passageiro, que não façam sentido – nem mesmo para mim – depois de poucas semanas. (É desse jeito que minha produção poética posterior se difere de como escrevi *Once*.) Também tento, dessa forma, evitar a tendência humana a fazer uma poesia que carregue o peso de meias verdades, da esperteza. Percebo que, quando escrevo poesia, fico tão alterada que me sinto invisível e que, nessas condições, é possível escrever qualquer coisa.

Estou preocupada com a sobrevivência espiritual e a sobrevivência *completa* do meu povo. Mas, além disso, estou determinada a investigar as opressões, as insanidades, as lealdades, e as vitórias das mulheres negras. Em *A terceira vida de Grange Copeland*,[7] aparentemente sobre um homem e seu filho, são as mulheres e o modo como são tratadas que dão cor a tudo. Em meu novo livro, *In Love & Trouble: Stories of Black Women*,[8] treze mulheres – enlouquecidas, furiosas, amorosas, ressentidas, odiosas, fortes, feias, fracas, dignas de pena e magníficas – tentam viver com a lealdade aos homens negros que caracteriza a vida de cada uma delas. Para mim, as mulheres negras são as criaturas mais fascinantes do mundo.

Depois delas, escolho as pessoas idosas – homens e mulheres –, que persistem em sua beleza apesar de tudo. Como conseguem, sabendo o que sabem? Tendo vivido tudo o que viveram? É um mistério, e isso me atrai para suas vidas. Aos 85 anos, meu avô, que nunca saiu da Geórgia, me olha com a alegria no olhar de uma criança de três anos. As dificuldades que tem enfrentado em sua vida são indescritíveis. Como ele consegue me olhar dessa maneira? "Seus olhos são flores bem abertas / Apenas as pupilas são escuras e retraídas / Para ocultar Mistérios / Que me fascinam num desabrochar mais intenso / Do que conheço. / E prometem um segredo / Que devo ter." Todos os meus "poemas de amor" são válidos para velhos, jovens, homens, mulheres, crianças e coisas que florescem...

É possível que homens escritores brancos sejam mais conscientes de seu próprio mal (que, afinal de contas, tem sido documentado há muitos séculos – em palavras e na destruição da Terra, do planeta) do que os escritores negros, que, junto com as mulheres negras e brancas, têm se visto como alvos desse mal, e, portanto, ao lado de Cristo, dos oprimidos e dos inocentes.

As escritoras brancas que eu admiro – Kate Chopin, as Irmãs Brontë, Simone de Beauvoir e Doris Lessing – são todas bem conscientes da própria opressão e buscam incessantemente algum tipo de salvação. Suas personagens sempre conseguem antever uma solução, uma evolução para uma consciência mais elevada por parte da sociedade, mesmo quando a sociedade propriamente dita não consegue. Mesmo quando a sociedade se engaja no processo de matá-las por suas ideias. Geralmente, elas também aceitam melhor o mistério do que Ahab,[9] que deseja dominar a baleia, em vez de ficar em pé de igualdade com ela.

Se há uma coisa que afro-americanos e indígenas nativos americanos preservaram de suas antigas heranças africanas e ameríndias, provavelmente é a crença de que tudo é habitado por um espírito. Essa crença encoraja o conhecimento construído de modo intuitivo. Quanto a mim, não me surpreende que os cientistas estejam descobrindo agora que árvores, plantas e flores têm sentimentos... emoções; que elas se retraem quando gritam com elas; que murcham quando uma pessoa má, capaz de machucá-las, se aproxima.

Tento manter em minha vida e em minha ficção consciência e abertura para o mistério, que, para mim, são coisas mais profundas do que qualquer política, raça ou localização geográfica. Nos poemas que leio, procuro por um tom de mistério, seu aprofundamento – porque é a isso que eu respondo. Eu tenho sido influenciada, especialmente nos poemas de *Once,* por epigramas zen e pelo haicai japonês. Acho que o meu respeito por formas curtas vem daí. Fiquei maravilhada ao aprender que um poeta pode expressar o mistério, evocar a beleza e o prazer, criar uma imagem em três ou quatro versos – sem qualquer dissecação ou análise. Os insetos, os peixes, os pássaros, as flores de macieira ainda estão inteiros nos haicais. Eles não foram transformados em outra coisa. Sua majestade lhes é permitida, em vez de serem usados para enfatizar a majestade das pessoas; geralmente, a do próprio poeta.

Eu acredito na mudança: mudança pessoal e mudança social. Eu vivi uma revolução (que, sem dúvida, não terminou, mas cuja nova ordem pode ser vista em todo lugar) no Sul. E cresci – até me recusar a frequentá-la – na Igreja Metodista, que me ensinou que Paulo às vezes *muda* a caminho de Damasco, e que Moisés, aquele velho tão querido, passou por tantas mudanças que irritou Deus. Então, *esperava-se* que Grangé Copeland mudasse. Ele tinha sorte o bastante para ser tocado pelo amor de algo além de si mesmo. Brownfield [personagem do romance] não mudou, porque não estava preparado para dar sua vida por nada, ou dedicá-la a coisa nenhuma. Era o tipo de homem que jamais poderia entender Jesus (ou Che ou King ou Malcolm ou Medgar), a não ser como ferramenta do homem branco. Não conseguia encontrar nada de valor dentro de si e não tinha coragem de imaginar uma vida sem a existência de pessoas brancas agindo como coadjuvantes. Tornar-se o que ele odiava era o seu destino inevitável.

Um pouco mais sobre a "Revolução do Sul".[10] Quando eu saí de Eatonton, na Geórgia, para estudar na Spelman College, em Atlanta (onde fiquei, com dificuldade, por dois anos e meio), me sentei deliberadamente na parte da frente do ônibus da Greyhound.[11] Uma mulher branca reclamou com o motorista. Ele – grande, avermelhado e feio – me mandou sair dali. Eu troquei de lugar. Mas, naqueles segundos, enquanto eu trocava de lugar, tudo mudou. Eu estava ansiosa para dar um fim ao Sul que permitia que eu fosse humilhada. No meu segundo ano de faculdade, fiquei no gramado em frente à biblioteca Trevor-Arnett, na Universidade de Atlanta e ouvi os jovens líderes da SNCC.[12] John Lewis estava lá, assim como Julian Bond, magro, num jeans claro bem passado e engomado; ele parecia (com seu cabelo curto, mas que ainda cacheava) um poeta (e ele era). Todo mundo estava bonito, porque todo mundo (e agora penso em Ruby Doris Robinson, hoje morto) estava superando o medo segurando a mão das pessoas que estavam ao seu lado. Naqueles dias, em Atlanta, a primavera deixava o ar verde. Eu nunca vi isso acontecer em nenhum outro lugar onde estive, nem mesmo em Uganda, onde o verde, nas colinas, nas plantas, nas árvores começa a dominar a imaginação. Era como se o ar se tornasse um tipo de água – e a breve caminhada de Spelman até Morehouse fosse como andar através de um mar verde. Então, é claro, as cerejeiras – derrubadas, hoje em dia, acho eu – sempre floresciam, enquanto nós, jovens, cheios de medo e determinados a mudar o mundo, pensávamos, para além da nossa cantoria fervorosa, na morte. Não era de surpreender, considerando os pensamentos entrelaçados de morte e de beleza, que a maioria das pessoas na SNCC ou no seu entorno fosse admiradora de Camus.

Memórias aleatórias daquela época: Eu, caminhando como quem ia para a guilhotina, com uma bela moça que falava francês (minha companheira de marcha) vinda de Tuskegee, Alabama, para Spelman ("Chic Freedom Reflection" em *Once*), cujo senso de estilo era impecável, na pior das circunstâncias. Ela era a única menina negra em Spelman que aparecia vestida de branco dos pés à cabeça – porque sabia, instintivamente, que o branco faria uma moça negra, já bonita, parecer a resposta às orações de qualquer um. Eu, marchando perto da fachada de um restaurante, olhando lá para dentro, vendo mesas postas com guardanapos limpos e copos d'água, com o proprietário em pé na frente da porta barrando nossa entrada, um judeu que logo se descontrolou e caiu no chão. Eu, usando um vestido acinturado rosa, com minha companheira de quarto africana, minha primeira amiga de verdade, subindo os degraus largos de uma grande igreja branca. E homens (brancos) em ternos azuis e gravatas borboletas se materializando nos degraus mais acima, com cabos de machados nas mãos ("The Welcome Table" em *Love & Trouble*). Nós demos a volta e fomos embora. Era um dia claro e ensolarado. Eu, sentada numa varanda no condado de Liberty, na Geórgia, à noite, depois de um protesto diante da delegacia (onde um professor negro estava detido) e amparando nos braços a cabeça ensanguentada de uma menina – onde ela estará agora? – de talvez oito ou dez anos de idade, mas pequena, que tinha sido ferida por uma garrafa quebrada, atirada por alguém na multidão à nossa frente. Nessa lembrança, há uma moça branca que passei a respeitar, porque ela nunca hesitou e nunca fechou os olhos, não importava o que a multidão – onde eles estarão agora? – jogasse contra nós. Mais tarde, em Nova York, ela tentou me fazer experimentar LSD, e a única razão de eu nunca ter usado foi porque, na noite em que tínhamos planejado experimentar, eu estava bem resfriada. Acredito que o motivo pelo qual ela nunca fechou os olhos foi por não conseguir acreditar no que via. Nós tentamos manter contato – mas como eu nunca tive muita coisa (sequer uma casa sem goteiras), sempre fui consciente da necessidade de me manter em segurança; como ela veio de uma casa de onze cômodos nos subúrbios da Filadélfia, e, presumo, nunca teve de se preocupar com segurança material, nossos sentimentos mais profundos começaram a se desencontrar. Eu a via como alguém capaz de fazer de conta que era pobre por algum tempo (a pobreza sendo eventualmente interrompida por viagens ao exterior), e ela provavelmente me via como uma dessas negras inflexíveis de quem os homens negros reclamam o tempo todo: o tipo que quebra o clima de romance dizendo "Sim, bom... mas o que as crianças vão comer?".

O fato é que, menos de dez anos depois de tudo isso, eu passeio pela Geórgia (e pelo Mississipi) comendo, dormindo, cantando, enterrando os mortos – do jeito que se espera que homens e mulheres façam num lugar que é o único "lar" que já tiveram. Restou apenas um cartaz de "Para negros" em Eatonton, e ele fica numa barbearia de um homem negro. Ele está, apenas, vivendo fora do seu tempo. Booster, se você ler isso, *mude* seu cartaz!

Já chego a ver o meu trabalho como uma base. Sendo assim, suponho que eu sabia, ao começar *A terceira vida de Grange Copeland*, que teria de cobrir várias gerações e mais de meio século de crescimento e revoltas. O livro começa por volta de 1900 e termina nos anos 1960. Mas meu primeiro rascunho (que nunca foi usado, nem uma linha sequer, na versão final) começava com Ruth, advogada dos Direitos Civis na Geórgia, tentando salvar o pai, Brownfield Copeland, de um acidente provocado por um bêbado e tendo uma discussão com ele. Nessa versão, ela era casada – com outro advogado – e ambos se dedicavam a garantir a liberdade para pessoas negras do Sul. Na Geórgia, especificamente. Havia muito sexo e coragem nessa versão. Mas era atual demais, superficial demais. Tudo parecia um produto do presente imediato. E eu acredito que nada é.

Então, eu trouxe o avô para a história. Porque o tempo todo eu queria explorar a relação entre pais e filhos, especificamente entre filhas e pais (sempre senti que isso é o mais interessante; por exemplo, em "The Child Who Favored Daughter", do livro *In Love & Trouble*, o pai corta os seios da filha porque ela se apaixonou por um rapaz branco; por que fazer isso, a não ser por ciúme sexual?), e eu queria aprender o que leva o ódio de um filho por um pai a se tornar irredutível. Eu queria investigar as relações entre homens e mulheres e por que as mulheres são sempre julgadas ao fazer o que os homens fazem como expressão de sua masculinidade. Por que as mulheres são logo rotuladas de "vagabundas" e "traidoras", enquanto os homens são heróis por fazer as mesmas coisas? Por que as mulheres toleram isso?

Meu novo romance é sobre várias mulheres que se tornaram adultas durante os anos 1960 e estavam envolvidas (ou não) com o Movimento pelos Direitos Civis no Sul. Estou investigando suas histórias, as relações familiares e com os irmãos, seus casamentos, casos e convicções políticas, conforme elas amadurecem em direção a uma maior compreensão (e reconhecimento) de si mesmas.

Desde que organizei meu curso sobre escritoras negras, que lecionei primeiro na Wellesley College e, mais tarde, na Universidade de Massachusetts, tenho sentido necessidade de obras verdadeiramente críticas e biográficas sobre o trabalho dessas autoras. Para começar, estou escrevendo um longo ensaio biográfico sobre a minha própria descoberta dessas escritoras (voltado principalmente para palestras), e espero visitar em breve o local onde nasceu e viveu Zora Neale Hurston, Eatonville, na Flórida. Estou tão envolvida com minha própria escrita, que acho que não haverá tempo para buscar o envolvimento minucioso e de longo prazo que todas essas escritoras demandam. Entretanto, tenho a esperança de que, conforme seus livros forem reeditados e usados nas salas de aulas por todo o país, alguém o fará. Se ninguém o fizer (ou se ninguém o fizer a contento), sinto que é meu dever fazê-lo (tal é o fervor do meu amor).

Li todos os escritores russos que consegui encontrar no meu segundo ano de faculdade. Eu os devorava como se fossem um bolo delicioso. Nunca estava satisfeita: Tolstói, especialmente os contos, e os romances *A sonata de Kreutzer* e *Ressureição*, que me ensinaram a importância de mergulhar nas projeções políticas e sociais para extrair de lá o espírito essencial dos indivíduos, porque, do contrário, as personagens, não importa que questões políticas e sociais defendam, não sobreviverão; e Dostoiévski, que encontrou suas verdades onde ninguém tinha coragem de olhar; e Turguêniev, Górki e Gogol, que me deram a impressão de haver na Rússia algo pairando no ar que os escritores respiram desde o momento em que nascem. A única coisa que começou a me incomodar, muitos anos depois, foi eu não conseguir encontrar quase nada escrito por uma escritora russa.

A não ser que a poesia tenha mistério, muitos significados e algumas ambiguidades (necessárias para o mistério), ela não me interessa. Além dos haicais de Bashô e Shiki e outros poetas japoneses que trabalham com esse formato, li e fiquei impressionada com a poesia de Li Po, poeta chinês, Emily Dickinson, E.E. Cummings (muito impressionada) e Robert Graves, especialmente seus poemas em *Man Does, Women Is*[13] – que certamente é um título chauvinista, mas não pensei muito nisso na época. Gostei de Graves porque ele acha natural que o amor apaixonado entre homens e mulheres não dure para sempre. Ele aproveitava o momento e não se preocupava com o futuro. Meu poema "The Man in the Yellow Terry" é muito influenciado por Graves.

Também amei Ovídio e Catulo. Durante todo o período de descoberta dos haicais e dos poemas sensuais de Ovídio, dos poemas de E.E. Cummings e de William Carlos Williams, eu me sentia nas nuvens. Eu comia, dormia, estudava outras coisas (como história europeia) sem fazer mais do que levá-las a sério. Essas coisas não conseguiam me transformar de um instante para o outro, como a poesia fazia.

Eu gostaria de ter conhecido os poemas de Gwendolyn Brooks quando estava na faculdade. Esbarrei com eles depois. Se alguém um dia já *nasceu* poeta, acho que esse alguém é Brooks. Sua forma natural de olhar para qualquer coisa, de comentar qualquer coisa, aflora como uma visão, numa linguagem que lhe é peculiar. Fica claro que ela é uma poeta pela maneira como todo o passado espiritual de quem a lê começa a subir pela garganta durante a leitura, assim como fica claro, na primeira frase de *Cane,* que Jean Toomer é um poeta, abençoado com uma alma que não se surpreende com nada. Não é incomum que as pessoas chorem lendo Brooks, assim como não é incomum, ao ler "Song of the Sun", de Toomer, compreender, num instante, o que uma dúzia de livros sobre a história do povo negro não conseguem elucidar. Eu já constrangi meus alunos ao me pôr diante deles em lágrimas, enquanto o poema de Toomer sobre "alguns gênios do Sul" atravessou meu corpo como um bando de borboletas douradas a caminho de um Sol implacável. Assim como Du Bois, Toomer era capaz de compreender a alma negra. Não é a "alma" que *pode* se tornar um clichê, mas aquilo que se pretende iluminar, em vez de explicar.

A poesia de Arna Bontemps também tem efeitos estranhos sobre mim. Ele é um grande poeta, mesmo que não tenha sido reconhecido assim até sua morte. Ou nunca tenha sido validado. A paixão e a compaixão em seu poema "O homem negro fala da colheita" fez tremer a sala onde eu estava quando o li pela primeira vez. O teto começou a girar, e uma brisa – vinda do Alabama – soprou pela sala. Uma onda de boa saúde espiritual comichou meus pés. Eu mudei. Tornei-me a mesma, mas diferente. Entendi, enfim, o que era a transferência de energia.

É impossível listar todas as influências na obra de alguém. Como você consegue sequer se lembrar da impressão indelével que um certo olhar de sua mãe teve sobre você? Mas seguem algumas influências aleatórias.

A música, que é a arte que mais invejo.

E há também as viagens, que me fizeram amar o mundo de verdade, sua vastidão e variedade. Como fiquei comovida ao saber que não existe um centro do universo. Entebbe, em Uganda, ou Bratislava, na Eslováquia, existem, não importa o que estejamos fazendo aqui. Alguns escritores – Carama Laye, e o homem que escreveu *Cem anos de solidão* (Gabriel García Márquez) – realçaram esse fato de modo brilhante em suas ficções. O que me traz aos escritores africanos que, *espero*, tenham me influenciado: Okot p'Btek escreveu meu poema moderno favorito, "Song of Lawino". Sou louca por *The Concubine*, de Elechi Amadi (uma história perfeita, em minha opinião), *Le Regard du Roy*, de Camara Laye, e *Maru,* de Bessie Head. Esses escritores não parecem ter medo da fantasia, do mito ou do mistério. Suas obras aprofundam a compreensão da vida para além dos limites do realismo. São como músicos: integrados à cultura e ao subconsciente histórico.

Flannery O'Connor também influenciou meu trabalho. Para mim, ela é a melhor entre os escritores brancos do Sul, incluindo Faulkner.

Para começar, ela abordou o tema da economia agrícola. Ela sabia também que a questão racial era apenas a primeira numa longa lista de perguntas. Isso é difícil para muita gente aceitar, estamos tentando respondê-la há tanto tempo.

Eu não tinha lido *Cane* até 1967, mas o livro tem reverberado em mim num grau surpreendente. *Eu me apaixonei completamente*; não poderia viver sem ele. *Cane* e *Seus olhos viam Deus* são, provavelmente, meus livros preferidos de escritores negros americanos. Jean Toomer tem uma sensibilidade muito feminina (ou, colocando de outra forma, suas percepções são masculinas e femininas), diferentemente da maioria dos escritores negros. Ele amava as mulheres.

Assim como Toomer, Zora Neale Hurston nunca tinha medo de deixar suas personagens ser autênticas, falando errado e tudo mais. Ela era incapaz de se envergonhar por qualquer coisa que as pessoas negras fizessem, e assim era capaz de escrever sobre qualquer coisa, com liberdade e fluência. A impressão que tenho é que Zora Neale Hurston é provavelmente uma das escritoras mais incompreendidas e menos apreciadas deste século. O que é uma pena. Ela é ótima. Uma escritora de coragem, de humor incrível, com poesia a cada linha.

Quando comecei a dar meu curso sobre escritoras negras em Wellesley (o primeiro que houve lá, eu acho), me perguntei se o uso que Zora faz do inglês negro dos anos 1920 desencorajaria alguns alunos. Não aconteceu. Eles amaram. Diziam que era como ler Thomas Hardy, só que melhor. No mesmo curso, lemos Nella Larsen, Frances Watkins Harper (romance e poesia), Dorothy West, Ann Petry, Paule Marshall, entre outras. Também Kate Chopin e Virginia Woolf – não que fossem negras, obviamente, mas porque eram mulheres e escreviam, assim como as mulheres negras, sobre a condição da humanidade a partir da perspectiva das mulheres. É interessante ler *Um quarto só seu*, de Virginia Woolf, ao mesmo tempo que se lê a poesia de Phillis Wheatley; ler *Quicksand*, de Larsen, junto com *O despertar* [de Kate Chopin]. A voz gutural de Sojourner Truth tende a pairar no ar enquanto se lê. Se você ainda não é uma feminista, torna-se uma.

Há dois motivos pelos quais a escritora negra não é levada tão a sério quanto o escritor negro. Um deles é por ser mulher. Os críticos parecem estranhamente mal preparados para discutir e analisar as obras de mulheres negras de modo inteligente. De uma maneira geral, eles nem tentam; preferem, em vez disso, falar da vida das escritoras negras, não do que elas escrevem. E uma vez que escritoras negras não são muito amáveis, ao que parece – até pouco tempo atrás, elas eram as menos dispostas a idolatrar a supremacia masculina –, os comentários a respeito delas tendem a ser cruéis.

No razoável *Harlem Renaissance*, de Nathan Huggins, ele raramente se refere à obra de Zora Neale Hurston, a não ser de modo negativo. Ele faz longas citações do romance de Wallace Thurman, *Infants of the Spring*, mencionando as palavras de uma personagem, Sweetie Mae Carra, supostamente baseada em Zora Neale Hurston. Sweetie Mae é uma escritora conhecida "mais por sua inteligência debochada e efervescência pessoal do que por qualquer trabalho literário de fato. Era uma grande favorita entre os brancos que procuravam prodígios negros". Huggins se prolonga por várias páginas, nunca citando a própria Zora Neale Hurston, mas, em vez disso, destacando opiniões de terceiros sobre seu caráter. Chega a dizer que ela era uma "mestra do dialeto", mas acrescenta que "sua maior fraqueza eram o descuido e a indiferença com sua arte".

Tendo lecionado a obra de Zora Neale Hurston e, claro, tendo lido seu trabalho, fiquei chocada. Pessoalmente, não ligo se Zora Hurston gostava de suas amigas brancas. Quando era criança na Flórida, trabalhando por centavos, duas mulheres brancas a ajudaram a fugir. Talvez isso explique alguma coisa. Mas se não explicar, o que importa? Sua obra, longe de ser feita com desleixo, beira a perfeição (especialmente em *Seus olhos viam Deus*). Ela se deu ao trabalho de capturar a beleza da fala rural negra. Ela via poesia onde outros escritores viam falta de adequação ao inglês. Ela se sentia tão confortável com sua negritude, que nunca lhe ocorreu que deveria agir de um jeito entre os negros e de outro entre os brancos (como seus críticos negros mais "sofisticados", aparentemente, faziam).

Tenho a impressão de que a escrita negra tem sido prejudicada porque até os críticos negros partem do princípio de que um livro que lida com as relações entre integrantes de uma família negra – ou entre um homem e uma mulher – é menos importante do que um que tenha pessoas brancas como principais antagonistas. Como consequência, muitos dos nossos escritores "mais importantes" (sempre homens) nos dizem pouco sobre a cultura, história ou futuro, imaginação, fantasias, e assim por diante, das pessoas negras, e muito sobre encontros isolados (quase sempre improváveis) ou limitados com um mundo branco não específico. Além de *Cane*, que outro livro escrito por um negro americano se compara a *The Concubine*, de Elechi Amadi? Um livro que expõe o subconsciente de um povo, porque sabe-se que os sonhos, as imaginações, os rituais, as lendas desse povo são importantes e conhecidos por conter a realidade coletiva acumulada das próprias pessoas. Ou *Le regard du roi*, no qual um homem branco é mostrado como o forasteiro que é, porque *a própria cultura* na qual ele penetra, na África, o expulsa. Sem maldade, mas do modo como a natureza expulsa o que não lhe é apropriado. O homem branco é misterioso, uma força a ser considerada, mas ele não é enaltecido a ponto de os africanos desviarem a atenção de si mesmos e de sua imaginação e cultura. Que é o que geralmente acontece com a "literatura de protesto". O superficial se torna, por algum tempo, a realidade mais profunda, e substitui as águas plácidas do subconsciente coletivo.

Quando meu romance foi publicado, um importante periódico negro admitiu (o próprio editor) que o livro nunca fora lido; mas a revista veiculou uma nota afirmando que um crítico *branco* tinha elogiado o livro (o que, por si só, era uma indicação de que o livro não era bom, tal era a lógica corrente), e eles deram a entender que o crítico tinha gostado do livro por causa do meu estilo de vida. Quando escrevi ao editor para reclamar, ele me respondeu com um pequeno sermão sobre a importância da minha "reputação", do que era "bom" aos olhos dos outros. Desnecessário dizer, o que os outros "veem" de mim é a menor das minhas preocupações, e suponho que os "outros" sejam inteligentes o suficiente para se recuperar de quaisquer choques que minha presença ou escolhas de vida possam lhes causar.

Espera-se que escritoras se sintam intimidadas pela desaprovação masculina. O que elas escrevem não é importante o bastante para ser lido. Entretanto, o modo como vivem e a sua "reputação" são levados em consideração, e qualquer desvio será atribuído à toda a sua raça. Leia os motivos que Zora Neale Hurston deu para ter desistido da escrita. Veja que "reputação" a imprensa negra lhe deu, inocente como ela era. Eu não leio mais matérias ou resenhas, a menos que tratem exclusivamente da obra de um autor. Acredito que um dia surgirá uma geração de homens e mulheres que me perdoarão pelos erros que cometo ao não concordar com certas coisas e que lerão meu trabalho por ser um relato sincero de meus sentimentos, de minha percepção e de minha imaginação, e porque ele lhes revelará algo sobre si mesmos. Eles também serão livres para jogá-lo – e a mim – pela janela. Podem fazer o que quiserem...

Quando tiro um tempo para pensar no que estou fazendo com minha escrita, que rumo ela segue e assim por diante, quase nunca chego a uma conclusão. Isso acontece porque minha poesia é bem diferente dos meus romances (*A terceira vida de Grange Copeland* e um no qual estou trabalhando agora); por exemplo, *Once* é o que considero um livro "feliz", impregnado de um espírito de otimismo que ama o mundo e todas as manifestações de ternura nele contidas; não importa que ele tenha nascido da tristeza; *A terceira vida de Grange Copeland*, embora tenha algum humor e celebre a vida, é um livro pesado, no qual os personagens veem o mundo inteiro praticamente como uma ameaça. O otimismo que encerra o livro o torna diferente da maioria de meus contos, e o conteúdo político e pessoal de meus ensaios o tornam diferentes, por sua vez, de todo o resto. Logo, eu não classificaria meu trabalho, como fazem alguns críticos, como "gótico". Eu não o classificaria de jeito nenhum. Eudora Welty, ao explicar por que rejeita o rótulo de "gótica", diz que, para ela, o termo "gótico" evoca o sobrenatural, enquanto ela sente que seus escritos têm "relação com a vida real". Eu concordo com ela.

Gosto daqueles meus contos que mostram a plasticidade, a forma, a qualidade quase pictórica das palavras. Em "Roselily" e em "The Child Who Favors Daughter",[14] a prosa é poesia, ou prosa e poesia se unem para acrescentar uma nova dimensão à linguagem. Mas o que eu acrescentaria, acima de tudo, sobre o que quero dizer é: estou tentando chegar ao lugar onde a música negra já está; chegar àquele senso espontâneo de unidade coletiva; aquela naturalidade, aquela (mesmo que sofrida) beleza.

O escritor – assim como o músico ou o pintor – deve ser livre para investigar; caso contrário, ele ou ela nunca descobrirá o que (todos) precisam conhecer. Isso muitas vezes significa descobrir-se "inaceitável" por inúmeras pessoas que pensam que a obrigação do escritor é não investigar ou desafiar, mas apoiar o movimento das massas, qualquer que seja ele. No entanto, a dádiva da solidão pode vir a ser uma visão radical da sociedade ou do povo ao qual se pertence, uma visão que ainda não foi levada em conta. Acho que Toomer foi um homem solitário e andarilho, acostumado a ser tolerado e incompreendido – um homem que fez escolhas que muitos abominavam; e, ainda assim, *Cane* é uma grande recompensa; embora o próprio Toomer, provavelmente, nunca o tenha percebido.

Isso também se aplica a Zora Neale Hurston. É provável que ela seja mais honesta em seu trabalho de campo e em sua ficção do que em sua autobiografia, pois hesitou em revelar o quão diferente ela de fato era. É interessante refletir sobre qual teria sido o resultado e o impacto sobre as mulheres negras – desde 1937 –, caso elas tivessem lido e levado a sério *Seus olhos viam Deus*. Ainda seriam tão dependentes de coisas materiais – carros novos, peles, casarões, frascos e potes de creme facial – como são hoje em dia? Ou teriam, tendo aprendido com Janie que o materialismo é o garrote da alma, se tornado uma nação de mulheres imunes (na medida do possível numa sociedade ostensivamente consumista como a nossa) ao acúmulo de coisas, e conscientes, no seu íntimo, de que o amor, a realização enquanto mulher e a paz de espírito deveriam logicamente vir antes, não depois, de vender a alma por um banquinho dourado para se sentar? Sentar-se e ficar entediadas.

O livro de Hurston, embora pareça apolítico, é, na verdade, um dos romances mais radicais (sem ser panfletário) que temos. Apesar de eu viver envolvida, em meu íntimo, com questões religiosas – e pareço ter passado toda a minha vida me rebelando contra a Igreja e as interpretações que outras pessoas fazem do que é religião –, a verdade é que é provável que eu não acredite em Deus, embora também seja verdade que eu gostaria de acreditar. Com certeza não acredito que exista um deus além da natureza. O mundo é Deus. A humanidade é Deus. Como também uma folha ou uma cobra... Então, quando Grange Copeland se recusa a rezar no fim do livro, ele está se recusando a ser hipócrita. Por toda a vida ele odiou a igreja e não desperdiçou uma chance sequer de ridicularizá-la. Ele ensinou a sua neta, Ruth, o mesmo tipo de desprezo sarcástico. Contudo, ele aprecia a humanidade de homens e mulheres como um Deus que vale a pena abraçar. Para ele, o valor mais alto que uma pessoa pode alcançar é a humanidade plena, que é um estado de união com todas as coisas, e uma disposição para morrer (ou viver) de modo que o melhor que se produziu possa continuar vivo em outra pessoa. Ele "se acalentou em seus braços até o sono final" porque entendia que o ser humano é sozinho tanto na vida como na morte – sem nenhum deus a não ser ele mesmo (e o mundo).

Como muitas pessoas, eu oscilo em minhas convicções em relação a Deus, de tempos em tempos. Em minha poesia, pareço ser a favor; na minha ficção, contra.

A religião dos muçulmanos negros me intriga. Pelo que a conversão representa para as mulheres negras, especificamente, e pelo que a religião em si representa para o passado negro americano: nossa história, nossas "memórias raciais", nossa absorção do cristianismo, nossas *alterações* no cristianismo para adequá-lo às nossas necessidades. O que os novos rituais significam? Como essa nova religião vai deixar sua marca na consciência coletiva dos convertidos? As mulheres podem ser livres numa religião assim? Seria essa religião, na verdade, um anacronismo? Até o momento, tratei desse interesse em dois contos, "Roselily", sobre uma jovem que se casa com um jovem muçulmano porque ele lhe oferece respeito e segurança, e "Everyday Use", uma história que mostra respeito pela "militância" e programas agrícolas progressistas dos muçulmanos, mas, ao mesmo tempo, revela ceticismo em relação a um jovem que declara proximidade com os muçulmanos porque admira a retórica. A situação permite que ele reconheça seu desprezo pelos brancos, acreditando que o grupo inteiro se resume a isso.

Em outros contos, estou interessada no cristianismo como uma ferramenta imperialista usada contra a África ("Diary of an African Nun") e no vodu usado como arma contra a opressão ("The Revenge of Hannah Kemhuff"). Encaro todas essas como questões religiosas.

O poema "Revolutionary Petunias" não tinha um título quando me sentei para escrevê-lo. Eu queria criar uma pessoa envolvida na batalha final contra seu opressor, e que tivesse vencido, mas que, de todas as outras formas, fosse "inadequada". No poema, Sammy Lou é tudo o que ela não deveria ser: por exemplo, seu nome é Sammy Lou; é esposa de um fazendeiro; trabalha nas plantações. Vai à igreja. As paredes de sua casa não contêm quaisquer sinais de sua negritude – embora esta se revele sozinha; qualquer um que entrasse na casa vazia de Sammy

Lou saberia que ela era negra. Ela é tão incrivelmente "inadequada" que só se diverte quando vários poetas e cantores *folk* se apressam em imortalizar seu heroísmo em poemas e canções. Ela não pensou que matar seu opressor seria visto dessa forma. Pensou – e eu a imagino alta, magra, negra, com cabelo curto, mal alisado e dentes tortos – que matar nunca seria considerado heroico. Sua reação, após matar aquele branquelo, seria olhar para o céu e não rezar ou pedir perdão, mas dizer, como quem fala com um amigo: "Deus, você conhece meu coração. Eu nunca quis ter de matar ninguém. Mas não consegui resistir, como Jó. O que eu fiz me custou mais do que sou capaz de suportar".

Sammy Lou é tão "inadequada", que dá aos filhos nomes de presidentes e primeiras-damas: ela nomeia um deles em homenagem ao fundador da igreja Metodista. Para Sammy Lou, isso não significa uma limitação de sua negritude; significa que ela pensa que é tão negra que pode absorver – e mudar – todas as coisas, uma vez que todo mundo sabe que uma Jackie Kennedy de pele escura ainda carrega semelhança apenas com sua tia-avó, Sadie Mae Johnson.

Mas a coisa mais "inadequada" sobre Sammy Lou é ela adorar flores. Mesmo a caminho da cadeira elétrica, ela diz a seus filhos para regá-las. Isso é crucial, pois ouvi de um de nossos visionários culturais que, sempre que você ouvir uma pessoa negra falando sobre as belezas da natureza, aquela pessoa não é de jeito nenhum um preto, mas um Crioulo. Isso é dito como um comentário maldoso, e o é. Agride todo o povo negro da Geórgia, do Alabama, do Mississipi, do Texas, da Louisiana; na verdade, atinge a mãe de quase todo mundo. Sammy Lou, é claro, é tão "inadequada" que nem sequer sabe o quanto é ridícula por amar as flores que desabrocham em torno de sua casa cinza e feia a não mais poder. Para ser "adequada", deveria considerar uma obrigação deixar que a feiura reinasse. Que é o que pessoas "inadequadas" como Sammy Lou se recusam a fazer.

Na realidade, esse poema pretendia honrar (como Toomer homenageou as pessoas sobre as quais ele escreveu em *Cane*, que eram tão "inadequadas" quanto se pode ser) a pessoa negra mais "inadequada" que eu conseguisse, e celebrá-la como minha – em pé de igualdade, se não acima, dos santos mais venerados da revolução negra. Parece nossa sina ser inadequados (veja onde moramos, por exemplo) e permanecer em nossa inadequação.

Embora Sammy Lou seja mais uma rebelde do que uma revolucionária (pois é preciso mais de uma para se fazer uma revolução), eu chamei o poema de "Revolutionary Petunias" porque – quando se olha para o tipo de pessoa que ela é de um ponto de vista histórico – ela não está isolada. Ela é parte de uma revolução em curso. Qualquer revolução negra, em vez de considerá-la "inadequada", terá de honrar seu ato único de rebelião.

Uma outra razão de eu ter dado este título ao livro é que eu gosto de petúnias e gosto de cultivá-las, porque podem ser plantadas em qualquer tipo de solo e elas florescem em profusão – o que me parece exatamente o que as pessoas negras tendem a fazer. (Veja os músicos do *jazz* e do *blues*, os cantores cegos de lugares como Turnip, no Mississipi, poetas, escritores e todas as pessoas que você vê florescer por aí, que – baseando-se em todas as evidências visíveis – conseguiram desabrochar se alimentando de ar como se fosse pão e bebendo água lamacenta como se fosse esperança). Pensei também nas petúnias que minha mãe me deu quando minha filha nasceu e na história (quase uma parábola) que ela me contou sobre as flores. Há 37 anos, minha mãe e meu pai estavam voltando para casa em sua carroça – na época, minha mãe estava grávida, esperando um de meus irmãos mais velhos – e passaram por uma casa abandonada na qual só restava um arbusto de petúnia cor de lavanda, florescendo no quintal (provavelmente para fazer companhia a si mesma), e minha mãe disse "Pare! Deixe-me pegar aquele arbusto de petúnia". E meu pai, resmungando, parou, e ela pegou o arbusto, e eles foram para casa, e ela o colocou num toco grande do quintal. A petúnia nunca murchou, só cresceu e floresceu. Toda vez que minha família se mudava (digamos, uma dúzia de vezes), ela levava sua petúnia. E, 37 anos depois, ela me trouxe um ramo daquele primeiro arbusto. Nunca tinha morrido. A cada inverno, mantinha-se dormente, quase morto, mas voltava a cada primavera, mais forte do que nunca.

O que ressalta a importância dessa história para mim é o seguinte: petúnias modernas não vivem para sempre. Elas morrem a cada inverno, e, na primavera seguinte, você precisa comprar flores novas.

De certa forma, o livro inteiro é uma celebração das pessoas que não se esforçam para preencher nenhum molde racial ou ideológico. Estão todas gritando: Pare! Quero pegar aquela petúnia!

Elas sofrem por causa disso. Dizem-lhes que não pertencem, que não são desejadas, que sua arte é desnecessária, que ninguém "apropriado" amaria o que elas amam. A resposta é a resistência, sem grandes comentários; apenas a consciência firme de que elas estão num ponto em que, com um pequeno desvio de caráter, podem se perder, e que o florescer que elas buscam pode secar no inverno do autodesprezo. Essas pessoas não se comparam com outras pessoas negras ou brancas; pelo contrário, aprendem a se comportar e a falar na presença de Du Bois, Hurston, Hughes, Toomer, Attaway, Wright e outros, e, quando querem gritar suas dores, esses espíritos as consolam. Elas sabem que as visões que as projetaram falavam de um futuro em que todas as pessoas – e também as flores– podem florescer. Elas exigem que, em meio às batalhas mais sangrentas ou à revolução, esse pensamento não seja esquecido.

Quando me casei com meu marido, havia uma lei que dizia que não era permitido. Quando nos mudamos para o Mississipi, três anos depois do linchamento de Cheney, Schwerner e Goodman,[15] era crime passível de punição uma pessoa branca e uma negra de sexos diferentes coabitarem numa casa. Mas, na época, eu senti, assim como agora, que para ser capaz de viver de alguma forma nos Estados Unidos eu precisava não ter medo de morar em qualquer lugar, e deveria ser capaz de viver do jeito que eu quisesse e com quem eu escolhesse. Do contrário, eu teria de partir. Se a sociedade (negra ou branca) diz "então você deve ser isolada, uma pária", então serei uma ermitã. Amigos e familiares podem me deserdar, mas os mortos – Douglass, Du Bois, Hanberry, Toomer e o restante – são um público cativo... Esses sentimentos estão em dois poemas, "Be Nobody's Darling"[16] e "While Love is Unfashionable".

"For My Sister Molly Who in the Fifties" é um poema bem verdadeiro. É de fato sobre uma das minhas irmãs, uma garota estudiosa, brilhante, que se tornou um daqueles prodígios negros – que colecionava bolsas de estudos como cupons de desconto e viajava pelo mundo inteiro. (Nossa cidade natal nem sequer tinha escola de ensino médio quando ela nasceu). Quando ela vinha nos visitar na Geórgia, era, no início, como se todos os dias das férias dela fossem Natal. Ela adorava ler e contar histórias; me ensinava canções e danças africanas; cozinhava pratos elaborados que pareciam qualquer coisa, menos a velha comida de trabalhadores rurais. Eu a amava tanto, que foi um grande choque – e um choque do qual não espero me recuperar – descobrir que ela tinha vergonha de nós. Nós éramos tão pobres, cobertos de poeira e queimados de Sol. Nós falávamos errado. Não sabíamos nos vestir ou usar os talheres corretamente. E, então, ela se afastou, e eu não entendi. Só mais tarde percebi algo que, às vezes (talvez), se torna difícil demais suportar: ver seu lar e sua família – maltrapilha e aparentemente sem esperança – através dos olhos de seus novos amigos e de estranhos. Ela sentia – por sua própria saúde mental – que a distância que nos separava do resto do mundo era grande demais; ela não conseguia unir as duas pontas. Ela entendeu o quanto era frágil.

Comecei a escrever esse poema com muita raiva; mágoa, na verdade. Pensei que poderia escrever um poema muito maldoso. Contudo, mesmo no primeiro rascunho, não foi bem o que aconteceu, o que é uma das melhores coisas da poesia. O que você realmente sente, debaixo de todo o resto, vai se revelar. Sua tarefa não é retorcer esse sentimento. Então, embora estar com ela hoje em dia seja doloroso demais, cheio de memórias com as quais nenhuma de nós se sente confortável, eu ainda mantenho (e espero que ela também), em memórias que vão além das más recordações, o retrato da irmã que eu amava, "Que caminhava por entre as flores e as trazia para dentro de casa, que tinha um aroma tão bom quanto o delas, e era igualmente reluzente".

Esse poema (e minha irmã recebeu o primeiro rascunho, que é só dela, e é assim que eu gostaria que ela se relacionasse com ele) passou por cinquenta rascunhos (no mínimo) enquanto trabalhei nele, indo e vindo, por cinco anos. Isso nunca tinha acontecido antes e não se repetiu desde então. Sobre a forma como ele é construído, não sei dizer além de que, à medida que eu o escrevia, versos e palavras iam, no papel, para um lugar comparável ao que eles ocupavam em minha cabeça.

Na realidade, suponho que minha imensa reação aos poemas de William Carlos Williams, Cummings e Basho me convenceu de que a poesia é mais próxima da música – no meu caso, do *jazz* de improvisação, em que cada pessoa sopra a nota que ouve – do que de uma catedral, com cada pedra em um lugar específico, predeterminado. Se os versos são longos ou curtos, isso depende da demanda de cada poema. Como as pessoas, alguns poemas são magros, outros são gordos.

Pessoalmente, prefiro versos curtos, magros, que sempre são como pintar o olho de um tigre (como Muriel Rukeyser explicou uma vez). Você espera até que a visão e a energia estejam certas, e, então, você escreve o poema. Se tentar escrevê-lo antes de ele estar pronto para ser escrito, você se vê acrescentando listras em vez de olhos. Se houver listras demais, o tigre desaparece. Você pintará uma fotografia (que é o que está errado com o poema "Burial"), em vez de criar uma nova forma de ver.

Os poemas que dão errado vão sempre assombrar você. Sou assombrada pela "Ballad of the Brown Girl" e por "Johann", em *Once*, e acho que serei assombrada por "Nothing is Right", em *Revolutionary Petunias*. Os dois primeiros são desonestos, e o último, banal.

O poema "The Girl Who Died #2" foi escrito depois que eu soube do suicídio de uma aluna da faculdade onde estudei. Aprendi, com os "irmãos e irmãs" aparentemente culpados da menina morta, que ela tinha sido perseguida constantemente por ser tão "inadequada"; ela pensava que poderia ser uma negra *hippie*. Para completar, tentaram fazer dela uma traidora, porque ela se recusava a limitar seu interesse apenas aos homens negros. De qualquer forma, era uma moça bonita. Uma de suas poucas amigas me mostrou uma fotografia dela. Era pequena e de pele amarronzada, do Texas, longe de casa pela primeira vez, tentando levar uma vida com a qual pudesse lidar. Tinha tentado se matar duas ou três vezes antes, mas imagino que seus irmãos e irmãs não tenham achado "certo" reagir com amor e atenção, uma vez que todo mundo sabe que é "errado" sequer pensar em suicídio, se você é uma pessoa negra. E, é claro, pessoas negras não se suicidam. Apenas pretos e crioulos se suicidam. (Veja: "The Old Warrior Terror": guerreiros, vocês sabem, sempre morrem no campo de batalha.) Quando vi a foto, disse que gostaria de ter estado lá para conversar com ela. Quando a faculdade me convidou para fazer parte do Conselho, o rosto dela que me convenceu. Eu não sabia nada sobre conselhos e nunca confiei neles de verdade; mas sei ouvir reclamações muito bem... Eu acredito na escuta – direcionada a uma pessoa, ao mar, ao vento, às árvores, mas, especialmente, a jovens mulheres negras cujo caminho pedregoso ainda estou percorrendo.

1973

Uma carta à editora da revista Ms.

Percebi na Conferência Nacional de Organizações Feministas Negras que fazia muito tempo desde a última vez que eu tinha me sentado numa sala cheia de mulheres negras e, sem o medo de ser levada a me sentir excêntrica, falado de coisas importantes para mim. Nós nos sentamos juntas e conversamos, sabendo que ninguém pensaria, ou diria, "suas ideias são perigosas para a união negra e uma ameaça aos homens negros". Em vez disso, todas as mulheres compreenderam que nos reunimos para garantir o entendimento mútuo entre mulheres negras, e que o entendimento entre mulheres não representa uma ameaça a ninguém que pretende tratar as mulheres de forma justa. Assim, o ar estava leve e vibrante com o som das vozes livres, enfim, para falar a ouvidos que não começariam automaticamente a se fechar. E para ouvir Shirley Chisholm[17] falar: sentir a história resumida em poucos minutos e cantar "Nós amamos Shirley!" – uma demonstração entusiasmada de nosso carinho, demonstração que não pudemos dar a Sojourner Truth, Harriet Tubman ou Mary McLeod Bethune. Para vê-la tão pequena, tão impecável em seus trajes, em seu discurso e em sua lógica, e tão negra, e pensar nela concorrendo à presidência deste país, um país que tem, o tempo inteiro, tentado destruí-la. Era como se, na verdade, os rostos daquelas outras mulheres estivessem rentes à pele do rosto de Shirley Chisholm. E, mais tarde, na mesma reunião geral, com todas aquelas mulheres negras e sendo uma entre elas, pensei em todas as perguntas a nosso respeito que eu vinha me fazendo.

Durante quatro ou cinco anos, tenho observado os rostos de jovens, homens e mulheres negras, quando saem das salas de cinema da cidade, rostos vindos de famílias e lares do Sul, ou seja, lares honestos, cristãos, que tentam melhorar de condições, com mães e pais respeitados. Eu os observava, com a inocência e a determinação de crescer mescladas em seus corpos, reagindo a imagens de mulheres e homens negros que nunca tinham visto antes. Eu os vejo vacilar, oscilar e se pavonear para longe dos embalos de Sweetback...[18] um olhar sem esperança nos rostos das moças, certa crueldade ou ar de desprezo despontando por trás da inocência nos semblantes dos rapazes. E me pergunto: Quem vai parar de enxovalhar o caráter da mulher negra? Quem vai encorajar a ternura que tenta florescer nos rapazes negros? Quem vai se levantar e dizer:

"as mulheres negras, pelo menos, já aguentaram demais!". E comecei a sentir, na conferência, que, sim, há mulheres negras que farão isso.

Então olhei mais uma vez para o rosto de Shirley Chisholm (que eu nunca tinha visto fora da televisão) e fiquei contente por ela ter registrado suas lutas políticas e sociais, pois nossas grandes mulheres costumam morrer na pobreza e sob o peso da difamação, e são logo esquecidas. E fiquei pensando em como estudamos pouco qualquer um de nossos ancestrais, e como é quase nulo nosso estudo sobre as ancestrais femininas... e me pergunto: Quem irá proteger da negligência e da difamação as mulheres que mantiveram limpa e forte nossa imagem de mulheres negras? E ali, na conferência, encontrei mulheres que estão dispostas a fazer esse trabalho.

E é claro que pensei em Frederick Douglass. E descobri que o jornal *dele* teria tido satisfação em cobrir nossa conferência, pois somos mulheres, somos negras e temos a intenção de ser tão livres quanto qualquer um. Ele entendeu que não cabe ao escravizado garantir que sua insurreição seja apropriada ou "correta". É da natureza do oprimido se rebelar contra a opressão. Ponto. Mulheres que queriam seus direitos não o assustavam, política ou socialmente, porque ele sabia que seus direitos não seriam diminuídos pelos delas. Tenho certeza de que ele teria enviado alguém de seu jornal para ver que temas – aborto, esterilização, direitos de bem-estar social, mulheres no movimento negro, mulheres negras nas artes e assim por diante – estávamos discutindo. Eu não acho que ele teria entendido – não mais do que eu – o motivo de não haver nenhum representante de revistas e jornais negros na conferência. Mulheres negras não são notícias negras?

E, então, quando voltei para casa, fiquei olhando a foto de Frederick Douglass na parede. E me perguntei: Onde está sua foto de Harriet Tubman, a general? Onde está seu desenho de Sojourner Truth? E pensei que se as mulheres negras começassem a fazer perguntas como essas, logo elas – todas elas – teriam de começar a reivindicar o reconhecimento de suas mães e avós – e que aprendizado isso nos traria!

Quando revisitamos nossa história, fica claro que fomos negligentes e salvamos apenas aquelas pessoas com maior potencial de nos ajudar. Porque, não importa o que digam, são as palavras da mulher negra que têm maior significado para nós, suas filhas, porque ela, como nós, experimentou a vida não apenas como uma pessoa negra, mas como uma mulher; e ser Frederick Douglass era *diferente* de ser Harriet Tubman – ou Sojourner Truth, que só "se parecia com um homem", mas deu à luz seus filhos e os viu ser vendidos para a escravidão.

Pensei nas mulheres negras poetas e escritoras cujos livros – até hoje – saem de circulação enquanto outras obras sobre todas nós, menos valiosas se mais "lucrativas", sobrevivem para nos insultar com suas "verdades" mal interpretadas e mal contadas. Uma coisa que me parece muito simples é o fato de que, para saber quem somos, devemos saber os nomes de nossas mães. E, ainda assim, nós não sabemos. Ou, quando sabemos, sabemos apenas os nomes, mas não conhecemos suas vidas.

E pensei na montanha de trabalho que as mulheres negras precisam fazer. Nós temos de trabalhar como se fôssemos a última geração capaz de trabalhar – pois é verdade que a noção que temos da importância do passado, sem dúvida, morrerá conosco, e as gerações futuras terão de cambalear no escuro, por um terreno que deveríamos ter preparado.

Alguém afirmou, de forma retórica, que somos as únicas "verdadeiras rainhas do universo". Não quero ser uma rainha, porque rainhas são opressoras, mas, ainda assim, me ocorreu a ideia de que qualquer verdadeira rainha conhece nomes, palavras e ações de outras rainhas de sua linhagem e é muito precisa em relação à sua história. Penso que podemos renunciar ao uso de uma coroa até que tenhamos, pelo menos, começado a fazer o nosso trabalho direito.

Pensei em amigas cujas ideias não diferem muito das minhas, mas que decidiram não ir à conferência por causa do medo. Medo das críticas de outras pessoas negras (que, presumo, consideram o silêncio um sinal de solidariedade) e medo da presença de lésbicas. Sem dúvida, as críticas virão, mas o que podemos fazer? Nada, a não ser continuar a trabalhar. Quanto às lésbicas – uma lésbica negra sem dúvida seria uma mulher negra. Isso me parece muito simples. De qualquer modo, tudo que encontrei foram outras mulheres negras, minhas irmãs, valiosas além de qualquer medida, cada uma delas.

E falamos, debatemos e cantamos para Shirley Chisholm, aplaudimos Eleanor Holmes Norton, tentamos acompanhar as composições de Margaret Sloan e vibramos com as histórias de Flo Kennedy. E rimos um monte e discutimos um pouco. E nos divertimos.

1974

Quebrando correntes e estimulando a vida

Quatro histórias:

1.

Quando eu morava no Brooklyn, recebi uma ligação, às duas da manhã, de uma mulher negra que tinha me convidado para fazer uma leitura em sua escola. Na verdade, eu tinha passado uma noite na casa que ela dividia com a sua namorada, uma mulher não negra, vinda de um país de Terceiro Mundo, e foi muito agradável.

Entre as preliminares desta conversa estava a notícia de que ela e sua companheira tinham terminado, e se eu sabia que eu era bonita e meus olhos, tristes.

Ela havia ouvido falar que eu planejava me mudar para São Francisco. Ela pretendia fazer o mesmo. Na verdade, ela pretendia "me assombrar". Acampar na minha porta.

– Eu não recomendaria isso – avisei.

Bom, em todo caso, ela havia lido meu trabalho, usado-o em sala de aula e concluído que eu não estava no que escrevia. Ela deu a entender que eu era uma fraude.

– E mais uma coisa, por que você escreve sobre lésbicas de forma tão condescendente?

– O quê?

– Bem, eu acho que você não faz uma representação justa das mulheres negras. Sei mais sobre mulheres negras do que você nunca saberá. Eu acho...

– Eu não dou a mínima para o que você acha. – E desliguei.

2.

Falo sobre estética feminista para uma turma de trinta pessoas. Uma mulher branca diz:

– Eu adoraria trabalhar com mulheres negras e do Terceiro Mundo, mas sou uma separatista.

– Uma o quê?

– Bem, mulheres negras e do Terceiro Mundo sempre parecem estar conectadas a algum homem. Uma vez que sou separatista, isso significa que não posso trabalhar com elas. O que você sugere que eu faça?

– Pessoalmente, eu não pretendo desistir de Stevie Wonder e de John Lennon de jeito nenhum – respondo – mas você deveria fazer o que quiser, o que, obviamente, não é trabalhar com mulheres negras e do Terceiro Mundo.

Minha filha, sentada ao meu lado, ergue os olhos de seu romance de Rosa Guy.

– Mãe – ela sussurra, chocada, – só há uma outra mulher negra aqui.

Ela sabe que meu lema é: "Nunca seja a única, a não ser, possivelmente, em casa."

Essa mulher negra solitária, certamente enfurecida por sua situação de isolamento na turma, irritada por nós duas, num ambiente "separatista" como este em que só servimos como diversão e entretenimento, me ataca duramente, como se tentasse extinguir sua dor por estar ali.

3.

Uma amiga lésbica que tentou "me tirar do armário" em duas ocasiões antes de aceitar a amizade que eu oferecia me conta que está acontecendo um racha na militância negra lésbica.

– Ah, é?

– Sim. Entre mulheres-negras-que-priorizam-mulheres e mulheres-brancas-que-priorizam-mulheres-negras.[19]

– E quem define isso?

– Bom, existem essas mulheres negras que namoram brancas e as levam para as reuniões, e é só perturbação. Nós só temos tempo e dinheiro para tentar resolver nossos próprios problemas e acabamos desperdiçando-os debatendo a respeito delas.

Apesar disso, a sua atual namorada é uma mulher branca. Ela me conheceu enquanto eu estava num casamento interracial.

Nós suspiramos.

Dois pensamentos me vêm à mente. Primeiro um, arrogante: mulheres negras são conhecidas por amar quem elas bem querem e às vezes até quem não querem. Então, um menos arrogante: mulheres negras amam quem as ama.

4.

Estou fazendo meditação num centro em Oakland. Uma mulher negra, que conheci recentemente, de quem gostaria de me tornar amiga, me convida para ir à casa dela depois da atividade. Ela diz:

– Você viu a quinta edição da *Conditions: The Black Women's Issue*?[20]

– Não, não vi – Respondo animada. – Você tem ela aí?

– Eu comprei – ela comenta.

– Boa, não me deixe ir embora sem dar uma olhada.

– Você vai se decepcionar.

– Por quê?

– Os textos são mal escritos.

– Sério?

– E a edição está mal organizada.

– Ah, não!

– E está cheia de lésbicas.

– Hummm. Bem, não deixe de me mostrar.

Mas ela se esquece e ainda assim me diz, uma hora depois, quando estou indo embora: Você vai se decepcionar.

> Se eu não tivesse ajudado minha irmã
>
> Eles teriam colocado aquelas correntes em mim!
>
> – Niobeth Tsaba, *Song of a Sister's Freedom*

Uma das coisas mais animadoras e mais saudáveis que aconteceu recentemente na comunidade negra foram as lésbicas – saindo do armário. A revista *Conditions: Five. The Black Women's Issue* (que também inclui o trabalho de muitas não lésbicas) reflete essa realidade com poder, inteligência e estilo. Há poemas, ensaios, resenhas de livros (*Nappy Edges*, de Ntozake Shange,[21] *Black Macho and The Myth of Superwoman*, de Michele Wallace, e *A unicórnia preta*, de Audre Lorde), trechos de diários e partes de romances em andamento. Ler essa antologia não é diferente de ver mulheres quebrando correntes com suas próprias mãos.

"Esta bobagem não deveria ser encorajada", um jovem estudante e crítico afirmou em 1975 numa resenha do romance lésbico *Loving Her*, de Allen Shockley, publicada na agora extinta revista *Black World*. A intimidação patriarcal nessa afirmação nos atinge, e uma vez que o crítico provavelmente é bem mais jovem do que Shockley (que durante muitos anos foi bibliotecária na universidade de Fisk), é surpreendentemente desrespeitoso com a vida dela. Com certeza as mulheres negras conquistaram seu direito de escrever sobre qualquer coisa que queiram, e desrespeitar esse direito revela uma antipatia tão intensa por nós que toda a história registrada não pode, aparentemente, limitá-la. Dizer que a escrita de uma lésbica negra é bobagem porque ela expressa sua percepção da existência é tão presunçoso quanto a crença de que a lesbianidade[22] desaparecerá se as pessoas negras pararem de encorajá-la.

Em um ensaio inestimável publicado na *Conditions: Five* intitulado "The Black Lesbian in American Literature: An Overview", Shockley afirma: "Até recentemente não havia quase nada escrito por lésbicas negras ou sobre elas na literatura do Estados Unidos – um vazio que significava que a lésbica negra era uma não entidade na imaginação, assim como na realidade. Essa mulher negra única, análoga ao *Homem invisível* de Ralph Ellison, era vista, mas não a viam pois havia algo que os olhos não queriam enxergar."

Os "olhos não queriam enxergar" mulheres amando mulheres de uma forma primária ou sexual, e por isso Shockley comenta que até escritoras negras que poderiam ter escrito romances, contos ou até resenhas de obras, ao invés de não escreverem nada, decidiram se unir àqueles que concordam, geralmente de um jeito sutil, que "essa bobagem não deveria ser encorajada". Ela mostra como as lésbicas negras são representadas negativamente nas obras de várias autoras negras contemporâneas e como tais descrições reforçam estereótipos antilésbicos que já prevalecem na comunidade negra.

De acordo com Shockley: "É minha convicção que aquelas escritoras negras que poderiam escrever bem e com perspicácia suficiente para justificar sua publicação, em vez disso optam por escrever sobre o meio social de mulheres negras heterossexuais. *A preferência foi estimulada pelo medo de ser rotulada como lésbica, mesmo que em alguns casos elas não fossem*" (itálicos meus).

Acho que a crença de Shockley é em grande parte verdade e, por causa disso, muitas escritoras negras, que têm responsabilidade com a verdade e com as nossas crianças (que, pelo que sabemos, podem ser gays ou lésbicas, como nós podemos ser ou nos descobrir: não nascemos assim, mas não estamos mortas) desistiram, dando a entender com seu silêncio ou representações negativas e estereotipadas de lésbicas negras: "Essa besteira não deveria ser encorajada."

Ainda assim, como Audre Lorde afirma no poema citado por Gloria Hull no prefácio de *Conditions: Five*:

> Se falarmos ou não,
> A máquina vai nos triturar em pedaços...
> E também sentiremos medo
>
> Seu silêncio
> não vai
> te proteger

Barbara Smith e Lorraine Bethel fazem essa observação de forma arrepiante na introdução. Enquanto elas compilavam o material para este volume em New Haven e Boston, *entre 29 de janeiro e 28 de maio de 1979, doze mulheres negras foram sistematicamente perseguidas e brutalmente assassinadas nas comunidades pobres de Boston.* "Enquanto estávamos trabalhando para criar uma celebração da vida das mulheres negras, nossas irmãs estavam morrendo. A tristeza, o medo e a raiva, assim como a necessidade inesperada de fazer um trabalho político em relação aos assassinatos, afetaram cada aspecto de nossas vidas, incluindo o trabalho na *Conditions: Five*. O assassinato de mulheres negras bem ali onde vivíamos tornava claríssima a... necessidade de uma publicação como essa e de um movimento feminista negro totalmente contrário à violência contra nós e ao extermínio de nossas vidas em todo e qualquer nível."

Um dos textos mais extraordinários em *Conditions: Five* é um trecho dos diários de Beverly Smith que estava quase perdido. Ela descreve sua presença no casamento pomposo de alta classe social de sua amiga íntima J., "disfarçada como uma 'garota' negra legal, hétero e de classe média".

Ela está irrecuperavelmente perdida para mim e eu para ela. Ela está se casando e uma vez que sou uma sapatão, sou repugnante para ela. Ela expressou seus sentimentos em relação à homossexualidade em várias ocasiões. (Eu não uso mais os termos homossexual ou homossexualidade para me referir a lésbicas).

Duas últimas coisas e não falo mais nisso. Na noite passada eu estava no segundo andar depois de ir ao banheiro (devo ter ido umas quatro vezes, eu estava me escondendo e tentando manter minha sanidade). Fui ao banheiro onde J., suas outras damas de honra e Susan (a esposa de um amigo de H.) estavam conversando. J. falava do que ainda precisava ser feito e de seus sentimentos em relação ao casamento. A maioria deles era ansiedade, se tudo ficaria bem. Mas num determinado momento ela disse algo para criar uma situação: "Parece estranho. Nós estivemos juntas durante nossas vidas inteiras [as três amigas] e depois de amanhã não estaremos." As amigas garantiram que ainda fariam parte da vida dela. Ah! Sei muito bem. Ela será propriedade de H. daqui por diante. Acaba de me ocorrer que festejar um casamento é como comemorar ser vendida para a escravidão. Sim, estou generalizando demais (só estou 90-95% certa), mas, neste caso, tenho certeza.

Uma evidência disso. Ontem no ensaio, J. estava no quarto andar gritando com alguém. H. berrou com ela: "J., não grite!", J. respondeu, se defendendo, e H. a interrompeu dizendo bruscamente: "J.!", como se repreendesse uma criança ou um cachorro. Fiquei enjoada. Essa é a essência. Ele tentará fazer dela sua escrava, sua filha e, em resumo, sua esposa.

As únicas pessoas por quem Smith sentia simpatia no casamento eram os empregados do bufê.

Logo depois de seu próprio casamento, uns anos antes, Smith queimou todos os diários que tinha escrito, "em parte porque senti que não tinha um lugar seguro – longe de meu marido – para guardá-los e em parte porque um dos meus deveres naquele casamento era esquecer quem eu fui antes dele". Durante quatro anos ela manteve inéditas suas anotações sobre o casamento de J., um texto crucial sobre a experiência de mulheres negras, até que o apoio de outras feministas e lésbicas negras a permitiram lidar com isso.

Lendo o relato cortante, às vezes sarcástico, que Smith fez do casamento ("Eu mencionei que isso está assustadoramente mal organizado? Tudo um caos. Mas não tenho dúvida que será um sucesso. Infelizmente.") penso noutra sapatão da Nova Inglaterra (que, pelo que eu sei, pode ter desmaiado diante do uso dessa palavra), Angelina Weld Grimké (1880-1958), que, de acordo com o comovente ensaio de Gloria Hull "Under the Days: The Buried Life and Poetry of Angelina Weld Grimké", nunca foi capaz de declarar publicamente seu amor por mulheres, nem mesmo para as próprias. E que, embora considerada uma boa poeta "menor" pelos críticos, que eram tão condescendentes quanto o são agora, publicou muito pouco, e o que o fez foi mutilado pelas suas tentativas de camuflar a verdade.

> A questão... é: o que significa ser uma poeta/*lésbica* negra nos Estados Unidos no começo do século XX? Primeiramente, significava que você escrevia (ou escrevia em parte) – em isolamento – não mostrava muito do que fazia e sabia que poderia não ser publicada. Isso significava que, quando você escrevia para publicar, o fazia usando algemas, acorrentada entre a experiência real da qual gostaria de falar e as convenções que não lhe dariam voz. Isso significava que você criava uns poucos poemas sobre raça e natureza, letras transliteradas e versos numa língua dupla que – às vezes (sendo o racismo o que é) – eram publicados. Isso significava, finalmente, que você parava totalmente de escrever, morrendo, sem dúvida, com seus verdadeiros dons sufocados dentro de você – e deixando para trás (em raros casos) um pouco do seu verdadeiro eu – em pedaços fugitivos para sobreviver.

E a troco de quê?

Para que, cinquenta anos depois, um homem negro possa dizer, com grande parte da comunidade negra ecoando a sua hostilidade em relação às expressões inestimáveis da vida de uma mulher negra: "Essa besteira não deveria ser encorajada."

Grimké escreveu:

> Os dias pesam sobre mim;
>
> ...
>
> Eles me tampam Eles esmagam Eles sufocam.
>
> Quem vai me encontrar
>
> Embaixo dos dias?

A vida de Grimké foi de fato enterrada. Ela era sufocada pelos "dias" que não a encorajavam, e "não tinha sobrado espírito para nos deixar". Diferentemente de sua contemporânea Alice Dunbar-Nelson, poeta e jornalista – casada com Paul Laurence Dunbar e amante de homens e mulheres, que conseguiu sustentar seu eu inteiro numa escrita não publicada que ela organizou para publicação póstuma, Grimké estava derrotada. Esmagada. "É uma lição", afirmou Hull, "cujo significado cada pessoa interpretará como lhe convier e for capaz. O que ela me mostrou é que nós devemos trabalhar, escrever e viver para que aquelas que são como ela nunca tenham que passar pelas mesmas coisas."

No ensaio de Shockley sobre a ausência de mulheres negras na literatura dos Estados Unidos, ela citou a resposta de Muhammad Ali a uma repórter do *Amsterdam News* que pediu a ele que comentasse o ERA (*Equal Rights Amendment*)[23] e a equalização de oportunidades econômicas. Ali respondeu: "... algumas profissões não deveriam ser oferecidas a mulheres, porque elas não conseguem lidar com determinados empregos, como trabalhar na construção civil. Talvez as lésbicas, não as mulheres."

Uma mulher negra, talvez (digamos) nossa filha, precisa trabalhar. Tem de trabalhar. Quer trabalhar. Quer trabalhar na construção civil. Ela lê a declaração de Ali e sabe que toda a comunidade dela respeitará e acreditará no que ele diz. O espírito de nossa filha está despedaçado. Se ela aceita o emprego, é de cabeça baixa, seus ombros encolhidos contra os ataques ignorantes. Se ela não aceita o emprego, vai passar fome, recorre a programas assistenciais ou é facilmente derrotada por um mundo que, de todo modo, prefere negros com os espíritos partidos.

Neste comentário Ali enfraquece a fé de nossa filha na completude de suas ancestrais maternas (acaso não seriam nossas bisavós escravizadas, para quem o trabalho de construção civil sem dúvida pareceria fácil, mulheres?), ameaça a existência dela no presente e limita o seu futuro. Com certeza, se ele acorrentasse seu corpo, teria acorrentado seu espírito. E com nosso silêncio, nosso medo de ser rotuladas como lésbicas, nós ajudamos a manter tudo como está. *E isso é imperdoável.* Porque nós sabemos, embora não saibamos de outras coisas e tenhamos medo de adivinhar, que lésbicas negras são mulheres negras. Está em nosso poder dizer que os dias de impunidade para a intimidação das mulheres acabaram.

Uma vez fui repreendida porque escrevi que os críticos de Zora Neale Hurston disseram que ela "deveria ter sido" bissexual, pois ela tinha um grande apetite sexual. "Nunca vi isso impresso", disse a pessoa que me criticou. Eu respondi que nossa tradição oral, que funciona tão bem como sempre, acaba com as reputações de mulheres negras bem-sucedidas em festas no quintal. Para mulheres negras, a fofoca maliciosa (elevada ao status de "notícias" nos exemplos tristes de Hurston e Nella Larsen) é a crítica que prejudica nossas vidas e nosso trabalho, que, por sermos mulheres, raramente é considerado a partir das nossas condições.

Durante os anos 1960 meu trabalho foi desconsiderado por vários críticos negros "por causa do meu estilo de vida", um eufemismo para o meu casamento interracial. Em conferências de literatura negra, ele era analisado de forma corriqueira, sob a luz desse matrimônio "traidor", pelos próprios críticos que em geral eram interracialmente casados e que, além disso, se apegavam a cada palavra de Richard Wright, Jean Toomer, Langston Hughes, James Baldwin, John A. Williams e LeRoi Jones (para citar alguns), e todos os quais tiveram, em algum momento de suas vidas, relacionamentos interraciais, sejam de cunho legal ou de formas mais do que casuais. Claramente não foram as relações interraciais que incomodaram os críticos, mas que eu, uma mulher negra, ousasse exercer a mesma prerrogativa que eles. Enquanto está tudo bem para o homem negro abraçar outro homem negro, mulheres negras, mulheres brancas e homens brancos em seus relacionamentos íntimos, a mulher negra, para ser aceita como *uma mulher negra*, deve preferir ficar sozinha a correr o risco de ser feliz com "a escolha errada". Agora que não sou mais casada, o valor da minha obra é questionado pelos meus "valores políticos". Isso significa, eu acho, a mesma coisa que a desvalorização anterior: que sou uma mulher negra. Sempre tem algo de errado conosco. Para quem se sente assim, a "lesbiandade"[24] é simplesmente mais uma, talvez a versão mais extrema de "algo errado conosco". Afinal, é *démodé* dizer que somos negras demais, barulhentas demais ou que nossos cabelos volumosos não combinam com decorações em tons pastéis. E dizer que somos burguesas demais ou trabalhamos com muita proximidade das pessoas brancas gera dúvidas quando isso vem de professores de Harvard ou Yale. A acusação de "sentimentalismo" que ocasionalmente se volta contra nós hoje apenas substitui uma acusação anterior de frieza, coração de pedra e de sermos vagabundas frígidas.

Para nossa sorte, temos uma tradição de luta. Ida B. Wells escreveu há muitos anos que "um rifle Winchester deveria ter um lugar de honra em cada lar negro" e que as mulheres negras assassinadas em Boston deveriam ser conhecidas. Porém, de qualquer forma, se somos escritoras, temos nossas máquinas de escrever e, se não somos, temos nossas vozes. Como homens e mulheres negros que se recusaram a ser o extraordinário "animal de estimação" dos brancos e que, em vez disso, também se intitulavam como "pretos" (o "crime" original dos pretos e lésbicas é preferirem ser quem são), talvez escritoras e não escritoras negras devessem dizer, simplesmente, que toda vez que lésbicas negras estiverem sendo criticadas, ameaçadas, injustiçadas e, de modo geral, desencorajadas a viver, que *todas nós somos lésbicas*. Pois com certeza é melhor que pensem que você é lésbica, e você possa dizer e escrever sobre sua vida exatamente como você a experimenta, do que ser um *token*,[25] uma mulher negra "de estimação" para aqueles cujo desprezo pela nossa existência autônoma os torna uma ameaça à vida humana.

Conditions: Five representa uma continuação da luta pela autodefinição e afirmação do que significa ser "afro-americana" neste país. Porque lésbicas negras *são* mulheres negras vindas desta tradição é que uma corrente nunca será aceita como um enfeite normal.

1980

Se o presente se parece com o passado, como será que o futuro se parece?[26]

Querida ----,

Depois de nossa conversa sobre tudo que esperávamos ter sido levado pelo vento, mas que "...o vento trouxe de volta" – a KKK, a obscena "liderança" nacional, o "cabelo bom" –, tenho pensado com algum desconforto em uma coisa que eu disse em resposta à sua pergunta sobre tons de pele. Talvez você se lembre que falávamos da hostilidade que muitas mulheres negras de pele escura sentem em relação a mulheres negras de pele clara, e você disse "Bem, eu sou clara. Não é culpa minha. E não vou me desculpar por isso". Eu disse que ninguém está querendo um pedido de desculpas por causa da cor da pele. O que interessa às mulheres negras de pele mais escura, eu acho, é uma percepção mais apurada por parte das negras de pele clara de que elas são capazes, muitas vezes de modo inconsciente, de magoá-las; e até que a questão do colorismo – em minha definição, o tratamento preconceituoso ou preferencial dado a pessoas da mesma raça baseado somente na cor da pele – seja abordada em nossas comunidades e, de forma definitiva, em nossas "irmandades" negras, não poderemos progredir como um povo. Pois o colorismo, assim como o colonialismo, o machismo e o racismo, nos impedirá.

O que me incomoda é minha afirmação de que eu mesma, no meio do caminho entre clara e escura – por certo marrom –, deva me alinhar com as mulheres de pele escura; que não fazer isso seria cuspir no rosto escuro de nossa mãe. Refiro-me aqui à mãe primordial, à Edênica, à Deusa, Mãe África. Neste momento, eu me recordo de ter conhecido sua mãe biológica, que é branca, assim como era sua avó cuja foto você me mostrou uma vez, e cujas belas roupas antigas você usa de vez em quando. Para você, a ideia de um alinhamento com mulheres negras baseado apenas no tom da pele deve parecer ridículo *e* colorista, e tendo a concordar com você.

Ainda assim, é provável que haja tantas diferenças entre a vida de uma mulher negra de pele escura e a de uma mulher negra de pele clara quanto há entre uma mulher negra de pele clara e uma mulher branca. E vivo preocupada com o ódio com o qual essas mulheres de pele mais escura se deparam dentro da comunidade negra. Para mim, a mulher negra com muita melanina é nossa mãe primordial – quanto mais negra, mais nos representa –, e ver o ódio que é direcionado a ela é o suficiente para quase me levar ao completo desespero em relação ao nosso futuro como um povo.

Ironicamente, muito do que aprendi sobre raça deve-se ao fato de eu ter uma filha mestiça. Por ela ter a pele mais clara, o cabelo mais liso do que o meu, sua vida – nessa sociedade racista, colorista – é infinitamente mais fácil. E assim compreendi a programação sutil da qual eu, minha mãe e minha avó antes de mim também fomos vítimas. Fuja da dor, do ridículo, das piadas, da falta de atenção e de respeito, de encontros, até de empregos, da maneira que for possível. E, se você não puder, ajude seus filhos a fugir. Não deixe que sofram o que você sofreu. E, ainda assim, fugimos para onde? A liberdade costumava ser a única resposta a essa pergunta. Mas, para alguns de nossos pais, é como se liberdade e branquitude fossem o mesmo caminho, e isso suscita um problema para qualquer pessoa negra que não deseje desaparecer. Refletindo sobre tons de pele, pensando em você, em minha filha e em minha mãe, lembrei de uma história que ilustra parte do que acabei de dizer. Ela começa no Sul, quando eu estava no fim da adolescência, e termina numa lanchonete do Novo México, uns doze anos depois.

Doreena, que aparece com destaque na história, me assombra até hoje, e eu me pego preocupada com ela e me perguntando como ela está. Quando a conheci, ela era uma garota negra elegante, brilhante e com a pele bem escura. Observar Doreena era, como Mari Evans diz em um de seus poemas, "ser restaurada". Pois ela era "pura". Genes intocados. Sem qualquer "aprimoramento" por meio da infusão de sangue branco ou indígena. Ela era linda. Entretanto, naquela época, a palavra "linda" propriamente dita nunca era usada para descrever mulheres negras. Em vez disso, elas poderiam ser chamadas de "bonitas". "A pele dela é negra, *mas* até que ela é bonita", alguém pode ter pensado, mas não cantado. A letra de Stevie Wonder,[27] embora ultrapassada atualmente, nesse quesito ("mas" em vez de "e"), teria sido considerada revolucionária nos anos 1950 e início dos 1960. "Linda" era para mulheres brancas e mulheres negras parecidas com você. Mulheres de pele marrom como a minha poderiam evocar um "de boa aparência" ou "jeitosa". Um ato necessário de autolibertação, para mim, foi reconhecer a beleza de mulheres pretas de pele escura, mas eu sempre soube que nadava contra a corrente.

De qualquer modo, Doreena foi rejeitada por um rapaz de pele bem clara com quem ela vinha namorando havia algum tempo, pensando em casamento. Os pais dele disseram que ela era muito escura e que ficaria deslocada em sua família cor de café com leite. E então ela fez aquilo que muitas mulheres de pele escura fazem quando rejeitadas por causa de sua cor, se jogou nos braços mais negros e sem mistura que conseguiu encontrar. Os de um caribenho. (Ela poderia, em vez disso, ter recorrido a outra estratégia "tradicional": se jogar nos braços de uma pessoa branca "de verdade", dando uma banana para os "falsificados").

Bem, lá se foi nossa irmã Doreena. Direto para uma cultura machista, patriarcal, provinciana que ela, pode-se afirmar com relativa certeza, não entendia.

E aquele ex-namorado? Vamos chamá-lo de Hypolytus. Hypolytus se casou com uma finlandesa (graças a seus pais). E, numa lanchonete no Novo México onde ele e eu almoçamos, ele me contou a seguinte história: ele e sua esposa finlandesa se divorciaram logo depois. Um dos motivos era ela insistir em morar na Finlândia; uma mudança com a qual ele definitivamente não contava, uma vez que defendia o mantra "aonde fores, eu irei...", mas atribuía o compromisso apenas às mulheres, é claro. Ele tinha acabado de visitar a ex-esposa e a filha na Finlândia; enquanto esteve lá, levou a filha para fazer compras. E foram os vários vendedores de Helsinque – acostumados a turistas americanos – que atuaram como tradutores entre ele e a filha, porque ela não falava inglês, e seus parcos conhecimentos de finlandês tinham caído no esquecimento.

Acho que foi essa história, além da forte sensação de que nosso irmão Hypolytus fora enganado pela sociedade e por seus pais, que me levou a analisar a opressão pela cor da pele em minha própria vida e experiência. Eu me lembrei de ----, que foi convidada pelas meninas de pele clara, com quem ela dividia uma ala no dormitório da faculdade, a se mudar para outro lugar porque ela era escura demais; e os rapazes que tinham ido visitá-las acharam sua negritude "desarmônica". Eu me lembrei de ter sido literalmente empurrada para fora da calçada, em frente ao Dom, em Nova York, por rapazes negros que queriam falar com a mulher branca que estava comigo. Talvez não seja coincidência o fato de minha melhor amiga nessa época ter sido uma mulher africana de pele escura, que nunca era convidada por homens negros para sair. Em vez disso, ela namorava um estudante seminarista do Texas, enquanto meu noivo era um judeu irlandês da Nova Inglaterra.

O ensaio a seguir é para você. Por saber que é mais jovem do que eu, penso em você como uma irmã mais nova que levará adiante tudo que as irmãs mais velhas aprenderam. Uma irmã que não quero perder para as súplicas de pais e avós sussurrando em seus ouvidos: "clareie" ou "escureça" a raça. Nem pretendo, mulher escura que sou, desistir de você. Quando caminharmos juntas pela rua, e aqueles que odeiam as próprias mães negras admirarem apenas você (na verdade, admirarem a cor de sua pele e seu cabelo), não deixaremos que isso nos distancie; em vez disso, sentiremos pena da ignorância e da inevitável caminhada rumo à autoextinção. Pois, como dizem por aí, ninguém pode odiar as próprias origens e sobreviver.

A mulher cuja declaração precede o ensaio foi minha professora no ensino médio. Uma mulher de coragem, com um grande amor por nós e uma grande alma. A tentativa de lidar com a dor e a alienação que ela nos revela aqui só pode nos fazer bem enquanto povo.

Na irmandade,

Alice

Um texto conscientizador para pessoas negras de pele escura e mulheres negras mais claras que desejam enfrentar juntas "o segredinho sujo" do tom de pele na vida afro-americana.

Tão importante, no entanto, [quanto *"Que é que há*, irmão?"][28] é *"Que é que há*, irmã?". Ninguém ousa se manifestar sobre as condições da realidade dela, nem mesmo minhas irmãs negras. *Que é que há?* Há a grande arma do racismo cruel apontada para as mulheres pretas de pele escura pela classe média negra. A classe média negra vem excluindo essas mulheres do coração da sociedade negra há gerações e tem, com essa discriminação, induzido em si mesma um câncer segregador que vem dividindo o povo negro deste país em setores polarizados; como consequência, a classe média negra devorou sua própria alma e está condenada, como crê grande parte da classe trabalhadora negra, à extinção.

Que é que há? Há uma insanidade que tem ajudado brancos a jogar negros contra si mesmos e que tem levado a classe média negra a cavar para si uma espécie de aniquilação psíquica.

Desse modo, a classe trabalhadora negra está começando a se perguntar: "O que é um povo que se sustenta na cor da pele? E o que é um povo que exclui a força uterina de sua própria herança genética?" Pois, certamente, todo afro-americano é descendente de uma mulher negra de pele escura. Qual, afinal, será o destino de um povo que paparica e enaltece o sangue do senhor de escravos branco que mutilou e degradou sua ancestral feminina? Qual será o futuro de uma classe de descendentes de pessoas escravizadas que, de modo implícito, honra mais os escravagistas do que as mulheres africanas que eles escravizaram? Qual pode ser o fim de uma classe que finge honrar a negritude enquanto, em segredo, despreza pessoas da classe trabalhadora de pele escura cujos rostos não exibem nenhum traço de sangue branco?

– Trellie Jeffers, "A mulher negra de pele escura e a classe média negra", *The Black Scholar*[29]

Durante muitos anos, refleti sobre a declaração de Jeffers aplicada à literatura negra, por ser muito instrutiva, para ver se ela se sustentava. Comecei por três romances do século XIX escritos por mulheres negras, para contextualizar, e eis o que descobri.

No primeiro romance, um personagem diz a outro: "Mas se você visse as mãos branca bunita dela, nunca ia pensar que ela limpava a casa dela, quem dirá a d'outra pessoa."

"Óia! Mas ela é bunita. Um cabelo cumprido bunito vai até o mei das costa: olhos azuis bunitos, e ela é branca igual qualquer um nesse lugá…"

No segundo romance, temos:

"Meg Randal arregalou um par de lindos olhos escuros e ergueu duas pequenas mãos brancas, surpresa."

"Ethel se sentou e pegou uma das mãozinhas perfeitas de Meg em sua própria mão. A mão de Meg era sua fonte de orgulho, e quase se poderia pensar que tal orgulho se justificava. Que mão delicada, branca, delgada, cheia de covinhas!"

No terceiro romance:

"Seu vestido era todo preto, com chiffon branco no pescoço e nos punhos; no busto, pendia um grande buquê de rosas brancas... Alta e bela, com cabelos dourados, nariz aquilino, a boca, um botão de rosa, olhos castanhos suaves adornados por longos cílios que roçavam o rosto, levemente corado naquele momento, ela irrompeu diante deles – uma combinação de 'rosa rainha e lírio em uma só'."

Os romances dos quais tirei essas citações são: *Iola Leroy, Or Shadows Uplifted*, de Frances Ellen Watkins Harper, publicado em 1895; *Megda*, de Emma Dunham Kelly, lançado em 1891, e *Contending Forces*, de Pauline E. Hopkins, publicado em 1900.

Fotografias das romancistas mostram que elas podem ser consideradas mestiças, quando não negras. Por que suas heroínas negras são descritas como brancas e não pertencentes à classe trabalhadora? Afinal de contas, Frances Watkins Harper – a mais ilustre delas – não conviveu tanto assim com mulheres de pele branca, mulheres negras de classe média; em vez disso, atuou como professora e palestrante durante a Reconstrução no Sul, que acabara de ser "libertado".

Sobre as mulheres, ela escreveu:

> Sei de moças entre dezesseis e vinte e dois anos de idade que passam roupa até a meia-noite para que possam ir à escola durante o dia. Algumas de nossas alunas, com cerca de dezenove anos de idade, moram a cerca de trinta quilômetros de distância, arrendaram terras, araram, plantaram e depois venderam seu algodão para poder estudar conosco. Uma mulher de quem sou próxima, insistiu que seu marido fizesse uma dívida de quinhentos dólares para conseguir uma casa, uma vez que a posse do terreno no qual eles haviam construído era incerta, e ela me disse: "Temos cinco anos para pagar, e devo começar hoje, se eu conseguir. Vou ganhar cem dólares lavando roupa, já fiz isso antes." E eles ainda têm sete filhos pequenos para alimentar, vestir e educar. No campo, as mulheres recebem o mesmo pagamento dos homens e costumam ter a preferência para limpar a terra, trabalhar com a enxada ou colher algodão, com igual habilidade.

Nada de "rosa rainha e lírio em uma só". Nenhuma "mão branca delicada". Apenas mãos marrons e negras – se não pela genética, por causa do trabalho. Ainda assim, nenhum romancista negro do século XIX, homem ou mulher, escreveu romances sobre essas mulheres.

De fato, o primeiro romance publicado por um afro-americano, *Clotelle, or The Colored Heroine*, de William Wells Brown, em 1867, em seu primeiro parágrafo, não apenas apresenta a mulheridade negra como fisicamente indistinguível das brancas, como também calunia, de forma geral, o caráter da mulher negra:

> Durante muitos anos, o Sul tem se destacado por suas belas mulheres mulatas[30] [com 1/4 de sangue negro e capazes de se passar por brancas]. Muita tinta e resmas de papel têm sido usadas para retratar os "traços esculpidos e moldados com primor", as "formas esplêndidas, os sorrisos fascinantes" e os "modos habilidosos" dessas filhas impetuosas e voluptuosas das duas raças – o produto ilegal do crime da escravidão humana. Quando consideramos o fato de que não houve qualquer proteção em torno da virtude, e nenhum estímulo foi oferecido para que mulheres escravizadas fossem puras e castas, não nos surpreenderemos ao ouvir que a imoralidade impregna os círculos domésticos nas grandes e pequenas cidades do Sul, numa medida desconhecida nos estados do Norte. Muitas esposas de fazendeiros foram arrastadas a uma existência infeliz, com o coração despedaçado, ao ver a afeição de seu marido usurpada por uma beleza sem adornos e pelos sorrisos cativantes da empregada. *De fato, a maioria das mulheres negras, nos dias da escravidão, não desejava nada além de se tornar a amante bem-vestida de um homem branco* [itálicos meus].

Perceba a habilidade com que Brown coloca a responsabilidade pelo estupro, pelo abuso infantil, pelo incesto e por outras "imoralidades" diretamente nos ombros das pessoas menos responsáveis por eles, uma vez que estavam escravizadas e impotentes; a quem ele calunia aos descrevê-las como "voluptuosas" e "impetuosas".

É pouco provável que uma criada escravizada e estuprada acreditasse, por conta do estupro, que tivesse "usurpado" o lugar da esposa na "afeição" de seu estuprador. É evidente que Brown pretendia que as negras se sentissem orgulhosas por receber uma "atenção" aviltante por parte do estuprador e vitoriosas devido ao sofrimento da esposa. Na verdade, Brown nos leva a crer que a mulher escravizada era tão poderosa quanto o senhor de escravos, uma vez que seu sorriso o "cativava", isto é, o capturava, assim como ele a mantinha cativa com suas armas e leis.

Brown sequer leva em conta as milhões de mulheres africanas escravizadas e estupradas que não tinham a menor probabilidade de se tornar "bem-vestidas", ou alcançar o status de "amante".

"Muita tinta e resmas de papel...", ele diz. Mas quem eram esses escritores? Nos séculos XVII, XVIII e XIX, eram, com raras exceções, homens brancos, descrevendo suas próprias fantasias sádicas com mulheres negras e descrevendo – com detalhes assustadores – suas próprias perversões sexuais envolvendo mulheres escravizadas. Essas "mulatas"[31] imaginadas de forma delirante não eram reais e refletiam mais a forma como os homens brancos *escolheram* enxergar as mulheres negras do que a forma como os homens negros as enxergavam, ou como as mulheres negras enxergavam a si mesmas.

E, contudo, Brown, nosso primeiro romancista negro,[32] em nosso primeiro romance negro, nos apresenta cena atrás de cena e crise após crise em que louras e morenas pálidas e frágeis – sob o fardo de sua suposta "cor" – lidam com o tédio da vida de escravizada –, sempre envolvidas com um ou outro homem branco infiel, raramente envolvidas em qualquer coisa que se assemelhe remotamente à rotina das escravizadas.

As três romancistas negras do século XIX se afastaram de *si mesmas* ao descrever a mulheridade[33] negra e adotaram uma interpretação de homem negro para fantasias de escritores brancos. Consequentemente, até 1929, não se tinha notícia de uma mulher de pele bem escura em um romance, a menos que ficasse claro que ela representaria um problema ou seria uma piada. É o caso de Emma Lou, em *The Black and the Berry*, de Wallace Thurman, lançado em 1929, que tratava dos verdadeiros desafios de uma mulher negra de pele escura numa sociedade branca marcada pelo colorismo.

> Ela deveria ter sido um menino, então a cor de sua pele não teria importado tanto; pois não era sua mãe quem sempre dizia que um menino negro conseguiria se virar, mas que uma menina negra não conheceria nada além da dor e da decepção?

A heroína desse romance vê a própria pele escura como algo não natural, até mesmo demoníaco. No entanto, para milhões de mulheres autoconfiantes, aqui e na África, a pele negra é a coisa mais natural e não demoníaca do mundo.

Alguns leitores consideram o conto de Charles Chesnutt "The Wife of his Youth", de 1899, um exemplo de esforço, no século XIX, em escrever de modo realista sobre uma mulher negra de pele escura. Mas essa história, de um ex-escravizado quase branco que se apaixona por uma mulher mais jovem e ainda mais clara do que ele, e cujos planos de casamento são frustrados pelo aparecimento de sua ex-esposa, mais velha e mais escura do que ele, reforça o argumento. "Sua esposa da juventude" é percebida pelo narrador e pelos outros personagens da história como um problema *e* uma piada. Embora ele apresente sua ex-esposa aos amigos, a filosofia racial do nosso protagonista é resumida claramente por Chesnutt dessa forma:

> "Não tenho qualquer preconceito racial", ele diria, "mas nós, pessoas de sangue mestiço, somos o meio-termo entre o ponto mais alto e o mais baixo da pedra de moer. Nosso destino repousa entre a assimilação pela raça branca e a *extinção da negra* [itálicos meus]. Uma ainda não nos quer, mas nos aceitará com o tempo. A outra poderia nos acolher, mas, para nós, seria um passo atrás. 'Sem maldade contra quem quer que seja, com caridade para todos', devemos fazer o melhor possível por nós mesmos e pelos que virão depois. Autopreservação é a primeira lei da natureza".

Felizmente, "sua esposa da juventude" é velha demais para ter filhos e representar essa "extinção", esse "passo atrás".

É interessante observar as mudanças forjadas no protagonista do romance de William Wells Brown ao longo de suas diferentes versões. Na primeira versão, ele tem a pele branca, como o próprio Brown (seu pai era branco, sua mãe, uma negra de pele clara), capaz de se passar por branco. Na versão final, ele tem a pele escura, embora tenha cabelo preto *liso*. A heroína, contudo, continua bela e nunca escurece mais do que uma europeia "escura".

Ou seja, "... não havia nada na aparência de Clotelle a indicar que uma gota de sangue africano corria por suas veias; exceto, talvez, o leve ondulado do cabelo e uma morenice quase imperceptível em suas feições. Ela passava por uma dama rebelde...".

Um dos motivos pelos quais os romances de autores negros do século XIX estão cheios de mulheres de pele clara é que a maioria dos leitores de romances do século XIX era de pessoas brancas: pessoas brancas que, naquela época e, com alguma frequência, ainda hoje, conseguiam reconhecer sentimentos humanos, a humanidade, apenas se habitassem um corpo branco ou quase branco. E embora homens negros pudessem ser retratados como literalmente negros e ainda ser considerados homens (uma vez que escuro *é* masculino para a mente euro-americana), a mulher preta de pele escura deve, por força das circunstâncias, ser embranquecida, uma vez que "ser clara" era o padrão da feminilidade euro-americana.

É claro que, no século XIX, poucos escravizados libertos eram alfabetizados, uma vez que tiveram a educação proibida por lei, e certamente não podiam ter a esperança de encarar um romance, por mais pertinente que lhes pudesse ter sido a experiência. É compreensível que os autores escrevessem de acordo com as capacidades do público disponível. Ainda assim, suas descrições de si mesmos e de outras pessoas negras como mais claras do que somos causaram uma mutilação na imaginação, e na verdade propriamente dita, pela qual pagamos caro – em raiva, mágoa, inveja e incompreensão – até os dias de hoje.

Para a nossa sorte, houve uma escritora que não vislumbrou suas personagens negras pelo olhar dos homens, negros ou brancos, e é em sua obra – que veio depois de Brown, Watkins, Kelly e Hopkins, no século XIX, e depois de Fauset, Larsen e Toomer, nos anos 1920 (escritores que ainda descreviam mulheres negras como de pele clara, quando não de fato *brancas*; além de atípicas, de outras formas) – que as mulheres negras começam a surgir com naturalidade em todas as suas cores, predominantemente marrons e pretas, e ligadas às culturas afro-americanas. Embora Janie Crawford, a protagonista mais conhecida de Zora Neale Hurston, seja descrita como de pele clara e cabelo macio, assim que ela abre a boca sabemos quem ela é; e suas mãos, embora geneticamente "claras", são escurecidas pelo trabalho que ela divide com outros negros, de quem, na verdade, não está separada, apesar de todos os seus três maridos tentarem convencê-la do contrário.

Muitas mulheres negras com a pele escura têm dificuldade de se identificar com Janie Crawford e falam com desprezo de seus "privilégios de pele clara". "Privilégios" que emanam da veneração por seu tom de pele e por seu cabelo, e por ela ser alçada – pelos maridos adeptos do colorismo – acima de outras mulheres negras, ao passo que lhe falta autorização para falar em público, porque é esperado que sua aparência fale por si.

E, para o homem negro – se julgarmos pela nossa literatura e, com frequência, infelizmente, pela realidade – a aparência da mulher que parece branca *de fato* fala por si. Mas o que essa "aparência" diz, na verdade? Para mulheres pretas de pele escura, é decepcionante e constrangedor o fato de as esposas de quase todos os líderes negros (incluindo Marcus Garvey!)[34] parecerem ter sido selecionadas unicamente pela semelhança de suas feições às de pessoas brancas. É verdade que a primeira esposa de Frederick Douglass tinha a pele escura, mas ele conseguiu esconder muito da participação dela em sua vida. De acordo com pesquisa feita por Sylvia Lyons Render, Anne Murray Douglass costurou o traje de marinheiro usado pelo marido em sua fuga do cativeiro, embora em nenhum lugar ele lhe dê o devido crédito pela ajuda. Sua segunda esposa, escolhida em liberdade, era branca; esse casamento seguiu um padrão iniciado nos dias de escravidão, quando ser branco era o ideal, e os filhos com uma fração de sangue negro (um quarto ou um oitavo), gerados por uma negra ou mestiça estuprada, eram o mais perto que se chegava do ideal. Olhar para as fotografias das mulheres escolhidas por nossos líderes é, de muitas formas, assustador, se você é uma mulher de pele escura. (E essa experiência "assustadora" é uma das quais mulheres pretas de pele escura quase nunca escapam em tempos de história negra pictórica).[35] Porque é visível que, embora tenham se voltado para a afirmação da negritude em teoria e para os outros, para eles mesmos a pele clara continuou sendo a mais adequada. Apenas Malcom X, entre nossos líderes negros recentes, voltou-se para a afirmação de uma mulher negra de pele escura, amando-a publicamente e se casando com ela. E foi isso, não menos do que sua política "pública", que contribuiu para o respeito que pessoas negras, especialmente mulheres, tiveram por ele, e é o que faz dele radical e revolucionário, de uma forma que pouco líderes negros conseguem ser.

Não se espera que mulheres negras de pele escura percebam essas coisas. Mas, para dizer a verdade (e por que não diríamos? Talvez estejamos vivendo os últimos dias na Terra), muitas vezes, é *só* o que notamos. Costumam nos dizer que essas coisas não são "sérias" ou "políticas" e nada significam para a luta pela libertação dos negros. Afinal de contas, algumas de nós nos casamos com homens brancos; quem somos nós para "reclamar"? Mas nenhuma mulher negra corteja e propõe casamento a um negro de pele clara ou homem branco como uma questão de prerrogativa feminina; a sociedade patriarcal na qual vivemos não nos permite. O homem escolhe; muitas vezes, com o mesmo critério com que escolhe um brinquedo.

Todos os homens negros em *Seus olhos viam Deus* desejam Janie Crawford. Desejam seu tom de pele e seu cabelo comprido, sem jamais considerar a dor que sua mãe e sua avó (uma estuprada por um branco, outra, por um negro) tiveram de suportar para lhe "passar adiante" tais qualidades. Jamais pensam em sua solidão, decorrente de uma aparência que ela não escolheu, ou em sua perplexidade ao perceber que os mesmos homens que veneram sua aparência são capazes de desassociar completamente essa aparência da sua identidade. Todas essas pessoas eram da roça, não pensariam no assunto nesses termos, mas seu verdadeiro interesse em Janie é sádico e pornográfico, assim como teria sido o dos homens brancos da época. E acho que essa é uma das razões pelas quais Hurston (com sua costumeira atenção à diferença entre o que pessoas negras diziam e o que queriam dizer) criou sua personagem tão "clara": para nos fazer perceber isso.

Nas primeiras vezes que li *Seus olhos viam Deus*, consegui bloquear a importância da cena no capítulo dezessete em que TeaCake espanca Janie. Tem sido comum feministas chamarem minha atenção para a cena, mas sempre a justifiquei como um mero "deslize" da parte de Hurston. Na verdade, eu não tinha entendido nada do que aconteceu, e o que aconteceu nos leva a uma das mais importantes reflexões do livro.

Como os leitores de Hurston bem sabem, TeaCake sente muitos ciúmes de Janie em relação ao irmão da sra. Turner – um homem de pele clara e cabelos arrepiados. Não há motivo para ciúmes, como Janie vive insistindo. Um dos motivos dos ciúmes de TeaCake deve-se ao fato de ser incomum uma mulher clara e bem de vida como Janie estar com um homem tão pobre e negro quanto ele. Não porque todas as mulheres de pele clara tentem conquistar e se casar com homens de pele clara, mas porque tanto os homens claros quanto os retintos tentam conquistar e se casar com mulheres de pele clara. Uma vez que homens de pele clara geralmente têm mais estudo do que os retintos, além de melhores empregos (no Sul, até os dias de hoje, os agentes funerários em geral são negros de pele clara, assim como corretores de seguros e médicos não brancos), eles têm a vantagem da cor, da classe social e da remuneração, e, portanto, garantem os "prêmios" que as mulheres de pele clara representam para eles. Como qualquer "prêmio", as mulheres são colocadas em exposição e não devem se sujar. (Por "sujeira", costuma-se entender estar perto de outras pessoas negras de pele mais escura.) Sua semelhança com o "prêmio" do homem branco, isto é, a mulher branca – com quem elas se parecem, em grande parte, por causa de estupros (e considero estupro qualquer relação sexual entre um homem livre e um ser humano cuja posse ou controle lhe pertence) –, deve ser preservada o tempo inteiro.

Diferentemente dos dois primeiros maridos de Janie, TeaCake tinha descoberto que seu "prêmio" é tão atraente *suja* quanto *limpa* e a apoia em sua determinação de se vestir, falar e agir como quiser. Mas ele ainda precisa mostrar a seus amigos homens, e à onipresente sra. Turner, que deseja unir Janie a seu irmão (pois, na cabeça dela, as claras devem ficar com os claros), que seu domínio se mantém intacto. Quando a sra. Turner convida o irmão e o apresenta, TeaCake tem um "surto". Antes da semana terminar, ele já "surrou" Janie.

Ele a surra, escreve Hurston, não porque "o comportamento dela justificasse os ciúmes, mas porque o ato aliviava aquele medo terrível que trazia consigo. Ser capaz de surrá-la reafirmava a posse. Não foi um espancamento brutal, de jeito nenhum. Ele apenas deu uns tapas para mostrar quem mandava. No dia seguinte, todo mundo falava do assunto nos campos. O caso despertou certa inveja em homens e mulheres. A forma como ele a consolava e paparicava, como se aqueles dois ou três tapas na cara quase a tivessem matado, fazia as mulheres imaginar coisas, e o modo indefeso como ela dependia dele fazia os homens sonhar".

Uma leitura atenta levaria à percepção de que esse é o verdadeiro motivo de TeaCake ser morto por Janie no final. Ou, talvez, essa é a razão pela qual Hurston *permite* que Janie mate TeaCake no final. Pois, por depender dele "de forma indefesa", Janie sabe que foi humilhada publicamente, e, embora desempenhe o papel da esposa agredida (pelo que eu li sobre mulheres que recorreram a abrigos após violência doméstica, a maioria dessas agressões termina em sexo e total submissão – "dependência indefesa" – da esposa), o processo de tomada de consciência da própria identidade não termina ali. Ela dificilmente gostaria que as surras que tomou levassem outras mulheres a "imaginar coisas" – mulheres que teriam de se imaginar claras e de cabelos compridos como Janie para "apreciar" a situação – e amigos de TeaCake a ter "sonhos", isto é, fantasias sexuais.

> – TeaCake, com certeza cê é um home sortudo –, Sop-de--Bottom disse. – Qualquer um pode vê as marcas que cê deixou nela. Ah, também aposto que ela nunca levantô a mão pra te batê de volta. Pega uma dessas mulé preta velha e elas são capaz de brigá co'cê a noite toda e o dia seguinte e ninguém ia dizê que cê bateu nelas. É por isso que eu não bato mais na minha mulé. Cê não consegue deixá uma marca nelas. *Deus! Eu ia adorá batê numa mulé delicada como a Janie! Aposto que ela nem gritô. Ela só chorô, hein, TeaCake?*" [itálicos meus]
> – Foi.
> – Olha isso! Minha mulé ia berrá pra todo Condado de Palm Beach escutá, além de me acertá os dente. Cê num conhece aquela minha mulé. Ela tem uns 99 dente na boca e se ela fica bem louca, é capaz de fazê as pedras sair do caminho dela mermo se tivé enterrada até a altura do quadril.
> [Ao que TeaCake responde:]
> – Minha Janie é mulher feita e aguenta as coisas. Eu não peguei ela no meio da estrada.[36]

O que afinal é dito aqui?

O que se diz aqui é o seguinte: que ao escolher as mulheres "claras", que parecem brancas, homens negros supõem que estão escolhendo uma mulher fraca. Uma mulher que eles podem possuir, uma mulher que eles podem agredir, que gosta de apanhar, que eles podem *exibir* como uma mulher que apanha; em resumo, uma mulher "dominada" que não vai gritar, e que, com certeza, não vai bater de volta. E por quê? Porque ela é uma dama, como a mulher do homem branco, que também apanha (os escravizados sabiam, os empregados sabiam, as criadas sempre sabiam, pois tratavam os ferimentos), mas que foi ensinada a sofrer em silêncio e até a fingir apreciar o sexo depois da agressão, pois o marido com certeza aprecia. Uma masoquista.

E quem é rejeitada? Aquelas mulheres "no meio da estrada"? Bem, Harriet Tubman, por exemplo, Sojourner Truth, Mary McLeod Bethune, Shirley Chisholm. Ruby McCullom, Assata Shakur, Joan Little e Dessie "Rashida" Woods. Você, que tem a pele escura e briga e grita e move as pedras maciças dos Estados Unidos que lhe soterram até a altura dos bolsos da calça todos os dias, desde que você chegou, e eu, que valorizo cada um dos meus 99 dentes na boca, porque são tudo o que eu tenho para abrir meu caminho neste mundo.

Que homens negros escolham mulheres claras e brancas não é culpa das mulheres, assim como elas não eram culpadas por serem escolhidas como concubinas dos ricos fazendeiros durante a escravidão. Ninguém parece escolher uma mulher clara ou branca grande, forte e *guerreira* (e elas existiram, junto com aquelas que podiam ser agredidas). Embora existisse um ditado entre homens negros de que brancas *gordas* são melhores porque são maiores e há mais brancura para amar, isso ainda está no domínio da posse, do "prêmio". E qualquer mulher que se acomode em ser possuída, em ser um prêmio, precisa ser confrontada mais do que culpabilizada.

Somos irmãs por parte de mãe, mas fomos separadas – embora colocadas diante de problemas muito semelhantes – por pais diferentes. Nos romances de Frank Yerby, um autor negro muito bem-sucedido, você nos vê: mulheres negras de pele mais clara elevadas acima das mulheres pretas de pele escura como a amante do homem branco ou o "amor" do homem negro. A mulher de pele mais escura, quando não está preparando a mais clara para o sexo, o casamento ou o romance, é simplesmente estuprada. Colocada para trabalhar nos campos. Presa na cozinha. Criando os filhos brancos, amarelos, marrons e pretos de todo mundo. Ou nocauteando o capataz, cortando a garganta do senhor. Mas nunca desejada ou amada de modo romântico, porque ela não liga para o sofrimento "estético". Não há excitação sexual, porque, quando você a estupra, os hematomas não aparecem na hora; e, além disso, ela deixa claro que o odeia e dá joelhadas no seu saco e o chama do verme nojento que você é, até que você a deixe desacordada.

Talvez um dos problemas esteja no fato de que muitos dos nossos líderes (e escritores) não tivessem eles mesmos a pele escura. Pense em Brown, que podia se passar por branco; Chesnutt, que podia e se passava por branco; em Toomer, que se passou, de vingança; Hughes, que podia se passar (quando era jovem) por mexicano; Booker T. Washington, John Hope, James Weldon Johnson. Douglass, Du Bois, Bontamps, Larsen, Wright, Himes, Yerby... todos com feições muto diferentes de, digamos, Wallace Thurman, que foi compelido a escrever sobre mulheres pretas de pele escura porque ele mesmo era muito escuro, e o tom de sua pele foi um problema para ele entre negros mais claros, assim como entre brancos. Podemos continuar a respeitar e a amar muitos desses escritores, e a valorizar suas obras, porque nós entendemos a *América*; mas devemos ser cautelosas em relação às suas descrições de mulheres negras, porque entendemos a nós mesmas.

Suponha que você tem uma filha preta matriculada num curso de estudos afro-americanos, por exemplo, em Harvard. Ela está em um ambiente esmagadoramente branco e espera-se que ela tente se reconhecer em meia dúzia de mulheres negras que parecem brancas no século XIX, e ao menos duas dúzias de mulheres brancas e mestiças no início do século XX. De vez em quando, haverá mulheres negras de pele escura ou de pele marrom nesses textos, mas elas serão... bem, no romance de Brown, por exemplo, vamos dar uma olhada. Depois de páginas e páginas de tribulações da protagonista que parece branca, Clotelle (e, antes dela, tribulações da mãe e da irmã), na última página, encontramos uma negra de pele clara chamada (é claro) Dinah.

Aqui está a conversa entre Clotelle, que tem um oitavo de sangue negro e parece branca, que fala um inglês claro e preciso, e Dinah, que é mais escura, não consegue se passar por branca e fala "como uma negra".

> – Vejo que seu marido perdeu uma das mãos: isso aconteceu na guerra?
> – Ah, não, sinhorita – disse Dinah. – Quando eles levaram todos os home, preto e branco, pra colocá no exército, eles pegaram meu home também e levaram com eles. Então veja só, ele disse que preferia morrê antes de atirá nos Ianque. Então veja só, sinhorita, Jimmy colocô a mão esquerda em cima de um toco e cortô ela fora com machado. Então, veja só, eles deixaram ele ir

embora e ele voltô pra casa. Meu Jimmy, sinhorita, é um homem livre: ele nasceu livre, e ele me comprô, pagô 1500 dólar por mim.

[Brown continua:]

Era verdade que Jimi tinha comprado a esposa; e ele não tinha se esquecido desse fato, como ficou claro um ou dois dias depois, enquanto conversava com ela. A mulher, como muitas de seu sexo [embora, obviamente, não como a "sinhorita" Clotelle] era uma ranzinza incorrigível, e Jim só tinha um jeito de controlar a língua dela. "Cala a boca, dona, segure a língua", dizia Jim, depois de sua esposa ter reclamado e resmungado um pouco. "Cala sua boca nesse minuto, eu falei: cê não vai ficá aí falando comigo desse jeito. Eu comprei ocê, paguei com meu dinhero e não vô deixá cê me tratá desse jeito. Cala sua boca nesse minuto: se não, vô vendê ocê, juro por Deus que vô. Cala a boca, eu falei, ou vendo ocê". Isso teve o efeito desejado, e fez Dinah ficar quieta naquele dia.

Será que o mesmo medo de ser "vendida" mantém as mulheres negras silenciosas? É de se perguntar, imaginando – como Brown não foi capaz de fazer – o impacto horripilante dessas palavras em mulheres que tinham sido vendidas apenas por brancos. E, ainda assim, nosso silêncio não nos salvou de ser vendidas, uma vez que a própria "Dinah" é "vendida" – como "ranzinza" e como objeto de chacota para os leitores dos tempos de Brown.

Clotelle, Iola LeRoy e Megda são de fato "vendidas" de forma tão impiedosa quanto Dinah, embora a "venda" delas – para o colorismo estruturado da classe média negra (que, gerações depois, Janie Crawford expõe e do qual escapa) – seja camuflada pela promessa de mobilidade "vertical", isto é, proximidade a, imitação de, e eventual fusão com a (ou, como escreveu Chesnutt, "assimilação pela") classe média branca.

Não surpreende que as heroínas "negras" do século XIX pareçam tão fracas e chatas! São prisioneiras de uma visão social inexorável. Seu destino – a extinção total dos negros em, no máximo, duas gerações – é predeterminado. É possível imaginar seus netos dizendo – assim como os netos brancos de indígenas nativos americanos, enquanto colocam uma pena em seus chapéus de caubóis – "Não tenho preconceito contra essas pessoas, eu mesmo tenho um pouco de sangue (indígena/negro)."

Em seu histórico ensaio "Of the Dawn of Freedom", de 1903, W.E.B. Du Bois escreveu que "o problema do século XX é o problema da cor da pele – a relação entre as raças mais escuras e mais claras dos homens na Ásia e na África, na América e nas ilhas do mar. Foi uma fase desse problema que provocou a Guerra Civil...". Essa é uma declaração verdadeira, mas é a perspectiva de um homem. Isso quer dizer que ele vê com mais clareza do outro lado do mar que do outro lado da mesa ou da rua. Omite, particularmente, o que acontece dentro da família, "a raça", em casa; uma família também capaz de iniciar uma guerra *civil*.

Parafraseando essa declaração, eu diria que o problema do século XXI ainda será o problema da cor de pele, não apenas "a relação entre as raças mais escuras e mais claras dos homens [*sic*] na Ásia e na África, na América e nas ilhas no mar", mas as relações entre as pessoas mais escuras e mais claras de mesma raça, e das mulheres que representam tanto o escuro quanto o claro dentro de cada raça. São nossas relações "familiares" umas com as outras nos Estados Unidos que precisamos examinar. E é a família inteira, em vez de o mais claro ou o mais escuro, que deve ser o foco da afirmação racial.

Mulheres negras mestiças e de pele clara perderão sua única ligação com a rebelião contra a América branca caso se afastem das mulheres de pele escura. Seus filhos não terão bolsos para abrigar as armas, ou dentes para triturar leis racistas. E mulheres negras de pele escura perderão o real significado de sua história nos Estados Unidos (assim como o humor, o amor e o apoio de suas boas irmãs) se enxergarem as mulheres mais claras como meras extensões da opressão masculina branca e negra, ao mesmo tempo que permitem que as façam se envergonhar de sua força e de seu espírito lutador, que é seu direito por nascimento e, para algumas de nós, nosso "sorriso negro".

Como mulheres negras, fomos pouco preparadas para apreciar o que deveria ser o mais importante para nós. Nossos modelos na literatura e na vida têm sido, na maioria das vezes, devastadores. Mesmo quando desejamos, não conseguimos sempre nos preservar para as gerações futuras: nem nossos eus-espirituais nem nossas características físicas. (No passado, em nossa literatura – e na vida também –, o nascimento de uma criança "bronzeada" de uma mãe escura era visto como algo digno de celebração. Mas será que era? Tanta coisa da mãe foi esquecida, tanta coisa foi alterada naquela criança cujo nascimento a mãe quase nunca planejara). Mas talvez *seja possível* aprender alguma coisa, mesmo com esses modelos desestimulantes de séculos anteriores e de nosso próprio tempo. Talvez mulheres negras escritoras no século XXI apresentem quadros mais completos da multiplicidade de opressões – e de lutas. Racismo, machismo, classismo e colorismo farão parte considerável de sua consciência. Elas terão romances maravilhosos de mulheres negras africanas para ler – Buchi Emecheta, Ama Ata Aidoo, Bessie Head e outras – coisa que as mulheres negras do século XIX não tiveram. Terão os registros das lutas do nosso tempo. Não pensarão em outras mulheres com inveja, ódio ou adulação por elas serem "prêmios". Não desejarão ser prêmios. As feições que os homens querem que elas tenham, o modo como os homens querem que elas se comportem, falem, se vistam, consintam com agressões e estupros, nada disso significará nada para elas. De fato, elas passarão muito tempo conversando umas com as outras e sorrindo. Mulheres de todas as cores serão capazes de direcionar toda sua energia para a restauração do planeta, como não conseguem fazer agora, porque estão presas a todas essas outras coisas: separações, ressentimentos, velhas mágoas e trocas de acusações. E o que dizer da necessidade de bolsos e dentes, então! As mulheres escritoras no século XXI irão, sem a menor dúvida, exaltar cada um deles.

De qualquer forma, o trabalho da escritora é não ser enganada, seduzida ou instigada a confirmar as fantasias de outras pessoas, seja por imitação ou refutação. Em uma sociedade opressora, é bem possível que *todas* as fantasias estimuladas pelo opressor sejam destrutivas para o oprimido. Envolver-se com elas, seja do jeito que for, é, no mínimo, perder tempo tentando se definir.

Para isolar a fantasia, devemos nos apegar à realidade, ao que *nós* sabemos, ao que *nós* sentimos e ao que *nós* pensamos da vida. Confiar em nossas experiências e em nossas próprias vidas; abraçando tanto nosso lado escuro quanto o claro.

1982

Olhando para o lado e para trás

Dos meus dois aos seis anos de idade, minha melhor amiga era uma menina que tinha exatamente a mesma idade, chamada Cassie Mae Terrel. Todo mundo a chamava de "Irmã". Irmã Terrel. Nós *parecíamos* irmãs: com peles marrons reluzentes e olhos castanhos brilhantes – cabelos brilhosos e volumosos que nossas mães enfeitavam com grandes laços de cetim... Irmã Terrel e eu costumávamos dormir uma na casa da outra e passávamos metade da noite rindo.

Quando eu tinha seis anos, Cassie e sua família se mudaram para Nova Jersey, e eu sofri minha primeira separação traumática. Tentei encorajar meu pai a se mudar para Nova Jersey, mas ele se recusou. Por muito tempo eu o considerei responsável, coitado, por eu ter perdido Irmã Terrell – que eu não veria outra vez em vinte anos, mas de quem não esqueci por um ano sequer.

Ao longo do ensino fundamental, médio e faculdade, eu tive amigas próximas como a Irmã Terrell. Eu as amava profunda e lealmente e sempre tive medo de que elas fossem tiradas de mim. E, em muitos casos, elas eram. Quando eu vi Irmã Terrel outra vez, por exemplo, ela estava casada há anos com um homem que literalmente não a deixava comer. Ao ponto de, quando a família finalmente veio resgatá-la, ela estar tão fraca e desnutrida que eles tiveram que levá-la embora no colo. Ela estava nessas condições quando a vi novamente. Sua pele reluzente e seus olhos castanhos brilhantes haviam se apagado. Assim como seu cabelo volumoso tinha desaparecido – de fato, parte de seu cabelo abundante tinha caído.

Um dos motivos pelos quais eu a amava era porque eu amo, simplesmente *amo* rir e amo ouvir risadas. E Irmã Terrel, aos cinco ou seis anos, ria como ninguém. Sua risada era um dos melhores sons que eu já tinha ouvido no mundo. Como era possível alguém, por qualquer motivo, querer impedi-la de rir?

No entanto, ela não ria mais.

Na minha mesa há uma foto minha aos seis anos – olhos destemidos, cabelo volumoso, laço com fita de cetim e tudo – e olho para ela com frequência; percebo que estou sempre tentando ser fiel à criança que eu era. Fui uma criança que pensava que as mulheres na nossa igreja mantinham o mundo unido. Muitas vezes gentis além da compreensão, às vezes rabugentas, teimosas, deliberadamente estúpidas, mas sempre lá, com suas moedinhas e trocados, seus impecáveis e amados filhos e marido, construindo a igreja primeiro, depois a escola local, em benefício da comunidade. A criança que fui raramente viu comportamentos individualistas, e quando os vi, durante muito tempo só conseguia entendê-los como uma rejeição à comunidade, em vez da autoafirmação que era em muitos casos.

Os homens da comunidade mais próxima à minha pareciam amar e respeitar suas esposas; e se a esposa tinha mais iniciativa e energia que o marido, isso não era usado contra ela. Meu pai amava a coragem da minha mãe e sua incapacidade de mentir quando lhe faziam uma pergunta direta. Ele era instintivamente calmo e relutante em desperdiçar qualquer parte da vida numa discussão e tinha uma mente que transformava facilmente qualquer pergunta feita a ele numa "história".

Isso é do que eu me lembro, mas certamente essa memória é boa demais para ser inteiramente verdade.

Enquanto estava na faculdade, fiquei fascinada pela forma como as mulheres que eu conhecia permaneciam fiéis aos homens que há muito tinham deixado de ser fiéis, ou mesmo pensado em ser fiéis, a elas. Muitas mulheres negras, eu mesma uma delas, presumem que nós temos o direito de sermos amadas e bem tratadas. Felizmente, nós não nos limitamos a uma categoria ou grupo, mesmo quando temos alguma inclinação nesse sentido. Nós queremos amor, respeito, admiração, apoio moral e não rejeitamos a chance de conseguir essas coisas onde elas podem ser encontradas. Muitas mulheres negras, entretanto, foram reduzidas à condição de resmungar atrás de algum homem negro anônimo na rua enquanto ele caminhava ao lado de alguém que ele amava, respeitava, admirava, e às vezes apoiava – e geralmente não era uma mulher, e com muita frequência não era uma pessoa negra.

Muitas dessas mulheres acabam odiando lésbicas porque, de alguma forma, a lésbica "escapou ilesa". Ela não está preocupada com *o que* os homens negros fazem; ela até é capaz de considerar alguns comportamentos deles engraçados, apesar de absurdos – e, na verdade, infelizmente e com frequência, os copia. Há um ódio pelas mulheres de cor que se casam ou se relacionam com homens brancos porque, além do peso histórico muito sério que essas uniões carregam, há um ressentimento difuso diante de uma alegria não convencional. Uma rigidez se estabeleceu; o mesmo instinto vital de "preservar a raça e a cultura" da diluição por meio do casamento interracial – ou, no que diz respeito às lésbicas, pela extinção – cria um estreitamento nas possibilidades de escolhas. O resultado é que apenas sob um grande estresse – e muitas vezes com um isolamento brutal deliberado – é permitido florescer centenas de botões atrofiados; enquanto aquela flor que é verdadeiramente desejada (o casal negro, heterossexual, casado) é em geral regada com lágrimas de conformidade e concessões – e a consequência disso não é saudável.

Em 1973, falei em um simpósio na Radcliffe College chamado "The Black Woman: Myths and realities" (Mulheres negras: Mitos e realidades). Era para ser uma reunião do *crème de la crème* das mulheres negras com ensino superior nos Estados Unidos (umas duzentas) na qual apresentei uma fala feita especialmente para mulheres negras, chamada "Em busca dos jardins de nossas mães". Era, em grande parte, sobre a tenacidade do espírito artístico entre nós, de uma perspectiva histórica. Muitas mulheres choraram, me disseram depois, enquanto eu falava, e elas me deram – segunda as palavras da Radcliffe Quartely, que depois publicou o ensaio – "uma entusiasmada ovação de pé".

Na sequência da apresentação houve um painel de discussão e, ainda na onda do meu discurso, eu estava ansiosa por um encontro entre todas nós que fosse mais do que uma troca de emoções e relatos de sobrevivência.

June Jordan e eu estávamos sentadas juntas na plateia. Quatro ou cinco mulheres estavam no palco. Uma era psicóloga, outra era uma atriz bem conhecida, a outra era advogada dos direitos civis. Cada uma sabia sobre um assunto. Eu estava tão animada!

June e eu tínhamos conversado muitas vezes sobre a questão do suicídio de jovens mulheres negras que atingia índices alarmantes (para nós). Nós pensávamos que isso deveria ser debatido entre as nossas irmãs. Na realidade, na semana anterior eu tinha visitado Sarah Lawrence (numa época em que eu atuava como membro do conselho de curadores) e fui informada, com detalhes horrendos, sobre o suicídio de uma jovem. Ela tinha sido ridicularizada pelos rapazes negros do campus porque namorava caras brancos (enquanto isso os caras negros namoravam garotas brancas ou entre si). Ela não aguentou. Ela se matou. Naquela *mesma* semana uma jovem oriental tinha pulado de uma janela em Radcliffe. E por todos os lados eu tenho ouvido como está se tornando impossível ser uma jovem mulher não branca. Parecia que qualquer tipo de falta de conformidade não era permitida.

Quando eu e June trouxemos essa questão, contudo, não foi menos do que inacreditável. Não houve reação *alguma* ao aumento das taxas de suicídio entre as jovens de cor. Em vez disso, nós recebemos uma palestra sobre as reponsabilidades das mulheres negras para com o homem negro. Nunca esquecerei minha sensação de horror e traição quando uma das participantes da mesa disse a mim (e ao restante daquele corpo majestoso de mulheres negras reunidas lá): "A responsabilidade da mulher negra é apoiar o homem negro: em *tudo* o que ele fizer."

Então me ocorreu que se naquele minuto meu pescoço fosse apertado por algum homem, e aquela mulher passasse por perto, diria: "Isso aí, continua."

Eu me debulhei nas lágrimas mais escandalosas que já derramei. E embora tenha secado meu rosto, não parei de chorar por dentro por... talvez eu ainda não tenha parado. Mas tudo bem; o motivo do meu choro vale a pena.

Mas uma coisa realmente fascinante aconteceu diante das minhas lágrimas: muitas das mulheres me culparam por chorar! Eu não conseguia acreditar. Elas vieram até mim, uma ou duas naquele momento e disseram:

– Eu entendo o que você está tentando dizer... (Eu não estava *tentando*, resmunguei com meu maxilar travado, eu *disse*; vocês que não escutaram), mas não deixe isso *atingir* você!

Ou: "Por que deixar *qualquer uma* te fazer chorar?!"

Nenhuma delas disse uma palavra *sequer* sobre os motivos pelos quais jovens mulheres de cor estão se suicidando. Elas podiam assumir a mulher negra como invencível, como ela foi retratada em certa medida no meu discurso (o que elas ouviram foi a parte invencível), mas não havia simpatia pela luta que termina em derrota. O que significava que não havia simpatia pela luta em si – apenas pela "vitória".

Isso me fez lembrar de algo que me intrigava na reação das pessoas negras aos integrantes do Movimento no Sul. Durante os sete anos que vivi no Mississipi, nunca conheci um participante do Movimento (eu incluída) que não tenha se prejudicado de alguma forma por ter colocado sua vida, seus princípios, seus filhos em risco durante períodos longos, estressantes. E isso é natural. Mas havia um jeito em que a comunidade negra não permitia olhar para isso. Eu me lembro de um rapaz que levou um tiro no pescoço, disparado por brancos racistas, e quase morreu. Quando ele se recuperou, era o mesmo rapaz doce e gentil que sempre foi, mas odiava pessoas brancas, o que na época não combinava com a ideia de superioridade que as pessoas negras tinham de si, como aqueles capazes de oferecer a outra face constantemente. Ninguém nunca tentou agregar a nova realidade da vida desse menino. Quando eles falavam dele, era como se sua vida tivesse parado antes do tiro.

Conheci uma moça negra que deu fim à segregação de uma escola branca em sua cidadezinha. Ninguém, à exceção dos professores, falou com ela *por quatro anos*. Havia um cara branco – de quem ela falava com desprezo – que deixava bilhetes de amor no armário dela. Essa moça sofria de ansiedade aguda; de modo que se arrastava da escola para casa todos os dias, ia para cama e ficava lá até a manhã seguinte, quando saía direto para a escola. Até seus pais só falavam da coragem dela, nunca sobre o preço que pagava.

Foi no simpósio de Radcliffe que vi que as mulheres negras são mais leais aos homens negros do que a si mesmas, uma situação perigosa que logicamente leva a um comportamento autodestrutivo.

Mas também aprendi outra coisa:

Aquela conferencista que não quis falar sobre as taxas de suicídio das jovens de cor também aproveitou a oportunidade para me dizer qual ela considerava ser o meu "problema". Uma vez que eu falo muito da minha mãe, ela disse que o meu problema era que eu tentava "carregar minha mãe, e o fardo é pesado demais".

June, que estava sentada ao meu lado, que estava com raiva mas não constrangida pelas minhas lágrimas, me envolveu nos seus braços e disse:

– Mas por que você não carregaria sua mãe? Ela carregou *você*, não é?

O que foi a perfeição numa resposta curta.

Eu tive que rir. E a risada e as lágrimas e o abraço e a confirmação da responsabilidade que temos para com aqueles que amamos e aqueles que nos amaram é o que eu sei que nos levará adiante.

1979

Para a revista *Black Scholar*

> [Escrevi este texto para os editores de *Black Scholar* em resposta a um artigo publicado na edição de março/abril 1979 escrito pelo dr. Robert Staples[37] intitulado "The Myth of Black Macho: A Response to Angry Black Feminists" (O mito do macho negro: Uma resposta para feministas negras raivosas). Os editores consideraram este texto "pessoal" e "histérico" demais para publicá-lo. Eles sugeriram mudanças, e eu as recusei.]

Não há bem algum – e é uma perda de tempo – em atacar Ntozake Shange e Michele Wallace,[38] uma vez que elas não estão, de fato, atacando vocês. Elas estão se afirmando e destacando as condições gerais da vida negra como elas as conhecem, o que elas têm o direito de fazer, sendo ou não mulheres negras de classe média. Sejam quais forem as falhas existentes em suas perspectivas ou em suas obras (e há algumas), há também um componente considerável de verdade que homens e mulheres negras em todo o país reconhecem. (Não apenas nós "feministas negras raivosas" que de qualquer maneira fazemos parte do movimento das mulheres, de acordo com Staples, não porque somos inteligentes, sensíveis e porque temos respeito por nós mesmas, mas porque fomos chamadas para ajudar as feministas brancas a colocar os homens negros "nos seus lugares". Um insulto triste e grosseiro a todas as mulheres negras que lutam pela libertação em todo o mundo, e feito naquele ensaio para criar mais calor do que luz). O componente da verdade que, por causa do machismo (assim como do racismo, e em geral do capitalismo, sim), mulheres e homens negros (que são donos das próprias almas, apesar de todos os -ismos, assim espero) estão numa crise em seus relacionamentos uns com os outros. *Existe* ódio, aversão e desconfiança entre nós. Se isso continuar, podemos dizer adeus aos nossos mitos, lendas, lutas e triunfos que nos foram prometidos pelo povo negro.

Em vez de discutir, *antes de qualquer coisa*, se existe ou não machismo na comunidade negra (e como nossa comunidade possivelmente é diferente de todas as outras em relação a isso), olhem ao redor. Olhem para as mulheres e homens negros que vocês conhecem. Olhem para suas famílias. Olhem para os seus irmãos – e as esposas deles. Olhem para suas irmãs – e os maridos delas. Olhem para todos aqueles parentes que vocês admiram e não estão amarrados desse jeito. Olhem para as crianças. "Mulheres negras fortes não são percebidas como femininas nessa cultura." Suas filhas são fracas? Seus filhos pensam que a pele negra por si só é "forte" demais para ser feminina? O que isso significa? Prestem atenção ao que nos dizem: por exemplo, que muitas mulheres negras, *na verdade*, estão sozinhas e infelizes. No entanto, Shange e Wallace são criticadas por dizerem que deveríamos aprender a apreciar estar só.

Olhem bem para vocês mesmos. Olhem bem para o que vocês sentem, realmente, pelas pessoas que o destino com tanta indiferença jogou nos seus caminhos. Vocês se sentiriam tão melhores do que qualquer um? Olhem para o que de fato *fazemos* uns com os outros. Olhem para o que realmente *dizemos*. Olhem ao redor como se não houvesse brancos por perto a quem vocês queiram impressionar. Saibam que se nós falhamos em impressionar uns aos outros, nós perdemos algo precioso que tivemos em algum momento.

Agora vocês estão em boas condições para assistir à peça de Ntozake Shange.[39] Em excelente forma para relaxar bebendo uma cerveja (é sempre necessário uma bebida para assistir ao trabalho de nossos semelhantes) e ler o livro de Michele Wallace. Tentem não pensar no quanto elas são bem-sucedidas. Tentem não desmoralizar o dinheiro que Shange ganhou. Não fiquem furiosos com o fato de ela escrever de forma tão bonita, com tanta coragem e vulnerabilidade. Resistam à tentação de culpá-la por todo aquele público de Marin e Scarsdale. Se vocês puderem, lembrem-se de que ela não sabia que eles estavam vindo.

Pensem grande.

Nós temos sido um povo
O que nós somos agora?
E por quanto tempo?

Tendo dito isso, eu espero ter deixado claro que não considero o texto de Staples útil de jeito nenhum, a não ser como um lembrete do quanto, ainda, nós precisamos avançar (aparentemente o caminho *inteiro*, devo acrescentar).

Umas das minhas maiores fraquezas, das que estou começando a reconhecer mais claramente diante do livro de Michele Wallace, é uma relutância profunda em criticar outras mulheres negras. Eu me sinto muito mais confortável elogiando-as. Sem dúvida, não há outro grupo mais digno de elogios, mas, por outro lado, nenhum outro grupo é mais merecedor de justiça, e críticas bem-feitas devem ser, penso eu, apenas justiça.

Há muitas coisas boas no livro de Michele Wallace, coisas que (embora não tão originais quanto ela considera) podem ser muito úteis para nós, se nós as *ouvirmos*. Por exemplo, de fato é verdade que, a menos que você seja muito velha e gorda, você corre o risco de ser insultada e assediada em qualquer bairro negro pobre nos Estados Unidos. Homens negros falam conosco como falam com cachorros: "Ei, de casaco de couro!", "Vem cá, jaqueta preta!", "Ô, garota! Linda!" "Você não fala, é? O que você precisa é de uma bela trepada! Vagabunda." Todas essas coisas me foram ditas enquanto eu tentava fazer compras nos últimos dois dias. Tente respeitar pessoas que falam com você desse jeito. Veja do que nós estamos rindo na televisão: é verdade, como Wallace destaca, que homens negros deixam dolorosamente claro que, como Redd Foxx declarou, eles preferem ter uma Raquel Welch[40] na cama do que uma Shirley Chisholm na Casa Branca. O que poderia ser mais machista e mais patético? E observem a ignorância de homens negros em relação a mulheres negras. Embora mulheres negras tenham lido religiosamente todos os escritores negros que receberam destaque (geralmente representando mulheres negras como bruxas e feiticeiras), poucos homens negros pensaram ser interessante ler mulheres negras. No que lhes diz respeito, eles veem o quadro geral. Em relação a isso, Michele Wallace é também culpada. Ela aponta a ignorância masculina ao longo do livro; porém, em sua pesquisa, ela escolhe principalmente escritores homens, brancos e negros. E apesar disso ter sido destacado antes de seu livro ter sido publicado, ela considerou que a versão masculina da realidade era suficiente. Embora ela tenha mencionado Ntozake Shange, Toni Morrison, Angela Davis e Nikki Angela no fim, é uma charada para o leitor o que devemos fazer com elas, uma vez que os estereótipos que ela tenta aplicar a cada mulher não conseguem acomodar seres humanos criativos, comoventes, atenciosos e em evolução, sem mencionar seres humanos com outras possibilidades advindas do fato de serem mulheres negras.

A frase no livro de Wallace que tem causado mais casos de apoplexia nas mulheres negras do que qualquer outra é a seguinte: "Creio que a mulher negra pensa sua história e sua condição como uma ferida que a faz diferente e, portanto, especial e, por isso, isenta das responsabilidades humanas." Como a maioria das mulheres negras nos EUA, eu me alegro que outra mulher negra diga o que pensa e dê sua opinião, mas essa – mesmo com contexto – é chocante. De que maneira nós não temos sido responsáveis? Como temos sido isentas? Essa declaração parece uma crítica levada a tal extremo que não há nenhum contexto no qual se aplique.

Uma das declarações no livro de Wallace que fiz um esforço para suprimir (além de escrever notas para a própria autora: todas ignoradas, pelo que pude identificar no livro) foi esta:

> De uma intrincada rede de mitologia que cerca a mulher negra, emerge uma imagem fundamental. É a de uma mulher de força extraordinária, com uma capacidade de tolerar uma quantidade incomum de dor e de trabalho pesado desagradável. Essa mulher não tem os mesmos medos, fraquezas e inseguranças das outras mulheres, mas acredita ser, e de fato é, emocionalmente mais forte do que a maioria dos homens. Menos do que uma mulher porque é menos "feminina" e indefesa, ela na verdade é *mais* mulher uma vez que é a corporificação da Mãe Terra, a mãe essencial com infinitas reservas sexuais, nutritivas e vivificantes. Em outras palavras, ela é uma supermulher.
>
> *Ao longo dos anos essa imagem permaneceu basicamente intacta, sem ter sido questionada sequer por raras escritoras negras ou políticas* [grifos meus].

O editor dela pediu uma recomendação para o livro. Eu concordei, desde que esse parágrafo fosse cortado. Isso é uma mentira, respondi. "Não posso falar pelas políticas, mas com certeza posso falar por mim. Eu tenho combatido esse estereótipo há anos, assim como várias outras boas escritoras negras." Eu pensei não apenas em Meridian, mas em Janie Crawford, em Pecola, Sula e Nell, de Edith Jackson, mesmo em Iola LeRoy e Megda, pelo amor de Deus. (Personagens criadas por escritoras negras que a srta. Wallace não conhece; uma ignorância que só é aceitável se a pessoa não estiver escrevendo um livro sobre mulheres negras.) "Cinquenta mil mulheres negras chamarão a sua atenção por isso aqui", reclamei depois.

Era tarde demais. Aparentemente não prestaram atenção a nada do que eu disse. Meu "conselho" anterior não foi usado. E talvez o editor e Wallace estivessem certos em não se deixarem influenciar. Até agora cinquenta mil mulheres negras sequer conseguiram escrever para a revista *Ms.* (na qual um trecho do livro foi publicado) com suas objeções, embora eu tenha recebido cartas e ligações, como se fosse minha responsabilidade fazer com que as partes ruins de *Black Macho* desapareçam.[41]

Ninguém pode fazer isso agora. Nem podemos reclamar indefinidamente pelas partes ruins sem encarar as muitas verdades das partes boas. E *há* partes boas. É um livro que, embora não seja confiável nem visionário, nem mesmo honesto o bastante para "marcar os anos 1980", ainda pode nos ajudar a formar as nossas ideias. Ele é, em resumo, uma expressão da realidade de uma mulher negra. E eu insisto em acreditar que todas essas expressões (de preferência parando com as demonstrações de autodesprezo ou desprezo pelos outros) são valiosas, desejáveis e, a longo prazo, nos fazem mais bem do que mal.

1979

Irmãos e irmãs

Nós vivíamos numa fazenda no Sul nos anos 1950, e meus irmãos, os quatro com os quais convivia (o quinto tinha saído de casa quando eu tinha três anos), tinham permissão para observar os animais acasalando. Isso não era incomum; nem era incomum que eu e minha irmã mais velha recebêssemos caras feias se perguntássemos, com inocência, o que estava acontecendo. Um dia, um dos meus irmãos explicou o acasalamento usando as palavras que meu pai deu a ele: "O touro tem uma coisinha na vara", ele disse. E nós rimos. Qual vara?" Eu queria saber. "Onde ele a conseguiu? Como ele a pegou? Onde ele a colocou?" Todos os meus irmãos riam.

Eu acredito que a teoria da minha mãe sobre criar uma família com cinco meninos e três meninas era que o pai deveria ensinar aos meninos e a mãe às meninas sobre os fatos, como dizem por aí, da vida. Então meu pai saía por aí falando de touros pegando algo com suas varas, e ela saía por aí dizendo para as meninas que não precisávamos saber nada dessas coisas. Elas estariam "se comportando como o mulherio" (algo muito ruim naquela época) se perguntassem.

A questão era: assistir aos acasalamentos enchia meus irmãos de um tipo de luxúria sem rumo, tão perigosa quanto não intencional. Eles sabiam o bastante para saber que as vacas, meses depois de cruzarem, produziam bezerros, mas eles não eram inteligentes o suficiente para fazer a mesma conexão entre as mulheres e suas crias.

Às vezes, quando penso na minha infância, ela me parece especialmente difícil. Mas, na realidade, tudo de horrível que aconteceu comigo parece não ter acontecido *comigo* de fato, mas com a minha irmã mais velha. Por meio de um incrível poder de fingir que não estava presente perto de pessoas de quem não gostava, o que produzia invisibilidade (assim como uma habilidade de parecer cabeça oca, quando era bem diferente disso), fui poupada das humilhações às quais ela foi submetida, embora ao mesmo tempo eu sentisse cada uma delas. Era como se ela sofresse para me preservar, e bem cedo na minha vida jurei que as coisas que tornavam a existência dela tão infeliz não me aconteceriam.

O fato de ela não ter permissão para acompanhar os cruzamentos oficialmente não significa que ela nunca tivesse visto um. Enquanto meus irmãos seguiam meu pai para os currais de cruza do outro lado da estrada perto do celeiro, ela parava perto do chiqueiro, ou vigiava os nossos cachorros até eles estarem no cio ou, sem conseguir testemunhar algo ali, ela observava as galinhas. Numa fazenda era impossível *não* estar consciente do sexo, não se perguntar a respeito, sonhar... Mas com quem ela falaria sobre seus sentimentos? Não com meu pai, que pensava que *todas* as jovens eram perversas. Não com a minha mãe, que fingia que suas filhas tinham brotado magicamente de tocos encontrados na floresta. Não comigo, que não achava nada de errado com essa mentira.

Quando minha irmã menstruou, ela usava um monte de trapos limpos entre as pernas. Ficava estufado na frente como um pênis. Os meninos riam dela enquanto ela os servia à mesa. Sem saber muito bem como reagir, e porque nossos pais não sonhavam em *conversar* de verdade sobre o que estava acontecendo, ela ria de si mesma, umas risadinhas nervosas. Eu a odiava por rir, e naqueles momentos eu pensava que ela não era inteligente. Minha irmã nunca reclamava, mas começou a ter estranhos desmaios toda vez que menstruava. Ela sentia como se sua cabeça fosse rachar, dizia, e vomitava tudo o que comia. Suas cólicas eram tão fortes que não conseguia ficar de pé. Ela era obrigada a passar vários dias do mês na cama.

Meu pai esperava que seus filhos fizessem sexo com mulheres. "Como os touros", ele dizia, "um homem precisa ter uma coisinha em sua vara." E então, nas noites de sábado, eles iam para a cidade, procurar garotas. Minha irmã raramente tinha autorização para ir à cidade sozinha, e se o vestido que ela usava fosse mais ajustado na cintura, ou se o decote dela estivesse mais baixo que sua clavícula, faziam com que ela ficasse em casa.

– Mas por que eu não posso ir também? – ela chorava, seu rosto se contorcendo com o esforço para não gemer.

– Eles são rapazes, seus irmãos, é *por isso* que eles podem ir.

Naturalmente, quando tinha oportunidade, minha irmã reagia aos meninos com empolgação. Mas quando era descoberta, apanhava e era trancada no quarto.

Eu ia lá dentro vê-la.

– Pinheiro alto[42] – ela dizia – você não conhece a *sensação* de querer ser amada por um homem.

– E se é isso que você recebe por se sentir assim, eu nunca vou querer – eu dizia, com uma mistura que eu esperava ser a certa, entre a solidariedade e o nojo.

– O cheiro dos homens é tão bom – ela suspirava em êxtase. – E quando eles olham bem dentro dos seus olhos, você derrete.

Uma vez que eles eram tão difíceis de ser conquistados, naturalmente ela achava que quase todos eles eram fantásticos.

– Ah, aquele Fred! – ela fantasiava sobre algum garoto medíocre e sem graça. – Ele é tão *gentil*! – E tirava uma foto feia dele de seu decote e a beijava.

Meu pai estava sempre alertando-a para não voltar para casa se um dia ela descobrisse que estava grávida. Minha mãe a lembrava constantemente de que o aborto era um pecado. Houve um período em que, embora ela não estivesse grávida, sua menstruação não desceu por meses. Entretanto, os sintomas dolorosos nunca variaram nem pararam. Ela se apaixonou pelo primeiro homem que a amava o bastante para lhe dar uma surra por olhar para mais alguém e se casou com ele quando eu ainda estava no ensino médio.

Diziam que meu quinto irmão, o que eu nunca conheci, era diferente do restante. Ele não gostava dos cruzamentos. Ele não os assistia. Ele pensava que as vacas deveriam ter uma escolha. Meu pai desgostava dele porque ele era fraco. Minha mãe o defendia. "Jason tem um coração mole", ela dizia de um jeito que me fez saber que ele era o seu favorito. "Ele puxou isso de mim." Era verdade que minha mãe chorava por quase qualquer coisa.

Quem era esse irmão mais velho? – eu perguntava.

– Bem, ele era alguém que sempre amou você. É claro que ele era um rapaz crescido quando você nasceu e já trabalhava fora por conta própria. Ele trabalhava com um grupo construindo estradas. Toda manhã, antes de sair, ele entrava aqui no quarto e pegava você no colo e te dava muitos beijos. Ele só olhava para você e você sorria. É uma pena que você não se lembre dele – minha mãe dizia.

Eu concordava.

No enterro do meu pai eu finalmente "conheci" meu irmão mais velho. Ele é alto e escuro com um cabelo grisalho volumoso em torno de um rosto de aparência jovem. Eu assisti a minha irmã chorar pelo meu pai até o luto fazê-la desmaiar. Vi meus irmãos soluçando, relembrando uns aos outros o grande pai que ele tinha sido. Meu irmão mais velho e eu não derramamos uma lágrima sequer. Quando me afastei da sepultura de meu pai, ele se aproximou e se apresentou. "Você não terá nunca que andar sozinha", ele disse, e me envolveu nos seus braços.

Um em cinco não é *tão* ruim, eu pensei, me aconchegando.

Mas eu não tinha descoberto sua verdadeira singularidade até recentemente: ele é o único dos meus irmãos que assume as responsabilidades por todos os seus filhos. Os outros quatro tiveram filhos durante aquelas caçadas de sábado à noite há vinte anos. Filhos – meus sobrinhos e sobrinhas que provavelmente nunca conhecerei – que eles não reconhecem como seus, não sustentaram nem sequer viram.

Até me tornar uma estudante da ideologia a favor da liberação das mulheres eu não conseguia entender nem perdoar meu pai. Eu precisava de uma corrente ideológica que definisse o comportamento dele num contexto. O movimento negro me deu as crenças que ajudavam a explicar seu colorismo (ele se *apaixonou* pela minha mãe em parte porque ela era bem clara, ele nunca negou isso). O feminismo me ajudou a entender o machismo dele. Fiquei aliviada por saber que o comportamento machista dele não era algo unicamente seu, mas, em vez disso, uma imitação do comportamento da sociedade ao nosso redor.

Todos os movimentos sociais contribuem para a integridade de nossa compreensão da sociedade como um todo. Eles nunca depreciam algo, não se deve permitir que façam isso. A experiência se soma à experiência. "Quanto mais, melhor", como diriam O'Connor e Welty, uma se referindo ao casamento, a outra, ao catolicismo.

Eu precisava desesperadamente que meu pai e meus irmãos me dessem modelos masculinos que eu pudesse respeitar, porque os homens brancos (sendo especialmente prática nesse tipo de comparação, por exemplo), seja nos filmes ou pessoalmente, apresentavam o homem como dominador, assassino e sempre como hipócrita.

Meu pai falhou porque ele copiou a hipocrisia. E meus irmãos – exceto um – nunca compreenderam que eles deveriam representar metade do mundo para mim, como eu deveria representar a outra metade para eles.[43]

1975

parte quatro

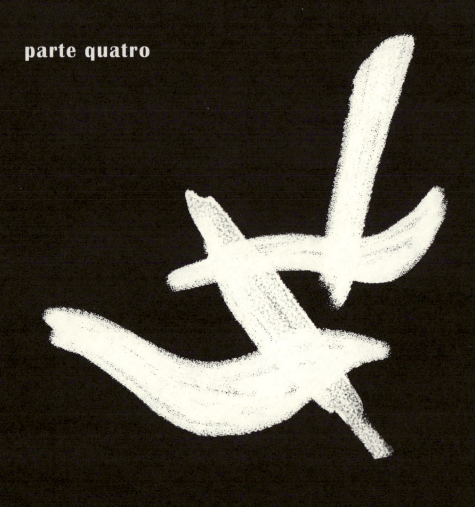

Bem ao leste do cinturão de selva na África Central há uma savana aberta que se acredita ter sido o lar dos primeiros seres humanos – caçadores e coletores que se separaram dos grandes primatas em parte por sua habilidade de caminhar ereto, o que lhes permitiu criar ferramentas. Agora, os estudos em andamento (...) propõem que os primeiros instrumentos criados por essas pessoas não foram desenvolvidos para que os homens caçassem os animais, como há muito presumido, mas pelas mulheres, a fim de colher vegetais para comer.

"New Anthropological Finds: The Swords Started Out as Ploughshares", revista Ms., agosto de 1979

Direitos certins

É verdade...
sempre amei
os mais
     ousados
Como jovens
negros
Que tentaram
derrubar
Todas as barreiras
de uma vez,
     queriam
nadar
Numa praia branca
(no Alabama)
Nus.

De todos os poemas que escrevi durante um dos períodos mais intensos da luta pelos Direitos Civis[1] (no início dos anos 1960), esse (do livro *Once*) continua sendo o meu favorito. Gosto dele porque revela um momento no qual reconheço algo importante a meu respeito e minhas próprias motivações para me juntar a um movimento histórico, profundamente revolucionário, em prol da mudança humana. Isso também revela porque o termo "Direitos Civis" nunca poderia ser adequado para descrever nossos desejos e sonhos, ou os daquelas pessoas não negras que lutavam ao nosso lado. E porque, como um nome, é totalmente desprovido de cor.

Em resumo, embora eu valorize o Movimento pelos Direitos Civis *profundamente*, nunca gostei desse nome em si. Não tem música, não tem poesia. Faz pensar em burocratas e não em rostos suados, olhos grandes brilhantes lutando por *Liberdade!* E pés marchando. Não, em vez disso, faz pensar em gaveteiros de metal e papelada chata.

Isso ocorre porque "Direitos Civis" é um termo que não surgiu a partir da cultura negra, mas sim a partir da lei estadunidense e, como tal, é um termo limitante. Refere-se apenas a possibilidades físicas – necessárias e preciosas, é claro – mas não ao espírito. Mesmo quando promete garantias de maiores liberdades, tal termo restringe a área na qual as pessoas esperam encontrá-las. Não surpreende que "Black Power", "Partido dos Panteras Negras", ou até "Mississippi Freedom Democratic Party" e "Umoja"[2] soassem muito melhor e *sui generis*, embora tenham obtido menos conquistas (ou não).

Quando se lê poemas, especialmente daquela época, isso fica muito claro. Os poemas, como as canções daquele período, revelam um *tipo de imaginação e de espírito* inteiramente diferentes daquelas evocadas pelo termo "Direitos Civis". Os poemas são repletos de protesto e "desobediência civil", sim, mas também de brincadeiras e, de modo extravagante, são uma atração para as famílias do mundo e do mar cósmico – cheio de várias pessoas nuas que desejam nadar em liberdade.

1982

Somente a justiça pode parar uma maldição

Ao Homem-Deus: Oh, Grandioso, eu tenho sido testada intensamente pelos meus inimigos e mentiras e blasfêmias têm sido proferidas contra mim. Meus bons pensamentos e minhas ações honestas se transformaram em más ações e em ideias desonestas. Meu lar tem sido desrespeitado, meus filhos têm sido amaldiçoados e maltratados. Meus entes queridos têm sido caluniados e suas virtudes, questionadas. Oh, Homem-Deus, eu imploro que meus inimigos passem pelo que peço:

Que o vento Sul queime seus corpos e os façam murchar e que não haja alívio para eles. Que o vento Norte congele o sangue deles e adormeça seus músculos e que não haja alívio para eles. Que o vento oeste deixe suas vidas sem fôlego e não deixe seus cabelos crescerem, que suas unhas caiam e seus ossos se esmigalhem. Que o vento leste obscureça os pensamentos deles, que as vistas deles enfraqueçam e suas sementes sequem de maneira que eles não se multipliquem.

Eu peço que os pais e mães de sua geração mais longínqua não intercedam por eles diante do grande trono, que os ventres de suas mulheres não carreguem filhos a não ser de estranhos, e que eles se tornem extintos. Rezo para que os filhos deles venham a ter as mentes fracas e membros paralisados e que eles amaldiçoem a si mesmos por inspirarem o sopro da vida em seus corpos. Rezo para que a doença e a morte sempre estejam com eles e que seus bens mundanos não prosperem, que suas plantações não se multipliquem e que suas vacas, suas cabras e seus porcos e todos os seus animais morram de fome e sede. Rezo para que as casas deles sejam destelhadas e que a chuva, o relâmpago e o trovão encontrem os recantos mais íntimos de suas casas, que as enchentes as despedacem e que as fundações fiquem em ruínas. Rezo para que o Sol não lance raios benevolentes sobre eles, mas os queime e os destrua. Rezo para que a Lua não lhes dê paz, mas escarneça deles, os condene e faça com que as mentes deles enruguem. Rezo para que os amigos deles os traiam e a os façam perder poder, ouro e prata, que seus inimigos sorriam até que eles peçam por clemência que não lhes será concedida. Rezo para que as línguas esqueçam como dizer palavras doces, que sejam paralisadas e que só lhes falem de desolação, pestilência e morte. Oh, Homem-Deus, eu lhe peço todas essas coisas porque eles me arrastaram na poeira e destruíram meu bom nome; partiram meu coração e me fizeram amaldiçoar o dia em que nasci. Que assim seja.

Essa é uma maldição que Zora Neale Hurston coletou nos anos 1920. E naquela época ela já era antiga. Com frequência eu me admiro com ela. Com a precisão de sua raiva, a intensidade de sua amargura. Seu ódio absoluto pelos inimigos que condena. É uma oração-maldição feita por uma pessoa que iria prontamente cometer suicídio, quase com alegria, se isso significasse que seus inimigos também morreriam. Horrivelmente.

Tenho certeza de que a primeira pessoa a proferir essa maldição foi uma mulher. Sou capaz de vê-la – negra, asiática, parda ou indígena, "aborígene", como os antigos são chamados na África do Sul e na Austrália e em outras terras invadidas, expropriadas e ocupadas pelos brancos. E penso, com perplexidade, que a mulher de cor que criou essa oração-maldição – faminta, escravizada, humilhada e pisoteada com indiferença até a morte – ainda existe ao longo de séculos. Na verdade, assim como os povos antigos não brancos em todo o mundo, que tentaram avisar ao homem branco sobre a inevitável destruição decorrente da mineração de urânio em suas terras sagradas, essa mulher, junto de milhões e bilhões de irmãos, irmãs e crianças esquecidas, parece ter colocado uma energia imensa em sua esperança de vingança para que sua maldição estivesse próxima de dar um fim a tudo isso. E é essa esperança de vingança, finalmente, que, penso eu, está no cerne das muitas resistências de pessoas de cor no atual movimento antinuclear.

De qualquer maneira, esse tem sido o meu caso.

Quando penso na imensidão dos crimes do homem branco contra a humanidade. Contra as mulheres. Contra todas as pessoas não brancas que estão vivas. Contra os pobres. Contra meu pai e minha mãe. Contra mim... Então penso que neste exato momento ele deseja retirar aquela pouca liberdade que morri para conquistar, pela privação do meu direito ao voto... Já nos privou de educação, de saúde, de moradia e de comida... O que William Shockley diz neste momento quando ele concorre a senador do meu país para empurrar sua teoria de que os negros são geneticamente inferiores e deveriam ser esterilizados...

Quando penso que ele é, que eles são, uma ameaça real à vida da minha filha, do meu povo, eu penso – em perfeita harmonia com minha irmã de tempos atrás: *deixe a terra marinar em veneno. Deixe as bombas caírem como chuva sobre o chão. Pois nada além da destruição total ensinará alguma coisa a eles.*

E seria bom, talvez, acabar com a espécie de qualquer maneira, em vez de deixar que o homem branco continue a subjugá-la e continue com seu desejo por dominar, explorar, espoliar não apenas o nosso planeta, mas o resto do universo, intenção clara e reiterada inúmeras vezes; deixando sua arrogância e seu lixo não apenas na Lua, mas em todos os lugares que eles podem alcançar.

Se nós temos qualquer amor verdadeiro pelas estrelas, planetas, o resto da criação, devemos fazer tudo o que pudermos para manter os homens brancos longe dela. Eles que se escolheram como nossos representantes para o restante do universo. Eles que nunca encontraram outra criatura sem abusá-la, explorá-la ou destruí-la. Eles que dizem que nós, os pobres (os brancos, inclusive) e as mulheres e os não brancos e os idosos arruinamos os bairros, enquanto eles arruínam mundos.

O que eles fizeram com o antigo, farão com o novo.

Sob o domínio do homem branco, cada estrela se tornaria uma África do Sul, cada planeta, um Vietnã.

Irradiarmo-nos pode ser de fato a única maneira de salvarmos os outros do que a Terra já se tornou. E esta é uma questão que exige uma reflexão séria de cada um de nós.

Entretanto, assim como o Sol, que brilha sobre quem crê em Deus e sobre ateus, o mesmo ocorre com a radiação nuclear. E sabendo disso fica cada vez mais difícil abraçar a ideia da extinção simplesmente por uma suposta satisfação de – na sepultura – conseguir vingança. Ou até mesmo de aceitar a morte de nosso planeta como um remédio preventivo administrado no universo. A vida é melhor que a morte, creio eu, não só porque é menos tediosa, mas também porque há pêssegos frescos nela. De qualquer maneira, a Terra é o meu lar – embora durante séculos pessoas brancas tentassem me convencer de que não tenho direito a existir, a não ser nos lugares mais feios e obscuros do planeta.

Então deixem-me dizer: eu pretendo proteger o meu planeta. Rezando – não uma maldição – apenas na esperança de que minha coragem não seja menor que o meu amor. Mas, se por algum milagre, e por toda a nossa luta, a Terra for poupada, só a justiça para cada coisa viva (e tudo está vivo) salvará a humanidade.

E nós ainda não estamos salvos.

Só a justiça pode parar uma maldição.

1982

A loucura nuclear: o que você pode fazer?

Nuclear Madness[3] é um livro que você deveria ler imediatamente. Antes de escovar seus dentes. Antes de fazer sexo. Antes de almoçar. A autora é Helen Caldicott (junto com Nancy Harrington e Nahum Stiskin), uma australiana, pediatra, mãe de três crianças. É um livro curto e sério sobre a probabilidade de uma catástrofe nuclear em nosso tempo, muito bem pensado, fácil de ler e apavorante, para um livro que foi escrito por pessoas que não são especialistas em energia nuclear, assim como quase todos os americanos, que deveriam entender do assunto.

Caldicott tinha seis anos quando a bomba atômica foi lançada em Hiroshima e se declara uma criança da Era Nuclear. Ela cresceu, como muitos de nós, sob a ameaça de uma guerra nuclear. Ela se recorda dos anos 1950, quando estudantes eram treinados para se esconderem embaixo de suas mesas ao som das sirenes de ataques aéreos e milhares de americanos construíram abrigos subterrâneos.

Durante os anos 1960, os assassinatos políticos, os Movimentos pelos Direitos Civis e a Guerra do Vietnã desviaram o foco das pessoas da preocupação com as armas nucleares para problemas que elas sentiam poder fazer algo a respeito. Entretanto, como Caldicott afirma, o Pentágono seguiu seu antigo plano, fabricando bombas maiores e "melhores" a cada ano.

Em algum momento durante os anos 1960, Robert McNamara, secretário da Defesa na época, disse que entre os Estados Unidos e a União Soviética já existiam cerca de quatrocentas bombas atômicas, o suficiente para matar milhões de pessoas dos dois lados, um "impedimento" viável à guerra nuclear, na opinião dele. No entanto, o Pentágono e o Kremlin aparentemente assumiram que a quantia não era o bastante, e, então, entre as duas "superpotências" atualmente há cerca de *50 mil* bombas.

O que isso significa é que nos EUA, e na União Soviética, há literalmente mais bombas do que o que fazer com elas: então eles decidiram que as bombas anteriormente preparadas para destruir países inteiros passariam a ter como alvo todas as cidades do hemisfério Norte com uma população maior que 25 mil pessoas. Então, até enquanto você espreme o tubo de pasta de dente até o fim, beija seu amor no rosto, ou morde seu sanduíche de peito de peru, você está na lista de alvos das superpotências nucleares, uma lista feita por pessoas que historicamente são incapazes de se abster de exibir cada horror novo e vergonhoso que criam.

Durante vários anos Caldicott esteve licenciada de seu emprego no Centro Médico de Harvard, e passa seu tempo praticando o que chama de "medicina preventiva", viajando pelo mundo todo tentando conscientizar as pessoas dos perigos que nós enfrentamos. Como a maioria dos remédios, o dela é amargo, porém menos amargo, ela acredita, do que assistir com impotência os seus jovens pacientes morrerem de câncer e doenças genéticas causadas diretamente pelos poluentes químicos criados inevitavelmente pela produção de energia nuclear.

A indústria nuclear, poderosa, que visa o lucro, totalmente despreocupada com a nossa saúde, ajudada e estimulada por um governo que é seu gêmeo, está nos matando e matando nossas crianças todos os dias. E cabe a nós, a cada um de nós, impedi-la. No caso de uma guerra nuclear, toda a vida no planeta será extinta, os seres humanos com certeza. Mas mesmo que não haja guerra, nós encararemos o mesmo fim – a menos que acabemos com a indústria de energia nuclear – e apenas isso irá desacelerar de alguma forma o que está por vir, enquanto o ar, a água e o solo se tornam envenenados demais com resíduos nucleares (para os quais não existe descarte seguro) para sustentar a vida.

O que nós podemos fazer? Como Caldicott, ou indo além, eu não acredito que devêssemos desperdiçar mais tempo procurando por ajuda no nosso sistema jurídico. Tampouco tenho fé em políticos, cientistas ou "especialistas". Contudo, tenho uma fé imensa nos indivíduos: você com sua pasta de dentes, você que está transando e você que não vai deixar nenhuma dessas merdas se meterem entre você e eu sanduíche de peito de peru. Se tudo se resume a isso, sei que alguns de nós, *indivíduos,* (lembre-se de Watergate) podemos ter que bloquear o assassino que está correndo para apertar o botão da catástrofe, e eu ainda digo "bloquear" porque muitos de nós somos excelentes jogadores de futebol americano. (Também espero que em breve *alguma coisa* ilustre o que nossos irmãos aprenderam protegendo a vida no Vietnã.)

Como indivíduos, devemos nos juntar uns aos outros. Sem tempo para discutir se a sobrevivência é "um problema branco". Também não há tempo para você declarar que não mora aqui. Manifestações imensas são essenciais. Desobediência civil em massa. E, na verdade, qualquer coisa em grande escala que seja necessária para salvar nossas vidas.

Converse com a sua família; organize os seus amigos. Eduque todos aqueles com quem você possa trocar uma palavra. Faça campanha para recolher doações. Apoie quem for preso. Escreva cartas para aqueles senadores e deputados que estão facilitando para que a indústria da energia nuclear nos mate: diga a eles que, se eles não mudarem, os "pretos" vão invadir seus abrigos subterrâneos. De qualquer maneira, isso é o mais importante. Nós devemos salvar a Terra e diminuir o poder daqueles que estão em condições de destruí-la. Una-se a pessoas de quem você não gosta, se for preciso, para que todos nós possamos viver para brigarmos novamente.

Mas, antes, leia o livro de Caldicott e lembre-se: a boa notícia pode ser que a natureza está descontinuando o homem branco, mas a má notícia é que ela pensa que somos todos iguais.

1982

Carta às editoras da revista Ms.

[Escrevi o texto a seguir poucas semanas antes da invasão israelense no Líbano e poucos meses antes dos massacres de Beirute, em resposta ao artigo "Anti-Semitism in the Women's Movement" (Antissemitismo no Movimento das Mulheres), de Letty Cottin Pogrebin, publicado na edição de junho de 1982 da revista *Ms.*][4]

Existe um vínculo próximo, quase nunca mencionado, entre mulheres negras e judias que nasce da consciência da opressão e da injustiça, uma consciência que muitas mulheres não judias simplesmente não têm. Por exemplo, no ano passado, no auge da repercussão do assassinato das crianças de Atlanta, visitei uma pequena faculdade em Ohio para ler poesia. Duas mulheres brancas, uma judia e outra não judia, me buscaram no aeroporto e me levaram para jantar. Eu estava usando duas fitas verdes,[5] uma no sobretudo e outra no suéter. Assim que as quatro pessoas brancas na mesa em frente à nossa perceberam isso (e talvez o que perceberam tenha sido apenas a *minha* cor), pediram que o pianista no canto do salão tocasse "Mammy's Li'l Baby Loves Shortin Bread",[6] que elas cantaram a plenos pulmões (as duas mulheres – numa óbvia obliteração da possibilidade de vínculos interraciais – penduravam-se aos homens como acessórios) e, ao fim de cada estrofe, depois de "Called for the doctor, the doctor said..." acrescentavam "... *and another dead!*"[7] cheios de ênfase, batendo os pés no chão, com silvos de risada caipira. Quando terminaram, bradaram pela execução de "Sweet Georgia Brown", que o pianista (caridosamente) alegou não conhecer.

A mulher judia e eu congelamos no instante em que a cantoria começou. A não judia jantou com tranquilidade. Por fim, os cantores foram embora, e a judia disse: "Nós temos de fazer alguma coisa em relação a isso". "Sim", eu respondi. A não judia disse: "O que houve?"

A judia lhe explicou.

E *ela* disse: "Ah, eu notei que eles estavam cantando alto, mas *quando percebi que não era nada contra mulheres*, apenas ignorei."

Quando levamos nossa reclamação ao gerente do restaurante ("Bem, uma daquelas mulheres trabalha aqui, e essa é só uma canção que faz parte do repertório da casa"), a não judia continuou perdida. Enquanto a judia parecia prestes a começar a distribuir bolsadas.

Mas isso é apenas parte da história.

Alguns meses atrás, quando Israel "anexou" as colinas de Golã, um judeu amigo meu visitou o país. Após seu retorno, ele explicou que Israel *precisava* daquela terra para se proteger da possibilidade de bombardeios inimigos, talvez lançados a partir daqueles penhascos contra Israel.

– Mas aquela terra não pertence às pessoas? – perguntei.

– Elas não estão fazendo nada com ela – respondeu.

Então pensei: eu tenho um quintal no qual "não estou fazendo nada". O que lhe dá o direito de tomá-lo?

Ele continuou falando das glórias de Israel, mas achei difícil escutar: Crazy Horse, Lame Deer e Black Elk[8] taparam meus ouvidos. Para mim, ele falava como um típico americano *wasichu* (uma palavra sioux para o homem branco, que quer dizer conquistadores gordos). O fato de ele ser judeu parecia pouco relevante.

Acho que gosto do fato de Letty Pogrebin ter acrescentado seu texto à necessária e contínua discussão sobre o antissemitismo no movimento das mulheres. Como negra não judia, encontrar negros antissemitas é sempre uma aflição, porque a história mostra claramente que, uma coisa é certa, os antissemitas nunca estão felizes. Mas gosto, também, porque as pessoas negras, para se manter leais a seus ancestrais, devem lutar para resistir a todas as formas de opressão – e é essa necessidade que com frequência as coloca ao lado de povos como os palestinos, *assim como ao lado de judeus israelitas*. E é nesse meio do caminho onde percebo que esteve a maioria das pessoas negras que pensa a respeito do Oriente Médio, até uns anos atrás. Antes disso – e talvez eu esteja apenas considerando minha história pessoal –, a maioria das pessoas negras se colocava sem qualquer hesitação do lado de Israel.

Eu me lembro de quando o Egito invadiu Israel, em 1967, e de como meu marido judeu e eu ficamos com medo de que Israel fosse – como o Egito ameaçou – "varrida para o mar". Quando Israel venceu a Guerra dos Seis Dias, ficamos felizes e aliviados. Eu tinha pouca consciência da questão palestina naquela época. Tudo o que eu levava em conta era o holocausto, o fato desumano de que os judeus foram rejeitados por quase todos os países em que tentaram ingressar, que eles tinham de viver em *algum lugar* do mundo (durante os anos 1940, havia rumores de que os britânicos os assentariam em Uganda, onde a Grã-Bretanha já havia "assentado" milhares de seus próprios cidadãos); além disso, eu tinha assistido ao filme *Exodus* (1960), com sua trilha sonora assombrosa: "Esta terra é minha, foi Deus quem me deu." Nos anos seguintes – em grande parte, graças a uma amiga judia que visitou os campos palestinos e voltou com um nome palestino –, eu me tornei mais consciente. Contudo, quando tentei falar com meu marido sobre os palestinos (sobre *todos* os palestinos, não apenas os dos campos ou da Organização pela Libertação da Palestina), ele simplesmente se recusou a ouvir. Ele considerava minha amiga uma traidora dos judeus, e qualquer debate que questionasse as atitudes de Israel parecia literalmente paralisar seus pensamentos. Eu entendia e compartilhava de seu medo. Mas quando ele disse "Israel precisa existir", só consegui responder "sim, assim como aqueles outros povos".

Uma coisa que me incomoda muito é como a palavra "imperialismo" quase não é usada no artigo de Pogrebin. É como ler um texto sobre a história europeia do século XIX e ver a palavra "colonialismo" uma ou duas vezes.

"Depois de muitos protestos contra a anexação das colinas de Golã por Israel", ela escreve, "ouvi uma mulher fazer uma piada, 'Israel é Hitler rindo por último dos judeus' – como se o *ultranacionalismo* de Menachem Begin [os itálicos são meus: denotando a equiparação que Pogrebin faz entre uma ideologia e um ato] fosse mais capaz de destruir o povo judeu do que Hitler."

Nesse caso, "ultranacionalismo" deveria ser lido como "imperialismo". Pois do que se pode chamar a construção de colônias israelenses nos territórios de outros povos senão de imperialismo? Apesar do que fazem outros povos, como os americanos e russos (ambos imperialistas), acho que o diálogo melhoraria se pudéssemos dizer, por exemplo: Sim, Israel deve existir – porque os judeus, tendo sofrido maus-tratos hediondos por todo o mundo, merecem ações afirmativas (como Pogrebin as descreve), mas quando isso avança sobre terras de outros povos, quando estabelece colônias em territórios de outros povos, quando expulsa as pessoas de suas cozinhas, vinhedos e camas, então deve haver oposição, como existe em relação à Rússia e aos EUA. E, assim como fazemos em relação àqueles países, penso que deve haver distinção entre os cidadãos judeus e o governo de Israel. (Muitos americanos sem dúvida dirão que a criação do estado de Israel foi, em si, um ato imperialista por parte dos britânicos, e, portanto, Israel não deveria existir; mas esses americanos precisarão admitir a mesma coisa em relação aos EUA e responder à pergunta "Estou pronto para ir embora e devolver a terra aos indígenas?").

Não acredito que pessoas negras queiram que Israel "cometa suicídio", porque muitas delas têm a esperança de que a guerra dê uma trégua para que possam visitar o país; mas qualquer pessoa que tenha sofrido com ocupação ou colonização terá problemas em aceitar a construção e o controle de "assentamentos" por parte de Israel em áreas habitadas por povos nativos. Observando os "assentamentos" de Israel, penso em todos aqueles fortes que salpicam as planícies americanas. Os "assentamentos" israelenses me parecem assustadoramente familiares e americanos.

A declaração de Andrea Dworkin, "eu rejeito a ideia de que, por terem sido oprimidos, os judeus deveriam manter padrões mais altos de moralidade na condução de seu país do que qualquer outro", me faz perceber que eu tenho esperado exatamente isso: tenho um problema idêntico com os países africanos (e com frequência semelhante encaro as decepções). Minha expectativa era que Israel *não* fosse uma versão menor da Rússia ou dos EUA (que Idi Amin[9] *não* fosse um Andrew Jackson[10] negro). Que não buscasse aumentar seu império através da aquisição de "satélites", "protetorados", "colônias" ou "estados". Isso foi obviamente tolo de minha parte, e reluto em admitir. Mas se os judeus pretendem se comportar exatamente como outros povos (e, sendo mais precisa, como homens brancos cristãos), no que consiste então seu judaísmo, senão na crença em um direito de ocupar um dado pedaço de terra? Qualquer um consegue respeitar o *shabat*, mas é preciso o resto da semana para torná-lo sagrado.

Para muitas pessoas do Terceiro Mundo, o sionismo não equivale ao racismo na mesma medida em que equivale ao imperialismo israelense. (Embora, quando Pogrebin cita alguém dizendo que a maioria dos israelenses é de judeus de pele escura – e sionistas –, é de se perguntar por que nenhum deles parece estar na Knesset, ou por que eles nunca são mostrados como maioria quando os israelenses nos são apresentados na TV.) E essas pessoas não se opõem ao sionismo por odiar judeus (embora alguns deles possam ser antissemitas), mas por reconhecer e condenar o comportamento imperialista. Quando pessoas do Terceiro Mundo criticam o imperialismo russo ou estadunidense (e elas o fazem), sei muito bem que não se referem aos milhões de estadunidenses ou russos que abominam quase toda decisão política de nossos respectivos governos. Se me sinto horrorizada diante das políticas de Menachem Begin (e eu me sinto, e muitos israelenses se sentem também – incluindo soldados do exército israelense –, assim como muitos judeus estadunidenses), minha resposta não é que Israel deva deixar de existir, mas que os israelenses devam parar de elegê-lo.

Eu me senti até mais próxima da minha amiga judia depois que ela visitou os campos palestinos. Ela não partiu do pressuposto de que mulheres palestinas "queriam que ela morresse", e ficou feliz em descobrir que elas de fato não queriam. Na verdade, ela descobriu que se parecia muito com elas (semita e de pele escura: "Primas, o cacete", ela disse, "*irmãs*, ou algum espelho está mentindo"), que compartilhavam muitas semelhanças históricas e culturais, e que as mulheres palestinas não eram mais apegadas à ideia de violência do que ela. Mas isso foi nos anos sessenta, e talvez tudo *tenha* mudado desde então. Diferentemente do meu marido, que a considerava uma traidora do povo judeu por ter ficado íntima do "inimigo", pensei (do meu jeito ingênuo, "certamente estereotipado") que sua ação foi muito judia. Revelou coragem, senso de humor, uma crença incorrigível na igualdade entre os povos e fé em sua própria percepção da realidade. Isso exige – como se diz – *chutzpah*. Ela sabia de uma coisa na qual também acredito profundamente: para descobrir qualquer verdade, as *próprias mulheres* precisam ir ao lugar onde esperam encontrá-la. Em minha opinião, e de acordo com minha experiência, imperialistas de todas as raças e nações nos dirão para continuar brigando. Por eles.

Há um ensaio brilhante da escritora June Jordan em seu livro *Civil Wars* que talvez feministas negras e judias possam adotar como instrumento de sensibilização. No texto, ela descreve o que aconteceu quando uma amiga judia leu um ensaio denunciando o assassinato de um jovem negro por judeus hassídicos, no Brooklyn. Sua amiga ofereceu um livro sobre antissemitismo para Jordan "reconhecer seu problema". Qualquer pessoa familiarizada com o trabalho de Jordan (como a amiga deveria ser: trabalharam juntas durante anos) saberia que ela nunca hesita em denunciar *qualquer pessoa* que ela julgue merecer; e assim como denuncia todo tipo de assassinato, denuncia aqueles cometidos por judeus. Isso não a torna antissemita; a torna imparcial.

O que a amiga queria, assim me parece, era uma lealdade silenciosa e acrítica aos judeus, não importa o que eles façam. Mas muitas mulheres negras sentem que lealdade silenciosa e acrítica é algo que você não inflige nem aos seus filhos. Nos anos sessenta, algumas mulheres negras se desviaram de nosso histórico caminho de desafiar tudo o que nos parecia errado para se calar enquanto os homens negros "comandavam a nação negra". Isso foi fisicamente incapacitante para uma geração de mulheres negras (e pessoas negras em geral) e dissemos: Nunca mais. Nós reconhecemos totalmente o valor das alianças e coalizões, mas somos completas com nossas bocas. É quando nos calamos que existe motivo para preocupação.

É inevitável que toda afronta à dignidade humana me afete como ser humano neste planeta, porque sei que todas as coisas na Terra estão conectadas. Acho deprimente que Pogrebin considere a luta de mulheres judias por "direitos civis, bem-estar social, apoio aos necessitados na região dos Apalaches" um trabalho que não "afetou necessariamente [suas] vidas". Isso quer dizer, deduzo, que esse trabalho era caridade, distribuída aos desvalidos, aos pobres e aos ignorantes, e que as feministas judias deveriam agora esperar "pagamento" em forma de apoio. Felizmente, já trabalhei com muitas judias em movimentos sociais para acreditar que muitas delas pensem assim – em vez de considerar que qualquer luta contra a opressão diminui o fardo de todas nós; mas se pensam assim, nossa situação é pior do que eu pensava.

Feministas judias terão de tentar entender o ódio que pessoas de cor sentem pelo imperialismo e pelo colonialismo: nós que perdemos continentes inteiros para a arrogância e ganância do homem branco e para a incapacidade de suas cúmplices, as mulheres brancas, de dizer não ao ouro, diamantes e peles roubadas. E, sim, suspeito que as feministas judias *terão* de se identificar como judias dentro do feminismo com o mesmo desconforto com que se identificam como feministas dentro do judaísmo; qualquer mulher integrante de um grupo oprimido sempre viveu esse dilema. E pessoas de cor terão de tentar entender o medo que judeus sentem de um novo holocausto e de ser deixados sem um lar. Essa história também é nossa. A pessoa negra que com honestidade acredita que "ser antissemita é uma das formas de o negro comprar sua entrada para a vida americana" tem a perspicácia de uma pulga e uma vasta ignorância do comportamento dos estadunidenses brancos, historicamente documentado. E para os que acreditam que o mundo árabe promete liberdade, uma rápida olhada no tratamento tradicional rotineiro de negros (escravidão) e mulheres (burca) os livrará de qualquer ilusão. Se Malcom X tivesse sido uma mulher negra, sua última mensagem para o mundo teria sido bem diferente. A irmandade de homens muçulmanos – de todas as raças – pode existir, mas parte da cola que a mantém unida é a opressão das mulheres.

1983

A escrita de A *cor púrpura*

Eu nem sempre sei de onde vem a origem de uma história, mas com *A cor púrpura* eu soube desde o princípio. Eu estava fazendo uma trilha pela floresta com minha irmã, Ruth, falando sobre um triângulo amoroso que nós duas conhecíamos. Ela disse: "E, você sabe, um dia a esposa pediu à outra mulher algo guardado em suas gavetas." Imediatamente a peça que faltava para a história que eu escrevia mentalmente – sobre duas mulheres que se sentiam casadas com o mesmo homem – se encaixou. E durante meses – entre doenças, um divórcio, várias mudanças, viagens ao estrangeiro, todos os tipos de dores de cabeça e revelações – carreguei o comentário de minha irmã delicadamente equilibrado no centro da estrutura do romance que construía na minha cabeça.

Eu também sabia que *A cor púrpura* seria um romance histórico, e isso me fazia rir. Numa entrevista, debatendo o meu trabalho, um crítico negro disse que ele tinha ouvido que eu poderia escrever um romance histórico um dia e se apressou em acrescentar: "Deus nos proteja disso". A risada era porque, a partir da perspectiva de uma mulher (como ele diria), minha "história" não começa com a tomada de terras, ou nascimentos, batalhas e as mortes de grandes homens, mas com uma mulher pedindo à outra que pegue sua lingerie. Bem, pensei eu, a função de um crítico é ficar chocado com tal comportamento. Mas que mulher (ou homem que não teme a sensualidade) poderia evitar ficar intrigada? Eu, de minha parte, não pensei em mais nada por um ano.

Quando tive certeza do que os personagens do meu romance estavam tentando fazer (ou, como eu invariavelmente pensava, tentavam fazer contato comigo, falar *através* de mim), comecei a fazer planos de deixar Nova York. Três meses antes, eu tinha comprado uma casa pequena numa rua tranquila do Brooklyn, pressupondo que tendo a minha mesa votada para a rua e um bordo no meu quintal, o que representava uma vista e um jardim, eu conseguiria escrever. Não foi o caso.

Nova York, cujo povo eu amo por sua graça diante de adversidades imprevisíveis quase contínuas, era um lugar que os personagens de *A cor púrpura* se recusavam a visitar. No momento em que alguns deles começaram a tomar forma – no metrô, numa rua escura, especialmente na sombra de edifícios muito altos – eles começaram a reclamar.

– Que merda alta é essa? – eles diziam.

Eu me desfiz da casa, armazenei minha mobília, fiz as malas e voei sozinha para São Francisco (era um ano que minha filha passava com o pai dela), onde todos os personagens do romance prontamente ficaram em silêncio, admirados, eu acho. Não somente pela beleza da cidade, mas pelo que ouviram falar sobre os terremotos.

– É bonito – eles resmungaram, – mas nós num vai perder nada num lugar que tem terremoto.

Eles também não gostavam de ver ônibus, carros, ou outras pessoas em qualquer lado para onde se virassem. – Nós num qué ficá vendo nada disso – eles diziam. – Num faz nós pensá.

Foi quando tive certeza de que eram pessoas do campo. Foi quando meu amante[11] e eu começamos a dirigir pelo estado procurando por uma casa de campo para alugar. Por sorte eu tinha encontrado (com a ajuda de amigos) um lugar bem barato na cidade. Isso também foi uma decisão forçada pelos meus personagens. Enquanto houvesse alguma dúvida se eu poderia ajudá-los da forma que desejavam (basicamente com um silêncio imperturbável), eles se recusavam a aparecer. Finalmente, encontramos um lugar no norte da Califórnia que podíamos pagar e do qual meus personagens gostavam. E não é de admirar: parecia muito com a pequena cidade na Geórgia de onde a maioria deles veio, só que era mais bonito, e o rio onde as pessoas nadavam não era segregado. Também havia uma leve semelhança com a vila africana onde uma das personagens, Nettie, era missionária.

Observando as ovelhas, o rebanho, as cabras, sentindo o cheiro das maçãs e do feno, uma de minhas personagens, Celie, começou a falar com hesitação.

Mas ainda havia um problema.

Desde que eu tinha deixado o meu emprego como editora na *Ms.*, com minha bolsa Guggenheim acabando, meus direitos autorais que não cobriam bem as despesas, e – vamos encarar – porque me dá ânimo ver pessoas que apreciam o meu trabalho, romances históricos ou não, eu estava aceitando convites para eventos. Às vezes, em longas viagens de avião, Celie ou Shug surgiam com uma ou duas belas falas (por exemplo, Celie disse uma vez que uma pessoa doente com autopiedade que ela visitou estava "deitada na cama tentando parecer morta"). Mas até isso desaparecia – se eu não anotasse rapidamente – no momento em que meu contato com o público acabava.

O que fazer?

Celie e Shug responderam sem hesitação: desista de todas as viagens. Desista de todas as palestras. Afinal, que merda é essa de viajar e falar? Então, eu parei por um ano. Toda vez que eu era convidada a dar uma palestra, explicava que estava tirando um ano para ficar em silêncio. (Eu também usava uma pulseira imaginária no meu braço esquerdo com o lembrete "silêncio".) Todo mundo respondia: é claro, entendo.

Eu estava apavorada.

De onde viria o dinheiro para eu me sustentar? Minha única renda estável era um pagamento de 300 dólares da revista *Ms.* por ser uma editora à distância, mas até isso era distração demais para os meus personagens.

Diga a eles que você não pode fazer nada pela revista, Celie e Shug disseram. (Você acertou, são as mulheres das gavetas.) Diga a eles que terá que pensar neles depois. E assim eu fiz. A revista *Ms.* se manteve impassível. Solidários como sempre (eles mantiveram o pagamento). O que foi muito bom.

Então vendi um livro de contos. Depois dos impostos, da inflação, da taxa de dez por cento do meu agente, eu ainda teria o suficiente para um ano frugal, sem frescuras. Então, comprei alguns tecidos azuis, vermelhos e púrpura e uma mobília de segunda mão estilosa (e aceitei doações de miudezas de amigos), e um padrão para tecer uma colcha que minha mãe disse ser fácil e fui para as montanhas.

Houve dias, semanas e até meses durante os quais nada aconteceu. Nada mesmo. Eu trabalhava na minha colcha, dava longas caminhadas com meu amante, me deitava numa ilha que descobrimos no meio do rio e tamborilava meus dedos na água. Eu nadava, explorava a floresta de sequoias ao nosso redor, me deitava no campo, colhia maçãs e conversava (sim, obviamente) com as árvores. Minha colcha começou a crescer. E, é claro, tudo estava acontecendo. Celie, Shug e Albert estavam se conhecendo, começando a confiar na minha determinação de servir à chegada deles ao mundo (às vezes eu sentia que era um retorno) de acordo com minhas melhores habilidades, e mais ainda – o que me parecia tão maravilhoso –, nós começamos a amar uns aos outros. E, o que é ainda melhor, a sentir uma imensa gratidão por nossa boa sorte mútua.

Conforme o Verão chegava ao fim, um ou mais personagens – Celie, Shug, Albert, Sofia ou Harpo – apareciam para uma visita. Nós nos sentávamos onde quer que eu estivesse e conversávamos. Eles eram muito solícitos, atraentes e alegres. Eles estavam, é claro, no fim de sua história, mas a contavam desde o começo. Coisas que me entristeciam geralmente os faziam rir. Oh, nós passamos por isso, não faça essa cara, eles diziam. Se você acha que Reagan é mau, devia ter visto alguns dos caipiras que mandavam naquela época. Os dias passavam numa explosão de felicidade.

Então as aulas voltaram e era a época da minha filha vir ficar comigo – por dois anos.

Eu conseguiria dar conta?

Shug disse, com franqueza, que ela não sabia. (Bom, foi a mãe de Shug quem criou os filhos *dela*). Ninguém mais disse nada. (Nesse ponto do romance, Celie nem sequer sabia onde estavam *seus* filhos.) Meus personagens apenas ficaram quietos, não me visitavam tanto e assumiram uma postura firme: bem, vamos esperar para ver.

Minha filha chegou. Esperta, sensível, feliz; ficava na escola a maior parte do dia, mas era doce e amorosa na volta. Meus personagens a adoraram. Viram que ela dizia o que pensava sem meias palavras e que se defendia se fosse atacada. Quando ela voltou da escola machucada e disse "você deveria ver como o outro cara ficou", Celie (estuprada pelo padrasto na infância e de certa forma cheia de medo da vida) começou a reexaminar sua condição. Rebecca lhe deu coragem (algo que ela *sempre* me dá) e Celie passou a gostar tanto dela que esperava até às três e meia para me visitar. Então, justo quando Rebecca chegava em casa precisando da mãe e de um abraço, lá vinha Celie, tentando lhe dar os dois. Felizmente, fui capaz de devolver a Celie seus filhos (um poder único das romancistas), embora tenha levado trinta anos e algumas viagens ao exterior. Mas esse acabou sendo o maior problema para escrever, entre dez e meia da manhã e três da tarde, o romance que eu queria.

Eu tinha planejado me dar cinco anos para escrever *A cor púrpura* (dando aulas, palestras ou vendendo maçãs, caso ficasse sem dinheiro). Mas no mesmo dia em que minha filha foi para o acampamento, menos de um ano após ter começado a escrever, cheguei à última página.

E para que eu fiz isso?

Foi como perder todo mundo que eu amava de uma vez. Primeiro Rebecca (a quem todos emergiram da última página para se despedir), então Celie, Shug, Nettie e Albert. Mary Agnes, Harpo e Sofia. Eleanor Jane. Adam e Tashi Omatangu. Olivia. Felizmente, minha colcha e meu amante permaneceram.

Eu me atirei nos braços dele e chorei.

1982

Beleza: quando a outra dançarina também sou eu

Era um belo dia de verão em 1947. Meu pai, um homem gordo, engraçado, com uma inteligência subversiva, está tentando decidir qual de seus oito filhos levará com ele para a feira da região. Minha mãe, é claro, não vai. Ela está exausta de nos aprontar: mantenho meu pescoço firme contra a pressão dos nós de seus dedos enquanto ela termina rapidamente as tranças e enfeita meus cabelos com fitas.

Meu pai é o motorista de uma velha senhora branca que mora subindo a estrada. O nome dela é srta. Mey. Ela é dona de toda a terra nos arredores por vários quilômetros, assim como da casa onde moramos. Tudo o que me lembro sobre ela é que uma vez ofereceu a minha mãe um pagamento de 35 centavos para limpar a sua casa, ajuntando pilhas de folhas de magnólias e lavando as roupas da família, o que minha mãe – sem dinheiro, com oito filhos e uma dor de ouvido crônica – se recusou a fazer. Mas eu não pensava nisso em 1947. Eu só tinha dois anos e meio. Eu queria ir a todos os lugares em que meu pai ia. Estava animada com a possibilidade de andar de carro. Alguém me disse que feiras são divertidas. O fato de só ter espaço para apenas três de nós no carro não me preocupa nem um pouco. Feliz e dando voltas no meu vestido engomado, exibindo meus sapatos reluzentes de couro polido e meias cor de lavanda, remexendo a cabeça para as minhas fitas balançarem, fico parada com as mãos nos quadris na frente do meu pai. "Papai, me leva", digo confiante, "sou a mais bonita!"

Não me surpreende nem um pouco estar mais tarde no carro preto-brilhoso da srta. Mey, dividindo o banco de trás com outros sortudos. Não me surpreende que eu tenha aproveitado a feira com entusiasmo. Em casa, naquela noite, eu conto a todos os azarados tudo que consigo me lembrar do carrossel, do homem que come galinhas vivas e dos ursos de pelúcia, até eles dizerem: agora chega, pequena Alice. Cale a boca e vá dormir.

É domingo de Páscoa, 1950. Estou usando um vestido verde rodado com barra recortada em curvas (costurado à mão pela minha amada irmã Ruth), que tem sua própria anágua e pequenas flores cor-de-rosa costuradas na barra. Meus sapatos novos, de couro envernizado e com tiras em formato de "T" e fivelas, mais uma vez reluziam de tão polidos. Tenho seis anos e aprendi um dos discursos mais longos de Páscoa que serão recitados naquele dia, totalmente diferente do que eu apresentei aos dois anos: "Lírios da Páscoa / brancos e puros / florescem / na luz da manhã." Quando me levanto para fazer meu recital, eu o faço com uma grande onda de amor, orgulho e expectativa. As pessoas na igreja param de farfalhar em suas crinolinas novas. Elas parecem prender a respiração. Posso ver que elas admiram o meu vestido, mas o que aplaudem secretamente é o meu espírito, que se aproxima da ousadia (feminilidade).

– Aquela garota é uma *coisa* – elas sussurravam umas para as outras, satisfeitas.

Naturalmente digo meu discurso sem gaguejar ou titubear, diferentemente daqueles que balbuciam, ou, pior de tudo, esquecem. Isso foi antes da palavra "bonita" existir no vocabulário das pessoas, mas frequentemente comentários como "Oh, ela não é a coisinha mais graciosa!" eram a mim direcionados. "E você é tão esperta!" acrescentavam admiradas... e sou grata a eles até hoje por esse adendo.

Era muito divertido ser graciosa. Mas então, um dia, isso acabou.

Tenho oito anos e sou um moleque. Tenho um chapéu e botas de caubói, camisas e calças quadriculadas, tudo vermelho. Meus companheiros de brincadeira são meus irmãos, dois e quatro anos mais velhos do que eu. As cores deles são preto e verde, a única diferença na forma como nos vestimos. Nas noites de sábado todos nós íamos ao cinema; até minha mãe; filmes de velho-oeste eram seu tipo preferido. De volta em casa, "no rancho", nós fingíamos que éramos Tom Mix, Hopalong Cassidy, Lash LaRue (até demos o nome Lash LaRue a um de nossos cachorros); nós perseguíamos uns aos outros durante horas roubando gado, sendo foras da lei, resgatando donzelas em apuros. Então meus pais resolveram comprar armas para os meus irmãos. Aquelas não eram armas "de verdade". Elas atiravam chumbinho, cartuchos de cobre que, segundo meus irmãos, matavam passarinho. Por eu ser uma menina, não ganhei uma arma. Instantaneamente fui relegada à posição de indígena. Então surge uma distância imensa entre nós. Eles atiram e atiram em tudo com suas novas armas. E tento acompanhar com meu arco e flecha.

Um dia, enquanto estou de pé no alto de nossa "garagem" improvisada – pedaços de lata pregados sobre estacas – segurando meu arco e flecha e vigiando os campos, sinto um golpe forte no meu olho direito. Olho para baixo a tempo de ver meu irmão abaixando sua arma.

Os dois irmãos correm para o meu lado. Meu olho arde, eu o cubro com a mão. "Se você contar", eles dizem, "vamos levar uma surra. Você não quer que isso aconteça, quer?" Eu não quero. "Aqui tem um pedaço de arame", diz meu irmão mais velho, pegando-o do telhado; "diga que você pisou numa ponta e a outra levantou e atingiu você." A dor tinha começado. "Sim", respondi, "sim, vou dizer que foi isso o que aconteceu." Se eu não dissesse que foi isso o que acontecera, sabia que meus irmãos encontrariam maneiras de me fazer querer que tivesse sido desse jeito. Naquele momento eu diria qualquer coisa que me levasse até a minha mãe.

Nossos pais nos questionaram e nos mantivemos firmes na mentira combinada. Eles me colocaram num banco na varanda e fechei meu olho esquerdo enquanto examinavam o direito. Há uma árvore crescendo embaixo da varanda e subindo pela grade até o telhado. É a última coisa que meu olho direito vê. Eu observo enquanto seu tronco, seus galhos, suas folhas são cobertos pelo sangue subindo.

Estou em choque. Primeiro há uma febre intensa, que meu pai tenta aliviar usando folhas de lírios atadas ao redor da minha cabeça. Então há calafrios: minha mãe tenta me fazer tomar sopa. Afinal, não sei como, meus pais descobrem o que aconteceu. Uma semana depois do "acidente" eles me levam ao médico. "Por que vocês esperaram tanto para vir?", ele pergunta, examinando meu olho e balançando a cabeça. "Olhos são solidários", ele diz. "Se um fica cego, é provável que o outro fique também."

Esse comentário do médico me apavora. Mas na verdade é a minha aparência que mais me incomoda. Onde o cartucho me atingiu há uma bolha esbranquiçada da cicatrização. Agora, quando eu olho para as pessoas – um dos meus passatempos favoritos – elas me olham de volta. Não mais para a garotinha graciosa, mas para a cicatriz. Durante seis anos eu não encarei mais ninguém, porque não erguia a cabeça.

Anos depois, diante dos desafios de uma crise de meia-idade, pergunto a minha mãe e a minha irmã se eu mudei depois do "acidente".

– Não – elas respondem intrigadas. – O que você quer dizer?

O que eu quero dizer?

Tenho oito anos, e pela primeira vez estou indo mal na escola, onde eu tinha sido bem esperta desde os quatro anos. Nós tínhamos acabado de nos mudar do lugar onde o "acidente" aconteceu.

Nós não conhecemos ninguém na vizinhança porque este é um outro condado. A única vez que vejo os amigos que conhecia é quando voltamos em nossa antiga igreja. A escola nova tinha sido uma penitenciária estadual. É um edifício grande de pedra, frio e arejado, abarrotado de crianças barulhentas, indisciplinadas, a ponto de transbordar. No terceiro andar há uma grande marca circular no chão com vestígios de que alguma coisa foi arrancada.

– O que ficava aqui? – pergunto a uma garota emburrada quando passamos por ali a caminho do almoço.

– A cadeira elétrica – ela responde.

Tenho pesadelos com a cadeira elétrica à noite e com todas as pessoas supostamente "fritas" nela. Eu tinha medo da escola, onde todos os estudantes pareciam ser criminosos em potencial.

– Qual é o problema com o seu olho? – eles perguntavam num tom de crítica.

Quando eu não respondia (não consigo decidir se foi um "acidente" ou não), eles me empurram, puxam briga.

Meu irmão, o que inventou a história do arame, vem ao meu resgate. Mas quando ele começa a se gabar por "me proteger", fico enjoada.

Depois de meses de tortura na escola, meus pais decidem me mandar de volta para nossa antiga comunidade, para minha escola anterior. Moro com meus avós e a professora para quem sublocavam um quarto. Mas não há espaço para Phoebe, minha gata. Quando meus avós resolveram que *havia* espaço e pergunto pela minha gata, não conseguem encontrá-la. Miss Yarborough, a professora que mora conosco, me toma sob as suas asas e começa a me ensinar a tocar piano. Mas logo depois ela se casa com um africano – "um príncipe", ela dizia – e vai embora de repente para o continente dele.

Na minha escola antiga tem pelo menos uma professora que me ama. Ela é a professora que "me conhecia antes que eu nascesse" e comprou minhas primeiras roupas de bebê. Ela é quem torna a vida suportável. É a sua presença que me ajuda a responder ao menino que me chama sempre de "puta caolha". Um dia, eu simplesmente o agarro pelo casaco e bato nele até ficar satisfeita. É a professora que me conta que minha mãe está doente.

Minha mãe está deitada na cama no meio do dia, algo que eu nunca tinha visto. Ela sente dor demais até para falar. Ela tem um abscesso na orelha. Fico de pé olhando para ela, sabendo que, se ela morrer, não conseguirei viver. Ela está sendo tratada com óleos mornos e um tijolo aquecido colocado em seu rosto. Finalmente o médico aparece. Mas eu devo voltar para a casa dos meus avós. As semanas passam, mas eu mal tenho consciência disso. Tudo o que eu sei é que minha mãe pode morrer, meu pai não está tão feliz, meus irmãos ainda têm suas armas e eu sou a que foi mandada para longe de casa.

– Você não mudou – elas dizem.

Eu imaginei a angústia de nunca erguer a cabeça?

Tenho doze anos. Quando os parentes vêm nos visitar eu me escondo no meu quarto. Minha prima Brenda, da minha idade, cujo pai trabalha nos correios e cuja mãe é enfermeira, vem me procurar. "Olá", ela diz. E então pergunta, olhando para minha foto recente da escola que eu não queria que tivessem tirado porque "a bolha", como penso, está claramente visível:

– Você ainda não consegue enxergar com esse olho?

– Não – eu digo e volto a mergulhar na cama e no meu livro.

Naquela noite, como faço quase todas as noites, abuso do meu olho. Reclamo e me enfureço com ele diante do espelho. Peço para que ele acorde limpo pela manhã. Digo que o odeio e o desprezo. Não rezo pela visão. Rezo pela beleza.

– Você não mudou – elas dizem.

Tenho catorze anos e estou de babá para o meu irmão Bill, que mora em Boston. Ele é meu irmão favorito e existe um laço forte entre nós. Compreendendo meus sentimentos de vergonha e feiura, ele e sua esposa me levam ao hospital local, onde a "bolha" é retirada por um médico chamado O. Henry. Ainda há uma pequena cratera azulada onde estava a cicatriz, mas o tecido esbranquiçado se foi. Quase imediatamente eu me torno uma pessoa diferente da menina que não ergue a cabeça. Ou penso assim. Agora que erguia minha cabeça eu conquisto o namorado dos meus sonhos. Agora que levantava minha cabeça tenho vários amigos. Agora que erguia minha cabeça minhas tarefas da escola saem dos meus lábios tão impecáveis quando os recitais de Páscoa saíam, e eu termino a escola como oradora, estudante mais popular e *rainha*, quase sem acreditar na minha sorte. Ironicamente, a garota que foi votada como a mais bonita da nossa turma (e ela era) mais tarde recebeu dois tiros de um companheiro, usando uma arma "de verdade", enquanto estava grávida. Mas essa é uma outra história em si. Ou não?

– Você não mudou – elas dizem.

Agora faz trinta anos desde o "acidente". Uma bela jornalista vem me visitar para uma entrevista. Ela vai escrever uma matéria de capa para sua revista focada no meu último livro. "Escolha como você quer sair na capa", ela diz. "Glamourosa, ou algo assim".

Não me importei com "glamourosa", é o "ou algo assim" o que escuto. De repente tudo no que consigo pensar é se vou conseguir dormir tempo suficiente na noite anterior à sessão de fotos: se eu não conseguir, meu olho estará cansado e vesgo, como olhos cegos ficam.

À noite na cama com o meu amor, penso nos motivos pelos quais eu não deveria aparecer na capa de uma revista. "Meus críticos mais cruéis dirão que eu me vendi". "Minha família agora perceberá que escrevo livros indecentes."

– Mas qual o verdadeiro motivo pelo qual você não quer fazer isso? – ele pergunta.

– Porque é muito provável – digo logo de uma vez – que meu olho não esteja direito.

– Estará direito o bastante – ele diz. – Além disso, achei que você já estava em paz com isso.

E de repente me lembro que eu já estava em paz.

Eu me lembro:

Estou falando com meu irmão Jimmy, perguntando se ele se recorda de algo incomum no dia em que levei o tiro. Ele não sabe que eu considero aquela a última vez que meu pai, com seu remédio caseiro de folhas frescas de lírios, me escolheu, e que eu sofri e me enfureci em segredo por causa disso.

– Bem – ele disse –, tudo o que lembro é de ter ficado de pé na beira da estrada com o papai, tentando fazer um carro parar. Um homem branco parou; quando o papai disse que precisava que alguém levasse a filha dele até o médico, o cara foi embora.

Eu me lembro:

Estou no deserto pela primeira vez. Eu me apaixono completamente por ele. Estou tomada por sua beleza, e pela primeira vez confronto, conscientemente, o significado das palavras do médico anos trás: "Olhos são solidários. Se um fica cego, é provável que o outro fique também." Eu me dou conta de que tenho corrido pelo mundo loucamente, olhando para isso e para aquilo, armazenando imagens contra o desvanecimento da luz. *Mas eu poderia ter perdido a chance de ver o deserto!* O choque dessa possibilidade – e a gratidão por 25 anos de visão – me fez ficar literalmente de joelhos. Os poemas vêm um atrás do outro – talvez seja assim que poetas rezam.

À VISTA

Sou tão grata por ter visto
O deserto
E as criaturas do deserto
E o deserto em si.

O deserto tem sua própria Lua
Que eu vi
Com meu próprio olho
Não há bandeira nela.

As árvores do deserto têm braços
Que estão todos sempre para cima
Isso é porque a Lua está sempre lá em cima
O Sol está lá em cima
Também o céu
As estrelas
Nuvens
Nada tem bandeiras.

Se houvesse bandeiras, eu duvido
Que as árvores apontariam para elas
Você faria isso?

Mas acima de tudo, eu me lembro disso:

Tenho 27 anos, e minha filhinha tem quase três. Desde que ela nasceu eu me preocupava com a sua descoberta de que os olhos da mãe dela são diferentes dos das outras pessoas. Ela sentiria vergonha? Eu me perguntava. O que ela vai dizer? Todos os dias ela assiste na televisão um programa chamado *Big Blue Marble* [Grande bola de gude azul]. Ele começa com uma imagem da Terra vista da Lua. É azulada, parecendo um pouco gasta, mas cheia de luz, com nuvens esbranquiçadas em turbilhão ao seu redor. Toda vez que eu a vejo, choro com amor, como se fosse uma foto da casa da minha avó. Um dia, estou colocando Rebecca para tirar uma soneca, e ela de repente se concentra no meu olho. Algo dentro de mim se contorce, se prepara para me defender. Todas as crianças são cruéis em relação às diferenças físicas, sei por experiência própria, e o fato de que nem sempre é intencional é outra questão. Com Rebecca é a mesma coisa.

Mas nã-ãã-oo. Ela estuda meu rosto atentamente enquanto ficamos de pé, ela dentro e eu fora do berço dela. Ela até segura o meu rosto num gesto maternal entre suas mãozinhas roliças. Então, com um olhar um pouco sério e indagador como o do seu pai advogado, ela me diz, como se algo que tivesse escapado da minha atenção: "Mamãe, existe um *mundo* no seu olho". (Como se dissesse "não se assuste, ou não faça nenhuma besteira".) E então, gentilmente, mas muito interessada: "Mamãe, onde você *arrumou* esse mundo no seu olho?".

Em grande parte, a dor foi embora nesse momento. (E daí que meus irmãos cresceram e compraram armas de chumbinho ainda mais potentes para os filhos deles e que eles carregavam armas de verdade? E daí que um "rapaz da Morehouse" uma vez quase caiu das escadas da Biblioteca Trevor Arnett porque ele pensou que meus olhos fossem azuis?) Chorando e rindo eu corri para o banheiro, enquanto Rebecca resmungava e cantava se embalando para dormir. Sim, eu percebi, olhando no espelho. *Havia* um mundo no meu olho. Eu vi que era possível amá-lo: que de fato, por tudo o que ele tinha me ensinado sobre a vergonha, a raiva e a visão interior, eu *realmente* o amava. E até vagando fora de órbita de tédio, ou revirado pelo cansaço, ou mesmo voltando ao lugar pela atenção e excitação (sendo testemunha, como dizia um amigo), ele combinava profundamente com a minha personalidade, e até com características minhas.

Naquela noite, sonhei que dançava ao som de uma canção de Stevie Wonder (o nome da música é "As", mas eu sempre entendi como "Always"). Enquanto danço, rodopiando e alegre, mais feliz do que jamais fui em toda a minha vida, outra dançarina com o rosto luminoso se une a mim. Nós dançamos e nos beijamos e nos abraçamos ao longo da noite. A outra dançarina lida muito bem com tudo isso, assim como eu. Ela é linda, completa e livre. E ela também sou eu.

1983

Um filho só seu: um desvio significativo entre os trabalhos

> É uma honra para mim falar num dia que homenageia Muriel Rukeyser.[12] E a criação deste discurso que apresentarei se dá especialmente em dívida com Muriel – depois de todos esses anos desde que fui sua aluna – porque é sobre algo que sempre lhe foi caro; algo que ela não ensinou com textos, mas com sua vida... ou seja, não apenas a necessidade de se reafirmar em momentos de confronto, mas de reafirmar o Filho, a Vida do Filho de alguém, apesar de tudo, sempre.

Penso que Muriel foi a única professora a trazer a fundamental e importante realidade prazerosa do Filho para dentro da sala de aula. Para existir ali entre os narcisos de Wordsworth, as *Folhas de relva* de Whitman e no soneto *Pied Beauty [Beleza malhada]* de Hopkins...[13] Ela ensinou que não há separação nenhuma, de fato em lugar algum, em muitas das instruções que estão no mundo. Se o mundo contém a Guerra, também contém a Criança. Se o mundo contém a Fome, Reatores Nucleares, Fascistas, todavia contém a Criança.

Para alguns de nós – artistas, escritores, poetas, malabaristas – o Filho é percebido como uma ameaça, um perigo, um inimigo. Na verdade, a sociedade é mal organizada para os filhos serem levados em consideração de forma feliz. Quantos de nós podem dizer que nunca esqueceram do Filho? Eu não posso.

Mas posso dizer que estou aprendendo a não esquecer.

Muriel via a Criança, penso eu, como via a si mesma: professora, aluna, poeta e amiga. E o Filho se manteve no centro de suas responsabilidades, de sua vida. Eu não sei quais lutas levaram Muriel à sua crença na centralidade do Filho. Para mim, tem havido conflito, luta e derrotas ocasionais – não apenas em apoiar a vida de minha filha (filhos) a qualquer preço, mas também na visão desse apoio como uma aceitação carinhosa e uma confirmação de mim mesma, tudo isso num mundo que, se pudesse, me recusaria um florescimento intacto da minha existência.

Sem surpresas, descobri que isso é político no sentido mais profundo.

Para aqueles de nós que tanto amam quanto temem o Filho – por causa do nosso trabalho – e que seriam apenas amantes, se possível, proponho e defendo um plano de vida que encoraja *um* filho só seu. O que considero uma digressão significativa – necessária, há quem diga – do(s) trabalho(s).

É claro que eu, como muitas outras mulheres que trabalham, especialmente como escritoras, tinha pavor de ter filhos. Eu temia ser sobrepujada, ou então ser fraturada pela experiência. Pensava que a qualidade do meu trabalho seria consideravelmente diminuída pela maternidade – que nada de bom para a minha escrita viria de ter filhos.

Meu primeiro erro foi pensar em "filhos" em vez de "filha". Meu segundo erro era ver a filha como um inimigo, em vez do racismo e do machismo de uma sociedade capitalista opressora. O terceiro era acreditar que nenhum dos benefícios de ter uma filha acrescentaria alguma coisa para a minha escrita.

Na realidade, eu tinha comprado a diretiva machista predominante: você precisa ter colhões (ser um homem) para escrever. Na minha opinião, ter um filho é facilmente equivalente a ter colhões. Na verdade, é mais que um equivalente: o reinado dos colhões está superado.

Alguém me perguntou uma vez se eu achava que mulheres artistas deveriam ter filhos, e dado que já havíamos discutido o porquê de essa pergunta nunca ser feita a artistas homens, dei minha resposta prontamente.

– Sim – eu disse, de certa forma, para minha própria surpresa. E acrescentei, como se compensasse minha impulsividade – Elas deveriam ter filhos – *presumindo que é o do interesse delas* – mas apenas um.

– Por que apenas um? – esse alguém quis saber.

– Porque com um você consegue se movimentar, com mais de um você é uma pata choca.

Um ano depois que minha única filha, Rebecca, tinha nascido, minha mãe me deu um conselho excepcionalmente ruim: "Você deveria ter logo outro filho", ela disse, "para Rebecca ter com quem brincar, e então você consegue resolver tudo mais rápido."

Um conselho como este não vem de uma mulher que se recorda da própria experiência. Ele vem de um poço de desinformação que as mulheres reuniram ao longo de milênios para ajudá-las a se sentir menos tolas por ter mais de um filho. Infelizmente, para o nosso desespero, esse poço é chamado de "sabedoria de mulheres". Na verdade, ele deveria ser chamado de "tolices de mulheres".

O conselho rebelde, usualmente sucinto, baseado na experiência própria de uma mulher, costuma refletir a reação automática de minha mãe a qualquer uma que se lamenta por querer filhos mas que foi serenamente abençoada com nenhum: "Já que Deus quis que você fosse livre, seja livre de fato." A justificativa criativa para uma celebração sem culpa da consequente liberdade é um tema da Bíblia do qual mulheres e escravizados têm se apropriado em todos os lugares e em todos os tempos desde o Velho Testamento.

– Não, muito obrigada – respondi. – Nunca mais terei outro filho saído deste corpo.

– Mas por que você diz isso? – ela pergunta ofegante, talvez chocada com a minha redundância. – Você se casou com um homem bem paternal. Ele tem tanto amor que deveria ter cinquenta filhos correndo em torno dele.

Eu me vi varrendo filhos para longe como se fossem formigas. Se estão correndo em torno dos pés dele durante as duas horas entre o momento em que ele chega do escritório e a hora em que os colocaríamos na cama, penso eu, eles estariam debaixo da minha mesa o dia inteiro. Sai. Sai.

Minha mãe prossegue: – Bom, até o meu quinto filho eu era como uma garota. Eu podia me arrumar e ir aonde quisesse.

Ela *era* uma garota. Ela ainda não tinha 25 anos quando o quinto filho nasceu, a mesma idade que eu tinha quando engravidei de Rebecca. Além disso, uma vez que sou a caçula de uma família de oito, não foi bem essa imagem de leveza que ficou retida para sempre na minha lembrança. Eu me lembro dela como uma mulher lutando para fazer todo mundo se vestir para a igreja aos domingos e só com grande esforço conseguir se arrumar a tempo. Mas como não sou facilmente seduzida pelos encantos de uma experiência dolorosa do passado, recordada na tranquilidade do presente, eu não toquei no assunto.

Na época em que minha mãe podia "se arrumar e ir" com cinco filhos, ela e meu pai viajavam, geralmente de carroça. Eu consigo imaginar como pode ter sido prazeroso: ainda é prazeroso em alguns países – em partes da China, de Cuba, da Jamaica, do México, da Grécia e noutros lugares. Duas mulas lentas, vagando por uma bela estrada no Sul, o cheiro de pinheiros e madressilvas, ausência de poluição, pássaros cantando. Aquelas cinco vozes infantis tagarelando no banco de trás da carroça, saudáveis por comerem alimentos orgânicos: Ameixas! Passarinhos! Árvores! Uvas! Encantador.

– O outro motivo pelo qual eu nunca darei à luz outra criança é porque ter filho *dói*, bem mais do que dor de dente (e eu tenho certeza que ninguém que tenha tido uma dor de dente, mas não tenha passado por um parto, possa imaginar isso), e muda o corpo.

Bem, havia muitas respostas no suprimento geral de "tolices de mulheres" que minha mãe poderia usar para responder a isso. Ela escolheu todas.

– Aquela *dorzinha* – ela zombou (embora, pega num momento de fraqueza, ela tenha deixado escapar que durante o meu parto a dor foi tão intensa que ela não conseguia falar, nem mesmo para avisar a parteira que eu tinha nascido, e que ela tinha certeza de que morreria por causa daquela dor – um pensamento que sem dúvida, diante das circunstâncias, trazia alívio. Em vez disso, ela desmaiou, fazendo com que eu fosse quase sufocada pelos lençóis). – Aquela dor acaba antes que você perceba – essa é a resposta número um. A número dois é: – A questão é que esse *tipo* de dor faz uma coisa engraçada com uma mulher – hu-hum, eu pensei, isso vai ser a "loucura das mulheres". acompanhando histórias do tipo mulheres-com-certeza-são-criaturas-engraçadas – parece que quanto mais dói ao dar à luz, mais você ama a criança. (É *por isso* que ela me ama tanto, imagino. Naturalmente, eu queria ser amada por quem sou, e não pela dor dela). Número três: – Às vezes a dor, *eles dizem*, nem é real. Bem, não é tão real como parece naquela hora.

Essa resposta aqui merece comentários feitos apenas com socos, e é um dos motivos pelos quais às vezes mulheres têm espasmos musculares perto de suas mães. E, finalmente, a número quatro, a que me irrita mais do que tudo:

– Outra coisa em relação à dor, você logo esquece.

Estou errada de pensar que nunca esqueci uma dor na minha vida? Mesmo aquelas em festas, eu me lembro.

– Eu me lembro de cada momento do parto perfeitamente. Além disso, eu não gosto das estrias. Eu as odeio, especialmente as das minhas coxas (que, apesar das estrias, são lindas, e das quais tenho orgulho). Ninguém tinha me dito que meu corpo, depois de gerar uma criança, não seria o mesmo. Eu tinha ouvido coisas do tipo: "Ah, sua aparência e especialmente seus seios (dos quais também me orgulho) serão melhores do que antes." Eles ficaram flácidos.

Bem, mas em primeiro lugar, por que eu tive uma filha?

Curiosidade. Tédio. Evitar o alistamento obrigatório. Dessas três razões, apenas a primeira me redime. A curiosidade é meu estado natural e me fez mergulhar de cabeça em todas as minhas experiências que valeram a pena (as outras não importam). Ela se justifica. O tédio, no meu caso, significa um período sem escrever, distância emocional de qualquer movimento político com o qual estou envolvida, incapacidade de cultivar um jardim, ler ou de sonhar acordada – o que é fácil de fazer se houver pelo menos uma dúzia de bons filmes que me atraiam. Infelizmente, em Jackson, Mississipi, onde meu marido, Mel, e eu, vivíamos em 1968, havia poucos. Em relação ao alistamento obrigatório, nós tínhamos três opções: a primeira, alegar que Mel era um objetor de consciência, nos foi imediatamente negada, assim como a possibilidade de contribuir com "serviços alternativos ao país", o que significava, no caso dele, acabar com a segregação no Mississipi; a segunda era mudar para o Canadá, o que não me animava mas que eu teria feito com alegria para evitar que Mel fosse para prisão (o Vietnã nunca esteve entre as nossas opções); a terceira era, se Mel não fizesse 26 anos a tempo, fazer dele "um homem de família".

Do meu diário de julho de 1968:

E agora temos nossa casa própria. Por um breve tempo, certamente. E se o alistamento chegar antes de eu estar comprovadamente grávida, o que faremos? Ir para o Canadá? Mel odeia fugir tanto quanto eu, é por isso que nós estamos no Mississipi. Odeio esse país, mas isso inclui ser obrigada a deixá-lo...

2 de janeiro de 1969 (dois meses antes de eu engravidar):

Faltam apenas dois meses e meio até Mel completar 26. Se nós conseguirmos sem termos de "fugir" do país, ficarei grata. Ainda penso na audácia do comitê de alistamento pedindo a ele que entre para o exército. Ele já está no exército.

Meus dias ruins passavam entre a depressão, ansiedade e a raiva da guerra e num estado de apreensão em relação à quantidade de chuva anual em Vancouver e às lentas taxas de "progresso racial" no Mississipi. (Políticos eram considerados progressistas se anunciassem que concorreriam a um determinado cargo como candidatos "para *todas* as pessoas"; eles achavam que era um anúncio sutil para os negros de que a sua existência era reconhecida). Além disso, eu estava tentando engravidar.

Meus dias bons passavam entre as aulas que eu dava, escrevendo um livro simples de história para ser usado em creches de crianças negras em Jackson, gravando autobiografias de mulheres negras, fazendo uma colcha (tecidos africanos, padronagem do Mississipi), terminando meu segundo livro, um romance – e tentando engravidar.

Três dias depois de eu terminar o romance, Rebecca nasceu. A gravidez: nos três primeiros meses eu vomitei. Nos três do meio eu me senti bem e viajei para ver ruínas no México. Nos três últimos, eu estava tão grande com 77 quilos que parecia outra pessoa, o que não me agradava.

O que é verdade sobre dar à luz é... que é milagroso. Pode ser o único milagre genuíno na vida (o que é, aliás, a crença básica de várias religiões "primitivas"). O "milagre" do não ser, a morte, certamente empalidece, acho eu, ao lado dele. Por assim dizer.

Pois uma coisa é, embora minha barriga estivesse enorme e o bebê (?!) provocando uma turbulência constante dentro dela, eu não acreditava que um bebê, uma pessoa, fosse sair de dentro de mim. Quer dizer, veja bem o que *entrou* ali. (Homens têm todo o direito de ter inveja do útero. Eu mesma tenho inveja dele e tenho um). Mas lá estava ela, saindo, um longo cacho de cabelo preto foi a primeira coisa a aparecer, seguida por quase quatro quilos de – um ser humano! Eu não parava de olhar.

Mas, seja como for, eu já ouvi esse hino de louvor antes, e não me permitirei repeti-lo, uma vez que há, na verdade, pouquíssimas variações, e essas se tornaram chatas e batidas. Elas eram chatas e batidas mesmo no nascimento de Cristo, sem dúvida é por isso que "Virgem Maria" e "Imaculada Conceição" eram tão populares.

O ponto é que eu fui transformada para sempre. De uma mulher cujo "útero" tinha sido, em certo sentido, sua cabeça – isso quer dizer, determinadas sementes tinham entrado ali, e "criações" bem diferentes, se não melhores ou maiores, tinham saído de lá – em uma mulher com dois úteros! Não. De uma mulher que tinha escrito livros, que os concebeu em sua cabeça e que também tinha gerado pelo menos um ser humano em seu corpo. No armazém geral das "tolices *literárias* das mulheres" descobri esses alertas: "A maioria das mulheres que escreveram no passado não tiveram filhos" – Tillie Olsen. Sem filhos e *brancas*, acrescentei mentalmente. "Aquelas mulheres poetas não devem ter filhos, cara", a frase é atribuída a John Berryman, um poeta suicida. Então, de um "Anônimo", geralmente uma mulher que desencoraja você, "Mulheres não fazem arte de forma tão plena quanto os homens porque, depois de ter filhos, não podem se entregar ao seu trabalho da mesma forma que um homem ...".

Bem, eu me perguntava, com muito medo (e ressentimento em relação a todas essas más notícias, onde está a ruptura em mim agora? Qual é o estrago? O que não posso mais fazer? Muito das "tolices das mulheres", literárias ou não, nos faz sentir tolhidas pela experiência em vez de engrandecidas. Enroscada em torno do meu bebê, sentindo mais raiva e instinto de proteção do que amor, eu pensava em pelo menos duas fontes de resistência à tolice que faltam às "tolices das mulheres". Falta toda a convicção de que mulheres têm a capacidade de planejar suas vidas por períodos mais longos do que nove meses e falta a coragem de acreditar que aquela experiência, e a expressão dessa experiência, pode simplesmente ser diferente, até mesmo única, em vez de "maior" ou "menor". A arte ou a literatura que salvam nossas vidas *são maiores para nós*, em todo caso; como diria uma personagem de Grace Paley, nós não precisamos saber mais do que isso.

Foi tremendamente importante o fato de que, quando Rebecca nasceu, eu não tinha a menor dúvida quanto a ser uma escritora. (Dúvidas em relação a *ganhar a vida* escrevendo, sempre.) Eu escrevia, dia e noite, *alguma coisa*, e não era de forma alguma uma escolha assim como ter um bebê tinha sido, mas uma necessidade. Quando eu não escrevia, pensava em fazer bombas e em lançá-las. Em atirar em racistas. Em acabar comigo – da forma mais limpa e menos dolorosa possível (exceto quando sonhava acordada e me permitia fantasiar com táticas kamikaze de rebelião). Escrever me salvava do pecado e da *inconveniência* da violência – assim como salva a maioria dos escritores que vivem em tempos opressivos "interessantes" e não são afligidos pela imunidade pessoal.

Comecei a ver, durante um período em que eu e Rebecca estávamos doentes – nós tínhamos nos mudado para passar um ano na Nova Inglaterra, em parte porque eu precisava de algo diferente do Mississipi –, que o nascimento dela, e as dificuldades que ele nos apresentou, me levaram à uma experiência corporal e a um comprometimento profundo com minha própria vida que seria difícil compreender de outra maneira. O nascimento dela foi o presente incomparável que me fez ver o mundo de um ângulo diferente de antes e julgá-lo a partir de parâmetros que se aplicariam muito além da minha vida natural. Ele também me forçou a compreender, de forma visceral, porque existe a necessidade de um depósito de "tolices de mulheres", e ainda assim me sentir com os pés bem firmes no chão ao rejeitá-lo. Mas a rejeição também tem a sua dor.

A distância é necessária, mesmo agora.

Uma doença terrível, porém útil, nas articulações, ensinou para nossa peregrina que num mundo de problemas a filha dela poderia ser o menor em sua miríade de obstáculos.

A doença sempre foi algo muito proveitoso para mim. Poderia dizer que aprendi um pouco de tudo que não aprenderia se não tivesse ficado doente.

A imagem não é incomum: uma mãe e uma criança pequena, sem conhecer a dureza do inverno da Nova Inglaterra, na pior onda de gripe do século. A mãe gripada, deitada de barriga para cima, a criança ardendo em febre com uma tosse persistente. A mãe liga para alguém que lhe indicaram, um pediatra famoso – cujos textos populares demonstram ser um sujeito inteligente, solidário, até mesmo um pouco feminista –, para ouvir uma voz educada lhe dizer que ela não deveria ligar para casa dele a qualquer hora. Além disso, ele não faz nenhum tipo de atendimento residencial, e tudo isso é dito no tom mais frio possível.

Ainda assim, como ele é o único pediatra que ela conhece nesse lugar estranho, ela se arrasta na manhã seguinte, com a temperatura abaixo de zero e um vento forte vindo do rio, e leva sua filha para uma consulta. Ele é um pouco menos frio pessoalmente, mas vendo que ela é negra, faz uns comentários progressistas para tranquilizá-la. Ela sente ódio quando ele põe as mãos brancas em sua filha.

Não é uma história incomum. Mas coloca a mãe e a criança para sempre em um lado da sociedade oposto ao desse homem. Ela, a mãe, começa a compreender em níveis mais profundos um conto que escreveu anos antes de ter uma filha, sobre uma mãe negra, muito pobre, que, desesperada com o fato de que seu filho está morrendo e nenhum médico virá salvá-lo, recorre a uma velha receita dos curandeiros, "chá forte de cavalo". Que, em outras palavras, é urina de cavalo. A criança morre, é claro.

Agora a mãe também começa a ver outras camadas nas histórias nas quais está trabalhando, tonta de febre: é claro, ela diz, batendo na própria testa, que toda história é atual; todas as injustiças continuam, até certo ponto, em algum lugar no mundo. O "progresso" afeta poucos. Somente a revolução pode afetar muitos.

Foi nesse mesmo período que, ao se levantar da sua cama dolorida, sua filha saudável outra vez e se adaptando ao frio, a mãe compreende que sua criança, uma vítima da sociedade tanto quanto ela – e mais ainda porque ela ainda era incapaz de atravessar uma rua sem que lhe dessem a mão –, era na verdade o menor dos obstáculos para a carreira que escolheu. Ela chegou a essa conclusão por essa experiência, que foi de adoecimento, mas que, apesar disso, produziu resultados saudáveis importantes. Entre eles, a simples capacidade de dispensar todas as pessoas que pensavam e escreviam como se ela, em si, não existisse. Com "em si" ela obviamente se referia às multidões das quais ela era uma mera representante num determinado momento da história.

Nossa jovem mãe tinha elaborado um curso sobre escritoras negras que seria lecionado numa faculdade para mulheres, de classe alta, majoritariamente branca (havia alunas de várias raças). Ali ela dividia seu escritório com uma acadêmica feminista branca que dava aulas de poesia e literatura. Essa mulher pensava que a literatura negra se resumia em Nikki Giovanni, que ela tinha visto uma vez, inadvertidamente, na TV. Nossa jovem mãe ficou chocada. Ela criou o hábito de deixar livros de Margaret Walker, Toni Morrison, Nella Larsen, Paule Marshall e Zora Neale Hurston visíveis em cima de sua mesa, que ficava bem atrás da mesa da acadêmica feminista branca. Para as verdadeiras feministas acadêmicas, ela pensava, a sutileza é o suficiente. Ela soube que essa pesquisadora estava escrevendo um amplo estudo sobre a imaginação de mulheres ao longo dos séculos, e nossa mãe se perguntava quais imaginários de mulheres seriam melhores do que os expostos em cima de sua mesa; mas ela era modesta e, como eu disse, confiava na sutileza.

O tempo passou. O livro da acadêmica foi publicado. Dúzias de mulheres criativas foram apresentadas em suas páginas. Todas brancas. Jornais de prestígio, como o *The New York Times*, e veículos progressistas, como a *New York Review of Books* e a *Village Voice*, ou mesmo revistas feministas como a *Ms.* (para a qual a nossa jovem mãe trabalharia mais tarde) resenharam a obra com diferentes graus de seriedade. Contudo, para a nossa jovem mãe, o sumário era prova suficiente de que a obra não poderia ser uma pesquisa séria, apenas o verdadeiro chauvinismo feminino branco. E para isso ela tinha pouco tempo e ainda menos paciência.

No prólogo de *The Female Imagination*, Patricia Meyer Spacks tenta explicar por que seu livro lida apenas com as mulheres na "tradição literária anglo-americana". (Ela se refere, é claro, a mulheres brancas na tradição literária anglo-americana). Falando dos livros que ela escolheu estudar, ela escreve: "Quase todos delineiam as vidas de mulheres brancas de classe média. Phyllis Chesler declarou 'Eu não tenho uma teoria a oferecer sobre a psicologia da mulher do Terceiro Mundo nos Estados Unidos. (...) Como uma mulher branca, sou relutante e incapaz de construir teorias sobre experiências que não tive'. Eu também: os livros de que falo *descrevem experiências conhecidas, que pertencem a um ambiente cultural familiar*; sua proximidade particular depende em parte desses fatos. Minha bibliografia *mistura obras que todo mundo conhece* (*Jane Eyre, Middlemarch*) com títulos que deveriam ser mais conhecidos (*The Story of Mary MacLane*). Ainda assim, a questão permanece. Por que apenas esses?" (grifos meus).

Por que apenas esses? Porque são brancos, classe média, e porque, para Spacks, a imaginação das mulheres é só isso. Talvez, contudo, essa seja a imaginação da mulher branca, uma que é "relutante *e incapaz* de construir teorias sobre experiências que não teve". (No entanto, Spacks nunca viveu em Yorkshire no século XIX, então por que teorizar sobre as irmãs Brontë?)

Foi preciso ver "The Dinner Party",[14] uma declaração feminista de Judy Chicago na arte, para iluminar a questão. Em 1975, quando o seu livro, *Through the Flower*, foi publicado, fiquei chocada, após a leitura, ao perceber que ela não sabia nada sobre pintoras negras. Tampouco que elas existiam. Portanto, fiquei satisfeita ao saber que no jantar havia um lugar "montado" à mesa, por assim dizer, para mulheres negras. A iluminação veio quando fiquei diante dele.

Todos os outros pratos eram vaginas imaginadas com muita criatividade (até a que parecia um piano e a que guardava uma incrível semelhança com um pé de alface: e é claro que o guia do museu gesticula falando de "borboletas"!). O prato de Sojourner Truth é o único da obra que mostra – em vez de uma vulva – um rosto. Na realidade, três rostos. Um chorando (uma lágrima bem clichê), que "personifica" a opressão da mulher negra, um gritando (um grito não menos clichê) com pequenos dentes pontudos, que simboliza "seu heroísmo", e o terceiro, com um desenho barato "africano", sorrindo; como se a mulher africana, antes da escravidão nos Estados Unidos, ou ainda hoje, não tivesse problemas.[15] (Há também a questão de ser "personificada" por um rosto em vez de uma vagina, mas isso é outra história.)

Então me ocorreu que talvez as feministas brancas, assim como as mulheres brancas em geral, não consigam imaginar que mulheres negras tenham vaginas. Ou, se conseguem, é o máximo que sua imaginação consegue.

Entretanto, pensar em mulheres negras como mulheres é impossível se você não consegue pensar nelas com vaginas. Sojourner Truth com certeza tinha uma vagina, como observado em seu lamento sobre os filhos, gerados em seu corpo, mas vendidos para a escravidão. Observe seu comentário (direto e nada sentimental) de que quando ela chorou o luto de uma mãe, ninguém além de Jesus a escutou.

Certamente uma vulva tem que ser reconhecida quando alguém lê essas palavras. (Uma vulva da cor de amoras silvestres e framboesas – ou de uvas silvestres e uvas muscadinas – com aquela doçura forte prateada, além de um gosto intenso de sal.)

E saídos daquela vagina, filhos.

Talvez seja do filho da mulher negra que a mulher tem ressentimento – ela que tem mais a oferecer a seus próprios filhos e certamente não precisa oferecer a eles a escravidão nem a herança de pobreza e ódio deixada pela escravidão, falando de modo geral: escola segregadas, moradia na favela, o pior de tudo. Pois eles sempre a farão se sentir culpada. Ela teme saber que a mulher negra quer o melhor para os seus filhos, assim como ela quer. Mas ela também sabe que as crianças negras receberão menos neste mundo para que seus filhos, as crianças brancas, tenham mais (em alguns países, tudo).

Melhor então negar que a mulher negra tem uma vagina. Que pode exercer a maternidade. Que é uma mulher.

Então, nossa mãe pensou, enquanto balançava o berço de sua bebê com uma das mãos e dava notas a seus alunos com outra (ela achava o ensino extremamente compatível com o cuidado de uma criança), que as forças de oposição estão em foco. Felizmente, ela nunca tinha acreditado que todas as mulheres brancas que se dizem feministas fossem menos racistas, porque, apesar de terem obras ambiciosas publicadas uma atrás da outra por editoras de todo o país, e com brilhantes exceções (e nossa mãe considerava *Silences*, de Tillie Olsen, uma das *mais* brilhantes), mulheres brancas feministas se revelavam tão incapazes quanto homens brancos e negros de compreender a negritude e o feminismo no mesmo corpo, sem mencionar a mesma imaginação. Na época em que o livro de Ellen Moers, *Literary Women: The Great Writers,* foi publicado, em 1976 – com Lorraine Hansberry usada como *token* do que não deveria ser incluído, nem na literatura das mulheres, nem no futuro –, nossa mãe estava bem outra vez. Conversas como a reproduzida a seguir, que aconteciam onde quer que ela fosse convidada a dar palestras, eram tratadas com tranquilidade:

ALUNA BRANCA FEMINISTA: "Você acha que mulheres negras artistas deveriam trabalhar na comunidade negra?"

NOSSA MÃE: "Pelo menos durante algum período de suas vidas. Talvez alguns anos, apenas para devolver um pouco do que elas receberam."

ALUNA BRANCA FEMINISTA: "Mas se você diz que mulheres negras deveriam trabalhar na comunidade negra, você está dizendo que a raça precede o sexo. E as feministas negras? Deve-se esperar que *elas* trabalhem nas comunidades negras? Se for assim, não seria uma traição com o feminismo delas? Elas não deveriam trabalhar com as mulheres?"

NOSSA MÃE: "Mas existem pessoas negras de ambos os sexos."

(Pausa, enquanto o público em sua maioria branco, salpicado de negros perplexos, pondera sobre essa possibilidade.)

No prefácio do livro de Ellen Moers, ela escreve:

> Assim como nós agora estamos tentando compreender a literatura das mulheres na grande década de 1790, quando Mary Wollstonecraft resplandeceu e morreu, e também quando Madame de Staël veio para a Inglaterra e Jane Austen se tornou adulta, assim as historiadoras do futuro tentarão ordenar a literatura das mulheres de 1960 e 1970. Elas terão de considerar Sylvia Plath como uma mulher escritora e uma poeta; mas o que elas farão com sua compatriota e contemporânea, a dramaturga Lorraine Hansberry? Nascida dois anos antes e morta dois anos depois de Plath, no início de seus trinta anos, Hansberry não se suicidou, mas foi vítima de câncer; ela falava da vida com eloquência, assim como Plath cortejava brilhantemente a morte. *Historiadoras do futuro sem dúvida ficarão satisfeitas com o título do livro póstumo de Lorraine Hansberry* (escolhido não por Hansberry, mas por seu ex-marido, que se tornou o responsável por sua obra) *To Be Young, Gifted and Black*; e falarão da admiração dela por Thomas Wolfe; mas de Sylvia Plath elas terão de dizer "jovem, talentosa *e uma mulher*" (grifos meus).

Parece inconveniente, se não completamente desgastante, para as mulheres brancas pensar nas mulheres negras *como mulheres*, talvez porque mulheres (como "homem" entre homens brancos) é o nome que elas reivindicaram para si mesmas, e apenas elas. O racismo decreta que se *elas* são agora mulheres (anos atrás elas eram damas, mas a moda muda) então as mulheres negras devem, por necessidade, ser alguma outra coisa. (Quando elas eram "damas", mulheres negras podiam ser "mulheres" e por aí vai).

De qualquer forma, Moers espera que "as historiadoras do futuro" sejam tão densas quanto aquelas do passado, ou ao menos tão brancas. Não *ocorre* a Moers que elas possam ser mulheres brancas com uma abordagem revolucionária, em vez de reacionária ou progressista, da literatura, quanto mais que possam ser mulheres *negras*. Contudo, muitas serão. Aquelas futuras historiadoras, mulheres negras e brancas da classe trabalhadora, não deveriam ter dificuldade em compreender: "Lorraine Hansberry – jovem, talentosa, negra, ativista, mulher e defensora eloquente da vida"; e "Sylvia Plath – jovem, talentosa, branca, mulher não ativista (na verdade, um tanto autocentrada), brilhante cortejadora da morte."

Sobre a contínua peregrinação de nossa mãe em direção à verdade às custas do orgulho vão, ou: Mais um rio para atravessar

Era um rio que ela nem sequer sabia que estava lá. – Daí sua dificuldade em atravessá-lo.

Nossa mãe estava contente, durante o período das revelações relatadas até aqui – todas, afinal, salutares para a sua saúde mental –, por ter a oportunidade de se dirigir a um grande grupo de mulheres negras com educação formal e bem-sucedidas. Ela mantinha o devido respeito pelos dois, a educação e o sucesso, uma vez que ambos costumam ser necessários para compreender as dores e ansiedades das que não têm nenhum dos dois, assim ela pensava. Teceu elogios à história das mulheres negras; fez questão de falar sobre a própria mãe, o que fazia com frequência (antes excluída tanto da literatura quanto da história); falou do aumento alarmante da taxa de suicídios entre jovens negras por todo os Estados Unidos. Pediu a essas mulheres negras que se voltassem para essa crise. Que se voltassem, na verdade, para elas mesmas.

Nossa mãe foi interrompida no meio de seu discurso. Disseram-lhe que dava muita importância à história das mulheres negras. Que ela não deveria presumir que sua mãe representava todas as mães pobres ao redor do mundo (o que ela de fato presumia) e disseram que seu discurso deveria abordar os homens negros; que, embora parecesse que mais mulheres do que homens negros cometiam suicídio, todo mundo sabia que a mulher negra era a mais forte entre os dois. Aquelas mulheres que cometeram suicídio só estavam doentes, aparentemente com uma doença imaginária ou, de qualquer maneira, uma doença sem causa. Mais importante, nossa mãe ouviu: "Nossos homens devem sempre ser apoiados, façam o que fizerem". Uma vez que muitos dos "nossos homens" estavam fazendo pouco além de difamar mulheres negras na época (e especialmente mulheres educadas e "bem-sucedidas" como as reunidas ali), isso quando se dignavam a reconhecê-las, e posto que toda essa difamação e abandono eram causa direta de pelo menos alguns suicídios, nossa mãe ficou alarmada.

Entretanto, nem por um momento nossa mãe considerou tornar-se outra coisa que não negra e mulher. Ela estava numa condição de dupla "aflição" pelo resto da vida. E, para dizer a verdade, ela gostava, mais do que ninguém, de ter tantos papéis difíceis em uma única vida. De seu jeito, louca por obstáculos, ela era uma esnobe.

Mas foi enquanto se recuperava deste golpe em sua confiança nas mulheres negras (que era tola, assim como toda confiança categórica é) que ela começou a compreender um princípio muito simples: as pessoas não querem parecer tolas; para evitar a aparência de tolice, elas estão dispostas a continuar sendo de fato tolas. Isso a levou a entender com mais clareza as atitudes de muitas mulheres negras em relação ao movimento de liberação das mulheres.

Elas tinham visto, talvez mais cedo do que ela (nossa mãe era conhecida por seu otimismo em relação a qualquer grupo de esforços progressistas), que os comportamentos das "feministas" brancas geralmente são indistinguíveis de qualquer outra pessoa branca nos EUA. Ela não culpava as feministas brancas pelos ônibus escolares de ponta-cabeça de Baton Rouge a Boston, como muitas mulheres negras o faziam, nem pelas crianças negras alvos de agressões e de cusparadas. Mas olhe, apenas olhe para a exposição mais recente de pintoras no museu do Brooklyn!

(– Não há pintoras negras expondo lá? – Alguém perguntou para a feminista branca.

– É uma exposição de mulheres! – ela respondeu.)

Sobre a necessidade de internacionalismo, alinhamento com não estadunidenses, não europeias e não chauvinistas contra a supremacia masculinista ou a supremacia branca onde quer

que elas existam no mundo, com uma apreciação a todas as feministas brancas dos EUA que sabem mais sobre a história de mulheres não brancas do que "E eu não sou uma mulher?", de Sojourner Truth

Nunca houve um tempo em que alguém falasse do "movimento das mulheres" e que nossa mãe pensasse que isso se referia apenas ao movimento de liberação das mulheres nos EUA. Quando ela pensava em mulheres se organizando, pensava automaticamente em mulheres em todo o mundo. Ela reconhecia que contemplar o movimento de mulheres isolado do restante do mundo seria – dado o racismo, o machismo, o elitismo e a ignorância de muitas feministas estadunidenses – uma derrota extrema da solidariedade entre as mulheres, assim como deprimente para o espírito mais otimista. Nossa mãe tinha viajado e tinha vários motivos para entender que a liberdade das mulheres era uma ideia cuja hora tinha chegado, e essa era uma ideia que estava varrendo o mundo.

As mulheres da China "sustentavam metade do céu". Elas, que já tiveram pés do tamanho de picles. As mulheres de Cuba, combatendo a opressão do macho africano e espanhol, sabiam que a revolução delas seria "uma merda" se coubesse a elas lavar a roupa, os pratos e o chão depois de trabalhar o dia inteiro na fábrica e nos campos, lado a lado com seus homens, "fazendo a revolução". Mulheres de Angola, Moçambique e Eritreia tinham pegado em armas, se equipado, e exigido o seu direito de combater o inimigo interno assim como os inimigos externos. O inimigo interno é o sistema patriarcal que tem mantido as mulheres virtualmente como escravas desde que se tem lembrança.

Nossa mãe compreendeu que as mulheres brancas nos EUA que são feministas de verdade – para quem o racismo é inerentemente uma impossibilidade – são em larga escala superadas pelas mulheres brancas estadunidenses *medianas*, para quem o racismo, na medida em que garante o privilégio branco, é um estilo de vida aceitável. Como é de se esperar, muitas dessas mulheres, para se manter na moda, se lançam sob as bandeiras do feminismo, porque agora é a hora de ser vista. O que era exigido das mulheres de cor era aprender a distinguir quem eram as verdadeiras feministas, e aplicar sua energia em esforços feministas apenas quando havia pouco risco de desperdício. Os rigores desse discernimento inevitavelmente farão com que as mulheres de cor acabem se voltando umas contra as outras, uma vez que há, de fato, muito trabalho, de natureza feminista, a ser feito. Desde abolir a clitoridectomia e "circuncisão feminina" em grande parte dos países árabes e africanos até defender o aquecimento em moradias populares urbanas congelantes nas quais mães pobres e crianças estão confinadas sozinhas, congelando até a morte. Incentivar artistas mulheres na América Latina e criar publicações para mulheres de cor na América do Norte. Por fim à pornografia, à escravidão infantil, à prostituição forçada, ao abuso de menores em casa e na Times Square e defender mulheres vítimas de estupro e violência doméstica, agredidas pelos próprios maridos, a cada noite de sábado em todo o mundo.

Na medida em que as mulheres negras se dissociam do movimento das mulheres, elas abandonam suas responsabilidades com as mulheres do mundo inteiro. Essa é uma abdicação séria e um abandono da tradição radical da história das mulheres negras: Harriet Tubman, Sojourner Truth, Ida B. Wells e Fannie Lou Hammer não gostariam disso. Eu também não gosto.

> Antes da chegada dos europeus, por centenas – talvez milhares – de anos, os Ohlones acordavam antes do Sol nascer, ficavam de pé diante de suas cabanas e encaravam o leste gritando palavras de agradecimento e encorajamento para o Sol nascente. Eles gritavam e falavam com o Sol porque acreditavam que o Sol os ouvia e daria atenção a seus conselhos e pedidos. Eles gritavam para o Sol porque ... sentiam que o Sol tinha "uma natureza muito parecida com a deles".
>
> Os indígenas Ohlones eram muito diferentes de nós. Eles tinham valores, tecnologias e formas de ver o mundo diferentes. Essas diferenças são surpreendentes e instrutivas. Entretanto, há algo que vai além delas. À medida que nos esticamos até o limite para olhar várias janelas para o passado, não vemos apenas um povo antigo caçando, pescando, pintando seus corpos e fazendo suas danças. Se olharmos o suficiente, se nos aproximarmos de sua alegria, medo e reverência, no fim, podemos captar relances de aspectos quase esquecidos de nós mesmos.
>
> – Malcolm Margolin. *The Ohlone Way: Indian Life in the San Francisco-Monterey Bay Area*

Só você e eu podemos ajudar o Sol a nascer a cada manhã
Se nós não o fizermos, ele pode se encharcar de tristeza.

– Joan Baez, notas sobre a canção "Farewell Angelina"

Do meu diário, Jackson, Mississipi, 15 de junho de 1972:

Se alguém vive por muito tempo, nada parecerá importante,

ou o passado parecerá doloroso demais. (Isso soará mais verdadeiro nuns dias que noutros.)

Rebecca disse hoje: "Posso cozinhar sopa e ovos e janelas!"

Ela também disse, enquanto desenhava as letras sentada na mesa da cozinha: "A, D e O." Então, "Ih, o O está de cabeça pra baixo!"

Eu me sinto muito pouco culpada pela quantidade de tempo que meu trabalho "toma da minha filha". Eu fico encantada que ela possa existir e eu possa ler um livro ao mesmo tempo. E que ela tenha aprendido facilmente que existem outras coisas com as quais ela pode se divertir além de mim. Entre um adulto absorto, irritado e uma babá carinhosa ou um filho do vizinho que pode ser encorajado a devolver uma bola não existe competição.

Houve um dia, quando finalmente, depois de cinco anos escrevendo *Meridian* (um livro "sobre" o Movimento pelos Direitos Civis, feminismo, socialismo, as inseguranças dos revolucionários e a radicalização dos santos – o tipo de livro resultante do clima político dos anos 1960 que a feminista acadêmica branca Francine du Plessix Gray declarou recentemente no *The New York Times Book Review* que não existia), eu senti uma pontada.

Escrevi esse poema de autopiedade:

Agora que o livro está terminado
agora que sei que minhas personagens viverão,
posso amar minha filha outra vez.
Ela não precisa mais se sentar
nos fundos da minha mente
sozinha chupando o dedo,
um entrave gigante em minha garganta.

Mas isso era uma celebração como qualquer outra. Afinal de contas, o livro *estava* terminado, as minhas personagens *viveriam*, e é claro que eu tinha amado minha filha o tempo todo. Em relação ao "entrave gigante em minha garganta", talvez seja o medo de ficar calada, *muda*, que escritores sentem de tempos em tempos. Esse medo é um risco do trabalho em si que exige um *rigor* em relação a si mesma que costuma ser esmagador em seu desconforto, mais do que é a existência de uma filha que, seja como for, lá pelos sete anos, terá um amigo, e aprenderá que, quando conhecer os medos dele, poderá aliviá-los, seja ouvindo, mostrando um novo passo de dança, talvez compartilhando um livro de colorir ou dando um abraço.

De qualquer maneira, não é minha filha quem me diz que mulheres brancas não devem afirmar minha feminilidade. Nem é minha filha quem diz que homens negros não devem respeitar meus direitos.

Não foi minha filha que expurgou meu rosto da história dos homens e das mulheres, deixando apenas o lado misterioso da minha própria história; minha filha ama meu rosto e, se ela pudesse, o teria em cada página, assim como eu amei os rostos de meus pais mais do que todos os outros e tenho me recusado a deixar que sejam apagados, que eu mesma os esqueça.

Não é minha filha que, indo além de tudo isso, destrói o planeta todos os dias e já começa a atacar o universo.

Nós estamos juntas, minha filha e eu. Mãe e filha, sim, mas *irmãs* na verdade, contra qualquer coisa que nos nega tudo o que somos.

Durante muito tempo, eu tive em cima da minha mesa esse cartaz, que eu mesma fiz, com purpurina:

Querida Alice,
Virginia Woolf tinha loucura;
George Elliot vivia no ostracismo,
tinha o marido de outra pessoa
e não ousava usar o próprio nome.
Jane Austen não tinha privacidade
nem vida amorosa.
As irmãs Brontë nunca foram a lugar algum
e morreram jovens
e dependentes do pai.
Zora Hurston (ah!) não tinha dinheiro
e sua saúde era frágil.

Você tem Rebecca – que é
muito mais agradável
e uma distração bem menor
que todas as calamidades
anteriores.

1979

Notas

parte um

1 Quando o título aparece em português, usamos a versão da publicação brasileira. Nos casos de livros não traduzidos em português ou publicados no Brasil, mantivemos os títulos originais em inglês. (N.E.)

2 Zora Neale Hurston (1891-1960) foi escritora e antropóloga afro-americana. Publicou diversos contos, artigos e livros posteriormente aclamados como *Seus olhos viam Deus* (1937), adaptado em 2005 para o cinema como *Aos olhos de Deus*. Ver "Zora Neale Hurston: uma história de alerta e um relato parcial" e "Em busca de Zora". (N.E.)

3 Sra. Pontellier e Janie Crawford são personagens dos livros de Kate Chopin e de Zora Neale Hurston, respectivamente. (N.E.)

4 A Illinois University Press voltou a publicar o livro de Zora Neale Hurston em 1979 (N.A.). No Brasil, o romance *Seus olhos viam deus* foi publicado pela editora Record. (N.T.)

5 A autora provavelmente se refere aos folcloristas Benjamin A. Botkin, autor de *A Treasury of Southern Folklore: Stories, Ballads, Traditions, and Folkways of the People of the South*, e a Newbell Niles Puckett, autor de *Folk Beliefs of the Southern Negro*. (N.T.)

6 Richard Nathaniel Wright (1908-1960) foi um escritor considerado porta-voz das questões afro-americanas. Seu romance, *Filho nativo*, publicado pela primeira vez em 1940 e adaptado pela Broadway em 1941, foi um *best-seller* imediato. (N.E.)

7 Natchez e Jackson são cidades localizadas no estado americano de Mississipi. Natchez fica no condado de Adams, e Jackson é a capital e a cidade mais populosa do estado. Richard Wright nasceu a apenas alguns quilômetros de Natchez e se mudou para Jackson ainda na infância. (N.E.)

8 William Faulkner (1987-1962) foi um escritor americano de obra considerada desafiadora por utilizar uma técnica posteriormente consagrada por escritores como Virginia Woolf e James Joyce, o "fluxo de consciência". Venceu dois prêmios Pulitzer com os livros *A fábula* (1955) e *Os desgarrados* (1963). (N.E.)

9 Livro que reúne uma série de conferências apresentadas por William Faulkner na Universidade da Virgínia nos anos de 1957 e 1958. (N.E.)

10 James Chaney, Andrew Goodman e Michael Schwerner, ativistas do Movimento pelos Direitos Civis nos Estados Unidos, foram assassinados no condado de Neshoba por membros da Ku Klux Klan (KKK), em junho de 1964. Seus assassinatos e investigação foram retratados no filme *Mississipi em chamas* (1988). (N.E.)

11 Marcus Mosiah Garvey (1887-1940) foi um ativista jamaicano do movimento nacionalista negro, empresário e comunicador, fundador e primeiro presidente da Associação Universal para o Progresso Negro e da Liga das Comunidades Africanas. (N.E.)

12 W. E. B. Du Bois (1868-1963) foi sociólogo e historiador. Influente intelectual do Movimento pelos Direitos Civis nos Estados Unidos, foi um dos fundadores da Associação Nacional para o Progresso de Pessoas de Cor e autor de vasta obra, incluindo livros como *As almas da gente negra*, de 1903. (N.E.)

13 Frederick Douglass (1817-1895), ex-escravizado, foi escritor, orador e editor abolicionista. (N.E.)

14 Nat Turner (1800-1831), escravizado americano que liderou uma revolta no condado de Southampton, em 1831, na Virgínia. (N.E.)

15 Trechos extraídos do livro *O avesso e o direito* (1956), de Albert Camus. "Para corrigir uma indiferença natural, fui colocado a meio caminho entre a miséria e o Sol. A miséria impediu-me de acreditar que tudo vai bem sob o Sol e na história; o Sol ensinou-me que a história não é tudo." Tradução de Valerie Rumjanek. Rio de Janeiro: Record, 2007. (N.E.)

16 Organização americana privada sem fins lucrativos que atende a população de baixa renda, combinando serviços educativos, sociais e de saúde em benefício de crianças em idade pré-escolar e suas famílias, com o objetivo de prepará-las para o sistema escolar. (N.E.)

17 O Comitê Coordenador Estudantil Não Violento (Student Nonviolent Coordinating Comitee – SNCC) era um dos principais canais entre estudantes e o Movimento pelos Direitos Civis nos anos 1960. (N.E.)

18 Charles White (1918-1979) foi um artista americano conhecido por criar fortes imagens de afro-americanos em desenho, pintura e litografia. Em 2018, centenário de seu nascimento, uma retrospectiva de sua obra foi exibida pelo Museu de Arte Moderna (MoMA). (N.E.)

19 Nome pelo qual ficaram conhecidas as leis estaduais que regulamentavam a segregação racial e a restrição de direitos civis de pessoas negras no Sul dos EUA. Jim Crow era um personagem popular de teatro que reforçava estereótipos racistas. (N.T.)

20 Sigla de National Association for the Advancement of Colored People [Associação Nacional para o Progresso de Pessoas de Cor], instituição fundada em 1909 para combater as desigualdades recorrentes do racismo na sociedade dos Estados Unidos, com foco na educação e na assessoria jurídica. (N.T.)

21 Foi um programa estadual iniciado em 1965 como parte da guerra contra a pobreza com o objetivo de fornecer às crianças pobres acesso à educação, duas refeições por dia e serviços médicos básicos. (N.E.)

22 Ver nota 16, p. 354.

23 Presidente da Sarah Lawrence College na época. (N.A.)

24 Faculdade de Artes localizada em Nova York. Fundada em 1926, com ênfase na oferta de bolsas de estudos, sobretudo nas áreas de ciências humanas, artes cênicas e escrita. Originalmente uma faculdade para mulheres, tornou-se mista em 1968. (N.E.)

25 Phillis Wheatley (ca. 1753-1784) foi uma poeta africana que viveu nos Estados Unidos. Escravizada, lhe permitiram aprender a ler e a escrever. Em 1773 se torna a primeira afro-americana a ter poemas publicados. Foi posteriormente alforriada e, apesar do reconhecimento e influência, morreu sozinha e em extrema pobreza. (N.E.)

26 Frances Harper (1825-1911), uma das primeiras mulheres negras publicadas nos Estados Unidos, foi escritora, professora, poeta, sufragista e abolicionista. (N.E.)

27 Anne Spencer (1882-1975) foi poeta, bibliotecária, jardineira e ativista pelos direitos civis e pela igualdade no acesso à educação. Integrou o movimento chamado Renascença do Harlem. (N.E.)

28 Dorothy West (1907-1998), contista, ensaísta e contadora de histórias. Fez parte do movimento Renascença do Harlem. (N.E.)

29 Eldridge Cleaver (1935-1998) foi um escritor, ativista e uma das lideranças iniciais do Partido dos Panteras Negras. Enquanto esteve preso, escrevia ensaios que mais tarde fizeram parte do livro *Soul on Ice* (1968). (N.E.)

30 Ralph Waldo Ellison (1914-1994) foi escritor acadêmico e crítico literário. Sua obra mais conhecida, *Homem invisível* (1952), ganhou o National Book Award de 1953. (N.E.)

31 Publicado em 1970 por Kate Millett, o livro é resultado de sua tese de doutorado na Universidade de Columbia e documenta a subjugação das mulheres na literatura e na arte. É considerado um clássico da literatura feminista. (N.E.)

32 Gwendolyn Elizabeth Brooks (1917-2000) foi uma escritora, poeta, professora americana. Foi a primeira mulher negra a ocupar o cargo de consultora de poesia da Biblioteca do Congresso e a primeira mulher afro-americana a entrar na Academia Americana de Artes e Letras. (N.E.)

33 Publicados no livro *Revolutionary Petunias* (1973). (N.A.)

34 Os trechos dos contos de Flannery O'Connor foram retirados de *Contos completos* (Cosac Naify, 2008). Tradução de Leonardo Fróes (N.T.)

35 Lula Carson Smith (1917-1967), que usava o pseudônimo literário de Carson McCullers, foi uma escritora americana que explorava paisagens e problemáticas sulistas. Entre as obras publicadas, estão *Reflexos num olho dourado* (1941) e *A sócia do casamento* (1946). (N.E.)

36 Eudora Welty (1909-2001) foi uma escritora e fotógrafa nascida em Jackson, Mississipi. Escreveu romances, resenhas e contos. Com *The Optimist's Daughter* ganhou o Prêmio Pulitzer em 1973. (N.E.)

37 "Niggers" no original. O termo é considerado a ofensa racial mais grave que se pode fazer a uma pessoa negra e não tem equivalência em português. Há um debate sem consenso se a palavra – que também carrega conotações de preguiça e desonestidade – poderia ser ressignificada se usada apenas entre pessoas negras ou se esse uso seria apenas a naturalização da violência na linguagem. (N.T.)

38 Ver nota 34, p. 356.

39 Romare Bearden (1911-1988) foi um artista, autor e compositor que, em suas obras, mostrou seu envolvimento com a comunidade afro-americana e o Movimento pelos Direitos Civis. (N.E.)

40 Charles Samuel Keene (1823-1891) foi um artista e ilustrador inglês que só usava preto e branco em suas obras. Trabalhando na revista *Punch* de 1851 a 1890, Keene satirizava personagens de classe média e baixa. (N.E.)

41 Harlem Renaissance – ou Renascença do Harlem – é como ficou conhecido um período de efervescência na literatura, música, dramaturgia e nas artes visuais, de 1918 até a Grande Depressão. Também conhecida como New Negro Movement, a época foi marcada por obras que abordavam experiências negras diversas, evitando estereótipos racistas. No entanto, os artistas envolvidos tinham divergências entre si, especialmente diante da possibilidade do "novo negro" adotar uma vida de classe média e abandonar a luta contra a segregação e o racismo. (N.T.)

42 Langston Hughes (1902-1967) foi um escritor e importante figura para o movimento Harlem Renaissance (Renascença do Harlem). Escreveu romances, contos, ensaios e peças influenciado pelo *jazz* e sua vivência afro-americana. (N.E.)

43 Coletânea de escritos autobiográficos, de ficção, peças e poesia de Jean Toomer. (N.E.)

44 Livro de Jean Toomer que reúne aforismos sobre o homem moderno e sua relação com a tecnologia e a sociedade. Foi publicado originalmente em 1931. (N.E.)

45 Nos Estados Unidos, durante a segregação, a identidade racial das pessoas era definida pela regra de "uma gota de sangue", que determinava que pessoas descendentes de negros, mesmo de pele clara e fenótipo branco, fossem tratadas como negras se suas origens fossem conhecidas. Toomer procurou se desvencilhar de sua identidade negra, o que ficou conhecido como "se passar por branco". (N.T.)

46 Reconstrução negra foi o período entre 1860-1880, no qual líderes das comunidades negras foram eleitos para cargos executivos e legislativos e passaram a instituir políticas públicas que beneficiavam os mais pobres. Diante dos avanços sociais e da redução das desigualdades resultantes do racismo e da escravidão, políticos conservadores e supremacistas brancos propuseram a segregação racial, que dificultou a participação de pessoas negras no processo democrático como candidatos e eleitores até o final dos anos 1960. (N.T.)

47 O filósofo Georgei Gurdjieff (1866-1949) fundou comunidades nos Estados Unidos que misturavam filosofia, práticas religiosas e exercícios físicos para "despertar a consciência". (N.T.)

48 *Cidadã de segunda classe*. Tradução de Heloisa Jahn. São Paulo: Dublinense, 2019.

49 Colônia MacDowell é uma residência artística situada em em Peterborough, New Hampshire, Estados Unidos, fundada em 1907. (N.E.)

50 Entre outras estão Sojourner Truth, Amanda Berry Smith e Jarena Lee. (N.A.)

51 Autoras lésbicas feministas usam o termo lesbiandade para abordar suas experiências, em vez de homossexualidade, muito associada a vivências de homens gays. O termo lesbianismo foi associado à patologização da orientação sexual e tem sido menos usado desde que a atração sexual e afetiva por pessoas do mesmo sexo foi retirada da lista da Classificação Internacional de Doenças em 1990. (N.T.)

52 Posteriormente conhecido como Amiri Baraka e nascido como Everett LeRoi Jones (1934-2004), foi um escritor, poeta, professor, ativista político e crítico musical de grande influência na literatura americana. Publicou livros como *Blues People: Negro Music in White America* (1963), *The System of Dante's Hell* (1965) e *Home: Social Essays* (1966). (N.E.)

53 O termo mescla as palavras "nigger" (negro) e "literati" (literato) e era usado para se referir a jovens artistas e escritoras da Renascença do Harlem. (N.R.)

54 Tia Jemima (em inglês, Aunt Jemima) é uma marca de xarope e misturas para panquecas que usou a ilustração de uma mulher negra com estereótipos raciais negativos como personagem de publicidade baseado no arquétipo escravizado "Mommy", que apresenta a mulher negra como alguém – escravizada ou criada – que tem como único propósito servir incansável e gentilmente pessoas brancas, mascarando relações estruturais de poder. (N.E.)

55 Família do empresário americano Solomon R. Guggenheim (1861–1949), que concedeu uma bolsa da Fundação Solomon R. Guggenheim para que Zora Hurston estudasse práticas religiosas indígenas na Jamaica e no Haiti. (N.E.)

56 Família do empresário e filantropo americano Julius Rosenwald (1862-1932), que concedeu uma bolsa do Fundo Rosenwald para que Zora Hurston pudesse fazer o doutorado em antropologia na Universidade da Columbia. (N.E.)

57 No original "cullud", corruptela de "coloured", termo pejorativo e datado para se referir a pessoas negras. (N.T.)

58 Na peça *Um bonde chamado desejo*. (N.E.)

59 [Marcas de pó na estrada]. A autobiografia foi lançada originalmente em 1942. Inédita no Brasil. (N.E.)

parte dois

1. Lester Maddox foi um político segregacionista que governou o estado da Geórgia entre 1967 e 1971. (N.E.)

2 *Black Boy*, livro de memórias de Richard Wright lançado em 1945. "The Ethics of Living Jim Crow" é um ensaio do mesmo autor, de teor autobiográfico. (N.E.)

3. Publicada por W. E. B. Du Bois pela primeira vez em 1935, foi uma obra pioneira e um estudo completo sobre o papel que os negros americanos desempenharam no período após a Guerra Civil, quando os escravizados foram libertados e foi feita a tentativa de reconstruir a sociedade americana. (N.E.)

4 Byron de la Beckwith (1920-2001) foi um supremacista branco e membro da Ku Klux Klan condenado pelo assassinato de Medgar Evers, ativista do Movimento pelos Direitos Civis. (N.E.)

5 Medgar Evers (1925-1963) foi um ativista afro-americano pelos Direitos Civis e secretário da NAACP (em português, Associação Nacional para o Progresso de Pessoas de Cor) do Mississipi. Tendo organizado boicotes à empresários brancos e à segregação nas universidades americanas, Evers foi assassinado pelo supremacista branco Byron de la Beckwith em 1963, inspirando obras como o filme *For Us the Living: The Medgar Evers Story* (1983). Em 1970, em sua homenagem, foi fundada a Medgar Evers College, universidade localizada no Brooklyn. Em 1992, foi imortalizado com uma estátua em Jackson, no Mississipi. (N.E.)

6 John Brown (1800-1859) foi um ativista abolicionista que, com o objetivo de travar uma luta armada que colocasse fim na escravidão, liderou o assalto ao arsenal federal de Harpers Ferry, na Virgínia, que resultou em sua prisão e execução como traidor do estado. Apesar de ser criticado pelo uso da violência, Brown foi considerado mártir em favor da liberdade. (N.E.)

7 Personagem do livro *Filho Nativo*, de Richard Wright. Ver nota 6, p. 353. (N.E.)

8. *Walker*, em inglês, significa "caminhante" ou "aquele que caminha". (N.R.)

9 Hamilton Holmes e Charlayne Hunter foram os dois primeiros afro-americanos admitidos como estudantes na Universidade da Geórgia. (N.E.)

10 Mary McLeod Bethune (1855-1955), nascida no estado da Carolina do Sul, foi educadora e ativista pelos direitos civis, conhecida pela luta em prol da educação da população afro-americana. Foi responsável pela abertura de uma escola particular para afro-americanos no começo do século XX, em Daytona Beach, na Flórida. (N.E.)

11. Em meados dos anos 1960, Coretta King organizou uma série de "shows da liberdade" (*freedom concerts*), reunindo poesia, música e leituras para narrar a história do Movimento pelos Direitos Civis. (N.E.)

12 Joel Chandler Harris (1848-1908), escritor, jornalista e folclorista, conhecido pela série de histórias de animais chamada Tio Remus (Uncle Remus) e baseada na cultura sulista. (N.E.)

13. Emmett Till (1941-1955), adolescente de Chicago, que, numa visita à sua família no Mississipi, foi linchado e assassinado pelo marido e pelo irmão de uma mulher que o acusou de tê-la ofendido. (N.T.)

14. Nos Estados Unidos, uma prática racista para infantilizar e desrespeitar homens negros consistia em chamá-los de "boy". (N.T.)

15. Muitos nomes e características identificáveis foram alterados para proteger a privacidade de amigos e familiares.(N.A.)

16. Em 1963 ocorreu A Grande Marcha por Trabalho e Liberdade, liderada por Martin Luther King Jr., conhecida como A Grande Marcha para Washington. Reuniu cerca de 250 mil pessoas que pediam o fim da segregação racial, justiça social e empregos. Nesse dia, Martin Luther King fez o famoso discurso que começa com "Eu tenho um sonho" (*I have a dream*). (N.E.)

17. No original, "niggers". Ver nota 37, p. 356. (N.E.)

18. Tradução de Heci Regina Candiani. São Paulo: Editora Boitempo, 2019. (N.E.)

19. Toda vez que se referem a mim como uma "ativista", ou pior, uma "veterana do Movimento dos Direitos Civis", fico constrangida com o quanto isso é inadequado. Os verdadeiros ativistas e veteranos – os jovens na SNCC (que continuam entre as pessoas que mais admiro), a sra. Hudson, Fannie Lou Hammer, Mel Leventhal, dr. King – fizeram coisas pela liberdade com as quais apenas sonhei. (N.A.)

parte três

1 Período de repouso de terras em plantio, que são deixadas um ano ou mais sem semeadura. (N.R.)

2 Virginia Woolf. *Um quarto só seu*. Tradução de Julia Romeu. Rio de Janeiro: Bazar do Tempo, 2021, p. 82-83. (N.E.)

3 Sapphire é um dos nomes pelo qual ficou conhecida a figura da *Angry Black Woman*, o estereótipo racista da mulher negra raivosa, que é lida como agressiva por se posicionar e se opor a um ideal de obediência e conformismo mobilizados pela sociedade racista e machista. (N.T.)

4 Virginia Woolf. *Um quarto só seu*. Tradução de Julia Romeu. Rio de Janeiro: Bazar do Tempo, 2021, p. 81-82. (N.E.)

5 Ver o texto "Beleza: quando a outra dançarina também sou eu". (N.A.)

6 Primeiro livro de poesia de Alice Walker, publicado em 1968. (N.E.)

7 Livro publicado originalmente em 1970. No Brasil, foi publicado pela editora José Olympio. (N.E.)

8 Livro de contos, ainda inédito no Brasil, publicado em 1973 por Alice Walker, que retrata histórias de mulheres negras do Sul dos Estados Unidos. (N.E.)

9 Capitão Ahab, personagem do romance *Moby Dick*, de Herman Melville. (N.E.)

10 Provavelmente a autora se refere às lutas pelos direitos civis no Sul dos Estados Unidos. (N.E.)

11 Greyhound é uma das maiores empresas de ônibus dos Estados Unidos. (N.E.)

12 Student Non-Violent Coordinating Committee (SNCC). Ver nota 17, p. 354.

13 Livro publicado em 1964 por Robert Graves, romancista, crítico e poeta inglês. (N.E.)

14 Capítulos do livro *In Love & Trouble: Stories of Black Women*. Ver nota 8, p. 360. (N.E.)

15 Ver nota 10, p. 353.

16 A tradução, "Não seja a queridinha de ninguém", está na página 42. (N.E.)

17 Shirley Chisholm (1924-2005) foi a primeira mulher negra eleita ao Congresso dos Estados Unidos em 1968. Em 1972 participou das primárias do Partido Democrata para concorrer à presidência. (N.T.)

18 Referência ao filme *Sweet Sweetback's Baadasssss Song* (1971), escrito e dirigido por Melvin Van Peebles, considerado parte do movimento *blaxploitation*, popular nos EUA na década de 1970. (N.T.)

19 O termo *woman-identified-woman* era usado por feministas nos anos 1970 para se referir a feministas que priorizavam as demandas e questões de mulheres, como direito ao aborto, oferta de creches e igualdade salarial, sem buscar alianças com os homens. As mulheres-brancas-que-priorizam-mulheres-negras reconhecem o impacto do racismo na sociedade e apoiam as causas de mulheres negras por compreenderem que desigualdades de gênero, raça e classe devem ser combatidas em conjunto. (N.T.)

20 *Conditions* foi uma revista de temática feminista lésbica que circulou nos Estados Unidos entre os 1976 e 1990. A edição número 5, *The Black Women's Issue*, de 1979, é uma coletânea de escritos do feminismo negro que se tornou referência e teve imensa repercussão. (N.E.)

21 Ntozake Shange (1948–2018) foi uma artista, *performer*, poeta, romancista e dramaturga americana. É conhecida e aclamada por sua peça *For Colored Girls Who Have Considered Suicide / When the Rainbow Is Enuf* (1976), que foi adaptada para o cinema como *Para garotas de cor* (2010). (N.E.)

22 Ver nota 51, p. 357.

23 O *Equal Rights Amendment* foi uma proposta de emenda para a Constituição dos Estados Unidos, pensada para garantir igualdade de direitos a todos os cidadãos norte-americanos, independentemente de seu gênero sexual. A primeira versão da proposta foi apresentada ao Congresso pelas sufragistas Alice Paul (1885-1977) e Crystal Catherine Eastman (1881-1928) em 1923. (N.E.)

24 Ver nota 51, p. 357.

25 Representantes de minorias que alcançam melhores condições de vida e negam os efeitos de opressões estruturais em suas vidas são chamados *token* (símbolo). O tokenismo é uma prática das classes dominantes para desmobilizar lutas coletivas usando situações individuais. Por exemplo, mulheres negras que ascendem socialmente e atribuem seu sucesso apenas ao mérito são usadas para negar os efeitos do racismo na vida de toda uma população. (N.T.)

26 Neste ensaio é uma das primeiras vezes em que se usa o termo colorismo. No entanto, há termos pejorativos intraduzíveis para o português como *qradroon* ou *octoroon*, que em alguns casos substituí por "negra de pele clara", "mestiça" ou "moças de pele clara com 1/8 de sangue negro". Nos Estados Unidos, onde vigorou por muito tempo a regra de "uma gota de sangue", palavras como *quadroon* (1/4 de sangue negro) serviam para indicar em qual ponto a pessoa estava no processo de embranquecimento. (N.T.)

27 Ela se refere a "Living For The City", música do álbum *Innervisions*, lançado em 1973. (N.E.)

28 A expressão "What it is" era muito comum entre jovens negros afro-americanos nos anos 1970. Funcionava como uma pergunta retórica, um cumprimento informal, algo como "E aí? Que é que há?". (N.T.)

29 Primeira revista de estudos e pesquisas sobre negros e atualmente a principal revista desse gênero nos Estados Unidos. Criada em 1969, tem como objetivo debater as condições e os esforços emancipatórios de pessoas negras de diferentes classes, nacionalidades, gêneros, gerações, orientações sexuais e ideologias. Ver "Para a revista *The Black Scholar*". (N.E.)

30 O termo mulata foi mantido em citações de textos antigos, em que o termo era usado para se referir a pessoas mestiças com origens brancas e negras. São textos de teor preconceituoso criticados por Walker, por isso o termo racista foi mantido. (N.T.)

31 Ver nota acima. (N.E.)

32 A descoberta recente do romance *Our Nig*, de Harriet E. Wilson, que precede o livro de Brown em alguns anos, faz dela nossa primeira romancista negra. Curiosamente, sua história também é sobre a vida de uma mulher mestiça: a mãe branca, o pai negro. No entanto, ter a pele clara não basta para que ela eleve sua condição como serva de ganho em um ambiente hostil de uma casa branca de classe média no Norte, antes da Guerra Civil. (N.A.)

33 Assim como Audre Lorde, Walker não usa o termo *femininity* para se referir ao que é relativo a mulheres negras, uma vez que, nas normas do patriarcado racista, a feminilidade é um traço atribuído a mulheres brancas, deixando para as negras apenas atributos de força, resistência, coragem. (N.T.)

34 Ver nota 11, pág. 354.

35 Por exemplo, há alguns anos fui convidada a dar uma palestra em uma conferência em Atlanta chamada "A mulher sulista: do mito aos tempos modernos". Quando recebi a programação do evento, me senti mal: na capa, sim, é verdade, havia a pequena cabeça de uma mulher negra, espremida entre a cabeça de uma mulher branca (no alto, é claro) e a cabeça de uma mulher asiática (abaixo). Na página três ou quatro, aparecia uma fotografia maior de uma mulher negra de pele escura vestida primorosamente. Entretanto, essas duas estavam no meio de uma sequência acachapante de fotografias de mulheres brancas. Como eu seria capaz de me dirigir a um público que me vê como *token*? Chegando a Atlanta, compartilhei meus sentimentos com uma mulher negra no comitê que tinha me convidado (uma mulher de pele clara de tom amarelado, extremamente divertida, que nos fazia rir o tempo todo), e ela me conduziu pelo andar da Sociedade Histórica de Atlanta, onde aconteceria minha palestra. Apontando para as paredes, para as mesmas imagens de mulheres que estavam impressas na programação, ela disse: "Essa aqui é negra, e essa também; aquela ali, todas aquelas lá". "Todas aquelas lá" se referia a uma fotografia das Damas Auxiliares de Atlanta, tirada por volta de 1912, todas esposas de líderes negros. Apenas uma entre uma dúzia de mulheres na fotografia poderia se passar por negra, e talvez fosse branca, mas estivesse bronzeada. Não pude deixar de comentar sobre os cem anos de luta para criar espaços "integrados" como a Sociedade Histórica de Atlanta, apenas para, ao final da luta, ser incapaz de perceber a diferença. (N.A.)

36 Era um traço comum evidenciar a classe e a raça de personagens negros e serviçais usando *black vernacular* ou *African-American vernacular English* de forma forçada. Foi Zora Neale Hurston quem se empenhou em usar o *black vernacular* como parte do ritmo da prosa e elemento literário, o que Walker procura fazer com o sotaque sulista. Nesses trechos, mantiveram-se algumas marcas de oralidade, buscando manter a fluidez para o leitor em português. (N.T.)

37 Dr. Robert Staples, escritor, professor universitário americano e autor do artigo "The Myth of Black Macho: A Response to Angry Black Feminists", mencionado pela autora. (N.E.)

38 Escritora e professora acadêmica, é autora de *Invisibility Blues: From Pop to Theory* (1990) e *Black Macho and the Myth of the Superwoman* (1978), onde debate a cultura patriarcal do Black Power nos anos 1960. (N.E.)

39 *For Colored Girls Who Have Considered Suicide, When The Rainbow Is Enuf* é uma peça que se tornou sucesso na Broadway em 1975 ao misturar poesia, música, dança e drama. O elenco de atrizes negras interpretava poemas e canções sobre relacionamentos, amizades, aborto e assassinato. (N.T.)

40 Raquel Welch (1940-) é uma atriz norte-americana, considerada *sex symbol* nas décadas de 1960 e 1970. (N.E.)

41 Presumo que seja porque eu era editora na *Ms.* na época e fui responsável por todos os textos escritos por pessoas negras publicados, embora eu não fosse a editora do texto de Wallace. (N.A.)

42 Um pseudônimo. (N.A.)

43 Depois que escrevi este ensaio, meus irmãos ofereceram algum apoio a todos os seus filhos, reconhecendo-os e dando-lhes seu sobrenome. (N.A.)

parte quatro

1 Pessoas negras mais velhas da região rural fizeram o seu melhor ao incutir a poesia *exata* que eles podiam nesses termos criados essencialmente por funcionários públicos brancos (reconhecendo o poder máximo atrás da formulação da maioria das leis dos EUA) pronunciando as palavras com uma paixão compreensiva, ironia e sabedoria, de forma que se ouvia "direitos certins". (N.A).

2 "Umoja" é a palavra swahilli para "unidade". É também o sobrenome do ativista Akinyele Umoja (1954-), fundador dos movimentos New Afrikan People's Organization [Organização do Novo Povo Afrikano] e do Malcom X Grassroots Movement [Movimento Popular de Malcom X]. (N.R.)

3 Publicado pela primeira vez em 1978 nos Estados Unidos. (N.E.)

4 *Ms.* é uma revista feminista criada em 1971 por Gloria Steinem e Dorothy Pitman Hughes. Seu primeiro número foi publicado encartado na *New York Magazine*. A partir de 1972 se tornou uma publicação autônoma e exerceu grande influência nos debates nos Estados Unidos durante toda a década de 1970. Ainda está em circulação nos EUA. (N.E.)

5 Em solidariedade às mães e crianças de Atlanta. (N.A.)

6 Canção popular composta por Stephen Foster (1826-1864) usada em espetáculos nos quais os atores, usando *blackface*, faziam representações caricatas de pessoas negras. (N.T.)

7 Em português: "Chamei o médico, o médico disse (...) um outro morto!", em referência aos constantes assassinatos de jovens e crianças negras em Atlanta entre 1979 e 1981. Pelo menos 28 jovens negros, a maioria meninos com idades entre 7 e 17 anos, foram mortos no período. Wayne Williams, acusado e preso por parte dos assassinatos, foi retratato na série *Mindhunter* (2017). (N.E.)

8 Líderes de diferentes povos originários dos EUA que lutaram para manter suas terras. (N.T.)

9 General Idi Amin Dada Oumee (1925-2003) foi um ditador militar e o terceiro presidente de Uganda. (N.E.)

10 Andrew Jackson (1767-1845) foi um militar e o sétimo presidente dos Estados Unidos, de 1829 a 1837, eleito com voto popular. (N.E.)

11 Irônica e infelizmente, "amante" é considerada uma palavra pejorativa por algumas pessoas. Em seu sentido original "alguém que ama" (poderia ser um amante de música, da dança, de uma pessoa) é útil, forte e precisa – e o significado a que me referia aqui. (N.A.)

12 Dia de Muriel Rukeyser, na Faculdade Sarah Lawrence, em 9 de dezembro de 1979. Pela criação deste ensaio e pela obra além dele, estou em dívida com os espíritos corajosos e generosos de Tillie Olsen, Barbara Smith e Gloria Steinem. (N.A.)

13 Gerard Manley Hopkins (1844-1889) foi um poeta inglês e padre jesuíta conhecido por escrever sonetos. (N.T.)

14 É uma instalação da artista Judy Chicago. Na obra, considerada um marco da arte feminista dos anos 1970, Judy simula um banquete onde homenageia 1308 mulheres que tiveram importantes papéis na história da humanidade, mas que foram esquecidas, desvalorizadas e não tiveram "lugar à mesa". O jantar cerimonial é disposto em uma mesa triangular com talheres, bordados, cálices, utensílios de prata, ouro e porcelana em formatos que remetem a uma vulva. Em cada detalhe, as mulheres homenageadas são citadas e referenciadas. "The Dinner Party" (1974-1979) hoje é instalação permanente no Elizabeth A. Sackler Center for Feminist Art, Brooklyn Museum, em Nova York. (N.E.).

15 Exceto por esse prato e a escolha de Sacajawea (que guiou Lewis e Clark em sua expedição ao Oeste) como representante dos povos indígenas no prato, eu amei a arte e a audácia de Chicago. (N.A.)

Agradecimentos

Os ensaios, artigos, resenhas e conferências desta coletânea foram escritos entre 1966 e 1982. Por uma primeira leitura de alguns deles e por discutir suas ideias comigo, agradeço a minha amiga June Jordan. Por reunir esses textos e insistir que eu os publicasse o quanto antes (cinco anos atrás), eu agradeço a minha amiga Susan Kirschner. Pela ajuda com a leitura dos ensaios e por sugerir uma ordem para eles (diferente da qual eles estão agora), agradeço a Elizabeth Phillips. Por criar a ordem na qual eles estão agora, agradeço ao meu editor, John Ferrone. Pelo seu jeito de criar um espaço onde eu pudesse escrever como uma prioridade em todos os lugares onde moramos, agradeço ao meu ex-marido e amigo, Mel Leventhal. E por sua ajuda em me unir à vida, presente e futura, agradeço a nossa filha Rebecca Leventhal. Pelo orgulho evidente de mim quando eu era criança (que se traduzia em moedinhas e dólares e na senhorita Bessie, uma velha vitrola de veludo), agradeço às boas damas da igreja, a quem eu ainda me volto em busca de justiça. E pelos três presentes mágicos dos quais precisei para escapar da pobreza de minha cidade natal, agradeço a minha mãe, que me deu uma máquina de costura, uma máquina de escrever e uma mala, tudo isso ganhando menos de vinte dólares por semana. Os presentes do meu pai, pelos quais agradeço imensamente, são as surpresas diárias: meu amor pela natureza, o tom da minha voz, meu rosto, meus olhos e meu cabelo. Pelas suas demonstrações de prazer ao compartilhar aventuras e me fazer feliz ("pegando a estrada com apenas a nossa música e o dinheiro do nosso almoço"), agradeço ao meu tão querido companheiro Robert Allen.

Em meu desenvolvimento com ser humano e como escritora, eu tenho sido, assim me parece, extremamente abençoada, mesmo reclamando. Onde quer que eu tenha batido, uma porta se abriu. Por onde quer que eu tenha vagado, um caminho apareceu. Eu tenho sido ajudada, apoiada, encorajada e cuidada por pessoas de todas as raças, credos e sonhos; e eu tenho, de acordo com o melhor da minha capacidade, devolvido a ajuda, o apoio, o encorajamento e o cuidado. Os atos de receber, devolver ou passar adiante têm sido algumas das experiências mais surpreendentes, felizes e contínuas da minha vida.

Tempo de plantar, tempo de colher, tempo de concluir

Rosane Borges

Depois da farta colheita nos jardins de nossas mães, cujas gotas do orvalho primaveril refrescam as pétalas dos buquês de nossa existência, o que dizer, como relatar a experiência da leitura, que é também de escritura?

Por definição, posfácios não devem – nem podem – aspirar a um ritual de iniciação designado para apresentar a obra a ser lida. Pela sua própria posição no livro, a temporalidade do posfácio é a do momento de concluir, sem conclusão. Refiro-me aqui ao tempo espiralar da pensadora Leda Martins, e ao tempo lógico de Jacques Lacan, para quem existe o *instante de olhar, o tempo para compreender* e o *momento de concluir*. Na trilha de Leda Martins, "o que flui no movimento cíclico permanecerá no movimento". O aforismo quicongo *ma'kwenda! ma'kwisa*! vaticina: "o que se passa agora, retornará depois". De acordo com as observações sobre o tempo lógico lacaniano:

> Nesse terceiro tempo encontramos a função da pressa, já que é preciso concluir em certa urgência. É como se a resposta já chegasse com certo atraso. Esse tempo é o prosseguimento do tempo de compreender e figura uma certeza antecipada, pois só é possível se verificar nela mesma. A certeza está ligada a uma lógica de ação; mais ainda, ela é antecipada por essa ação, ato de concluir. Nesse caso, evidenciamos uma pressa no advento de uma verdade.[1]

O cenário de enunciação em que esse texto ganha a cena, na condição de figurante, é emoldurado por esse jogo de temporalidades que entrelaça questões caras para a inscrição existencial dos negros na África e na diáspora. Alice Walker nos faz, a um só tempo, testemunhas e peregrinas de uma busca incessante que percorre territórios materiais e simbólicos à procura daquelas e daqueles soterrados provisoriamente pela empresa colonial racista patriarcal.

---

[1] Jacques Lacan. *Escritos*. Rio de Janeiro: Zahar Editores, 2001, p.43.

Não é de se estranhar a arquitetura extensa de uma obra atravessada, de ponta a ponta, por tópicos semeados no solo cultivado por mulheres negras e suas famílias. Tópicos que sempre retornam, como nos ensina o aforismo quicongo, e que são examinados, na lupa de Walker, em grande angular. A autora de *A cor púrpura*, *No templo dos meus familiares*, *Ninguém segura essa mulher*, *Vivendo pela palavra*, *Rompendo o silêncio*, para mencionar as obras editadas no Brasil, flui no movimento cíclico sem cair em repetições de sentido.

Como se viu, enganou-se quem esperava de *Em busca dos jardins de nossas mães* uma obra autobiográfica apenas (seja do ponto de vista individual ou da comunidade de partilha). Neste livro de fôlego, ensaios, artigos, poesia, resenhas e declarações – escritos no período de 1966 a 1982 – coabitam num ecossistema de contribuição mútua. Nesse ecossistema, testemunhamos vasos comunicantes entre cultura, expressões artísticas, política, costumes, luta por equidade racial, subjetividade feminina, colorismo, armas nucleares, processos revolucionários, reverência aos heróis e heroínas negros, estética, maternidade... Todos polinizados pela visada mulherista. Esses movimentos de polinização são anunciados na abertura do livro: "A mulherista está para a feminista como o roxo está para lavanda."

Não podemos secundarizar a forma deste livro, que dá o tom da prosa mulherista de Alice Walker e quer nos mostrar que, onde as palavras do mundo ordinário não alcançam os sentidos cogitados pela autora, o eu lírico, a sujeita poética, se levanta, fazendo com que esse ecossistema produza uma flora diversa, à espera de inventário de todas as espécies cultivadas. É a prosa mulherista que nos diz que não há relação hierárquica, nem dissociativa, entre forma e conteúdo. Decididamente, Alice Walker nos ensina que pensar forma e conteúdo segundo o dualismo aristotélico[2] soa como triste eloquência.

A prosa mulherista é a plena realização do ideal pré-romântico do século XVIII, momento em que a forma passa a ser liberada de sua função estrita de apenas veicular conteúdos. Kant, em *Crítica do juízo*,

---

[2] As discussões, hoje bizantinas, sobre *forma* e *conteúdo* rondaram o campo da arte e da literatura (com o poema à frente), avaliadas a partir de uma suposta assimetria entre elas ("bom conteúdo" e "má forma" e vice-versa). Alguns movimentos artísticos, com viés estritamente político, foram prisioneiros dessa dissociação. Para o neo-realismo, o conteúdo (mensagem política) deveria prevalecer sobre a forma (a qualidade estética).

sentenciou que "nas belas-artes o essencial está na forma". Da pena de uma descendente de escravizados, vistos por homens como Kant – um racista empedernido – como animais, desprovidos de razão, se colhe também (repito: a colheita é farta) um procedimento revolucionário das formas de escritura.

Nesse plano narrativo, em que a simultaneidade é um operador importante, delineia-se um plano político. Já que a história da diáspora negra é uma história de luta perpétua contra as tentativas de apagamento por parte do colonizador, *Em busca dos jardins de nossas mães* combate o bom combate, estabelece, de forma resoluta, um programa de ação capaz de deter tais apagamentos e, ao modo das arqueólogas, escava dos canteiros das que vieram antes de nós material que não ficará inerte.

É esse trabalho orgânico, altamente engajado, que faz florescer naturalmente os textos heterogêneos que vão desabrochando ao longo do livro. A busca de modelos é a vértebra que dá sustentação à empresa de Walker; uma busca por princípios, que não é simplesmente mimética, mas uma forma da gente se pôr no mundo. À medida que lia sobre a necessidade imperiosa da adoção de modelos, lembrava de Ngugi wa Thiong'o:

> (...) nós que estamos no presente somos todos, em especial, mães e pais daqueles que virão depois. Reverenciar os ancestrais significa, realmente, reverenciar a vida, sua continuidade e mudança. Somos os filhos daqueles que aqui estiveram antes de nós, mas não somos seus gêmeos idênticos, assim como não engendraremos seres idênticos a nós mesmos. (...) Desse modo, o passado torna-se nossa fonte de *inspiração*; o presente, uma arena de *respiração*; e o futuro, nossa *aspiração* coletiva.[3]

No rastro de Ngugi wa Thiong'o, ouso afirmar que *inspiração*, *respiração* e *aspiração* são a síntese dessa busca, irrigam todos os canteiros dos jardins de nossas mães. Ao mencionar Van Gogh, em sua

---

[3] Ngugi wa Thiongo. *Writers in politics, a re-engagement with issues of literature and society.* A revise and enlarged edition. Oxford: James Currey/Nairobi: EAEP/Ports Mouth: Heineman, 1997, p. 139.

trajetória errática à procura de modelos, Alice Walker é taxativa: "a ausência de modelos, na literatura e na vida, sem falar na pintura, é um risco ocupacional para o artista pelo simples fato de que os modelos na arte, no comportamento, no desenvolvimento do espírito e do intelecto – mesmo se rejeitados – enriquecem e ampliam a visão que uma pessoa tem da existência (...)".[4]

São dos jardins das nossas mães que Alice Walker colhe os modelos para a expansão da vida em todas suas dimensões. *Inspirando-se* nos que vieram antes, a autora cria uma atmosfera que *respira* criação e *aspira* transformação num cruzamento de temporalidades em que o ontem, o hoje e o amanhã retroalimentam-se.

"Escrever os livros que se deseja ler significa ser seu próprio modelo", afirma Walker ao examinar a postura de Toni Morrison. A busca de modelos, portanto, é uma questão de sobrevivência: "É isso, no fim, o que nós escritores fazemos, salvar vidas. Sejamos escritores das 'minorias' ou das 'maiorias'. Está em nosso poder fazer isso.

E fazemos isso porque nos importamos (...) Nós nos importamos porque sabemos que a vida que salvamos é a nossa."[5]

E é rigorosamente disso que se trata: de um processo de salvação. Mas não uma salvação de tipo messiânico, cristão, e sim uma salvação que restabelece os fios desencapados da nossa vida. Quando acompanhamos a saga de Alice Walker à procura das vozes anônimas de mulheres e homens negros, daqueles que, ao serem descobertos, tangenciam irrevogavelmente sua vida, flagramos a paciência de uma jardineira que aprende o ofício fazendo, salvando a todas nós.

Zora Neale Hurston, Rebecca Jackson, Winson Hudson são nomes com os quais ela se identifica, o que justifica a revolta por ter tido acesso a escritores brancos antes das escritoras negras. Zora ocupa um lugar de destaque nessa plantação, visto que ela a "descobre" quando principia uma pesquisa sobre práticas vodu no ambiente negro e rural do Sul nos anos 1930; ela é um tesouro guardado (e não escondido), é a única negra em meio a um painel de antropólogos brancos com visões racistas.

O livro de Hurston, *Mules and Men*, um compêndio de folclore, exerce efeito magnético sobre Alice Walker, que viu na obra a descrição

---

[4] Ver p. 12.
[5] Ver p. 20.

das histórias dos negros do Sul, normalmente "esquecidas", marginalizadas ou ignoradas pelos próprios negros que sentiam vergonha dos relatos antropológicos.

Todos os outros assuntos destes jardins são, de certo modo, derivações, de forma direta ou indireta, deste programa de ação, mesmo quando o assunto em questão escapa da busca por modelos. *Inspiração, respiração e aspiração* mantém-se como tríade que enreda as questões aqui postas. Dos movimentos pelos direitos civis, das armas nucleares, do antissemitismo, do colorismo, o que se presencia é um trabalho constante de engajamento, com vocação enciclopédica para pensar e agir na vida e no mundo. No que diz respeito ao colorismo, debate que ganha impulso renovado em nossos tempos, Alice Walker convoca a comunidade negra a adubar o terreno para que as gerações futuras não experimentem os mesmos sofrimentos vividos por ela e outras pessoas negras: "(...) Eu acredito na escuta – direcionada a uma pessoa, ao mar, ao vento, às árvores, mas, especialmente, a jovens mulheres negras cujo caminho pedregoso ainda estou percorrendo."

Não há, desse modo, outro destino para o momento de concluir se não responder à palavra que, generosamente, Alice Walker nos deu: O que fizestes com a palavra que a ti foi dada? A busca por respostas nos torna responsáveis por sermos nossos próprios modelos, enquanto o racismo e o sexismo insistem em afirmar o que é hegemônico no mundo, e, portanto, passível de apreciação e espelhamentos. A inspiração--respiração-aspiração é uma espécie de dom que supõe o contradom, assegura a jardineira deste livro:

> Em meu desenvolvimento como ser humano e como escritora, eu tenho sido, assim me parece, extremamente abençoada, mesmo reclamando. Onde quer que eu tenha batido, uma porta se abriu. Por onde quer que eu tenha vagado, um caminho apareceu. Eu tenho sido ajudada, apoiada, encorajada e cuidada por pessoas de todas as raças, credos e sonhos; e eu tenho, de acordo com o melhor da minha capacidade, devolvido a ajuda, o apoio, o encorajamento e o cuidado. Os atos de receber, devolver ou passar adiante têm sido algumas das experiências mais surpreendentes, felizes e contínuas da minha vida.[6]

---

[6] Ver p. 351.

Aremos a terra, cuidemos dos nossos jardins e passemos adiante as flores e os espinhos extraídos de seus canteiros na esperança de povoar o mundo com aquilo que a experiência colonial e racista tentou asfixiar.

Rosane Borges é jornalista, escritora e pesquisadora da Escola de Comunicação e Artes da Universidade de São Paulo (USP).

Este livro foi editado pala Bazar do Tempo em março de 2021, na cidade de São Sebastião do Rio de Janeiro, e impresso no papel Pólen bold 70 g/m². Ele foi composto com as tipografias Tiempos Text e Britannic e reimpresso pela gráfica Pifferprint.

1ª reimpressão, setembro 2023